エスプリ・ド 憲法

糠塚康江
Yasue Nukatsuka
吉田仁美
Hitomi Yoshida
著

Esprit de Droit Constitutionnel

ナカニシヤ出版

はじめに

　この本は，大学に入ってはじめて日本国憲法を学ぶことになった学生の方々のために書かれたものです。もちろん，日本国憲法について知っておきたいと思われる方々にも手にとっていただければ，大変嬉しく思います。

　皆さんは，小学校以来，日本国憲法の三大原理や統治の仕組みなどを学習されてきました。そのためなのかもしれませんが，時に，これまでの学習に上積みして大学で憲法を学ぶことに疑問をもつ人がいます。また学習の経験から，憲法は日常生活の役に立たない，憲法は現実とかけ離れているから意味がない，という人もいます。

　そのような認識が成り立つためには，憲法の中身を知っている必要があります。皆さんは，日本国憲法の三大原理の1つが「国民主権」であることはご存知でしょう。では，「国民主権」とは何でしょうか。ある人は，憲法前文（あるいは1条）を示して，「主権が国民に存する」と書いてあります，とお答えになるかもしれません。しかし，条文をじっとにらんでいても「国民主権」の意味は分かりません。辞書を引いて「国民」と「主権」の国語的意味に忠実に解釈しても，憲法の「国民主権」の意味を明らかにしたことにはなりません。「国民主権」という概念は歴史的に形成され，今日なお，時代に即してその意味が更新されています。「国民主権」にかぎらず，憲法の条文には，キーワードともいえることばが，抽象的なものが多いのです。憲法の学習は，「歴史を読み，現実を読む」営みでもあるといえます。

　憲法の条文がそっけないので，概念をめぐって解釈の相違が生じることがあります。さまざまな解釈があるなかで，裁判所，なかでも最高裁判所の解釈は，現実の社会で実効性をもっています。現実に妥当している憲法の実態を知るには，最高裁判所の判決は格別に重要です。しかし，最高裁判所の判決も絶対的ではありません。説得力がなければ，批判にさらされます。最高裁判所が，自身の過去の判例を変更することもあります。逆に，学者の私的な解釈であっても説得力があれば，立法府や行政府，さらに裁判実務に影響を与えることもあります。あるいは，人々の漠然とした直観にクリアーな憲法的根拠を与えることで，新たな権利主張に道を拓くことさえあります。

　本書は，そのような「憲法」の姿を知っていただくために，スタンダードな日本国憲法の理解を前提にして書かれています。授業に臨むために，あるいはより詳しい教科書や論文・専門書をお読みになるための案内として活用していただければ幸いです。

私たち二人は生まれも世代も異なりますが，同じ職場の憲法の授業担当者として知り合いました。憲法を通じて現代日本社会をどう読み解くか，それをどのように受講生の方々に伝えるか，お互いに日々腐心しています。その試みの1つとして本書が生まれました。本書が日本国憲法に対する皆さんの興味の端緒となれば，これ以上の喜びはありません。

　本書の題名は，周知のあの古典中の古典，モンテスキューの『法の精神』（1748年）から借用しています。この大胆なアイディアを出して下さったのが，編集者の米谷龍幸さんです。米谷さんの文字通りの辛抱強さと適切なアドヴァイスのおかげで，本書の刊行にこぎつけることができました。この場をお借りして，心より御礼申し上げたいと存じます。

2012年9月
糠塚康江・吉田仁美

目　次

はじめに　*i*

序　論

01　憲法とは何か ─────── 3
1　国家と憲法　*4*
2　近代的意味の憲法と変容　*5*

02　大日本帝国憲法から日本国憲法へ ─────── 7
1　大日本帝国憲法の制定と運用　*8*
2　日本国憲法の制定　*9*
3　日本国憲法成立の法理　*10*
4　国民主権と天皇制　*11*

第I部　憲法上の権利の保障：総論

03-1　人権の歴史 ─────── 17
1　近代立憲主義と人権　*18*
2　社会権の登場　*19*
3　外見的立憲主義の憲法と人権　*20*
4　法実証主義と人権　*20*
5　現代的憲法と人権　*21*
6　人権のカテゴリー　*21*
7　人権の国際化　*22*

03-2　人権の主体 ─────── 23
1　権利の主体と個人主義　*24*
2　天皇・皇族の権利　*24*
3　外国人の人権　*25*
4　法人などの団体の人権　*29*
5　子どもの権利の制限　*31*
6　公務員の権利　*32*

7　刑事施設被収容者の人権　34

03-3　人権の制約 ─── 37
　1　人権は無制限に保障されるわけではない　38
　2　合憲性審査の基準　39
　3　憲法の私人間効力　41

第Ⅰ部　憲法上の権利の保障：各論

04　身体の自由 ─── 45
　1　総　説　46
　2　移動の自由　46
　3　奴隷的拘束・意に反する苦役からの自由　48
　4　適正手続の保障と裁判を受ける権利　49
　5　刑事手続　50
　6　刑事補償請求権　55

05　思想・良心の自由と信教の自由 ─── 57
　1　思想・良心の自由　58
　2　信教の自由　61

06-1　表現の自由① ─── 67
　1　表現の自由　68
　2　どのような表現に保障が及ぶか　70

06-2　表現の自由② ─── 77
　1　表現の自由の規制　78
　2　検閲の禁止と事前抑制の理論　78
　3　二重の基準論と合憲性審査基準　79
　4　集会結社の自由　83
　5　通信の秘密　85

07　学問の自由と教育の自由 ─── 87
　1　学問の自由　88

  2　教育の自由　*90*

08　経済的自由 — *93*
  1　経済的自由の歴史　*94*
  2　職業選択の自由　*95*
  3　財　産　権　*100*

09　社　会　権 — *109*
  1　生　存　権　*110*
  2　教育を受ける権利　*114*
  3　労働基本権　*116*

10　幸福追求権 — *123*
  1　新しい人権　*124*
  2　プライバシー権　*127*
  3　環　境　権　*131*

11　法の下の平等と平等権 — *137*
  1　法の下の平等　*138*
  2　14条の具体的内容　*143*
  3　家族と平等　*147*

第II部　統治機構：総論

12　統治機構の原理 — *151*
  1　権力分立　*152*
  2　法の支配　*156*

13-1　国民主権と国民代表制 — *159*
  1　代表制の展開　*160*
  2　憲法43条1項の「代表」概念　*163*

13-2　選挙と政党 — *167*
  1　参　政　権　*168*

2　選挙権と被選挙権　*169*
　3　選挙の原則　*172*
　4　選挙制度　*175*
　5　投票価値の平等　*178*
　6　選挙運動　*181*
　7　政　　党　*183*

第II部　統治機構：政治部門

14-1　国会の地位と組織 ─── *187*
　1　国会の地位　*188*
　2　国会の組織　*193*
　3　国会議員の地位と権能　*196*

14-2　国会・議院の活動と権能 ─── *203*
　1　国会・議院の活動　*204*
　2　国会の権能　*207*
　3　議院の権能　*212*

14-3　財政における国会中心主義 ─── *217*
　1　財政民主主義　*218*
　2　租税法律主義　*218*
　3　国費の支出　*221*
　4　財政監督の方式　*223*

15　内　　閣 ─── *227*
　1　議院内閣制　*228*
　2　行政権と内閣　*230*
　3　内閣の組織と権限　*233*

16　地方自治 ─── *239*
　1　地方自治の意義　*240*
　2　地方公共団体　*241*

第II部　統治機構：裁判部門

17-1　司法権 ——251
1. 司法権の概念　252
2. 司法権の限界　255
3. 部分社会論をめぐる議論　258

17-2　裁判所の組織と活動原則 ——261
1. 裁判所の組織　262
2. 裁判の公開　269
3. 司法権の独立　270

17-3　違憲審査制 ——275
1. 違憲審査権の根拠　276
2. 付随的違憲審査制か，抽象的違憲審査制か　277
3. 憲法訴訟の対象と方法　279
4. 違憲審査の方法　283
5. 憲法判断回避の準則　283
6. 違憲判断の方法と判決　284

第III部　平和主義と憲法をとりまく環境

18　平和主義 ——291
1. 平和主義と平和への国際的取り組み　292
2. 平和主義　294
3. 自衛隊をめぐる問題　298
4. 安保体制　300

19　憲法と国際化（グローバリゼーション） ——303
1. グローバリゼーション　304
2. 格差社会と憲法　306
3. グローバル化と立憲主義，人権の国際化　307

20 憲法の保障と変動 ―――――――――――――――― *311*

　1　憲法保障　*312*

　2　憲法改正　*313*

　3　憲法変遷　*316*

　　判例索引　*318*

　　事項索引　*323*

　　人名索引　*329*

序論

01　憲法とは何か
02　大日本帝国憲法から日本国憲法へ

本書は，タイトルが示すように，「憲法」を対象としていますが，念頭に置かれているのは，「日本国憲法」です。01 では，「憲法」として，本書がどのようなものを考えているのかを明らかにします。つづく 02 では，日本国憲法が，この考えの系譜に位置づけられることを論じます。

　01「憲法とは何か」は，ヨーロッパ言語における「憲法」の原義に着目して，国家の存在と憲法が論理的に結びついていることから出発し，本書が「憲法」と呼ぶものが何であるのかを明らかにしていきます。国家は見ることができませんが，人々は，人間になぞらえて国家の行動を理解しています。それは，ある特定の自然人の行動を国家の行動とみなすというルールがあるからです。このルールが憲法です。国家は，合法性と強制力を独占しています。そのように恐ろしいものであっても，国家は，人々が平和に共存していくためには必要な存在です。恐ろしい国家の活動を人々の共存に必要とされる範囲に閉じ込めようとするのが，立憲主義と呼ばれる思想です。この考え方に立脚して，それに相応しい内容を含む憲法が，立憲的意味の憲法，近代的意味の憲法です。本書が対象とするのは，この意味の憲法にほかなりません。

　02「大日本帝国憲法から日本国憲法へ」では，前半で，幕末の開国から日本国憲法制定までをあとづけ，後半で，日本国憲法の基本原理である国民主権成立の意味を考えます。日本国憲法に先行して制定された大日本帝国憲法は，西欧近代に本籍をもつ憲法原理を，見かけだけ継受したにすぎませんでした。敗戦は，大日本帝国憲法の立憲主義的運用では到達することができなかった国民主権原理をもたらすものとなりました。憲法原理の観点からすると，日本国憲法の制定は，大日本帝国憲法時代の天皇主権からの国民主権への革命的な大転換でした。国民主権の宣言は，天皇主権の否定です。国民主権と調和する天皇のあり方が，象徴天皇制です。日本国憲法は，天皇を政治の世界から遠ざけるために，天皇が行う国事行為を儀礼化し，天皇のなしうる国事行為を限定列挙し，すべての行為にわたって内閣の助言と承認が必要なように定めています。しかし現実には，憲法上列挙された天皇の行為に該当しているかどうか疑問がある行為が行われています。憲法の観点からこの問題を考えます。

〔糠塚〕

chapitre 01

「憲法」とは何か

　大学で学ぶ「法学」という学問は，西欧生まれです。文明開化とともに日本に流入した「文化」に含まれます。明治初年の若者は，西欧人から西欧の言葉で「法学」を学びました。法学で用いられている用語の多くは，「翻訳語」です。「憲法」とは，英語・フランス語の constitution，ドイツ語の Verfassung に対応する訳語です。ためしに英和辞典で constitution を調べて下さい。「骨組み，基本的な枠組み，構造」という意味ですね。人の「体格」という意味もあるでしょう。それと同じように，「国のかたち，国家の基本構造」を表す言葉として constitution が使われているのです。明治の初期には「国憲」という訳語が用いられていました。こちらの方が本来の意味を伝えているかもしれません。

国家と憲法

◎ 実質的意味の憲法

「憲法」というと，なんだか難しいもののように感じてしまいますが，3頁で確認していただいたように，言葉の生まれからすれば，身近な言葉が転用されたということになるでしょう。このような意味での憲法は，独裁国家であろうと民主的な国家であろうと，すべての国家に必ず伴うものであって，これをもたない国はありません。この意味での憲法を，憲法学では「**実質的意味の憲法**」と呼びます。重要なことは，国家に実質的意味の憲法があるのはなぜか，ということです。この問題を考えるためには，国家の性質を明らかにしておく必要があります。

◎ 国家は約束事

国家については，主権（統治権）・領土・国民の3要素から構成されると説明されています（**三要素説**）。しかし，主権，領土，国民が寄り集まれば国家が形成されるというわけではありません。国家が観念される（＝考えられる）から，主権や領土，国民が存在するのです。日本列島は，エイリアンの目には，大陸に沿って弓なりに連なる4つの島（および周辺諸小島）にしか映りません。これが「日本」列島にみえるのは，「日本」という国家を想定しているからにほかなりません。このように国家それ自体は，目に見えない抽象的な存在です。ところが，日常的に人々は，あたかも国家が人間と同じように意思をもち，それに従って行動し，他の国と交渉しているように考えます。このように人々が国家を人間になぞらえて理解することができるのは，ある特定の個人の行動を国家の行動とみるという約束事が成り立っているからです。この約束事が，実質的意味の憲法です。いいかえれば，実質的意味の憲法とは，誰が，いかなる手続で，どのような内容の権限を国家の名において行使するかを定めるルールです。国家の名において行動する人間は，国家の**機関**（organ）と呼ばれます〔長谷部・4～5頁〕。

◎ 国家の統治権

国家が約束事にすぎないのであれば，その存在を認めないという考え方も成り立ちます。実際に，アナーキストと呼ばれる人々は，国家などない方が人々はうまく暮らせると考えています。しかし，多くの人は国家という約束事を受け容れています。この約束事に従って，国家は「**統治権**」（国民を統治する権力）と呼ばれる強大で特殊な権力を行使します。たとえば警察官は，本人の同意がなくても，法律の定める手続に従って私たちを逮捕し，自由を奪うことができます。普通の個人がこ

のようなことをしたら，誘拐や監禁の罪に問われます。あるいは，私たちは何がしかの報酬を得れば，法律に従って税金を納めなければなりません。買い物をすれば，法律に従って料金とは別に消費税の支払いを求められます。一般の国民は自分の提供したサービスの対価として報酬を受け取るのに対して，国家の徴税は一方的です。法律がそのような権限を国家に与えているのは，国会議員と呼ばれる人たちが，憲法に従って法律を制定したからです。

2 近代的意味の憲法と変容

◎ 国家権力の正当化

　国家は，自分で法律を作り，自分の実力でそれを執行しています。いいかえれば，合法性と強制力を独占しています。そうだとすると，**国家という約束事は危険です**。なぜ必要なのか，正当化されなければなりません。西欧モデルの「憲法」は，社会契約論と呼ばれる一連の議論によって正当化されてきました。**社会契約論**は，国家のない状態（自然状態）を想定し，そこで起こる不都合を解決するために，人々が社会契約を結んで国家を設立したと説明します。よって，国家の正当性も，自然状態における不都合が何であったのか，社会契約がそれをどのように解決したかにかかっています。この考えでは，おおむね，個人の権利や利益を保障し実現するための手段として，国家に一定の正当な機能や任務を認めています。国家の正当な活動範囲は，この目的によって限定されることになります〔長谷部・6～10頁〕。

◎ 立憲主義的意味の憲法

　17世紀から18世紀にかけて起こった市民革命をきっかけとして，憲法は，権力者の恣意を許すものであってはならず，個人の権利と自由を保障するために，その限りにおいて国家の行為を認めるべきだという考えが確立しました。近代国家の権力を制約する思想あるいは仕組みを**立憲主義**といい，この考え方に立脚して，それに相応しい内容を含む憲法を，**立憲的意味の憲法**，あるいは**近代的意味の憲法**と呼びます。

◎ 近代憲法の2要素

　「権利の保障が確保されず，権力の分立が定められていない社会は，憲法をもたない」と定める1789年の「人および市民の権利宣言」（フランス人権宣言）16条は，立憲的憲法の意味を定式化したものです。**権利保障と権力分立**という特定の原理に

立脚したものだけが,「憲法」の名に値するとされたのです。近代的意味の憲法においては, 多くの場合, 国家の任務と限界を示す権利が権利宣言という形で成文化され (☞後出03-1), 他方, 権力の濫用を防ぐために, 統治機構についても権力分立や法による支配など, さまざまな組織上の工夫がされています (☞後出12)。憲法は, それによって設けられた国家機関との関係において, 権限を授ける規範 (**授権規範**) であると同時に, そのような機関が授権の範囲を超えて権限を行使することはできないように抑止しているという意味で, **制限規範**でもあります。近代的意味の憲法は, 個人の権利と自由を保障するために権力を制限していることから, 制限規範の性格がより強まっているということができます〔杉原・137〜138頁(芹沢)〕。

◎ 形式的意味の憲法

このような憲法の性格からすれば,「憲法」が成文化されて範囲が確定していることは好ましいことです。現在のわが国には「日本国憲法」という標題のまとまった成文の法典 (**成典憲法**) があります。この憲法は, 改正には普通の法律より厳格な手続を必要とする (憲法96条) **硬性憲法**で, その条規に反する法律や政府の行為は効力をもちません (同98条1項)。いいかえれば, 憲法は, **最高法規**として高められた形式的効力をもっています。形式に着目した条件を備えた憲法を, **形式的意味の憲法**といいます。イギリスが形式的意味の憲法がない例とされるのは, まとまった成典の**硬性憲法**がないという意味においてです〔樋口・6〜9頁〕。

◎ 立憲主義憲法学の課題

近代的意味の憲法は, 資本主義の勃興期に誕生しました。その後, 資本主義自体が構造変化する中で, 近代的憲法も修正を余儀なくされました。国家の役割も, 近代の**自由国家(消極国家)**観から**社会国家(積極国家)**観へと転換 (☞後出03-1・12) し, 今日, グローバリゼーションと分権化に挾撃されて, 国家そのものも揺らぎを見せています (☞後出16・19)。このような変化は, 立憲主義にいかなる変容を迫るものなのか, あるいは変わらざる立憲主義の核があるのか, この解明が現代憲法学の課題となっています。

【引用・参考文献】
杉原泰雄編『新版 体系憲法事典』(青林書院, 2008年)〔芹沢斉執筆〕
辻村みよ子『憲法〔第4版〕』(日本評論社, 2012年)
長谷部恭男『憲法〔第5版〕』(新世社, 2011年)
樋口陽一『憲法〔第3版〕』(創文社, 2007年)

chapitre 02

大日本帝国憲法から日本国憲法へ

　日本の天皇は，イギリスの君主と同じような存在でしょうか。ジェフリー・アーチャーの小説『めざせダウニング街10番地』（1984年）［日本語版：永井淳訳・新潮社，1985年）には，イギリスの国会が選挙結果から首相を決められない状態になったとき，国王が自ら首相を選んで任命する場面が登場します。日本国憲法上の天皇は，そのような役割を果たすことはありません。明治初年，天皇を中心とする国として国際社会に仲間入りした日本は，「憲法」という文化に出会い，それをどのように継受し，今日の日本国憲法をもつに至ったのでしょうか。

1 大日本帝国憲法の制定と運用

◎ **大日本帝国憲法の制定**

　近代的・立憲的意味の憲法のあり方は，客観的事実として，西洋近代という，空間的にも時間的にも限定された歴史社会が生み出したものです。日本の場合，幕末の開国（1858〔安政5〕年）以後，近代化の努力の中で，そのような理念への対処が問われてきました。憲法制定の際に明治政府がとった態度は，1876〔明治9〕年，元老院議長に対して憲法草案の起草を命じた勅語「朕爰ニ我カ建国ノ体ニ基キ広ク海外各国ノ成法ヲ斟酌シ以テ国憲ヲ定メントス」に示されています。「**建国ノ体**」という特殊日本的要素に，必要に応じて「**海外各国ノ成法**」すなわち西洋諸国に共通する立憲主義を接ぎ木しようとするものでした。こうして，1889〔明治22〕年に，神勅（神の意思）に基づく天皇統治を根本とする**大日本帝国憲法**（以下**明治憲法**）が発布されました〔高橋・40頁，樋口・51～53頁〕。

◎ **外見的立憲主義**

　この憲法が「海外」の手本としたのは，新興君主主義国プロイセン・ドイツの憲法でした。そこでの立憲主義は，「外見上」のものにすぎないといわれていました（**外見的立憲主義**）。「建国ノ体」に外見的立憲主義を接ぎ木した明治憲法にあっては，権利保障はあくまで「臣民ノ権利」としてであり，「臣民タルノ義務ニ背カサル限リニ於テ」，あるいは「法律ノ範囲内ニ於テ」のもの（**法律の留保**）とされました。権力分立にしても，帝国議会は天皇の立法権行使を「協賛」する役割のものであり，その権能はさまざまな面で制約を受けていました。内閣は憲法上の地位をもたず，行政権を担当する国務大臣は天皇を「輔弼」し，天皇に対して責任を負っていました。司法権も「天皇ノ名ニ於テ」行使されたのです〔辻村・25頁〕。

◎ **明治憲法の立憲的運用**

　「建国ノ体」と「海外各国ノ成法」との綱引きは，憲法学説にも反映し，明治末年に天皇機関説論争（1912〔明治45〕年）を引き起こしました。**天皇機関説**というのは，ドイツ憲法学の基本的諸概念を枠組みとして，法人としての国家を統治権の主体とし，天皇をその機関として位置づける美濃部達吉の学説です。美濃部は，解釈によって明治憲法を可能な限り立憲的に運用しようとしたのです。他方，「建国ノ体」を貫こうとする正統学派を継承した上杉慎吉は，君主としての天皇を国家と同視して天皇自身に主権があると解し，美濃部学説を「国体」（天皇が統治権を

総攬する体制）を侮辱するものだとして批判しました。天皇機関説は学界で有力となり，大正期に 2 度にわたる「憲政擁護運動」の理論的支柱となりました。その結果，1924〔大正 13〕年に政党内閣制の慣行が確立し，翌年には，男性に限ってのことですが，普通選挙制が成立しました（大正デモクラシー）〔樋口・54 〜 57 頁〕。

◎ 天皇機関説事件

　このような時期は，長くは続きませんでした。昭和期にはいって内外の問題に適切に対処できなかった政党内閣は徐々に信頼を失い，5・15 事件（1932〔昭和 7〕年）で犬養毅首相が暗殺されるにおよんで，政党政治は終焉しました。大陸への武力進出など軍事国家化の傾向の中で，右翼による学説攻撃をきっかけに**天皇機関説事件**（1935〔昭和 10〕年）が起きました。野党や軍からの圧力におされ，政府は天皇機関説を禁止し，「国体明徴」に関する声明を出しました。美濃部は貴族院議員の職を退きました。「海外各国ノ成法」は「建国ノ体」によりおしつぶされてしまったのです〔樋口・59 頁〕。その後日本は，1936〔昭和 11〕年の 2・26 事件，そして日中全面戦争と真珠湾攻撃という道を突き進むことになったのです。

2　日本国憲法の制定

◎ ポツダム宣言受諾

　1945〔昭和 20〕年 8 月 14 日，日本政府は**ポツダム宣言**を受諾しました。ポツダム宣言の受諾によって，日本は，「国民ノ自由ニ表明セル意思ニ従ヒ平和的傾向ヲ有シ且責任アル政府」を樹立する義務（12 項）を負いました。同年 10 月に連合国軍総司令部（GHQ）から憲法改正を指示された政府は，松本烝治国務大臣を主任とする「憲法問題調査委員会」を設置し，作業を開始しました。

◎ 日本国憲法制定

　そのような中，1946 年 2 月 1 日に毎日新聞によって日本政府の憲法改正案なるものがスクープされたのです。それは，統治権の総攬者としての天皇の地位を変更しようとするものではありませんでした。これでは国際世論に受け入れられないと判断した最高司令官のマッカーサーは，自ら憲法草案の作成に乗り出すことを決意し，憲法の基本的内容となるべき 3 項目を，総司令部民政局に示したといわれています（2 月 3 日の「**マッカーサー・ノート**」）。その内容は，①天皇は「国の head の部分」におかれるが，「その職務と権能」は「人民の基礎意思に責任を負う」も

のであるべきこと，②戦争の放棄，軍備の否認と交戦権の否定，③封建制の撤廃，貴族の特権の廃止とイギリス型予算制度の採用，でした。松本草案を正式に受け取ったあと，2月13日，総司令部案が政府に手交されました。その内容に政府は大きな衝撃を受け，さまざまな抵抗を試みましたが，結局，国会を二院制にするなどの，若干の修正をしたものを「憲法改正草案要綱」として発表することを余儀なくされました（3月6日）。その要綱を口語体にした改正草案が，明治憲法73条の改正手続の定めるところに従って帝国議会で審議され，若干の修正の上で可決，さらに天皇の裁可を得て46年11月3日に「日本国憲法」として公布されました。

3 日本国憲法成立の法理

◎ 明治憲法の改正手続きによる日本国憲法の制定

　上記にみたように，日本国憲法は，明治憲法の「改正」という形態をとって成立しました（**上諭**参照）。天皇主権を定める明治憲法が国民主権を定める日本国憲法へ改正されたことをどのように説明するかが，問題となります。この問題への1つの回答が，宮沢俊義によって主張された「**八月革命説**」で，日本国憲法成立の法理として通説化しました。

◎ 八月革命説

　八月革命説は，ポツダム宣言の受諾によって帝国憲法の根本的建前である天皇主権が廃棄され，国民主権が確立したこと，すなわち，宣言の受諾は主権原理の変更という意味において法的革命であったこと，および，日本国憲法は宣言の受諾と同時に新たな主権者となった国民の憲法制定権力に基づいて制定された憲法であり，明治憲法とは法的連続性がないことを内容とする学説です〔宮沢・375頁以下〕。この学説は，①ポツダム宣言12項が国民主権を要求し，②国際法優位論（ポツダム宣言が明治憲法に優位するという考え方）または主権者である天皇が国民を主権者に任命したという解釈，③憲法改正には限界がある（神権主義から国民主権への転換は憲法の予想を超えている）という立場をとることで，成立します〔日比野・13頁〕。

　成立の法理としては，日本はポツダム宣言の受諾によって明治憲法改正の義務を負い，その義務の履行としての日本国憲法の制定によって，主権の所在の移動をともなうという意味で「革命」的な憲法改正が行われたという事実が確認されれば，それで十分であるように思われます。占領終了後60年を超えて国民の自由な意思の下で日本国憲法が実効的に妥当している以上，もはやその正当性は否定されるべ

4 国民主権と天皇制

❶ 国民主権

◎ 主権の多義性

主権の本質は単一・不可分性にあります。その主な用法としては、①国家の統治権を指す場合、②国家の統治権の最高独立性を指す場合、③国家における最高意思、国政のあり方を最終的に決定する力を指す場合があります。①の用例としては、ポツダム宣言8項の「日本国ノ主権ハ、本州、北海道、九州及四国並ニ吾等ノ決定スル諸小島ニ局限セラルベシ」があります。日本国憲法が「自国の主権を維持し」（前文3項）というときの「主権」は、②の用例であり、「主権が国民に存する」（前文1項）、「主権の存する……国民の総意」（1条）というときは、③の意味の主権が国民に帰属することを語っています〔辻村・47〜48頁〕。

◎ 国民主権の意義

「国政のあり方を最終的に決定する力」が国民に帰属するということであれば、権力を行使するために政治的意思決定能力が必要となるので、主権主体たる「**国民**」は、現実に政治的意思決定能力を有する市民総体（**有権者団**）ということになります。この前提から、**国民主権**は、第1に、統治権が主権者である国民自身かあるいは国民が選挙を通じて直接、間接に組織する機関によって統治権が行使されるべきこと（**権力的契機**）、第2に、統治権を行使する機関は、常にその行使について国民に責任を負うこと、国民に対して行動の正当性を説明し理由づける責務を負うこと（**正統性の契機**）、を意味します。国民が常時政治に直接参与することは不可能です。そこから主権主体（国民）と統治権の行使者との乖離が問題となります。この乖離をいかに埋めるか、国民の権力的契機をどの程度まで要求するかについて、代表制の観念と関連して議論が対立しています。国民が多様な政治意思をもつ人々から構成されているのに、そこからどうやって一元的な主権者意思を導くのかが、今日の最大の難問です（☞後出 **13-1**）〔辻村・51〜52頁、渡辺・16〜19頁〕。

2 天皇の地位

◎ **象徴天皇制**

　天皇は「日本国の象徴であり日本国民統合の象徴」であって，その地位は主権者である「日本国民の総意に基く」(1条)とされています。天皇の**象徴**としての地位は，日本国憲法の制定によって主権者の地位を失った天皇に残された地位（連続）ではなく，**主権者である国民が新たに創設した地位（断絶）**であると解するのが，日本国憲法制定の法理と適合的です〔高橋・44頁〕。これにともない，皇室に関する事項を定める皇室典範の国法上の地位も大きく変わりました。かつては，明治憲法と皇室典範が二元的に並び立っていました（**典憲体制**）。日本国憲法の下では，皇室典範は国会が制定する法律の1つにすぎず（2条参照），皇室事項は国会中心主義のコントロールの下に置かれるようになりました。また，明治憲法下では**皇室財政自律主義**がとられていましたが，日本国憲法は，皇室財産を国有化し，皇室費用を国会の議決に付すよう定めています（88条）。さらに，**皇室の財産の授受**にも国会のコントロールを及ぼしています（8条）。

　象徴とは，目に見えない観念ないし感情を目に見える何物かで有形的に表すものだと説明されますが，結局は，個々人がその具体的なものを抽象的な存在の象徴と考えるか否かにかかっています。象徴たる地位自体は，社会心理上の問題であって，その地位から法的効果が導かれることはありません〔安念他・20～21頁（安念）〕。

3 天皇の権能

◎ **内閣の責任**

　天皇は，国家機関として，**憲法が定める国事行為**のみを行います（4条）。これらの国事行為を行うにあたっては，**内閣の助言と承認**を必要とします（3条）。内閣の助言と承認は国事行為の前に行われます。そうすることによって，天皇に一切の判断権を与えないで，内閣の助言と承認通りに国事行為が行われることになります。天皇にとっては，誰の助言と承認に従うのかがはっきりしていることが重要です。この結果，国事行為は全く形式的・儀礼的行為であり，天皇は「国政に関する権能を有しない」（4条1項）ことになります。よって，**天皇の国事行為については内閣が責任**を負います。天皇の国事行為について，内閣は国会での批判と追及を受けることになります。逆に，天皇は自分の判断で国事行為を行うことができないのですから，天皇が責任を問われることはありません。

◎ 天皇の国事行為

　天皇の国事行為は，憲法6条が規定する内閣総理大臣および最高裁判所長官の任命，憲法7条が規定する①憲法改正・法律・政令・条約の公布，②国会の召集，③衆議院の解散，④国会議員の総選挙施行の公示，⑤国務大臣等の任免の認証，全権委任状の認証，大使・公使の信任状の認証，⑥恩赦の認証，⑦栄典の授与，⑧批准書等の外交文書の認証，⑨外国の大使・公使の接受，⑩儀式を行うこと，に限定されます。国事行為の費用は公金（**宮廷費**）から支出されます（天皇・皇后・太皇太后・皇太后・皇太子など内廷にある皇族の日常費用等は，天皇家の私費である**内廷費**として予算に計上されます。内廷にある者以外の皇族の生活費は，**皇族費**として予算に計上されます）。

◎ 実質的決定

　天皇の国事行為の中には，解散，国会召集など，行為そのものが「国政に関するもの」があります。そこでその実質的な決定を行うのがどの機関であるかが問われます。内閣総理大臣の指名は国会が行い（6条1項，67条），最高裁判所長官の指名は内閣が行う（6条2項）など，憲法から実質的決定権者が誰であるかを明確に読み取ることができるものであれば，問題はありません。他方，衆議院の解散の実質的権能が内閣にあるとしても，明文の規定がない（**法の欠缺**）ことから，根拠規定をめぐって学説上の争いがあります（☞後出15）。いずれにせよ，内閣は，天皇に対して，すでに何者かによって実質的内容が決定された事項について国事行為を行うよう，助言と承認を与えることになっています。

◎ 国事行為と私的行為の間

　ところで，現実には，憲法上の列挙に該当するかどうか疑問のある行為がしばしば行われています。たとえば，国会の開会式における天皇の「おことば」，地方への行幸，外国への親善訪問・外国元首との会見などは，私的行為とはいえず，また国事行為として説明することも困難です。これを「**象徴としての行為**」として説明し，現実を許容すると同時に費用を公金から支出し，内閣の責任の下に置くという解釈が提案されてきました〔清宮・155頁〕。しかし，天皇の象徴としての地位に対応する行為は国事行為しかありえないので，無理が生じます。あるいは「首相」が憲法上の権限行使のほかに「公人」としての立場から儀礼的行為を行うように，天皇も象徴として行う国事行為のほかに，公的色彩をもった「**公的行為**」を行いうるのだという説明がなされます。公的行為には内閣の助言と承認は要しないが，内閣が責

任を負うのだとされています〔安念他・21頁（安念）〕。しかし，憲法が想定していない行為範疇を使って，内閣が天皇を政治的に利用することに対する危惧が指摘されています。憲法の趣旨からすれば，天皇の公的行為は国事行為に限定されるべきだとして，上述のような行為を⑩の「儀式を行うこと」（7条10号）により説明する学説があります〔高橋・46頁〕。これに対しては，⑩は「儀式を主宰する」という意味だから日本語として不自然であるという批判が向けられています〔長谷部・81頁〕。どの立場にせよ，憲法が天皇を国政から遠ざけるために，三重の配慮をしている点を踏まえた対応が求められています。

【引用・参考文献】
安念潤司＝小山剛＝青井未帆＝宍戸常寿＝山本龍彦編著『論点 日本国憲法―憲法を学ぶための基礎知識』（東京法令出版，2010年）〔安念執筆〕
井上ひさし『二つの憲法―大日本帝国憲法と日本国憲法』（岩波書店，2011年）
奥平康弘『「萬世一系」の研究―「皇室典範なるもの」への視座』（岩波書店，2005年）
国会図書館「日本国憲法の誕生」　http://www.ndl.go.jp/constitution/index.html
塩田純『日本国憲法 誕生 知られざる舞台裏』（NHK出版，2008年）
清宮四郎『憲法Ⅰ〔第3版〕』（有斐閣，1979年）
高橋和之『立憲主義と日本国憲法〔第2版〕』（有斐閣，2010年）
瀧井一博『文明史のなかの明治憲法』（講談社，2003年）
辻村みよ子『憲法〔第4版〕』（日本評論社，2012年）
長谷部恭男『憲法〔第5版〕』（新世社，2011年）
樋口陽一『憲法〔第3版〕』（創文社，2007年）
日比野勤「現行憲法成立の法理」大石眞＝石川健治編『憲法の争点』（有斐閣，2008年）
宮沢俊義「日本国憲法生誕の法理」同『憲法の原理』（岩波書店，1967年）
宮本盛太郎『天皇機関説の周辺―三つの天皇機関説と昭和史の証言』（有斐閣，1983年）
渡辺康行「主権の意味と構造」大石眞＝石川健治編『憲法の争点』（有斐閣，2008年）

●演習問題
● 天皇の「おことば」を「象徴としての行為」あるいは「国事行為」として説明する学説は，そのように説明することでどのような法的効果を狙っているのでしょうか。

第Ⅰ部　憲法上の権利の保障

総論
- 03-1　人権の歴史
- 03-2　人権の主体
- 03-3　人権の制約

各論
- 04　身体の自由
- 05　思想・良心の自由と信教の自由
- 06-1　表現の自由①
- 06-2　表現の自由②
- 07　学問の自由と教育の自由
- 08　経済的自由
- 09　社会権
- 10　幸福追求権
- 11　法の下の平等と平等権

第Ⅰ部では，制限規範の側面として「憲法上の権利の保障」を学びます。

　憲法は11条および97条で「基本的人権」の語を用いる一方，第3章の標題および諸条文では「国民の権利」の語を用いていることから，相互の関係が問題とされます。憲法上保障されている権利はすべて人権なのか，という問題です。これには大きく分けて2つの立場があります。多数説は，人権の発展史をいわば素直にうけとって，人権を広義に解しています（「人権」の量的拡張説）。もう1つは，人権の思想史的観点に即して，あるいは人権の本質論から「人権」と「憲法上の権利」を区別しようという立場（「人権」の質的限定説）です。

　03は，前者（多数説）の立場から，人権論の総論を論じています。03-1「人権の歴史」では，近代憲法の掲げる人権という考え方に到達するまでの前史，社会経済的変化にともなうその後の変遷を論じます。03-2「人権の主体」では，「人権」という考え方はそもそもどうして登場してきたのかを根源的に問い直しながら，誰の人権が保障されるのか，学習します。憲法が保障している権利であっても，絶対的ではありません。03-3「人権の制約」は，どのような場合に，いかなる理由によって人権は制約されるのかを論じます。

　04〜11は，日本国憲法で保障された個別の権利を対象としています。

　04〜08は，近代憲法の出発点で登場した，いわば古典的な自由群です。国家による人身の自由の侵害は，主として国家の刑罰権の発動によって生じます。04「人身の自由」では，刑事手続の流れを念頭に置いた権利保障について学びます。05「思想・良心の自由と信教の自由」，06「表現の自由」，07「学問の自由と教育の自由」は，人間の精神活動を「国家からの自由」として確保する，精神的自由として位置づけられます。08「経済的自由」は，精神的自由に深くかかわる側面を有しつつ，個別の権利条項によって「公共の福祉」を理由とする制約の可能性を明示的に規定され，社会的観点から制約される現代的特徴を有するものになっています。

　09・10は，現代的意義をもつ権利です。09「社会権」では，生存権，教育を受ける権利，労働権，労働基本権について学びます。10「幸福追求権」では，今日的課題に対応する新しい権利類型が引き出される手がかりとして「幸福追求権」が援用される筋道，そのような権利の典型としてのプライバシー権について，学びます。

　平等は，自由と相即的に成立したという意味では古典的ですが，家族生活における男女平等，格差是正のためのポジティヴ・アクションなど，現代的な側面が注目されています。11「法の下の平等と平等権」では，これらの現代的側面を含めた平等条項の規範構造と射程を学びます。

　なお，第3章は「国民の権利」とともに「義務」を標題にあげています。憲法は，①「保護する子女に普通教育を受けさせる義務」（26条2項），②「勤労の義務」（27条1項），③「納税の義務」（30条）を定めていますが，義務規定を根拠に憲法上の権利に制約が当然に認められるわけではありません。

〔糠塚〕

chapitre 03-1

人権の歴史

　2010年3月30日の朝日新聞によると，国連の人権理事会から任命を受け，世界の移住者の現状を調べる特別報告者が初の公式調査のため来日し，27〜29日に愛知県で日本に住むブラジル人やフィリピン人と面会しました。

　29日午前には，名古屋市内にあるブラジル人向けの「虹の架け橋教室」を訪れ，子どもたちから話を聞きました。言葉の問題や経済的な事情から，公立校にもブラジル人学校にも行けない子どもが日本語などを学んでいます。国の事業で10〜15歳の男女13人が在籍しています。子どもたちは，「怖いのは勉強できなくなること。お母さんの仕事がなくなれば，自分はどうしたらいいのか」「日本には学校に行っていない子どもはいないと思っていたのに……」などと話しました。

　特別報告者は，そんな子どもの言葉に耳を傾け，「教育を受ける権利は平等。権利を侵害されたら，国連に訴えて」と語りかけたとされています。

　教育を受ける「権利」というような考え方は，どのようにして生まれたのでしょうか。また，ここでいわれている「教育を受ける権利」は，憲法に規定されている権利と同じものなのでしょうか。

1 近代立憲主義と人権

　西欧モデルの「憲法」は，**社会契約論**に基づきますが，社会契約論は，市民革命前夜にあらわれた自然権思想をその基礎にします。人権は，その後，その基礎づけや内容の面でさまざまな変化をへて，日本国憲法にも，憲法が保障する人権のリストとして規定されています。本章では，人権がどのようにして考え出され，変遷してきたのかを学びます。

❶ 自然権以前

　自然権思想の登場する前夜には，イギリスの**マグナ・カルタ**（1215年），**権利請願**（1628年），**権利章典**（1689年）などがあらわれました。これらは，封建領主の国王に対する権利を定めたもので，誰もがもつ普遍的な内容の「自然権」とは違うのですが，マグナ・カルタは，国王に対して，封建領主が裁判なしには処刑されないことを定めるなど，のちの人権の考え方のモデルとなりました。

❷ 自然権思想

　ロック（1639-1704）やモンテスキュー（1689-1755）などの啓蒙思想家は，人間が，生まれながらに，神から与えられた，**内容が生まれや身分によってかわらない普遍の権利**をもっている，と考えました。これが**自然権**とよばれるものですが，自然権は，国家によっても侵害されない，絶対不可侵のものであると考えられていました。これらの啓蒙思想家は，法や国家がない，**自然状態**というものを考えます。理念的に捉えられた自然状態では，人権には何らの制限がないとされますが，自然状態は，誰が何をしてもよい弱肉強食の社会だとされ，必ずしも人が生きていきやすい社会ではないと考えられます。そのため，社会契約論では，個人の権利や利益をよりよく保障し実現するため，法をつくって自然権を一部制限し，国家を設立して法に強制力をもたせたのだと考えるのです。そうした意味で，憲法に規定された人権は，ある程度の制限を負うのですが，ルソー（1712-1788）のいうように，「国家を設立して，ともによりよく生きることを目指しながら，同時に，どのようにして各人が自由であり続けるか」は，憲法の永遠の命題です。

❸ 個人主義

　自然権思想は，「だれにでも」「普遍的な」人権があると考えるのですが，こうした考え方は，当時としては，身分社会を克服する画期的なものでした。市民革命以

前は，「権利」というものは，特定の生まれや社会的身分にともなうものだったからです。「だれにでも」「普遍的な」人権がある，という考え方は，「**個人主義**」と呼ばれます。**個人主義**は，いいかえれば，どのような生まれ，どのような社会的身分にあっても，すべての人に人としておなじ価値があるのだ，と考えるのです。個人主義の考え方は，近代立憲主義憲法に通底する，基本的な原理です。

4 市民革命期の人権

当時の人権の内容として考えられたのは，国家が，**生命**（life），**自由**（liberty），**財産**（property）に干渉しないことを求める**自由権**が主でした。また，市民革命によって君主制を倒し，民主的な国家を設立し，運営するためには，人民が政治的決定に参加するための参政権も重要でした。ただし，初期の参政権には，かなり多額の租税を納めていたり，不動産を所有しているなど，財産による制約が課されており，だれでもが投票できるものではありませんでしたし，女性には参政権が認められていませんでした。政治に反映される意見は，人民のうちの限られたブルジョア層のものでした。

5 近代立憲主義憲法の成立と人権

自然権思想に基づく人権は，ヴァージニア権利章典（1776年）に読み込まれ，アメリカ独立宣言（1776年），フランス人権宣言（1789年）などに読み込まれます。ヴァージニア権利章典を組み込んだヴァージニア憲法（1776年）や，アメリカ憲法（1788年）とその人権編（1791年），フランス憲法（1791）などの，いわゆる**近代立憲主義憲法**は，基本的人権の保障を規定するとともに，政府に限られた権限を付与し，権力分立によって国家権力を抑制する仕組みをそなえました。憲法の目的は，人権をよりよく保障することですから，それに資するため，国家の権限濫用をおさえる仕組みを備えねばなりません。そうした意味で，人権の規定と，統治機構の規定は，車の両輪のようなものなのです。

2 社会権の登場

市民革命期の人権の保障は，自由権の保障を主とし，国は，できるだけ介入を行わないほうがいいと考えられていました（**消極国家観**）。同時に，経済の面でも，できるだけ規制を行わない自由放任主義的経済政策がとられていたため，資本主義経済が発達しました。市民革命を主導した資本家階級の価値観を反映して，契約の

自由，財産権などの経済活動の自由に対する保障はきわめて厚く，規制をすることは難しかったのです。そのため，**貧富の差が拡大し，労働者の劣悪な待遇や健康被害などの問題**が起こりました。日本でも，明治期の製糸工場の女工の生活を描いた細井和喜蔵『女工哀史』や，小林多喜二『蟹工船』に，労働者の苦しい生活をみることができます。

　19世紀末になると，貧困や労働問題は，個人の行いがよくないから起こるのでなく，社会的な原因によって起こるのだと考えられるようになり，国が，それに対する対策を講じることが必要だと考えられるようになりました。こうした，積極的に幼者，病者，老者，労働者などの社会的経済的弱者を保護する役割を果たす国家を，**積極国家**といいます。また，積極国家観が隆盛となる背景には，雇用されて働く労働者人口が増加して，力をもつようになり，労働者の権利を保障することが求められるようになったこともありました。第１次世界大戦後に制定された**ワイマール憲法**（1919年）は，社会主義の影響を受けて，生存権をはじめて規定し，すべての者に「人間に値する生活」を保障する経済活動のルールがある，とし，労働者の権利も規定しました。こうして，**社会権**が，多くの憲法に，あらたな人権のカテゴリーの１つとして規定されるようになったのです。社会権は，**社会的経済的弱者**を保護するため，国の積極的な行為を求める**作為請求権**である点で，自由権とは大きく異なるタイプの権利です。

③ 外見的立憲主義の憲法と人権

　19世紀には，西欧を中心として近代立憲主義憲法に従った政治が行われるのと並行して，君主主権の国家体制をそのまま憲法に規定した憲法が作られました。この種の憲法は，近代立憲主義憲法のように，立法，行政，司法などの国家機関を置いてはいるのですが，実際には君主が主権をもち，国家権力を掌握していたため，**外見的立憲主義の憲法**とも呼ばれます。プロイセン憲法（1850年）や，それをモデルとした大日本帝国憲法（明治憲法，1899年）が例として知られています。人権の規定もありましたが，たとえば，大日本帝国憲法では，君主が臣民に与えた人権が，**法律の範囲内で保障される**（**法律の留保**）など，保障は限られていました。

④ 法実証主義と人権

　西欧でも，19世紀から第二次世界大戦期までは，自然権思想はあまり盛んでは

なくなり，国民としての地位にともなう「国民の権利」としての人権が憲法に規定されるようになりました。合理主義や，社会主義の思想が広まったこと，また，議会の立法による権利保障が手厚くなされるようになったこと，法実証主義の考え方が強まったためです。**法実証主義**は，ドイツのケルゼン（1881-1973）などが唱えたもので，現実に存在する実定法を法学の対象とします。ケルゼンは，法のあるべき姿や，価値判断，道徳などとは切り離した，「規範科学としての法学」を目指していました。

5 現代的憲法と人権

　こうした中で，ドイツでは，第1次世界大戦後，ヒトラー（1899-1945）が台頭します。ヒトラーは，ナチ党が議会第一党となって，首相に就任した後，ワイマール憲法の基本的人権の保障を停止させ，全権委任法を成立させて合法的に全権を掌握しました。その後，ユダヤ人の大虐殺などの大規模な人権侵害が起こります。また，第二次大戦中に起こったさまざまな人権侵害への反省から，「法律による人権の保障」では，必ずしも人権の保障として充分ではないことが認識されるようになります。

　歴史の流れの中で，**自然権**的な人権の考え方は，戦後，ふたたび勢いを強めます。日本国憲法は，そうした時期に制定されました。日本国憲法11条は，「国民は，すべての基本的人権の享有を妨げられない。この憲法が国民に保障する基本的人権は，侵すことのできない永久の権利として，現在及び将来の国民に与へられる」と規定し，一般に，自然権思想の流れを汲むものと考えられています。

6 人権のカテゴリー

　第2次世界大戦後に制定された日本国憲法は第3章に，手厚い人権のリストをおいています。ここに規定された人権は，市民革命期に生まれた人権に，あらたに社会権の諸規定を加えたものです。人権は，**自由権**，**参政権**，**社会権**，**国務請求権（受益権）**に大きく分類されます。自由権には，思想・良心の自由，信教の自由，表現の自由，学問の自由などの精神的自由，職業選択の自由，財産権など経済的自由，人身の自由などが含まれます。参政権としては，選挙権・被選挙権などがあります。また，社会権としては，生存権，教育を受ける権利，労働者の権利などが規定されています。国務請求権には，請願権，裁判を受ける権利，国家賠償請求権などがあります。

7 人権の国際化

　第2次世界大戦後，国際平和への動きとともに，国際的な人権保障の基準をつくろうという動きが強まりました。また，交通手段の発達に伴い，国際的な人の行き来が活発になり，国際的な人権の保障は，ますます求められるようになっています。

　まず，**世界人権宣言**（1948年）が出されました。また，国際連合総会で採択された**国際人権規約**（1966年）は，**自由権規約（B規約）**，**社会権規約（A規約）**からなり，**死刑廃止条約**（日本未締約）などの選択議定書を伴います。世界のほとんどの国が国際人権規約を締約しており，国際的な人権保障の基準として重視されています。このほか，**国連難民条約**（1954年），**女性差別撤廃条約**（1981年），**子どもの権利条約**（1990年）などの主要な人権条約があり，日本もこれらの条約を締約しています。

　条約の中には，国際人権規約のように，締約すると，なんら法律を制定しなくとも，国内に**直接的効力**を有するとされるものと，間接的効力しか有さないものがあります。日本の裁判所が人権条約を判決文の中で引用することはまれです。国際的な人権の基準を国内法の解釈に反映させることには消極的な立場なのですが，とはいえ，今や，国際的な人権保障の場面のみならず，国内での人権保障の場面でも，これらの人権条約が常に念頭に置かれていることは，否定することができません。

【引用・参考文献】
芦部信喜〔高橋和之補訂〕『憲法〔第5版〕』（岩波書店，2011年）
J.-J. ルソー，桑原武夫＝前川貞次郎訳『社会契約論』（岩波文庫，1954年）
渋谷秀樹＝赤坂正浩『憲法1　人権〔第4版〕』（有斐閣，2010年）〔赤坂執筆〕
ジョン・ロック，加藤節訳『完訳　統治二論』（岩波文庫，2010年）
杉原高嶺＝水上千之＝臼杵知史＝吉井淳＝加藤信行＝高田映『現代国際法講義〔第4版〕』（有斐閣，2007年）
辻村みよ子『憲法〔第4版〕』（日本評論社，2012年）
野中俊彦＝中村睦男＝高橋和之＝高見勝利『憲法I〔第5版〕』（有斐閣，2012年）〔高見執筆〕
長谷部恭男『憲法〔第5版〕』（新世社，2011年）
畑博行＝水上千之編『国際人権法概論〔第4版〕』（有信堂高文社，2006年）
ハンス・ケルゼン，横田喜三郎訳『純粋法学』（岩波書店，2003年）
樋口陽一『比較憲法〔全訂第3版〕』（青林書院，1992年）
山本草二『新版 国際法』（有斐閣，1994年）

chapitre 03-2

人権の主体

　日本の外国人人口は徐々に増えています。2009年度末には，日本の人口の1.74%が外国人でした。外国人の法的地位はさまざまです。永住者として，特別永住者（韓国・朝鮮籍・台湾の旧植民地出身者，またはその子孫で，敗戦時に日本国籍喪失。法律上の永住資格を有する），その他（法務大臣が永住を認める者。素行が良好，独立の生計を営むにたる資産又は技能を有する者）がいます。また，長期滞在者（90日以上日本に滞在する者，外国人登録を要する），短期滞在者がいます。難民（難民の地位に関する条約で保護される者。日本は，1981年に加入。国籍国の外にいて，人種，宗教，国籍，特定の社会集団の構成員，政治的意見を理由に迫害を受けるおそれがあり，本国や居住国に帰れない者。条約上の難民と認定されると，自国民と同様の扱いを受ける）もいます。
　背景もさまざまです。旧植民地出身者で，敗戦によって日本国籍を失った人とその子孫である，いわゆる在日の人たちがいます。在日の人々は，すでに第5世代を数えます。また，1980年代以降に日本に移住したニューカマーといわれる人もいます（ブラジル，ペルー等，日系人を含む）。
　ところで，日本国憲法の下では，外国人の人権保障はどうなるのでしょうか。

1 権利の主体と個人主義

　憲法に規定された人権は，誰に保障されるのでしょうか。
　問題になるのは，まず，日本国憲法第3章のタイトルが，「国民の権利及び義務」とされていることです。そして，10条が，「日本国民たる要件は，法律でこれを定める」としています。これをうけて，国籍法が定められています。国籍法は，かつて父系優先血統主義をとっていましたが，父母両系主義に改められ，基本的には，父母のいずれかが日本国籍であれば，子どもは日本国籍を取得できます。生まれた後に，日本に帰化する方法もありますが，条件は，徐々に緩和されてきたものの，厳しく，かつては改名を迫るなど，外国籍の人の誇りやアイデンティティーを傷つけるものでもありました。
　ここでの問題は，憲法に定められた人権が保障された「日本国民」に誰が入るのか，そして，これにあてはまらない外国人等にも憲法上の権利が保障されているかどうかです。
　これについて，自然権思想からすれば，自然人である限り，自然権を有します。また，個人主義の立場からは，どのような法的立場にあっても，内容に差がない普遍の人権がだれにでも保障されます。一方で，憲法上の人権は自然権とは異なるもので，基本的に日本国民にしか保障されないと考える立場があります。しかし，11条の「国民は，すべての基本的人権の享有を妨げられない」とする文言にみられるように，人間には，おしなべて生まれながらに人権があると考え，日本国憲法の人権が，自然権を規定しなおしたに過ぎないとの立場を取る場合では，当然，自然人である限り，国籍がどうであれ人権の主体となります。人間が人間である限り，価値あるものと考えるのです。

2 天皇・皇族の権利

　このほか，該当する人数は少ないのですが，天皇や皇族は「日本国民」にはいるのか，という問題があります。天皇制は近代市民革命以前の身分制が残った「飛び地」のようなもので，天皇や皇族は，市民革命によって生み出された平等な個人の集合体としての「国民」には含まれず，天皇には普遍の人権がない，と考える立場もあります〔長谷部・122頁〕。これについて，憲法上の象徴としての地位から，多くの制約があることは否めませんが，天皇や皇族にももちろん人権が保障されると考えることもできます。こちらのほうが，ストレートな読み方だろうと思えます。

3 外国人の人権

「日本国民」に該当しない外国人には，自然権があることは疑いありませんが，日本国憲法の下での権利はどうでしょうか。憲法は，直接には外国人に第3章の権利を保障するわけではない，とする立場でも，政治道義上は外国人にも人権保障の趣旨を及ぼすべきである〔佐藤・142頁〕とします。一方，憲法は，国家のあるなしにかかわらない人権保障を再確認したもので，また，国際協調主義や，人権の国際化などの動きにもかんがみて，外国人にも人権保障がおよぶという立場をとるものもあります〔芦部・92頁〕。

判例は，外国人にも**「性質上可能な限り」**人権が保障されるとしています〔最大判1978〔昭53〕・10・4民集32巻7号1223頁〕（以下，マクリーン事件）。国籍離脱の権利など，中には，筋合いからいって，保障されないものがありますが，そうでない限り外国人の人権享有も妨げられてはならないというのです。ただ，実際には，**外国人の人権には数多くの制限が課されてきました**。

個別の問題に入る前に，一つ，留意しないといけないのは，外国人の人権保障の状況を検討する際，主に念頭に置かれるのは，日本に生活の基盤をおいている永住者等であることです。国際法上，「自国」とは国籍国だけでなく定住国であるという考え方がとられるようになってきていること〔辻村①・130頁〕とも関係があります。

1 出入国の自由

まず，**出入国の自由**，**滞在の自由**については，これらは，国際慣習法上は国家の自由裁量に属すると考えられています。現実にも，自国や自国民の安全を守るため，入国を規制する利益があるとされます〔辻村①・129頁〕。たとえば，外国人の在留を許すかどうかは，国の裁量にまかせられ，外国人は「日本に在留する権利」をもつわけではない，と考えられています（**マクリーン事件**）。日本に生活の基盤をもつ外国人が出国し，再入国する場合，**「再入国許可書」**をあらかじめ取得することが必要になります。かつては，有効期間が短く，留学した外国籍の学生が，費用と時間をかけて何度も更新に戻らねばならない，あるいは，更新を怠って入国を拒否されるなどの事案もありました。また，外国人登録に伴う**指紋押捺制度**が問題になっていたころ，指紋押捺を拒否して入国を拒否された事案もあります。指紋押捺は1999〔平11〕年に廃止されました。

永住資格をもつ外国人にこうした負担を課すのは，西欧諸国では一般的ではありません。抽象的に「出入国の自由」が国家の裁量であると考えるのとは別のレベル

で，実際に家族や仕事を日本にもち，日本を故郷とする外国籍の人の「出入国の権利」を考える必要があります。理論的には，外国人がどのような法的地位にあるのかにより，出入国に関する法務大臣の裁量の幅が異なり，相応の対応が求められるのでしょう。在留カード（☞後出）への移行に伴い，再入国制度は変更され，有効なパスポートと在留カードを保有していれば，出国から1年以内，永住者や特別永住者は出国から2年以内は，入国には，再入国許可が要らなくなりました。

このほか，2006年の出入国管理及び難民認定法改正では，特別永住者以外の16歳以上の外国人は，入国審査のとき，指紋・写真等の個人識別情報を入国管理局に提出することが義務づけられました。テロ対策のため，あまり議論がないうちに導入されたもので，プライバシー侵害にあたらないのかどうか問題です。

❷ 外国人参政権と政治活動の自由

民主主義の観点からは，外国人に**参政権**が認められるかどうかが問題になります。参政権を自然権的に捉えるかどうかとも関連しますし，租税と参政権の結びつきをどう捉えるかとも関連します。請願権については，日本人でも外国人でも，誰でも行使できるとされています。公職選挙法は，選挙権，被選挙権を日本国民のみについて認めていますが，外国人に投票権が認められるかどうかは，地方レベルでも国政レベルでも争われたことがあります。このうち，**地方選挙の選挙権**については，外国人に投票権を認めなくとも14条の平等権侵害ではないが，法律で選挙権を付与することができるとした**最高裁判決**［最判1995〔平7〕・2・28民集49巻2号639頁］があり，立法政策上，選挙権を付与することができると考えられています。一方，**国政選挙**では，憲法上，選挙権を認めなくとも14条違反ではないとされたのみです［最判1993〔平5〕・2・26判時1452号37頁］。学説では，地方レベルでも，国政レベルでも，全面的に認めない説，いずれでも認める説，地方参政権のみ認めるとする説など，さまざまな考え方があり，「永住者」かどうかを重視して，いずれのレベルでも選挙権を認める説もあります〔近藤・60頁，辻村②・240頁など〕。外国人の地方参政権に関する法案提出が検討されたことは何度かありますが，これまで実現には至りませんでした。とはいえ，日本の人口の1％強は外国籍です。地方公共団体の中には，外国人の地方行政に関する意見を聴取するため，だれでも参加できる外国人連絡会等を開くなどの方策を講じているところもあります。

関連する問題として，外国人の**公務就任権**の問題があります。外国人は，公務員になって，行政に携わることができるかどうか，という問題ですが，かつては，公権力の行使や国家意思の形成への参画にたずさわる公務員になるには，日本国籍が

必要である（1953年に内閣法制局が示した見解）という**「当然の法理」**が主流の考え方で，採用条件に**「国籍条項」**があるのがふつうでした。「国籍条項」は徐々に撤廃されていますが，外国人を公務員として採用した場合でも，政治的な決定権がある管理職に昇進しうるかどうかには，地方公共団体の方針や，職種のほか，採用試験の形態等によっても差があります［最大判 2005〔平 17〕・1・26 民集 59 巻 1 号 128 頁］。

生活の本拠が日本にあり，租税を支払い，法に服し，政治的決定の結果を被る外国籍の人について，コミュニティーの一員として政治的意思決定に参加することを認めるべきでしょうか。それとも，参政権等の主体となるには，憲法の枠組みからして何か他のものが必要なのでしょうか。外国人参政権の問題は，このように複雑な様相を呈します。

外国人の政治活動の自由も参政権と関連します。マクリーン事件では，外国人には政治活動の自由があるとされたものの，その事実が在留延長の申請が認められるかどうかの場面で不利に働いてもいたしかたないとされ，実質的には制約があることが示されています。

❸ 外国人登録から在留カードへ

旧制度では，在留期間が 90 日を越える外国人（長期滞在者）には，**外国人登録**が義務づけられていました。かつて，外国人登録にともなって義務づけられていた指紋押捺制度は，プライバシー権の侵害，犯罪捜査の際，安易に照会されていたこと等から，国内外から批判や抵抗を受け，合憲とはされていたものの［最判 1995〔平 7〕・12・15 刑集 49 巻 10 号 842 頁］，徐々に縮小されたのち，1999〔平 11〕年に全廃されました。しかし，外国人には，外国人登録証の常時携帯義務が課せられ，不携帯には罰則があり，特別永住者のそれは行政罰に改められましたが，それ以外の者には刑事罰が課されており，「手形」とおなじような移動の自由に対する制限であり，運用が差別的であることが批判されてきました。その一方で，旧制度の外国人登録は，国が地方公共団体に手続を委託しており，不法滞在者であっても，実数把握などの観点から外国人登録を許していたため，外国人登録証を身分証として利用し，不動産取引や郵便貯金口座を開設することが行われてきました。また，地方公共団体側でも，定住外国人の子どもの就学の基礎などとして利用していました。

2009〔平 21〕年の**出入国管理及び難民認定法（入管法）改正・日本国との平和条約に基づき日本の国籍を離脱した者等の出入国管理に関する特例法（入管特例法）改正**では，外国人登録が廃止され，在留期間が 3 ヶ月を超える外国人には，国が IC チップ入りの在留カードを交付（入管法 19 条の 3，常時携帯義務・罰則あり，

同 23 条・75 条の 3) します。特別永住者には，特別永住者証明証（入管特例法 7 条，常時携帯義務なし）を交付します。出入国だけでなく転居も届け出ることが必要とされます（同 19 条の 9）。就労や，留学のための来日の場合は，学校や勤務先の変更を報告する義務も課され（同 19 条の 16），施設側にも報告が義務づけられました（同 19 条の 17）。違反すると罰則があり（同 71 条の 2 以下），在留資格に影響する可能性もあります。また，**住民基本台帳法も改正**され，外国人も住民基本台帳にのることになりました（住民台帳法 30 条の 45 以下）。新制度は，外国人を住民と位置づけ，住民基本台帳にのせ，社会サービスの基礎とする点は評価される一方，外国人の管理を強化するものとして批判・警戒されています。従来の弾力性が失われ，定住外国人の子どもが学校教育を受けられないなどの事態は，子ども本人のみならず，地域にも悪影響を及ぼし，地方公共団体も懸念するところなのです。

　社会権については，かつては「国籍国」が「自国」であり，社会権を保障するのだと考えられていました。しかし，「自国」は各人の生活の本拠がある国を指すのだと，国際的な考え方が変化してきて，生活の本拠となる国が社会権を保障すべきだと考えられるようになってきました。日本では，1981 年に「難民の地位に関する条約」を締約したことから（1951 年採択，1967 年採択の「難民の地位に関する議定書」とあわせ，「難民条約」と呼ばれます。日本は議定書を 1982 年締約），国民年金の国籍条項が 1982 年に外されました。難民条約は，締約国が難民と認定した者を，自国民と同じに扱うことを求めるからです。

　歴史的な背景やさまざまな事情から，国籍国でない国で生きてゆく人には，多くの困難があります。日本というコミュニティーの現実の姿を見つめ直し，「個人主義」の原点に立ち戻り，いたずらな制約を避け，各人の生を追求できるようにしなくてはなりません。

【判例】マクリーン事件　　1 年の予定で日本に在留していたアメリカ人の英語教師が在留延長を申請しましたが，法務大臣に拒否されました。ベトナム戦争反対運動に参加したこと等が原因とみられました。最高裁は，外国人には政治活動の自由があるが，在留延長の可否を判断するにあたって，政治活動を消極的に考慮に入れるのは法務大臣の裁量の範囲内だとしました［最大判 1978〔昭 53〕・10・4 民集 32 巻 7 号 1223 頁］。

【判例】外国人地方参政権訴訟　　在日韓国人の原告らが，地方選挙権が憲法上保障されているとして，選挙人名簿への登録を求めました。最高裁は，93 条 2 項の「住民」は，地方公共団体に住む日本人を意味するとしました。また，外国人に憲法上

の選挙権は保障されていないが，永住者等の地方公共団体と特別に密接な関係をもつものに，参政権を付与するのは，立法政策の問題で，憲法上禁止されていないとしました［最判1995〔平7〕・2・28民集49巻2号639頁］。

【判例】外国人の公務就任権　　東京都に保健婦として採用された原告は，課長級の管理職試験を受けようとしましたが，日本国籍でないとして拒否され，受験資格の確認と精神的苦痛に対する損害賠償を求めました。1審は訴えを棄却しましたが，2審の東京高裁は，統治作用に関わる程度の弱い管理職もあるとして，外国人の一律排除は憲法違反だと判断しました。最高裁によれば，「公権力行使等公務員」の職務遂行は，住民生活に直接間接に重大なかかわりを有するため，原則として日本国籍の者が就任することが予定されています。最高裁は，東京都は，「公権力行使等公務員」と，これに昇進するのに必要な経験を積むための職を包含する一体的な昇進制度を採用しています。最高裁は，このような制度をとったうえで，外国人の受験を認めなくても平等権侵害ではない，とし，合憲判決を下しました［最大判2005〔平17〕・1・26民集59巻1号128頁］。

【判例】塩見訴訟　　原告は，子どもの頃，はしかで失明し，その後，結婚して帰化し日本国籍を取得しました。国民年金法による廃疾認定日（本件では法執行日）に日本籍でなかった原告は，国籍条項によって障害福祉年金を認められませんでした。最高裁は，25条は広範な立法裁量をみとめており，社会保障政策における外国人の処遇については，国は政治的判断により決定することができるとしました。自国民を在留外国人より優先的に扱うことも許され，25条違反ではないとしました。また，外国人であることによる区別が合理性を有する限り，14条違反ではないとしました［最判1989〔平元〕・3・2判時1363号68頁］。

4　法人などの団体の人権

　人権の主体は，もともと個人，つまり自然人であると考えられるのですが，法人などの団体に人権は保障されるでしょうか。近代立憲主義の憲法は，個人を基本とするため，あまり団体が登場しません。現代の憲法には，政党に関する規定をおいているものがありますが，日本国憲法には，規定がありません。しかし，労働者の団結権（28条）が規定されていて，労働組合の存在は前提とされているとされています。また，信教の自由（20条）に関連して，宗教的結社の自由が観念されます。

法人などの団体に関しては，憲法に規定はありませんし，その活動は，自然人を通じて行われ，効果が結局，自然人に帰属するのだから〔芦部・89頁〕，その権利をわざわざ論ずる必要もないように思われます。しかし，経済社会が発達し，社会の中で，法人その他の団体がする活動の重要性は増しています。また，場合によっては，集団でした行為を，個別に分解して，個人に帰することが難しいことから，法人などの団体も，人権主体となりうるのだ，と学説上考えられるようになりました。

法人が政治献金をする権利が保障されるとした**八幡製鉄事件**〔最大判1970〔昭45〕・6・24民集24巻6号625頁〕は，会社の定款に決められた目的の範囲内の行為には，抽象的客観的に判断して，その目的遂行に直接・間接に必要な行為はすべて含まれる，とします。会社も，「自然人とひとしく，国家，地方公共団体，地域社会その他の構成単位たる社会的実在」で，相応の「社会的作用を負担せざるを得」ず，会社は社会通念上期待ないし要請される行為は当然なし得る，とされています。それに呼応し，会社には，**「性質上可能な限り」**人権規定が適用され，「会社は，自然人たる国民と同様，国や政党の特定の政策を支持，推進または反対するなどの政治的行為をなす自由を有する」としました。

「性質上可能な限り」とされますが，自然人だけに認められると考えられるものとして，選挙権，生存権，人身の自由があります。これらの権利は法人には保障されませんが，その他の人権規定は，原則として法人にも適用されます。

ただし，八幡製鉄事件の示した法人や団体の権利についての認識は，少し行きすぎたところがあり，強い批判を受けてきました。法人や団体は，自然人とは異なり，人権保障のありかたも異なるはずです。特に経済的自由については，社会国家の理念から，自然人よりも広い積極規制に服するとされます。また，法人の経済的・社会的実力が大きいことから，法人の政治活動の自由は，一般国民の政治的自由に不当に影響を与える可能性があります〔芦部・90頁〕。また，法人の構成員の政治的自由とは矛盾・衝突することがあります。**南九州税理士会事件**〔最判1996〔平8〕・3・19民集50巻3号615頁〕では，強制加入団体である税理士会が，税理士法を業界に有利な方向に改正するための工作資金を，特別会費を集めて作り，政治団体に寄付したことが問題になりました。最高裁は，政治団体への寄付は，選挙での投票の自由と表裏をなし，会員各人が市民としての個人的な政治的思想，見解，判断に基づいて自主的に決定すべき事柄で，多数決で団体の意思として決定し，構成員に協力を義務づけることはできない，としました。

【判例】八幡製鉄事件　　企業の代表取締役らが企業名で自民党に対し政治献金を

行ったのに対し，株主が，定款外の行為であり取締役の忠実義務違反である（旧商法に違反する）として，役員を相手取り，企業を代位して損害賠償を求めました。最高裁は，憲法上の権利は，法人にも性質上可能な限り保障され，自然人と同じく納税義務を負う企業は，（国民の参政権の行使そのものに直接影響を与えない）政治資金の寄付の自由を有するとしました［最大判1970〔昭45〕・6・24民集24巻6号625頁］。

5 子どもの権利の制限

　これまで扱った天皇・皇族，外国人，法人とは異なり，子どもに人権のあることは，疑いありません。問題は，子どもが未成熟で，充分な判断力をもたない〔佐藤・136頁〕という理由で，さまざまな権利制限が課せられていることです。一方で，子どもだという理由で，成人に比べて寛大に扱われることがあります。

　一口に「子ども」といっても，実は，法律上の「成人年齢」は，一律ではありません。民法4条は成人年齢を20歳に定めていますが，原動機付自転車の免許は16歳で，普通自動車の運転免許は18歳で取得することができます。女性の結婚年齢は16歳，男性は18歳です（女性のほうが若く設定されていることは，国際的に批判されています）。民法4条は成人年齢を20歳に定め，飲酒・喫煙は20歳まで禁じられ，少年法は20歳まで適用があります。このため，日本では，一般には，20歳が成人年齢と捉えられているだけなのです。

　子どもの権利の制限には，いろいろなものがあります。たとえば，参政権は18歳からしか行使できません。ただし，憲法改正のための国民投票法は，18歳から参加できます。国際的には，最大の加盟国数を誇る**子どもの権利条約**（1989年，日本は1994年締約）が，対象を18歳未満の者としているため，18歳を成人年齢と考えるのが**大勢**であることなどが影響したとみられます。

　国家が未熟な子どもを保護するという意味合いの，**パターナリズム**からくる制限もあります。未成年者の犯罪には，成人とは異なり，少年法の適用があります。未成年の心身の発達に悪影響をおよぼす飲酒や喫煙の禁止も，パターナリズムからくるものと考えられます。青少年保護条例等による有害図書の規制は，やはりパターナリスティックに子どもを保護するものとされています。しかし，必ずしも実際の目的や効果が未成年の保護になく，成人むけの表現を抑圧する結果になっていることもあり，慎重な検討が必要です。

　ところで，子どもの権利条約の締約は，**「子どもの自律」**という新しい観点を子

どもの権利保障に加えました。**子どもの意見表明権**，情報を受け取る権利など，子どもが成長発達してゆくために，子どもの自律的な活動を尊重すべきだと考えられるようになったのです。「子どもの自律」の考え方のインパクトは大きいものでしたが，実際に，どのくらい子どもの自律的な活動が保護されているかは，また別の問題です。

子どもが未熟で保護される存在であることが，単なる人権制約の理由とされないよう，また，将来は大人になる存在であることが実際の場面で充分考慮されるように，子どもの権利保障を見つめ直していく必要があります。

6 公務員の権利

さて，公務員は，自然人なので，人権の権利主体であることにはうたがいがありません。しかし，公務員の権利行使には制約があると考えられています。

❶ 制約の根拠

かつて，公務員の権利の制約は，ドイツ理論からきた**特別権力関係の法理**によって説明されていました。「特別権力関係」とは，当事者の同意や法律の規定などに基づいて政府機関に取り込まれ，特定の目的に必要な限度で政府と私人の間に設定される包括的支配服従関係〔渋谷・140頁〕です。これによって法治主義が排除され，つまり，公権力は，特別権力関係にある私人の人権を法律の根拠がなくても制限でき，しかも，原則として司法審査に服さない〔芦部・106頁〕とされていました。特別権力関係にあるものとしては，公務員や刑事施設被収容者（在監者），国立大学の学生などが考えられました。

しかし，日本国憲法の下では，法の支配や，基本的人権の尊重などの観点から，このような考え方はもはやとられず，修正を加えた理論が採用されたり，ひとまとめにして特別権力関係論を用いるかわりに，それぞれの異なる法律関係を検討し，人権の制限の根拠や目的，程度が検討されるようになりました〔芦部・107頁〕。

❷ 公務員の人権の制約

公務員関係を律するのは国家公務員法・地方公務員法ですが，これらの制約が合憲かどうかが問題になります。特に，公務員の政治活動の自由の制約（国公法102条，人事院規則14-7)，**労働基本権**の制約（国公法98条2項，地方公務員法37条，旧国営企業労働関係法17条）などが問題になりました〔渋谷・142頁〕。

公務員の権利が制約されるのは，公務員が「全体の奉仕者」（憲法15条2項）である，とする考え方がとられなくなったのち，**公務員の職務の性質による**（全逓中郵事件［最大判1966〔昭41〕・10・26刑集20巻8号901頁］），とする立場が一時有力になり，職務内容に応じて制約の程度がかわると考えられました。しかし，その後，「**公務員の地位の特殊性と公共性**」（全農林警職法事件［最大判1973〔昭48〕・4・25刑集27巻4号547頁］）を理由に，労働基本権のうち団体行動権を全面的に制約する判断がなされ，以後，これがリーディングケースとなりました（☞後出09）。この他，憲法が公務関係という特別の法律関係の存在と，自律性を憲法の構成要素として認めていることを理由とする学説もあります〔芦部・266頁〕。

　猿払事件［最大判1974〔昭49〕・11・6刑集28巻9号393頁］は，同じ時期の，公務員の政治活動の制限に関わる事案です。この事件では，北海道猿払村の郵便局の事務官が，職務時間外に政党ポスター6枚を公営掲示板に掲示し，184枚を他に依頼して配布し，国家公務員法の政治的行為の禁止に違反するとして刑事起訴されました（国公法110条による）。最高裁は，公務員の政治的中立を損なうおそれのある政治的行為の禁止は，合理的で必要やむをえない限度にとどまる限り憲法が許容するとしました。また，禁止の目的，目的と禁止される政治的行為の関連性，政治的行為の禁止により得られる利益と失われる利益の均衡の3点から（比較衡量により）合憲性を検討するとしました。そして，行政の中立的運営や，それに対する国民の信頼が損なわれる等の弊害防止の目的は正当で，公務員の政治的行為の禁止は，目的との間に合理的な関連性があるとしました。利益の均衡については，本規制が意見の表明そのものの制約を狙いとすることと，公務員の政治的中立性を維持し，行政の中立的運営とこれに対する国民の信頼を確保するという利益を比較衡量し，合憲としました。

　この判例も，職務内容とのかかわり等とは無関係に，公務員であることそのものに制約の根拠をもとめた点で全農林警職法事件と共通すると考えられています〔渋谷・143頁〕。公務員の職務内容や，時間外であったり，職場の外であるなど，行為を行ったときの具体的な状況等を考慮せず，公務員であるというだけで政治活動を一律禁止することが必要なのかどうか，長年疑問視されてきました。

　堀越事件［最判2012〔平24〕12・7刑集66巻12号1337頁］では，厚労省事務官が共産党機関誌等を個人宅等に配り，国公法違反に問われました。最高裁は，国公法等の規定は合憲としましたが，管理職的地位になく，職務の内容や権限に裁量の余地のない公務員が，職務と無関係に行った等のため，公務員の職務の中立性が損なわれるおそれが実質的にみとめられず，構成要件に該当せず無罪としました。

7　刑事施設被収容者の人権

　刑事施設被収容者（在監者）の人権についても，特別権力関係の理論は少なくともそのままではあてはまりません。一歩進んで，刑事施設被収容者に関わる具体的な法律関係に着眼して，人権の制限の根拠や目的，程度を検討することになります。

　この領域を律していた法は，旧監獄法でしたが，2002年に名古屋刑務所で刑務官が受刑者を死亡させたり重傷を負わせる事件が発生したことを契機に，改正が行われ，「刑事収容施設及び被収容者等の処遇に関する法律」（2006年）が成立しました。ただし，改正法は，それまで旧法下で行われていた慣行を規定した程度で，あまりめざましい改善がないともいわれます。

　刑事施設被収容者の権利に対する制約は，拘禁と戒護（逃亡・罪証隠滅・暴行・殺傷の防止，規律維持等），受刑者の矯正教化という目的を達成するため，必要最小限でなくてはならない〔芦部・108頁〕と考えられます。

　旧監獄法下で問題になったものとしては，信書の発受，新聞・書籍の閲読の禁止などがあります。先にあげた目的に照らし，こうした制限が必要最小限かどうかが検討されることになります。これについて，「よど号」ハイ・ジャック新聞記事抹消事件最高裁判決〔最大判1983〔昭58〕・6・22民集37巻5号793頁〕では，公務執行妨害等で起訴・勾留中の被疑者が，新聞を定期購読していましたが，拘置所長が，犯罪の手段や方法を詳細に伝えるとして，「よど号」乗っ取り事件に関する記事をあらかじめ墨で塗りつぶしたことが，「知る権利」の侵害だとして訴訟が提起されました。最高裁は，閲読の自由の制限は在監目的を達するために真に必要な限度に留めるべきだとし，閲読を制限するためには，監獄内の規律及び秩序の維持に障害が生ずる「相当の蓋然性」があると認める必要がある，として，抹消処分を適法と判断しました。最高裁の適用した基準は，かなり厳格なものと評価されていますが，さらに厳格な「明確かつ現在の危険」の基準（☞後出 **06-2**）によるべきだとするものもあります。

　信書の検閲については，「よど号」記事抹消事件等を参照して，最高裁が適法とした判例〔最判1994〔平6〕・10・27判時1513号91頁〕があります。先例である税関検査事件（☞後出 **06-2**）に従うと検閲は絶対禁止であるとする批判があります〔渋谷・151頁〕。信書の発送については，死刑確定者が死刑存廃問題に関する新聞投稿をするのを不許可とした処分を争った事案〔最判1999〔平11〕・2・26判時1682号12頁〕で，旧監獄法46条1項に基づく必要かつ合理的制限で，拘置所長の裁量の範囲内としたものがあります。一方，受刑者の，刑務所内の実状を明らかにするこ

とを求める国会請願等について取材・報道を要請する信書発送を，規律維持や身柄の確保，更生の点から放置できない程度の障害が生ずる「相当のがい然性があるかどうか」考慮せず不許可にしたとし，裁量権の逸脱・濫用を認め，国家賠償を与えた事案もあります［最判 2006〔平 18〕・3・23 判時 1929 号 37 頁］。

【引用・参考文献】

芦部信喜〔高橋和之補訂〕『憲法〔第 5 版〕』（岩波書店，2011 年）
近藤敦『〔新版〕外国人参政権と国籍』（明石書店，2002 年）
佐藤幸治『日本国憲法論』（成文堂，2011 年）
渋谷秀樹『憲法』（有斐閣，2007 年）
初宿正典『憲法 2〔第 2 版〕』（成文堂，2002 年）
辻村みよ子『憲法〔第 4 版〕』（日本評論社，2012 年）〔辻村①〕
同『市民主権の可能性』（有信堂，2002 年）〔辻村②〕
野中俊彦＝中村睦男＝高橋和之＝高見勝利『憲法Ⅰ〔第 5 版〕』（有斐閣，2012 年）
長谷部恭男『憲法〔第 5 版〕』（新世社，2011 年）
萩野芳夫『外国人と法』（明石書店，2000 年）

●演習問題
●仮に，国会が，永住資格をもつ外国人に，国政選挙での投票を認める法律を制定したら，憲法的にどう評価されるでしょうか。

chapitre 03-3

人権の制約

　住友金属工業事件［大阪地判 2000〔平 12〕・7・31 労判 792 号 48 頁］では，住友電気工業（本社・大阪市）の女性社員二人が女性だからという理由で昇進や昇給で差別を受けたとして，男性との賃金の差額や慰謝料等の損害賠償を求めました。裁判所は，処遇の格差の原因である男女別労務管理は差別を禁じた憲法の趣旨に反するが，昭和 40 年代の時点では女子が就労するのは結婚・出産までの短期間であることが多く，企業が，女子に訓練の機会を与えず，定型補助的な単純な業務にあてるなど，最も効率のよい労務管理を行ったとしても民法 90 条の公序良俗違反とはいえないとしました。また，もともと違う職種なので，現時点での企業側の格差是正義務も認められない，として請求を棄却しました。
　憲法の趣旨に反するけれど，民法違反ではない，というこの論理，どこからくるのでしょうか。

1 人権は無制限に保障されるわけではない

❶ 社会の中の個人

これまで解説してきたような，個人の人権の保障は，全く無制限なのでしょうか。個人は共同体の中で生きるもので，そうした社会的な関係を無視して，個人の権利保障を考えることはできません。たとえば，他害行為は許容されないと考えられますし，そうした場合には国家が規制するべきだと考えられます（**消極国家観**）。しかし，社会権が登場した当時の状況を考えると，各人がそれぞれの利益を自由に追求することを許すと，何もかもがうまくゆくと考えることもできません。国が，経済・社会政策を行うなどして，社会的経済的弱者を保護する必要性も認識されています（**積極国家観**）。

❷ 「公共の福祉」による制約

こうした背景のもとで，学説は，人権には，日本国憲法の条文にときどきあらわれる「**公共の福祉**」による制約が課される，と考えてきました。たとえば，13条は，「生命，自由および幸福追求に対する国民の権利については，公共の福祉に反しない限り……最大限の尊重を必要とする」としています。

それでは，人権を制約する「公共の福祉」とはどのような内容のものなのでしょうか。実は，「公共の福祉」には，定まった内容がなく，文脈によってどのようなものでもありえるという難点があります。憲法によっては，各権利がどういう場合に制約されるか，個別に規定しているものもありますので，「公共の福祉」によって一般的な制約が課されるという考え方は，そもそもそういう点で批判されることがあります。

戦後に現れた最も古い説では，「公共の福祉」は，人権を一般的に制約する（一般的制約原理）ものだと考え，人権は「公益」などの外在的な制約に服すると考えます。この**外在的制約説**では，12条，13条に書かれた「公共の福祉」は，人権の外にあるもので，人権を制約する一般的な原理です（22条，29条に「公共の福祉」が登場することには，特に意味がありません）。「公共の福祉」の内容は，「公益」や「公共の安寧秩序」というような抽象的な重要な価値と捉えられています。問題は，このような内容の「公共の福祉」を考えると，なんだか「公益」や「公共の安寧秩序」が価値として立ち勝っているようにみえ，法律等による人権の制約が簡単に認められてしまうのではないかということです。それに，人権がもともと，公益等に対抗

して個人を守るものであってみれば、それがこのような内容の「公共の福祉」によって容易に制約されるとすると、わざわざ人権を保障する意味がありません。

これに対し、**内在・外在二元説**は、人権には（他害行為を許さないなど）内在的な制約が当然あると考え、加えて、「公共の福祉」による制約が明示されている22条、29条にのみ、「公共の福祉」による外在的制約があると考えます。そのため、内在・外在二元説と呼ばれます（この説では、12条や13条に一般的な文脈で出てくる「公共の福祉」は、訓示規定で、法的な拘束力がないと考えられます）。

「公共の福祉」を一般的制約原理だと考えるもう1つの説、**内在的制約説**は、すべての人権には、人権相互の矛盾や衝突を調整する実質的公平の原理としての内在的制約が、論理必然的に内在する、と考えます。ただし、自由権どうしの調整の場合（自由国家的公共の福祉）には、必要最小限度の規制のみが許され、社会権を保障するために自由権を規制する場合（社会国家的公共の福祉）には必要な限度の規制が許される、というふうに、権利の性質に応じて制約の程度が異なると考えます。「公益」や「公共の安寧秩序」などが、人権制約の理由として前面に出るのを避ける説であるわけなのですが、ただ、この説でも、具体的にどういう場合にそれぞれの人権の制約が許されるのかが示されているわけではないので、運用によっては、実質的に人権の制約が広く許容されてしまいます〔芦部・100頁〕。

具体的な場面で人権の制約が問題になるときには、憲法を遵守し、人権を保障するという姿勢が、個別の場面での「公共の福祉」の内容が何であるかを検討するにあたって、常に問われることになります。

2 合憲性審査の基準

「公共の福祉」についてどの説をとるにしても、人権の制約が憲法のルールからして許されるかどうかを、具体的な場面で、——たとえば、裁判官が——決めるのは、たいへん難しいことです。

❶ 比較衡量論

いくつかの方法が考えられていますが、その1つは、**比較衡量**による方法です。

比較衡量は、人権を制限してもたらされる利益と、人権を制限しない場合の利益を比較して、前者の価値が高いと判断される場合には、人権を制限することができる、と考えるものです〔芦部・101頁〕。権利の性質や、規制の目的、手段、その他の諸般の事情をすべて考慮して、事案ごとに人権の制約をしていいかどうか考える

ことになるため，個別的比較衡量（ad hoc balancing）とも呼ばれます。この方法のよいところは，具体的状況によって，妥当な結論を探ることができるところですが，一方で，国家利益と人権が衡量される場面では，どうも国家利益が優先される場合が多く，人権の制約が認められがちです。

そのため，もう少し判断に枠をはめて，人権保障をはかろうとする方法が，合憲性審査基準を用いる方法です。

❷ 合憲性審査基準と二重の基準論

合憲性審査基準は，主に規制目的と手段に着眼して，一定の厳しさで，権利の制限が許されるかどうかを審査するもので，権利の性質や内容，規制の目的や方法その他に応じて審査基準が異なります。特定の権利のグループや，特定の条文，あるいは，規制の目的，方法などに応じた事案のタイプによって一定の「審査基準」が考えられるものなので，個別の基準の説明については，人権の個別の章に譲ります。

合憲性審査基準を用いる場合，大きな枠組みとして，**二重の基準論**（☞後出06-2）に依るのがふつうです。二重の基準論は，精神的自由を規制する立法の合憲性は，経済的自由を規制する立法より厳格に合憲性が審査されなくてはならない〔芦部・187頁〕，と考えるものです。

経済的自由の保障の領域や，労働基本権でも，事案によってはいくぶん厳しい基準である厳格な合理性の基準（中間審査）を適用すべきだとされています〔芦部〕。二重の基準論の枠内で，ゆるやかな方の，合理性の基準を二分する考え方です。精神的，経済的自由以外のその他の権利は，性質等を考え，いずれに類似するかで厳しさが示されます。社会権やプライバシー権などには，中間審査を適用するのが通説だとされます〔横田・195頁，君塚②・89頁〕。

この他，特に二重の基準論にはよらず，立法事実を基礎に比較衡量を行う「通常審査」を基本として，具体的事案に応じて審査基準を厳しく，または緩やかに変える方法も示唆されています。どんな場合にどんな理由でより厳格な審査，または，より緩やかな審査を行うかは，具体的ケースに即して考え，類型化・体系化されます〔高橋・125頁〕。

❸ 三段階審査

最近では，ドイツの理論を基にした**三段階審査**（石川・小山・松本他）を用いることも示唆されています。三段階審査は，（おおむね自由権に該当する）防御権について，①保護範囲，②権利侵害があったか，③正当化，が問題とされます。③の

場面では、「〈適合性、必要性、狭義の比例性〉の3原則から構成された比例原則」〔青井・68頁〕が用いられます。

三段階審査は、「論証の形」であり、論証の中で何を重視すべきかは、事案を検討する中で具体的に考えるもので、論証に明確性と検証可能性を与えることが狙いだ〔小山②・7頁〕とされます。

防御権以外のカテゴリーの権利には、二段階審査（平等権、一般的自由権）、下限統制（積極的権利）、種々の制度準拠審査（制度に依存した権利、立法裁量強調型・立法裁量縮減型・立法裁量限定型・裁量過程統制型）、消極的権利について、下位法令の参照が要請される場合があることなど、権利や、権利の性格等によって、それぞれ異なる審査方法等が示唆されています〔小山〕。

合憲性基準論、あるいは三段階審査のいずれによるとしても、最終的にはそれぞれの事案を詳しく検討することによって、合憲、違憲の結論を出すことには違いがありません。

▶3 憲法の私人間効力

少し角度の違う問題について説明しましょう。

ここまで、人権の制約が許容される場合の理由付けや、具体的な場面でどうやってその制約が憲法的に許容されるかどうかを判断するかについて論じてきたのですが、憲法は、いったい「誰（何）」が人権を侵害すると考えているのでしょうか。人権を侵害するのは、国家だと想定されているのがふつうです。

憲法の名宛人は、国家であると考えられています。国家は、社会契約に基づく法によって人権を制約することができ、歴史的に、軍隊や警察権限をもつ強大な存在で、人権保障にとって、最も脅威でした。そのため、**憲法の人権規定は、国家から個人を守るためのもの**と考えられてきたのです。

ところが、現代社会では、社会の中に、大きな力をもった私的団体が生まれ、これらが人権侵害の主体となることがあります。たとえば企業などの**社会的権力**〔芦部・110頁〕が権利侵害を犯した場合、憲法の人権規定違反だと主張することができるでしょうか。別のいい方では、憲法には「**私人間効力**」があるのでしょうか。

もともと、この問題には、ドイツのワイマール憲法が私人間の団結権を認める規定を置いたことから、憲法の人権規定の第三者効力または私人間適用が問題になったという歴史的経緯があります。

日本国憲法の人権規定の私人間効力については、**三菱樹脂事件**〔最大判1973〔昭

48〕・12・12民集27巻11号1536頁〕が，私的関係において，自由や平等が侵害されたりそのおそれがある場合には，立法措置によるほか，「私的自治に対する一般的制限規定である民法1条，90条や不法行為に関する諸規定の適切な運用によって」私的自治を尊重しながら，権利保障をはかる方法がある，としたのが，リーディング・ケースとなっています。

❶ 間接適用説

通説である**間接適用説**は，この判例を，社会的権力に対しても，民法の一般規定を介して間接的に憲法の人権規定が適用されるとしたものと読みます。間接適用説では，民法90条の公序良俗違反などの規定等を介することで，憲法の価値が相対化され，必ずしもそのまま実現されないことがあります。つまり，憲法の価値そのものが問題とされるのでなく，何が「公序良俗違反」とされるのかに議論の焦点が移ってしまうのです。

◎**事実行為による侵害**

間接適用説のように，法令を介して憲法が適用される，と考える場合，難しい問題があります。法律に基礎のある法律行為，または，そうではない事実行為でも，事実行為自体が法令のひろい条項を基礎にして行われた場合には，法令を解釈するときに，憲法の趣旨を反映することができます。

問題は，法令に根拠のない私人の行為によって権利が侵害されたような場合です。侵害者と被侵害者の間に法的関係があらかじめないようなもの，たとえば，出版社がプライバシー侵害をしたというような場合を念頭に置いてください。民法の不法行為による損害賠償や，相手によっては国家賠償での権利救済が考えられますが，いつも必ず要件が満たされるとは限りませんし，そうした場合に侵害されたとされる憲法上の権利が，私人との関係でどういうふうに「調整」されるのかが問題です〔渋谷・137頁〕。

事実行為による人権侵害をどう扱うかについては，いろいろな外国の論理構成が参考にされています。アメリカのステイト・アクションの法理は，①公権力が私人の私的行為にきわめて重要な程度までかかわり合いになった場合，②あるいは，私人が国の国家行為に準ずるきわめて高度な公的機能を行使している場合に，その私的行為を国の行為と同視し，憲法を直接適用する，というようなものです〔芦部・117頁〕。①には，たとえば，児童虐待にあった子どもをいったん保護したのに，その後親元に帰したところ，虐待死が起こったというような場合にステイト・

アクションだとされた例があります。政府の介入があったとみられたのです。裁判所の介入が，ステイト・アクションだとみられた場合もあります。また，私的機関がチャーターによって設立許可を受けている，政府から多大な財政援助を受けている，などの事由で，私人の行為をステイト・アクションだとし，憲法を適用する場合もあります。

　もっとストレートな解決は，その人権保障を目的とした，私人間の関係を律する一般法を制定することです。たとえば，2011 年の障害者虐待防止法に続いて 2012 年に成立した障害者差別禁止法は，その例と言えます。

❷ 直接適用説

　学説では，憲法の人権規定が直接私人間に適用される，という**直接適用説**がとられることもあります。批判としては，私人間の法律関係の形成において，個人の意思を尊重するという**私的自治の原則**が大きく害されるおそれがある，とされます。また，社会的権力が観念されるとしても，なお，人権の侵害者としてもっとも懸念されるのは国です。憲法の直接適用が国の介入の端緒となって，かえって人権侵害がおこることも懸念されています〔芦部・114 頁〕。学説には，憲法の名宛人は国に限らず，憲法上の法規範は，市民も拘束するという説（市民拘束権利規範説〔藤井・260 頁〕）があります。憲法は，政府に対する場合と私人に対する場合で適用のされ方が違い，私人間では私的自治の原則が考慮されねばならないが，憲法上の人権は私人相互にも妥当するとする説（権利共生規範説〔佐藤・168 頁〕）もあります。最高法規としての憲法に民法典等の下位法が拘束されるという説（国家最高法規説〔君塚①〕）もありますが，効果は間接適用説とかわらないと考えられています〔渋谷・129 頁〕。ドイツの理論を基にした，基本権保護義務論は，国家に個人の基本権を他人による侵害から保護しなければならないという義務がある，と考えることから，立法が充分保護を与えない場合には，裁判所が政府機関として基本権を保護する義務を負う，とします〔芦部・116 頁〕。主に立法による保護を念頭に置いているので，直接適用説の一種とされはしますが，やはり，効果は間接適用説とかわらない〔渋谷・130 頁〕とされています。

❸ 無適用（非適用）説

　三菱樹脂事件をどのように読むかですが，憲法は私人間に適用されないとする**無適用（非適用）説**は少数派でした。しかし，最近，再び議論が起こりました。新しい非適用説では，自然権は，実定法に取り込まれると，実定法の特質によって拘

束され，憲法に取り込まれた憲法上の人権は公権力を名宛人としますが，民法に取り込まれた自然権は，私人間を規整する法であるという特質に拘束されるとします。そのため，憲法が私人間に適用されることはありえない，と考えるのです〔芦部・111頁（高橋）〕。

　多くの説は，おしなべて，憲法の人権規定が，具体的な法的関係によって相対化されるものの，私人間の関係にも適用されると考えます。ただし，相対化の度合いが大きいと，「憲法が適用される」という議論をあえてする意味はそもそもなくなってしまいます。どのように人権規定の趣旨を生かすのか，議論がつきないところなのです。

【判例】三菱樹脂事件　企業に仮採用された原告が，本採用を拒否されました。学生運動や生協活動などが原因と思われたため，原告は，19条，14条に違反すると主張しました。このため，企業に対し，憲法上の権利侵害を主張できるかどうかが問題になりました。企業は，履歴書への不記載を理由として主張しました。最高裁は，「社会的権力」により，私的関係において，自由や平等が侵害されたりそのおそれがある場合には，立法措置によるほか，「私的自治に対する一般的制限規定である民法1条，90条や不法行為に関する諸規定の適切な運用によって」私的自治を尊重しながら，権利保障をはかる方法がある，としました。しかし，企業には広範な採用の自由があるとして，原告を敗訴させました〔最大判1973〔昭48〕・12・12民集27巻11号1536頁〕。

【引用・参考文献】
青井未帆「三段階審査・審査の基準・審査基準論」ジュリスト1400号（2010年）
芦部信喜〔高橋和之補訂〕『憲法〔第5版〕』（岩波書店，2011年）
石川健治「薬局開設の距離制限」別冊ジュリスト判例百選I〔第5版〕（2007年）
君塚正臣『憲法の私人間効力論』（悠々社，2008年）〔君塚①〕
同「司法審査基準―二重の基準の重要性」公法研究71号（2009年）〔君塚②〕
小山剛『基本権保護の法理』（成文堂，1998年）〔小山①〕
同『「憲法上の権利」の作法〔新版〕』（尚学社，2011年）〔小山②〕
佐藤幸治『日本国憲法論』（成文堂，2011年）
渋谷秀樹『憲法』（有斐閣，2007年）
高橋和之『立憲主義と日本国憲法〔第2版〕』（有斐閣，2010年）
辻村みよ子『憲法〔第4版〕』（日本評論社，2012年）
野中俊彦＝中村睦男＝高橋和之＝高見勝利『憲法I〔第5版〕』（有斐閣，2012年）
藤井樹也『「権利」の発想転換』（成文堂，1998年）
松本和彦『基本権保護の憲法理論』（大阪大学出版会，2001年）
横田耕一「合理性の基準」芦部信喜編『講座憲法訴訟第二巻』（有斐閣，1987年）

chapitre 04

身体の自由

　1990年5月に栃木県足利市で発生した幼女殺害事件（足利事件）の犯人とされた男性は，当時導入されたばかりのDNA型鑑定を決め手として1991年12月に逮捕され，無罪を主張したにもかかわらず，2000年，最高裁の上告棄却により無期懲役が確定しました。ところが，2008年12月になって東京高裁が再鑑定したところ，先の鑑定が誤りであって，当該男性と犯人のDNA型が一致しないことが判明しました。2009年6月，東京高裁は再審の開始を決定し，男性は釈放され，翌年3月に無罪が確定しました。「失われた時間」は戻ってきません。どうしてこのようなことが起きてしまったのでしょうか。

1 総　説

　移動の自由は，経済的自由として大きな役割をもっています（☞後出 08）。土地への緊縛からの解放は，さまざまな自由の前提となるものでした。住む場所を選び，住む場所を移動する，あるいは旅行をする自由は，物理的な身体の運動や状態が内実ですから，身体の自由としての側面をもちます〔樋口・259 頁，渋谷＝赤坂・17 頁(赤坂)〕。

　身体の自由が制限されると，必然的にその他の自由が制限されることになります。身体の自由は，憲法上の権利を享受するための前提となる重要な権利です。明治憲法も身体の自由に関する規定（23 条）を備えていましたが，恣意的な逮捕や拷問による自白の強要など，身体の自由が不当に侵されました。これに対して，総司令部（GHQ）案が身体の自由について詳細な規定をおいたことをうけて，日本国憲法は，諸外国の憲法と比較してもきわめて特徴的な，豊富な保障内容をもつことになりました〔辻村・266 頁〕。

　まず，18 条で奴隷的拘束と意に反する苦役を禁止しています。31 条の適正手続の一般規定に引き続き，32 条で裁判を受ける権利，捜査→起訴→公判→刑の執行という刑事手続の流れをふまえて，33 条ないし 39 条の各条文は，刑事手続上の被疑者・被告人に保障された権利を定めています。自力救済が禁止されている社会では，犯罪者の迅速な処罰は国家の重要な責務の 1 つです。しかし，国家は国民の生命・自由・財産を最大限尊重するよう限界づけられていますから，「公共の福祉」のために犯罪者を処罰する場合であっても，刑罰権の発動には特別の慎重さが必要なのです。40 条は，刑事手続にともなう国民の不利益を国家が償う刑事補償を請求する権利を定めています。31 条以下の刑事手続の保障を事後的に補完し，えん罪を金銭的に救済するものです〔辻村・293 頁〕。

2 移動の自由

❶ 居住・移転の自由

　居住・移転の自由（憲法 22 条 1 項）は，国内旅行を含めた「国内での移動の自由」を保障しています。人が移動する目的はさまざまですが，それによって多様な価値観をもつ人々との交流が生まれ，多様な経験が可能となります。いわば人格形成の基盤ともいえます。居住・移転の自由に対する制約は，こうした意義をふまえて慎重に吟味されなければなりません。懲役刑，禁固刑に処せられた者が刑務所に

拘禁されること，夫婦の同居義務(民法752条)，子に対する親権者の居所指定権(民法821条)のような家族法上の義務は，事柄の性質上問題とされることはありません。また，特定の病気の患者が，本人の保護と社会衛生上の理由から，強制入院・隔離される場合があります。これらの制限は，放置した場合の害悪発生の必然性から判断されることになります〔野中他・461〜462頁（高見）〕。

【判例】ハンセン病国家賠償請求訴訟　1953年に制定された「らい予防法」は，ハンセン病予防のために，伝染させるおそれがある患者の療養所への強制隔離・外出制限などの厳しい措置をとっていました。ハンセン病の伝染性はきわめて微弱であること，治療効果の高い薬があることも，1950年代半ばまでには明らかになっていたのですが，1996年まで「らい予防法」は廃止されず，それに基づく患者の隔離政策が継続されました。1998年，元患者ら13人がこうした措置の違法を訴え，熊本地方裁判所に国家賠償請求を提起しました。地裁は，当該隔離規定は，その当初から「既に，ハンセン病予防上の必要を超えて過度な人権の制限を課すものであり，公共の福祉による合理的な制限を逸脱していた」と判断し，国家賠償請求を認容しました〔熊本地判2001〔平13〕・5・11判時1748号30頁〕。政府が控訴を断念し，判決は確定しました。

❷ 外国移住の自由

外国移住の自由（憲法22条2項）は，外国旅行も含めた「外国への移動の自由」を保障しています。外国への移動といっても，外国の受け入れがあってのことです。**出国の自由**は，**再入国の自由**を含みます。外国旅行（渡航）に際しては**旅券**（パスポート）の所持が義務づけられます（出入国管理及び難民認定法60条，61条）。

【判例】帆足計（ほあしけい）事件　旅券法13条1項5号（現行7号）は，「著しく且つ直接に日本国の利益又は公安を害する行為を行う虞（おそれ）があると認めるに足りる相当の理由がある者」に対して，外務大臣が旅券の発給を拒否できると定めています。1952年2月，元参議院議員帆足計がソ連（当時）で開催される国際会議に出席するため旅券の発給を求めたところ，外務大臣が発給を拒否しました。そこで外務大臣を相手どって国家賠償請求訴訟が提起されました。最高裁は，外国旅行の自由が憲法22条2項に含まれることを認めましたが，旅券法の当該規定は公共の福祉のための合理的な制限を定めたもので，漠然たる基準を定めたものではないとしました〔最大判1958〔昭33〕・9・10民集12巻13号1969頁〕。

3 国籍離脱の自由

国籍離脱の自由（憲法22条2項）は，日本国民が日本国籍を捨てて，いずれかの外国籍を取得することを日本政府に禁止されない権利です。これをうけて，現行国籍法は，本人の志望に基づく国籍離脱の規定（11条1項）を置き，国籍変更について届出制を採用しています（13条1項）。ただし，**無国籍**の自由を認めるものではありません。

3　奴隷的拘束・意に反する苦役からの自由

1 奴隷的拘束の禁止

身分制を否定している日本においては，身分としての奴隷は存在しません。18条前段「何人も，いかなる奴隷的拘束も受けない」が定める奴隷的拘束の禁止は絶対的で，**奴隷的拘束からの自由**は本人も放棄することができません。奴隷的拘束とは，「自由な人格であることと両立しない程度に身体が拘束されている状態」をいいます〔渋谷＝赤坂・20頁（赤坂）〕。18条前段は私人間にも直接に効力がおよび，奴隷的拘束を内容とする契約は無効です。人身売買や，労働者を監禁状態で酷使する「タコ部屋労働」は，奴隷的拘束の禁止に反します。

2 意に反する苦役からの自由

18条後段は「**意に反する苦役からの自由**」を定めます。意に反する苦役とは，「広く本人の意思に反する強制的な労役」を指します〔長谷部・244頁〕。災害が発生した場合，応急対策として現場に居合わせた者に危険防止や救助のための活動に従事させる規定をもつ法令がいくつかあります（災害対策基本法65条・71条，災害救助法24条・25条，消防法29条5項，道路法68条2項など）が，本条に反するとは考えられていません。徴兵制は，9条のみならず，本条にも違反します。裁判員制度が裁判員となる国民に「意に反する苦役」を課すものであるかが争われた裁判で，最高裁は，裁判員の辞退に関し柔軟な制度を設けていること，負担を軽減するための経済的措置が講ぜられていることをもって，18条後段に違反するものではないと判断しました［最大判2011〔平23〕・11・16刑集65巻8号1285頁］。

4 適正手続の保障と裁判を受ける権利

❶ 適正手続

　日本国憲法 31 条は手続の法定を要求していますが，直接的には，アメリカ連邦憲法の適正手続条項（due process clause）に由来するといわれています（連邦憲法修正 5 条，14 条 1 項参照）。31 条が保障する内容については，手続の法定に加えて適正さを求めるのか，さらに実体（犯罪・刑罰の要件）について法定（**罪刑法定主義**）さらには適正さを求めるのかが，学説上論じられてきました。現在の多数の学説は，31 条が手続の法定・適正と実体の法定・適正を要求している，と解しています〔辻村・268 〜 269 頁，安西他・191 頁（宍戸）〕。

◎ 適正手続の要件

　法定手続が適正であるためには，一般に，告知と聴聞の手続が保障されていることが要件とされています。**告知と聴聞**とは，公権力が国民に刑罰その他の不利益を課す場合は，当事者に予めその内容を告知し，当事者に弁解と防御の機会を与えることをいいます。船で密輸出しようとした業者が，関税法違反で捕まった刑事裁判で，告知・聴聞手続の保障が問題となったことがありました。最高裁は，「所有物を没収せられる第三者についても，告知，弁護，防御の機会が与えられることが必要」であると判断しました［最大判 1962〔昭 37〕・11・28 刑集 16 巻 11 号 1593 頁］。

◎ 31 条と行政手続

　憲法 31 条は刑事手続に関する規定ですが，適正手続の要求は，行政手続におよぶとされます。最高裁は，成田新法事件で，「行政手続については，それが刑事手続ではないとの理由のみで，そのすべてが当然に同条による保障の枠外にあると判断することは相当ではない」としつつ，行政手続が刑事手続と異なり多種多様であることから，「事前の告知，弁解，防御の機会」を常に必ず与えることを必要とするものではない，と判断しています［最大判 1992〔平 4〕・7・1 民集 46 巻 5 号 437 頁］。現実には，1993 年に**行政手続法**が制定され，不利益処分の場合には原則として聴聞および弁明の機会を与えることが明示的に保障されました。憲法の適正手続の理念が，行政手続について法律によって具体化されています。

2 裁判を受ける権利

裁判を受ける権利は，請願権（☞後出 13-2），国家賠償請求権，刑事補償請求権とともに，講学上，**国務請求権（受益権）**に分類されます。国務請求権は，国家に対する作為請求を内容とする点で社会権（☞後出 09）と共通の性格をもちますが，「国家からの自由」と考えられる一連の諸権利と同じように「古典的」権利に属します。裁判を受ける権利によって，各人は，裁判を通じて，自由や免除を確保することができるのです。裁判を受ける権利は，憲法上の権利を確保するための憲法上の権利です。

裁判を受ける権利は，民事事件・行政事件については政治部門から独立した公平な裁判所に訴訟を提起することを拒まれないこと，刑事事件については，このような裁判所の裁判によらなければ刑罰を科せられないことを保障内容としています。さらに，憲法 37 条は，刑事被告人に対して「公平な裁判所の迅速な公開の裁判を受ける権利」を保障しています。

5 刑事手続

1 被疑者の権利

被疑者とは，罪を犯したと疑われて捜査の対象とされ，いまだ起訴されていない人をいいます。警察・検察は，捜査のために被疑者を取り調べなければなりませんが，被疑者はこれから刑事裁判を受ける身であり，確定判決が出るまで**無罪の推定**が働いています。

1) 身体の拘束に対する保障

捜査機関は犯罪捜査のため，国民に対して強制力を行使します（刑訴 189 条 2 項等参照）。その場合でも，憲法 33 条は，逮捕に際し，**司法官憲（裁判官）**の発する，逮捕の理由となる犯罪を明示する命令状（令状）が必要な旨を規定しています（**令状主義**）。令状主義は，不当な逮捕による恣意的な身柄拘束を抑止するために採用されています。

令状主義の例外として，憲法自身が**現行犯逮捕**を認めています。現行犯の場合は犯罪と犯人が明らかであり，逃亡や犯罪の証拠隠滅を防止するために令状の発給を待つことができないからです。この他に，刑事訴訟法は，一定の重大な犯罪について，緊急やむを得ない場合に，逮捕後に逮捕状を請求することを条件に令状なしの

逮捕（**緊急逮捕**）を認めています（刑訴 210 条）。判例はこの規定が憲法 33 条に違反しないとしています［最大判 1955〔昭 30〕・12・14 刑集 9 巻 13 号 2760 頁］。さらに実務の上では，**別件逮捕**が広く行われています。これは，本件について逮捕するだけの証拠がない場合に，より軽微な犯罪を口実に逮捕・拘留して取り調べる捜査手法で，令状主義の意義を失わせるおそれがあります。

憲法 34 条は，抑留・拘禁について理由の告知および**弁護人依頼権**を保障しています。逮捕に引き続く身柄拘束が，抑留・拘禁です。**抑留**とは一時的な身体の拘束，**拘禁**はそれよりも継続的な拘束を意味しています。刑事訴訟法上の逮捕・勾引にともなう留置は前者（抑留）に，勾留・鑑定留置は後者（拘禁）にあたります〔辻村・273 頁〕。

弁護人依頼権は，実際に弁護人に依頼できるよう便宜を図ることが含まれています。2004 年の刑事訴訟法改正により，一定の対象事件について勾留状の発せられた場合において，**国選弁護人**が認められています（刑訴 37 条の 2）。刑事訴訟法 39 条は，1 項で身体の拘束を受けている被告人・被疑者に弁護人と立会人なく接見できる権利（**接見交通権**）を保障しています。もっとも，同条 3 項は，捜査機関は捜査のため必要あるときは，接見の日時，場所，時間を指定できるとしていて，弁護人依頼権保障の趣旨を損なう可能性があるとの批判があります〔長谷部・251 頁〕。

2) 不当な捜査・押収からの自由

身体の自由と並んで，人の私生活の中心である**住居の不可侵**も早くから手厚く保護されてきました。住居，書類，所持品への侵入，捜索，押収について，憲法 33 条の定める場合の他は，裁判官の発する令状が必要（**令状主義**）となります（憲法 35 条）。ここにいう住居は，居住性や現住要件にかかわりなく，およそ人が私生活の保護について合理的期待を抱く場所を指します［辻村・274 頁］。

❷ 刑事被告人の権利

検察官により裁判所に公訴を提起（起訴）され，刑事裁判の場で国家機関である検察官と対抗する訴訟当事者となった人が，**被告人**です。検察官が犯罪事実の主張をし，これを証明する活動を行い，これに対して被告人側が反証し，裁判所はこのような当事者の活動を踏まえて中立の判断者の立場にいます。この裁判の構造に相応しい権利が被告人に認められなければなりません。

1) 公平な裁判所の迅速な公開裁判を受ける権利

憲法は，裁判を受ける権利（☞前出）と裁判の公開原則（☞後出 17-2）を規定しています。憲法 37 条は，刑事被告人の権利を明確にするため，**公平な裁判所の迅速な公開裁判を受ける権利**を明示しています。この権利は，「**裁判なくして刑罰なし**」の原則を担保するもので，自由権的性格をもちます。「**公平な裁判所**」とは「構成其他において偏頗の惧なき裁判所」をいいます［最大判 1948〔昭 23〕・5・5 刑集 2 巻 5 号 447 頁］。

裁判員制度について，職業裁判官の他に一般市民から選ばれた裁判員が審理・評決に加わることが「公平な裁判所」といえるか，という批判があります。最高裁は，裁判員制度の仕組みを考慮すれば，公平な「裁判所」における法と証拠に基づく適正な裁判が行われることは制度的に十分保障されており，裁判官が刑事裁判の基本的な担い手と認められると判断しています［最大判 2011〔平 23〕・11・16 刑集 65 巻 8 号 1285 頁］。

刑事被告人は本来無罪を推定されていますが，実際には被告人であるというだけでさまざまな負担が生じます。裁判が長引けば長引くほど，被告人の負担は増大し，証人の記憶が薄らぐなど，真実の発見も難しくなります。そこで，憲法 37 条 1 項は，刑事被告人に対して「**迅速な裁判**」を受ける権利を保障しています。この権利について最高裁は，高田事件で重要な判断を示しました。

高田事件は，1952 年 6 月，愛知県名古屋市の高田巡査派出所を襲撃したなどとして，30 名あまりの者が起訴された事件です。このうち 20 名が別の公安事件の被告人であったことから，その公安事件が結審する 1966 年まで 15 年以上審理が中断しました。最高裁は，憲法 37 条 1 項が，審理の著しい遅延の結果，迅速な裁判を受ける権利が侵害される異常な事態が生じた場合には，審理を打ち切るという非常救済手段を認めるものであるという解釈を示し，高田事件はそのような異常事態に当たるとして，被告人に**免訴**の判決を言い渡しました［最大判 1972〔昭 47〕・12・20 刑集 26 巻 10 号 631 頁］。

2003 年に制定された**裁判迅速化法**は，第一審の訴訟手続を 2 年以内のできるだけ短い期間内に終局させることを目標に掲げました（2 条 1 項）。最高裁判所が公表した「裁判の迅速化に係る検証に関する報告書（第 4 回　2010 年発表）」によると，刑事裁判の通常第一審（地裁）については，平均審理期間は 2.9 カ月であり，2 年を超える事件の割合は 0.1％で，減少傾向にあります。被告人否認事件の場合は，平均審理期間は 8.1 カ月となっています。

刑事裁判の充実・迅速化を図るために，2005 年 11 月から**公判前整理手続**が導入

されています（刑訴316条の2以下）。これは，検察側，被告人側，裁判所が協働して，公判前に事件の争点と証拠を整理し，さらに検察官手持ち証拠を被告人側に開示し，審理計画を立てる手続です。限られた日にちで審理・判決を行わなければならない裁判員裁判では，公判前整理手続は必要不可欠です。こうした流れは検察による証拠開示の範囲の拡大につながっており，**再審請求**に影響を与えています（布川事件，福井事件の再審決定を参照）。

2）証人審問権・喚問権

　37条2項は，前段で，刑事被告人が，すべての証人に対して充分に審問する機会が与えられる権利（**証人審問権**）を保障しています。これは，被告人に審問の機会が十分に与えられない証人の証言には証拠能力は認められないという直接審理の原則を意味します。刑事訴訟法は，これをうけて**伝聞証拠禁止の原則**を定めています（320条）。さらに37条2項後段は，証人を公費で強制的に公判廷に呼ぶ権利（**証人喚問権**）を保障しています。判例は，裁判所は被告人の申請する証人をすべて喚問する必要がなく，その裁判をするに必要適切な証人を喚問すればよいとしています〔最大判1948〔昭23〕・7・29刑集2巻9号1045頁〕〔辻村・276〜277頁〕。

3）弁護人依頼権

　37条3項は，刑事被告人が弁護人を依頼する権利を定めます。前段は，国によって弁護人の依頼を妨げられないという消極的な権利を，後段は，経済的理由等により弁護人を依頼できない場合に，国が**国選弁護人**を付することを保障しています。

4）不利益供述強要の禁止

　38条1項は，「何人も，自己に不利益な供述を強要されない」と定めています。合衆国憲法修正5条の**自己負罪拒否特権**に由来しています。権利主体について限定がないため，刑事被告人に限らず，被疑者，証人にも保障が及ぶとされています〔辻村・278頁〕。刑事訴訟法は，被疑者と被告人に対して**黙秘権**を保障し，供述をしなくてもよいことを告知するよう求めています（刑訴198条2項，291条3項）。

5）自白の証拠能力・証明力

　38条2項は，強制，拷問，脅迫などによる自白や，不当に長く抑留・拘禁された後の自白は，被疑者・被告人が自ら進んでおこなったのではない，**任意性のない自白**として，証拠から排除すること（**自白排除の法則**）を明らかにしています。

任意性のない自白は虚偽性が強く,証明力を低く評価するだけでは誤判の可能性を排除できないことから,そもそも一般的に証拠から排除しようという趣旨です〔長谷部・255頁〕。鹿児島県議会選挙の買収容疑で13人が起訴された**志布志事件**で,鹿児島地方裁判所は,警察による追及的・強圧的な取り調べがあったことが強く疑われるとして,自白の信用性を否認し,公判中死亡した1名(公訴棄却)を除く12人全員に無罪判決を言い渡しました[鹿児島地判2007〔平19〕・2・23判タ1313号285頁]。

　38条3項は,被告人に不利益な唯一の証拠が自白である場合は,たとえ任意性のある自白であっても,これを補強する証拠が別にない限り,有罪にすることができないと定めています(**補強証拠の法則**)。公判廷の自白であっても,補強証拠の法則は妥当します(刑訴319条2項)。

　憲法,刑事訴訟法の規定にも関わらず,実際には黙秘権が侵害され,虚偽の自白による**えん罪**が絶えません。えん罪を防止し,取調べの過程の適正を担保するために,**取調べの可視化**(弁護士の立会い,録画・録音など)が求められています。

❸ 拷問・残虐な刑罰の禁止

　憲法36条前段は,公務員による**拷問**を禁止しています。拷問は自白の強要を目的として行われる可能性が高いものです。ここで念頭に置かれているのは,警察官・検察官です。

　同条後段は,**残虐な刑罰**を禁止しています。残虐な刑罰とは,「不必要な精神的,肉体的苦痛を内容とする人道上残酷と認められる刑罰」をいいます[最大判1948〔昭23〕・6・30刑集2巻7号777頁]。死刑がこれにあたるかどうかが問題となります。

◎ 死刑制度の存否

　判例は,憲法13条,31条が,生命に対する国民の権利も,公共の福祉を理由に法律上の手続に従って制限されあるいは剥奪されうることを予想しているとして,憲法は「刑罰としての死刑の存置を想定し,これを是認した」としますが,火あぶり,はりつけ,さらし首,釜ゆでの刑など,「その時代と環境において人道上の見地から一般に残虐性を有するものと認められる場合には」残虐な刑に当たるとしています[最大判1948〔昭23〕・3・12刑集2巻3号191頁]。

　死刑廃止の国際的潮流(アムネスティ・インターナショナルの調査では,2011年12月現在での死刑廃止国は96カ国,通常犯罪での廃止国9カ国,事実上の廃止国35カ国で,法律上・事実上の廃止国は140カ国,死刑存置国は58カ国)の中で,

死刑廃止論を説く見解も有力に主張されています。

　これまで、死刑制度は、裁判官や刑務官、被害者や加害者とその家族という限られた範囲の人々の問題でした。裁判員制度が導入され、裁判員として死刑制度に向き合わなければならない可能性があることから、死刑制度に対する国民の関心が高まることが考えられます〔大阪地判〔裁判員裁判〕2011〔平23〕・10・31判タ1397号104頁：朝日新聞2011年11月1日〕。

❹ 事後法の禁止と二重の危険の禁止

　39条前段は、「何人も、実行の時に適法であった行為」「については、刑事上の責任を問はれない」と定め、**事後法**（または**遡及処罰**）を禁止しています。これは国民の予測・行動可能性を確保するために不可欠であり、罪刑法定主義の帰結でもあります。

　39条前段の後半は、「何人も、……既に無罪とされた行為については、刑事上の責任を問はれない」、後段は、「同一の犯罪について、重ねて刑事上の責任を問はれない」と定めています。この理解の仕方には対立があります。①無罪判決にせよ有罪判決にせよ、判決が確定した以上は、同一の犯罪についてふたたび刑事上の責任を問われることはないことを定める**一事不再理**の規定と解する立場と、②英米法における**二重の危険の禁止**（刑事裁判を受けるという手続的負担を二重にかけない）を定めた規定と解する立場です。②は、「責任を問はれない」とは、二重に起訴されない（その結果、二重に処罰されない）ことを意味すると解しています。たとえば下級審の無罪判決に対して検察官が上訴したりより重い刑を求めて上訴することは、①の立場からは合憲ですが、②の立場からは違憲となる疑いが生じます。判例は、無罪判決に対して検察官が上訴することは、判決が確定していない状態なので、重ねて刑事上の責任を問うものではないから許されるとしています〔最大判1950〔昭25〕・9・27刑集4巻9号1805頁〕。判例の解釈からすると、②の立場からも検察官上訴は合憲となり、一事不再理と二重の危険禁止とは違いがなくなることになります〔長谷部・259頁、渋谷＝赤坂・41頁（赤坂）〕。

6　刑事補償請求権

　憲法40条は、抑留・拘禁された後、無罪の裁判を受けた者が国に補償を求めることができると定めています。17条に定める国家賠償請求権との違いは、**刑事補償請求権**が、公務員の故意・過失を補償の要件としていない点と、補償の内容（補

償額）が定型化されている点にあります（刑事補償法参照）。えん罪の補償としての金額の妥当性については，今日議論の余地があります〔安念他・169頁（青井）〕。

公務員に違法があった場合は，17条に基づく損害賠償請求を競合して主張することができます。

◎ 国家賠償請求権

明治憲法下では，国民に損害を与えた場合でも損害賠償責任を負わないとする**「国家無答責の原則」**が支配的でした。これに対して日本国憲法は，17条で，公権力による侵害に対する裁判的救済を万全なものにしようとしています。その具体的な内容は，**国家賠償法**ほかの法律で定められています。特別送達郵便の遅配によって債権の差押えが失敗し，債権者が損害を被った事件をめぐる判決で，最高裁判所は，国会の立法裁量を肯定しつつも，17条が立法裁量を限定する法規範性を有することを認めました。当時の郵便法は，郵便業務従事者の不法行為による国の責任を免除・制限する規定をおいていたところ，書留郵便について故意重過失による不法行為の責任を免除する部分，特別送達郵便物について過失による不法行為の責任を免除する部分が，17条に違反すると判断したのです［最大判2002〔平14〕・9・11民集56巻7号1439頁］。

国家賠償法に基づく**国家賠償請求訴訟**は，国会の立法行為による憲法上の権利の侵害を争う1つのルートになっています（☞後出**17-3**）。ハンセン病国家賠償請求訴訟（☞前出）は，このルートによるものです。

【引用・参考文献】

アムネスティ・インターナショナル「死刑廃止」http://www.amnesty.org/en/death-penalty/abolitionist-and-retentionist-countries
安念潤司＝小山剛＝青井未帆＝宍戸常寿＝山本龍彦編著『論点　日本国憲法──憲法を学ぶための基礎知識』（東京法令出版・2010年）〔青井執筆〕
最高裁判所「裁判の迅速化に係る検証に関する報告書（第4回）」http://www.courts.go.jp/about/siryo/jinsoku/hokoku/04/pdf/g107-150.pdf
渋谷秀樹＝赤坂正浩『憲法1　人権〔第4版〕』（有斐閣，2010年）〔赤坂執筆〕
杉原泰雄『基本的人権と刑事手続』（学陽書房，1980年）
辻村みよ子『憲法〔第4版〕』（日本評論社，2012年）
野中俊彦＝中村睦男＝高橋和之＝高見勝利『憲法Ⅰ〔第5版〕』（有斐閣，2012年）〔高見執筆〕
長谷部恭男『憲法〔第5版〕』（新世社，2011年）
樋口陽一『憲法〔第3版〕』（創文社，2007年）
安西文雄＝巻美矢紀＝宍戸常寿『憲法読本』（有斐閣，2011年）〔宍戸執筆〕

chapitre 05

思想・良心の自由と信教の自由

　ジョージ・オーウェル『1984年』(1949年)〔日本語版：新庄哲夫訳・早川書房，1972年〕は，権力によって内心が破壊され，「自分が自分ではなくなってしまう」ジストピア（反ユートピア）を描いています。権力が直接内心を侵害することは，少なくとも私たちの社会では想定する必要はないかもしれません。しかし「異端」の思想が社会から排除されることは，現実に生じることです。それでは，誰が「異端」と決めるのでしょうか。自分の「思想」が「異端」であるとされたならば，その「思想」を捨てなければならないのでしょうか。

1 思想・良心の自由

❶「思想及び良心」の意味

　憲法19条は,「思想及び良心の自由」を保障しています。人の精神活動は, 内面的な精神活動と, 他者とのかかわりの中で発揮される外面的精神活動に区分されます。本条は, 前者の内面的な活動の自由（**内心の自由**）の一般的保障規定と位置づけることができます。

◎ **思想と良心**

　内心のうち理論的・体系的なものが「思想」であり, 倫理的なものが「良心」であると区別することは可能です。しかし, 19条が両者を並べて保障していることから, 両者をことさら区別して論じる必要性は乏しいといえます。

◎ **内心説と信条説**

　思想と良心を一括して捉えたとしても, その内容をめぐっては二つの考え方があります。1つは, 個人の内心一般を広く保障しているとする考え方（**内心説**, 広義説）, もう1つは, 個人の人生観, 世界観, 思想体系など人格形成にかかわる部分のみを限定して保障しているとする考え方（**信条説**, 狭義説）です。人が内心で思うことは, それを広く認めたとしても, 内心にとどまる限りは「広範」すぎるということはありえません。本条が内面の精神活動の自由を保障する一般規定であるとするなら, 保障対象を広く解すべきだといえます〔奥平・167頁〕。

◎ **保障の意義**

　19条登場の背景には, 旧憲法下の治安維持法等によって, 特定の思想が弾圧されたという事実と, ポツダム宣言10条が「思想ノ自由」の確立を求めていたことがあります。治安維持法の下で, 危険思想の持ち主は, かならず, あるいは傾向として, 危険な言説さらには危険な行動を行うとみなされ, 危険思想をもつこと自体が反社会的（思想犯）であるという, 思想そのものを鎮圧する理論によって, 害悪を効果的に未然防止するために思想のうちに芽を摘むことが正当化されていました。こうして, 結社所属, つき合い, 読書傾向など, 人の思想に関する一切の徴表が調査の対象とされました〔奥平・165頁〕。

❷ 侵害の問題場面

　人の精神活動が内心にとどまっている限り，他の利益との衝突はありえません。この意味では，内心の自由は絶対的自由ともいえます。しかしながら，内面の精神活動が外部行為と密接不可分であることから，戦前の経験が示すように，外部行為の規制を通じて内心の自由に対する侵害が生じることになります。19条が固有の意味をもつのは，次のような場面です。

1) 思想に基づく不利益処分

　特定の思想を理由として不利益な取扱いをすることは，19条によって禁止されます。1950年7月，マッカーサー最高司令官の書簡の指令に基づいて，共産主義者およびその支持者が公職や企業から大量に追放されました（**レッド・パージ事件**）。占領下で起こったため超憲法的措置と説明されていますが，思想に基づく不利益処分の典型です。

【判例】麹町中学校内申書事件　　内申書に「校内において麹町中全共闘を名乗り，機関紙『砦』を発行した」「大学生ML派の集会に参加している」などと記載されたことが高校不合格の原因となったことを争った事件（麹町中学校内申書事件）があります。最高裁は，このような記載は，「思想，信条そのものを記載したものでない」，生徒の「思想，信条自体を高等学校の入学者選抜の資料に供したもの」とは考えられないと判断しました［最判1988〔昭63〕・7・15判時1287号65頁〕。確かに内申書の記載は生徒の思想そのものではありませんが，**本人の思想内容を推知せしめるものです**。この記載が高校側の不合格判断に影響しなかったことが明らかではない以上，思想に基づく不利益処分の疑いが残ります。

2) 告白の強制（沈黙の自由）

　個人の思想について，公権力が開示を強制し，あるいは申告させることは，特定の思想に基づく不利益処分の前提として行われる場合がありますが，告白を強制すること自体がそもそも19条に違反します。国家権力による思想調査や，江戸時代にキリスト教信者を摘発するために行った踏み絵のような，精神的な意味を有する発言や行為の強制は禁止されます〔野中他・309頁（中村）〕。個人の側からすれば，**「沈黙の自由」**があるといえます。

三菱樹脂事件は，私人間の問題ですが，「沈黙の自由」に冷淡な事例です。最高裁は，企業が思想・信条を理由として雇入れを拒んでも違法ではない以上，労働者の思想・信条を調査し，その者からこれに関連する事項についての申告を求めることも違法ではないと判断しました［最大判 1973〔昭 48〕・12・12 民集 27 巻 11 号 1536 頁］。

内心の開示を刑罰等の制裁を背景に強制するものとして，**法廷における証言義務**の問題があります。証言の対象が事実の記憶にとどまるのであれば，「事実認識」の表明ですから，19 条に抵触しませんが，その事実が証人等の思想を推知させるような事実であれば，沈黙の自由侵害のおそれがあります〔渋谷＝赤坂・132 頁（渋谷）〕。アメリカでマッカーシズム（共産主義者およびその同調者に対する糾弾）が吹き荒れていた頃，連邦議会の各議院調査委員会が国政調査権を行使して行った容疑者の証人喚問の手法（容疑者の友人・交流関係，所属結社名とそこでの活動の探索）は，その悪しき先例です〔奥平・168 ～ 169 頁〕。

3）内心に反する行為の強制

本人の思想・良心に反する行為（作為であれ不作為であれ）を強制することは，それが特定の思想・良心をもつように，あるいはもたないようになされるならば，当然に，思想・良心の自由の侵害になります。問題は，一般には正当と認められる，法律によって義務づけられた行為が，特定の思想・良心の持ち主にとって受け入れがたい場合です。良心的兵役拒否の問題が典型的です〔高橋・163 頁〕。

名誉毀損の救済方法に，謝罪広告の命令があります。最高裁は，「単に事態の真相を告白し陳謝の意を表明するにとどまる程度のもの」は，これを代替執行の手続によって新聞紙等に掲載することを加害者に命じても，その者の倫理的な意見や良心の自由を侵害することにはならないと判断しました［最大判 1956〔昭 31〕・7・4 民集 10 巻 7 号 1241 頁］。この判決には，「謝罪」「陳謝の意を表します」との文言は，本人の意思に反する意思の公表を強制するものだとする，2 人の裁判官の**反対意見**が付されています。

1994 年 4 月，小学校の音楽教諭が，校長の職務命令に反して，入学式の国歌斉唱の際にピアノを伴奏しなかったことで，戒告処分にされました。戒告処分とは，公務員の職務義務違反に対する**懲戒処分**の一種で，本人の責任を確認し，将来を戒める旨を申し渡すものです（より重い処分として，減給・停職・免職があります）。この処分を争った事件（**「君が代」ピアノ伴奏拒否事件**）の上告審判決で，最高裁は，この教諭が「君が代」に対して消極的な世界観・価値観をもっているとしても，そのことと「君が代」をピアノ伴奏することは両立するとして，校長の職務命令が教

論の思想の自由を否定するものではないと判示しました［最判 2007〔平 19〕・2・27 民集 61 巻 1 号 291 頁］。この判決には，この教諭に限っては，公的儀式の場でみんなが君が代を斉唱しなければならないということが，思想・良心に反するのだという**反対意見**が付されています。

2 信教の自由

◎ 近代立憲主義と信教の自由

歴史的には，**信教の自由**は，**近代立憲主義**が保障する権利のうちでも中核的な位置を占めます。宗教改革以降のヨーロッパでは，宗派間の血で血を洗う戦闘が繰り返されました。対立する宗派の共存を図るために，少数派にも信教の自由を保障すること，政治勢力が宗教から距離を置くことについて合意が生まれました。この課題への手立てが，人々の生活領域を私的なそれと公的なそれに区分するという近代立憲主義のアイデア（**公私の区分**）です。私的な領域では，各人は自分の価値観・世界観にそって生きる自由が保障され，公的な領域では，価値観・世界観にかかわらず，社会全体に共通する利益（**公共の福祉**）を実現する方策が，冷静かつ理性的に審議され，決定されなければならないとされたのです（**国家の価値中立⇒政教分離原則**）〔長谷部②・5 ～ 6 頁〕。

◎ 明治憲法下の信教の自由

明治憲法は信教の自由を定めていました（28 条）が，「安寧秩序ヲ妨ケス及臣民タルノ義務ニ背カサル限ニ於テ」という留保付きでした。明治憲法の基本原理は「**神勅天皇制**」に置かれていましたから（☞前出 02），天皇の祖先を神々と崇める宗教を特別視する論理を内包していました。この宗教を基礎に**国家神道**の体系が作りあげられ，それが事実上**国教化**されました。逆にこれを受け入れない他の宗教が弾圧されました。政府は「神社は宗教にあらず」との立場から神社の特別扱いを正当化し，国家主義・軍国主義が台頭すると，神社への参拝を「臣民タルノ義務」として強制しました〔高橋・167 ～ 168 頁〕。第二次世界大戦後，総司令部は「**神道指令**」（1945・12・15）を発し，国家と神道の分離を命じて信教の自由の確立を促しました。翌年 1 月 1 日には，天皇が「人間宣言」を行い，天皇とその祖先の神格性は否定されました。

憲法 20 条は，2 種類の内容を定めます。1 つは，国家に干渉されることなく宗教を選択・実践する，個人の権利としての**信教の自由**です（20 条 1 項前段，同条 2 項）。

もう1つは、国家に対して宗教と結びつくことを禁じた**政教分離原則**です（20条1項後段、同条3項）。

❶ 信教の自由

1) 信教の自由の内容

信教の自由の内容は、次のように整理されます。

①内心における宗教上の信仰の自由　憲法19条の思想・良心の自由が宗教面に現われたもので、特定の宗教を信じる自由、その信仰を変える自由、信教しない自由も保障されています。信仰を有している者に信仰告白を強制すること、信仰を有していない者に信仰を強制することは禁止されます。

②宗教的行為の自由　信教の自由には、礼拝、祈祷その他の宗教上の行為、祝典、儀式または行事を行い、または参加し、もしくはこのような行為をしない自由が含まれます。宗教を宣伝する自由（布教の自由）も宗教的行為の自由として保障されます。

③宗教上の結社の自由　信仰をおなじくする者が宗教団体を設立し、活動する自由、宗教団体に加入する自由、および宗教団体に加入しない自由が、信教の自由によって保障されます。宗教団体も活動を容易にするために、法人格の獲得（宗教法人）が認められます。宗教団体が法人格を獲得するには、一定の要件と、所轄庁の認証が必要です（宗教法人法12条以下）。法人格なき宗教団体を結成することは自由ですから、宗教法人設立目的に適合的な要件を課すことは憲法に違反しないと考えられます。また、宗教法人法は裁判所が宗教法人の解散を命ずることを認めていますが（81条）、解散命令は宗教団体の法人格を剥奪するにとどまり、信教の自由を直接侵害するとは考えられていません［最決1996〔平8〕・1・30民集5巻1号199頁］。

2) 信教の自由の限界

信仰の自由は内心にとどまらず、宗教的行為や団体設立など、外部行為を通常伴っています。信仰の自由の外部行為が他者の権利・利益や社会に具体的害悪をもたらすときには、信仰の自由といえども、公権力による規制の対象となります。このような場合であっても、当該行為の基にある信仰自体を悪として規制するのではなく、当該行為がもたらす害悪を規制対象とする配慮が求められます。

【判例】加持祈祷事件　精神病者の平癒祈願の線香護摩を行ったところ、被害者が暴れだしたので暴行を加え、結果として急性心臓麻痺で死亡させた事件で、最高裁は、線香護摩が宗教行為としても、信教の自由の保護の限界を逸脱しているとして、傷害

致死罪の成立を認めました［最大判 1963〔昭 38〕・5・15 刑集 17 巻 4 号 302 頁］。

【判例】牧会活動事件　　牧師が，建造物侵入等の事件の犯人として警察が捜査中の高校生を教会教育館に 1 週間にわたり宿泊させて説得して警察に任意出頭させたところ，犯人隠匿罪で略式起訴されました。牧師は，魂への配慮を通じて社会に奉仕する牧会活動は牧師の職務であるとして，正式な裁判を要求しました。神戸簡裁は，本件の牧師の牧会活動は正当な目的の範囲にとどまり，かつ，手段方法においても相当であったとして，正当な業務行為と認め，無罪をいい渡しました［神戸簡判 1975〔昭 50〕・2・20 判時 768 号 3 頁］。

❷ 政教分離の原則

1）意　　義

政教分離原則とは，①宗教団体が国から特権を受けたり，政治権力を「付与」されたりすることを禁止し，②国や地方公共団体などの機関が宗教教育や宗教活動等を行うことを禁止することです。ここにいう**宗教団体**は，広く，宗教的礼拝ないし宣伝を目的とするすべての団体で，宗教教育の内容も広く解するのが一般的です〔辻村・207 頁〕。憲法 89 条は政教分離原則を財政面から裏付けるもので，宗教上の組織・団体の使用・便益・維持のためにこれに対して公金を支出し，あるいはその他の公の財産を提供してはならないと定めています（☞後出 14-3）。

イスラム諸国の中には政教一致をとる国もありますが，信教の自由が保障され，さまざまな宗派の宗教活動に対する寛容が認められている社会でも，政治と宗教の関係は多様です。①国教制度を建前とし，国教以外の宗教についての広汎な**宗教的寛容**を認め，実質的に宗教の自由を保障しているイギリスのような国，②国家と宗教とは各々その固有の領域において独立であることを認め，教会は公法人として憲法上の地位を与えられ，その固有の領域については独自に処理し，競合事項に関しては和親条約（**コンコルダート**）を締結し，これに基づいて処理すべきものとするドイツやイタリアのような国，③アメリカ合衆国やフランスのように，**国家と宗教を分離**する国があります。日本は分類上③に属しますが，分離の厳格度は国によって異なります〔野中他・324～325 頁（中村）〕。

2）目的効果基準

政治と宗教の結びつきを禁止するといっても，社会生活のあらゆる局面で政治と宗教のかかわりを一切許さないというのは，あまり現実的ではありません。そこ

で，どの程度の結びつきなら許容されるのか，あるいは，どのような結びつきであると政教分離原則に違反するかが，問題となります。最高裁は，この問いに対して，政府の行為の「目的が宗教的意義をもち，その効果が宗教に対する援助，助長，促進又は圧迫，干渉等になる行為」は，国家と宗教のかかわりあいが「相当とされる限度を超える」ことになり，政教分離に反するという審査基準（**目的効果基準**）を打ち出しました（**津地鎮祭訴訟**［最大判 1977〔昭 52〕・7・13 民集 31 巻 4 号 533 頁］）。目的効果基準自体は，政府の行為の目的や効果の捉え方により，緩やかに適用されることも，厳格に適用されることもあります。

【判例】津地鎮祭訴訟　　市体育館の起工にあたり，市の公金を支出して神道固有の方式に従って地鎮祭を挙行したことにつき，最高裁は，**目的効果基準**を適用して，神式地鎮祭はその目的は世俗的で効果も神道を援助・助長し，他の宗教に圧迫干渉を加えるものではないから，政教分離に反しないと判断しました［前掲・津地鎮祭訴訟上告審判決］。

【判例】愛媛玉串料訴訟　　愛媛県は，靖国神社の例大祭に玉串料を，同みたま祭に献灯料を，また護国神社の春秋の慰霊大祭に供物料を，それぞれ数度にわたり公金から支出しました。これらの支出行為が憲法の政教分離規定に違反するとして，住民訴訟が提起されました。最高裁は，**目的効果基準**を用いて，その支出が一般人に対してもたらす印象や関心を理由に，違憲判断を下しました［最大判 1997〔平 9〕・4・2 民集 51 巻 4 号 1673 頁］。この判決には，宗教団体のための公金支出は 89 条違反の 1 点で違憲判断を下すべきであり，20 条 3 項違反かどうかを問う必要がないので，目的効果基準を用いる必要がないとする意見が付されています。

【判例】空知太神社訴訟　　市が自ら所有する土地を神社施設の敷地として無償で使用させていながら，神社物件等の撤去を請求しないことは，違法に財産管理を怠るものであるとして，市の住民が当該怠る事実の確認を求めた**住民訴訟**が提起されました。最高裁は，本件の利用提供行為は憲法 89 条の禁止する公の財産の利用提供行為に当たり，ひいては憲法 20 条 1 項後段の禁止する**宗教団体**（氏子集団）に対する特権の付与に該当すると判断しました［最大判 2010〔平 22〕・1・20 民集 64 巻 1 号 1 頁］。その後，問題となった土地が有償で貸し出されたことで，決着しました［最判 2012〔平 24〕・2・16 民集 66 巻 2 号 673 頁］。

❸ 政教分離と信教の自由の相克

　日本国憲法は，先行する明治憲法の下の祭政一致を否定するために，政教分離によって信教の自由を確保する方式をとっていますが，**個人の信教の自由**と**政教分離**は，双方を厳格に貫くと衝突します〔長谷部①・190 頁，樋口・222〜223 頁〕。みんなが一般的に負う義務・負担が，特定の信仰をもつ人々にとって特別の不利益をもたらすような場合，国家がそのような信徒に便宜を図ると，国家が特定の宗教を優遇するおそれが生ずるからです。

【判例】日曜日参観訴訟　　礼拝参加のために日曜日の参観授業を欠席した公立小学校の児童が，欠席扱いをすることは信教の自由を侵害すると主張して損害賠償を求めた事件で，東京地裁は，宗教行為に参加する児童について出席を免除すると**公教育の宗教的中立性**を保つうえで望ましくなく，かつ当該児童の公教育の成果を阻害するとの理由から，児童を欠席扱いしても違法ではないと判断しました〔東京地判 1986〔昭 61〕・3・20 行集 37 巻 3 号 347 頁〕。

【判例】エホバの証人剣道受講拒否訴訟　　エホバの証人の信者である高専の学生が，格技を否定する教義に従って剣道実技の受講を拒否したため，原級留置処分の末，退学処分になりました。最高裁は，退学処分という個人の負担は深刻であること，学校が剣道実技に代替する措置をとることは比較的容易であること，剣道実技への参加が高専の教育目的実現にとって必要不可欠とは考えにくいことから，「信仰の核心部分と密接な関連する真しな」理由に基づいて剣道実技を拒否している本件のような場合には，画一的な教育内容の実施からの免除を認めるべきであり，学校の退学処分は裁量権の範囲を超えた違法なものであるとの結論を導きました〔最判 1996〔平 8〕・3・8 民集 50 巻 3 号 469 頁〕。

【引用・参考文献】
奥平康弘『憲法Ⅲ　憲法が保障する権利』（有斐閣，1993 年）
渋谷秀樹＝赤坂正浩『憲法 1　人権〔第 4 版〕』（有斐閣，2010 年）〔渋谷執筆〕
高橋和之『立憲主義と日本国憲法〔第 2 版〕』（有斐閣，2010 年）
野中俊彦＝中村睦男＝高橋和之＝高見勝利『憲法Ⅰ〔第 5 版〕』（有斐閣，2012 年）〔中村執筆〕
長谷部恭男『憲法〔第 5 版〕』（新世社，2011 年）〔長谷部①〕
同「立憲主義」大石眞＝石川健治編『憲法の争点』（有斐閣，2008 年）〔長谷部②〕

樋口陽一『憲法〔第三版〕』（創文社，2007年）

◉**演習問題**

❶ 1956年最高裁大法廷判決に付された反対意見がいうように，「謝罪」「陳謝の意を表します」との文言が本人の意思に反する意思の公表を強制するものであるとすると，名誉毀損があった場合に，裁判所は，どのようにして被害者の「名誉の回復」を行ったらよいでしょうか。

❷ イスラム教では，女性は体を隠す服装をすることが義務づけられています。最も多く用いられているのがヒジャブと呼ばれるスカーフで，頭髪を覆い隠すものです。ところによっては，目だけがみえるニカーブや頭だけがみえるチャドル，全身を覆うブルカなどが用いられています。このようなイスラム教に従った服装は，イスラム教の宗教的な宣伝となるとして，フランスでは，政教分離原則により，公立学校におけるスカーフ着用禁止法，さらには公道などの公共空間での着用を制限する法律が制定されています。インドネシアからイスラム教徒の介護福祉士候補生を受け入れた日本の公立の介護施設で，スカーフ着用禁止の業務命令を下すことはできるでしょうか。

chapitre 06-1

表現の自由①

　女優としても有名な，アンジェリーナ・ジョリーの，初の映画監督作品，「ブラッド・アンド・ハニー」は，2012年に全米公開されました。この作品は，ボスニア・ヘルツェゴビナ紛争を舞台としたセルビア人の兵士と，ボスニア人女性のラブストーリーを描いた社会派作品で，戦時下の殺戮やエスニック・クリンジング（民族浄化）のためのレイプなど，多くのいたましい事件が取り上げられています。

　表現物の中には，美しく楽しいものだけでなく，人によってはみるのが苦痛だったり，不愉快だったりするものもあります。表現の自由は，なぜ，これらの表現の自由をまもるのでしょうか。

1 表現の自由

❶ 表現の自由とは何か

すでに学んだように，思想・良心の自由，信教の自由などの精神活動の自由は，それが内心にとどまる限り，絶対的に保障されます。ところが，そうした内面の精神活動は，内にとどまっている場合には，他の人にとってはあまり意味がありません。**内面の精神活動は，外に表れて初めて**，それをきっかけに意見の交換が始まったり，新しいアイディアが発展するなど，社会的に効用を発揮するのです〔芦部・170頁〕。

表現の自由は，しばしば，アメリカの最高裁判官ホームズによる**思想の自由市場**という考え方と結びつけて議論されます。いろいろな考え方が活発に流通する中で，競争によって自然とよいものだけが残るのだと考えるのですが，そのためには，表現が政府などによって規制されず，生のまま流通し，受けとるものが価値を判断できることが必要です。

表現の自由には，しばしば，2つの重要な価値があると説明されます。1つは，個人が表現活動を通じて自己の人格を発展させる，個人的な**自己実現**の価値です。たとえば，べつに上手でなく，他人に有用でなくても，小説を書いたり，バンドを組んで駅前で歌ったりすることには個人的な意義があるでしょう。もう1つは，表現活動によって国民が政治的意思決定に関与するという，民主制に資する社会的な，**自己統治**の価値です。さまざまな事柄について，自分の意見をのべること，また，それが政治的意思決定の材料となることが有意義だと考えられているのです。民主主義過程の維持を表現の自由の根拠とする議論は，表現の自由を公共財としてみている〔長谷部・194頁〕との指摘もあります。

実に多くの理論が，こうした，よく知られた説明の他にも，さまざまな表現の自由の概念を説明しています。言論の社会的な価値を中心として捉えることも多いのですが，中には，自律した個人としての表現者の表現の自由は，社会的利益に資するとしても規制が許されない，個人の「切り札」としての人権だとする説もあります〔長谷部・194頁〕。単純に，1つの側面から表現の自由の価値を捉える立場はみられず，多様な効用を含むものと考えられています。

また，表現の自由は古典的な表現者──情報の発信者──の自由を守るものから，情報の発信，流通，受領などの過程を保護するものと認識がかわっています〔たとえば，渋谷・322頁，佐藤・248頁以下〕。

❷ 知る権利

1）マス・コミュニケーションと知る権利

　古典的な表現の自由は，表現者——**情報の発信者**——の自由を守るものと考えられていました。だれかが道ばたで，ひっくりかえした木箱の上で，自分の考えについて演説を始めたり，古くは2頁とか4頁しかページがなかった新聞を自前で刷って配布したり，そうした場合，その表現者を，政府の干渉から守るものだったのです。

　ところが，情報化がすすんだ（情報に価値があることが認識された）現代社会では，情報を受け取る側の権利，といった視点を，表現の自由に加えて考えることが必要になりました。受け手の「**知る権利**」というものが，表現の自由に含まれると考えられるようになったのです。

　表現の自由は，情報の流通を前提としますから，当然，受け手がいることが想定されています。その意味では，論理的な飛躍ではないのですが，かつては，わざわざ「知る権利」を取り上げる必要がありませんでした。ところが，20世紀になって，ラジオ，テレビなどのマス・コミュニケーションが発達し，大量の情報を国民に一方的に流すようになりました。「**送り手と受け手の分離**」といわれますが，こうした現象のもとで，国民は，多くの場合，専ら情報を受け取るわけです。そして，社会生活には情報がますます重要になってきました。そのため，「知る権利」に焦点を当てて，表現の自由を考え直す必要が出てきたのです。

2）知る権利と情報公開請求権

　「知る権利」は自由権で，情報を受け取るのを邪魔されないことを保障するものです。ただ，情報が，政治的意思決定に資することから，**参政権**的な側面もあります。

　さらに，「知る権利」に基づいて，**情報公開請求権**，つまり政府情報の公開を求める**権利**があると考えられています。政府情報の公開を求めることにより，国家活動を把握したり，違法な活動を抑制しようという趣旨に出たもので，水槽の中の蟻の巣が外からみえるように，市民が政府活動を把握できるような「**ガラス張りの政府**」を目指します。情報の公開を求める面からは，情報公開請求権は，国務請求権や，国家の積極的な行為を求める社会権とも考えられます。ただし，具体的に，政府情報の公開を求めるためには，法律を制定する必要があると考えられています。日本では，各地方公共団体が先行して情報公開条例を定めました。そののち，1999年に国レベルで**情報公開法**が成立しました。情報公開法の下では，地方公共団体に置かれた窓口に少額の手数料をそえて，情報を保有している（だろう）官公庁の長に対

し，政府情報の公開を求めうる制度が作られました。これは情報自体がなくては画餅ですが，2009年に**公文書管理法**が作られ，政府文書の管理保存について定めました。一方，2013年に**特定秘密保護法**が成立し，防衛・外交などの分野の特定秘密に指定された情報の，公務員や民間人による取得に厳罰が科されました。国家安全保障会議（日本版NSC）の設置と連動しているとされ，知る権利への影響が懸念されます。

3 アクセス権

アクセス権は，ある場合に，個人がマスメディアを無料で利用し，情報を発信する権利を観念したものです。これが問題になるのは，たとえば，マスコミが，名誉毀損的な情報を大々的に流し，たとえ情報があやまっていても，不利益を被った個人がそれを訂正するすべがないような状況で，個人がマスメディアを利用させるように求めるような場合です。

情報の送り手と受け手が分離した社会では，受け手である国民は，多くの人に意見等を伝える術があまりありません。そのため，のちに述べる集会や集団行動などが重要になってきます。最近では，ブログやツイッターなどの，インターネットを経由した個人による発信が，社会的な影響力をもちうることがわかってきましたので，今後，情報技術の発展にともなって，状況は時事刻々と変化する可能性があります。しかし，いまのところ，情報の大量発信と，それによる影響力の強さという点で，送り手であるマスコミと，受け手の国民には，大きな差があります。アクセス権はこうした状況を是正すると考えられているのです。

ただし，私企業であるマスメディアには，憲法の直接的な適用がなく，また，それ自体が**編集権**などを内容とする表現の自由を有する（サンケイ新聞事件［最判1987〔昭62〕・4・24民集41巻3号490頁］）と考えられています。マスメディアに対するアクセス権は，21条からは直接導き出すことはできず，マスメディアと個人の権利調整を念頭に置いた特別の法律を制定して，具体的な権利としての「アクセス権」を保障する必要があるとされます。サンケイ新聞事件では，日本共産党が，自由民主党がサンケイ新聞に掲載した意見広告に，同じスペースで反論文を無料で掲載させるよう求めましたが，最高裁は反論文の掲載請求権を認めませんでした。

2 どのような表現に保障が及ぶか

どのような表現に保障がおよぶかについては，21条に規定されているのは「**言論，出版**」ですが，特に表現の方法や表現媒体を問いません。ラジオ，テレビ，インター

ネット，絵画，写真，映画，音楽，芝居，踊り，その他のパフォーマンスなども含まれます。表現の方法や表現媒体は，それ自体が表現の一部をなすと考えられます。

ここからは，「言論，出版」に含まれる表現の自由の内容のうち，これまで問題になったものを取り上げてゆきます。

❶ 報道の自由

1) 報道の自由

表現の自由は，もともとは，思想や意思の表明など，内心の精神活動が外にあらわれたものを保護するのだと考えられていました。ところが，報道は，単に事実を伝えるので，必ずしも思想や意思の表明とはいえないことから，21条による保護がおよぶのかについて，議論がありました。しかし，報道のためには，ニュースを編集する必要があり，どのニュースをどれくらい，どのように報じるか等を通じて，送り手の意見が表明されます。また，**報道の自由**が，国民の知る権利に奉仕する重要なものです。そのため，報道の自由も，表現の自由に含まれると考えられています（博多駅事件［最大決1969〔昭44〕・11・26刑集23巻11号1490頁］）。博多駅事件は，アメリカの原子力潜水艦が佐世保に寄港するのに反対した学生らが，博多駅に下車して警察の機動隊と衝突し，放送局が，機動隊員が学生に暴行を加えたシーンなどを撮影したフィルムを，機動隊員に対する裁判の証拠として提出することを命じられ，報道の自由，取材の自由を侵害されたとして21条違反を争った事件です。最高裁は，公正な刑事裁判を実現するのに必要な証拠だとして，フィルムの提出命令を合憲としました。

2) 取材の自由

さて，報道をしようとすると，取材をせねばなりません。表現行為そのものとはいえませんが，**取材の自由**が表現の自由に含まれるかについては，学説は肯定的に捉え，表現の自由に含まれると考えています。ただ，判例は，博多駅事件において，取材の自由も「憲法21条の精神に照らし，十分に尊重に値する」として少しおさえめの解釈をとり，以降の判例もその立場を守っています。

取材の自由は，**国家秘密**の漏洩に関連して争われることもあります。こうした場合，まず問題になるのは，国家秘密とは何か，です。あまり広く観念すると，取材の自由等を阻害することになりますが，通常は，軍事上・外交上の情報で，公開が国家の安全を傷つけるもの〔芦部・180頁〕とされます。また，取材方法も問題になります。外務省秘密漏洩事件（西山記者事件［最決1978〔昭53〕・5・31刑集32巻3

号457頁］）では，沖縄返還に関する「密約」を裏付ける外務省の極秘電文が国会で暴露され，捜査が開始されて，毎日新聞の西山記者と外務省事務官の女性が国家公務員法100条1項，111条（そそのかし）違反容疑で逮捕・起訴されました。最高裁は，取材の方法が「法秩序全体の精神に照らし相当なものとして社会観念上是認されるもの」であれば，取材は，「正当業務行為」として違法性が阻却される，としましたが，本件では男女関係を利用して情報を入手したとして，有罪判決を下しました。

　取材に関して**取材源の秘匿の自由**が認められるかどうかも問題になることがあります。取材源の秘匿は，取材の自由の一環として21条で保護されることもあると考えられます。ただし，刑事事件に関連する判例では，これまで，取材源を秘匿する権利を認めていません（石井記者事件［最大判1952〔昭27〕・8・6刑集6巻8号974頁］）。しかし，報道に基づく株価の下落に対する損害賠償請求を求める民事訴訟に関連して，取材源の秘密は民事訴訟法197条1項3号の「職業の秘密」にあたり，秘密の公表による不利益と，真実発見および裁判の公正とを比較衡量して，取材源の秘匿を認めた判例があります［最決2006〔平18〕・10・3民集60巻8号2647頁］。

❷ 性表現・名誉毀損表現

　性表現，名誉毀損表現は，**わいせつ物の頒布・販売罪（刑法175条）**，**名誉毀損罪（同230条）**などで刑事処罰の対象とされていたことから，はじめ，21条で保障される表現の範囲にははいらないと考えられていました。しかし，何が処罰されるのかによって，憲法上保障されるべき表現まで保障されなくなってしまうことが問題視され，表現の自由として保障されるものとして，どのような場合に制約されるのかが問題となりました。そのため，刑法規定の保護法益とバランスをとりながら，わいせつ物や名誉毀損の範囲を狭く絞る，**「定義づけ衡量」**論がとられます。

1）性 表 現

　チャタレイ事件［最大判1957〔昭32〕・3・1刑集11巻3号997頁］は，イギリスの作家D. H. ロレンスの，「チャタレイ夫人の恋人」を伊藤整が翻訳したものが，わいせつ物であるとして，翻訳者と出版社が刑法175条違反に問われたものです。最高裁は，「わいせつ物」を，「いたずらに性欲を興奮または刺激せしめ，普通人の正常な性的羞恥心を害し，善良な性的道義観念に反するもの」と定義しました。そして，刑法175条は，性的秩序を守り，最小限度の性道徳を維持するという公共の福祉のための制限だとし，合憲判決を下しました。チャタレイ事件の最高裁の分析

では、わいせつとされた部分だけを取り出して評価し、文書の思想性や芸術性とわいせつ性を別物として判断していました。

これらの点について、まず、**「悪徳の栄え」事件**〔最大判1969〔昭44〕・10・15刑集23巻10号1239頁〕は、チャタレイ事件のわいせつの定義をふまえながら、わいせつ性は、文書全体との関連性で判断すべきだ、とし、修正を加えました。また、**「四畳半襖の下張り」事件**〔最判1980〔昭55〕・11・28刑集34巻6号433頁〕では、わいせつ性は、性描写の程度、手法、文書全体に占める比重、文書に表現された思想等との関係、文書の構成・展開、芸術性・思想性等による性的刺激の緩和の程度など、文書全体を検討して判断する、とし、芸術性や思想性も考慮しての全体の評価であることを示しました。しかし、いずれの事件でも、判断は合憲でした。これらの判決による性表現の規制の違憲審査の枠組みは現在も維持されていますが、メイプルソープ事件〔最判2008〔平20〕・2・19民集62巻2号445頁〕では、写真家メイプルソープの作品の芸術性を考慮し、税関検査による輸入禁止処分が違法と判断され、注目されました。

2) 名誉毀損表現

名誉毀損表現も、**名誉毀損罪（刑法230条）**で刑事処罰の対象とされていたことから、はじめ、21条で保障される表現の範囲には入らないと考えられていました。しかし、下位法では名誉毀損にあたっても、憲法上保護されるべきものがあるため、**刑法230条の2**が刑法典に追加され、公共の利害に関する事実について、公益を図る目的でなされた名誉毀損行為は、真実であるという証明があれば、処罰されない、とされました。**夕刊和歌山事件**〔最大判1969〔昭44〕・6・25刑集23巻7号975頁〕は、さらに、真実だと証明できなくとも、行為者が真実だと誤信し、それが確実な資料、根拠に照らして相当な理由があるときは、故意犯である名誉毀損罪は成立しない、として、処罰の範囲をしぼりました。この事案では、『夕刊和歌山時事』が、暴露記事を掲載していた『和歌山特だね新聞』を批判し、名誉毀損だとして起訴されました。

しかし、民事の不法行為訴訟では、近年、損害賠償額が高騰するなどしており、名誉毀損訴訟が、マス・メディアなどの表現行為を萎縮させることが心配されています。

❸ プライバシーと表現の自由

プライバシー権（☞後出10）にはじめて言及したのは**「宴のあと」事件**〔東京地

判 1964〔昭 39〕・9・28 下民集 15 巻 9 号 2317 頁〕ですが，この事件でも，**表現の自由とプライバシー権が対抗関係になりうることがみて取れます**。「宴のあと」事件は，三島由紀夫による，外務大臣を務めたこともある政治家と元妻をモデルとした，虚構をまじえた小説が，政治家のプライバシーを侵害したとして，政治家が謝罪広告と損害賠償を求めたものです。東京地裁は，プライバシーの権利性を認め，プライバシー侵害が救済されるためには，①私生活上の事実または事実らしく受け取られるおそれのあることがらである，②一般人の感受性を基準に，公開を欲しないようなことがら，つまり，心理的な負担，不安を覚えるようなことがらであること，③一般の人々に未だ知られていないことがらであること，が必要で，公開によって当該私人が実際に不安，不快の念を覚えたことを必要とする，としました。ただし，公人の場合には，表現の自由が重視され，一般人よりも狭い範囲でしかプライバシー権が保護されないというルールを示しました。

これに対して，一般人のプライバシー権が表現の自由との関係で問題になった場合には，最高裁は，**「石に泳ぐ魚」事件**〔最判 2002〔平 14〕・9・24 判時 1802 号 60 頁〕にみられるように，広くプライバシー権の保護を認める傾向にあります。この事件では，最高裁は，顔に腫瘍がある友人女性をモデルにした小説が，プライバシー権等を侵害し，重大で回復困難な損害を与える可能性があるとし，原審の慰謝料の支払いと出版差止め（☞後出 06-2）を認めた判決を支持しました。

あきらかに虚構とわかるモデル小説で，モデルとは特徴や言動が関係ないとわかっているような場合や，誰もが知っている（世上公知の）事実を書いた場合（「逆転」事件〔最判 1994〔平 6〕・2・8 民集 48 巻 2 号 149 頁〕参照），プライバシー侵害が成立するのか，また，わいせつの場合のように作品の芸術性が考慮されるかどうか，など，さまざまな問題があります。

プライバシー権と表現の自由の調整のルールは，まだ，確立したとはいえず，議論の動向を見守る必要があります。

4 営利的表現

広告のような，**営利的表現**も，21 条の保護をうけるでしょうか。企業は，商業活動の一環としてさまざまな表現活動を行うことがありますが，これはともかく，たとえば，物の仕様と値段だけを書いた商業広告などにも表現の自由の保護がおよぶでしょうか。純然たる営利広告は，経済活動の自由の問題と考える学説もあります。しかし，国民が消費者として広告を通じてさまざまな情報を受け取ることが重要であると考えると，21 条の保障の範囲内であると考えるべきでしょう。表現の

自由の保護において、自己統治の価値に重点が置かれる結果、営利的言論は、非営利的な言論より、価値が低いと考える立場もあります〔芦部・186頁〕。しかし、自己統治の価値以外にも表現の自由が尊重されるべき理由があると考えると、そう言い切れるものでもありません。こうした観点から、中間審査の適用を示唆する見解があります〔渋谷・347頁〕。

5 表現媒体と表現の自由

　表現媒体による規制は、内容が問題視されるのでなく、後に述べる、集会・結社の自由とおなじく、表現が伝えられる方法が特徴的だと考えられるものです。日々、新たなメディアが登場するのですが、ここでは、放送とインターネットを取り上げます。

1）放送の自由

　電波メディアによる表現の自由は、「放送の自由」といわれます。放送は、公衆に直接受信される電気通信（放送法2条1号）ですが、CATVなど有線放送もふくめて、広く「放送」として扱われます。

　「放送」には、特別の規制が課されています。まず、電波法は、無線局の開設を免許制としています。内容の面では、放送法（①〜④4条1項）が、放送番組は、①公安および善良な風俗を害さない、②政治的に公平であること（公正原則）、③報道は事実を曲げないでする、④意見の対立している問題では、多角的に論点を明らかにする、⑤教養・教育・報道・娯楽の番組相互の間のバランスをとること（⑤5条1項）、などの「番組準則」が規定されています。また、必ず放送番組審議会を設置しなくてはなりません（同82条）。

　なぜこうした特別の規制を課すことができるのかには議論があるのですが、①放送用電波に限りがあるため、国が周波数をわりあてて、放送事業者に割り当てる（免許制）必要がある、②放送は、直接公衆にはたらきかけ、即時に動画や音声を伴う映像で視聴されるため、大きな影響力をもつこと、③民間放送にはスポンサーがつくので、自由競争に任せると、番組編成が大衆受けを狙って偏る、などの理由がこれまであげられてきました。

　ただし、最近では、利用可能な周波数帯域が拡大し、衛星放送（BS）やCATVなど、メディアの種類も増え、多チャンネル化がすすんでいるため、規制がこうした理由付けで正当化できるかどうか、本当に規制が必要なのかどうか疑問が呈されています。そのため、一部のメディアを自由に任せ、一部を規制することで、より

多様な意見が採り上げられたり〔佐藤・284頁〕，過度の規制が抑制されるなどの効用があるとする〔芦部・182頁〕，**部分規制論**などの考え方も示されています。

2）インターネットと表現の自由

通信技術は日々，発達し，多様化します。最近のもっとも大きな変化は，インターネットの登場でしょう。インターネットとの関係で，次章で述べる名誉毀損やわいせつ，プライバシー侵害等による従来の表現の自由の規制の理論が，再構成されねばならない場面が生じることもあります。たとえば，名誉毀損の場面で，表現者だけでなくプロバイダーの責任が問われることがあったり，サイバーポルノを刑法で処罰する場合，わいせつ物の「頒布」「販売」「公然陳列」が問題になりますが，「わいせつ物」は，情報としてのわいせつ画像か，それとも，サーバーやハードディスクなのか，などの議論もあり（高橋他），この領域特有の議論の展開を見守る必要があります。インターネット以外にも，今後，新しい通信技術が登場すれば，それにともなって理論的な再検討がなされることでしょう。

【引用・参考文献】
芦部信喜〔高橋和之補訂〕『憲法〔第5版〕』（岩波書店，2011年）
佐藤幸治『日本国憲法論』（成文堂，2011年）
渋谷秀樹『憲法』（有斐閣，2007年）
初宿正典『憲法2〔第2版〕』（成文堂，2002年）
高橋和之＝松井茂記＝鈴木秀美『インターネットと法〔第4版〕』（有斐閣，2010年）
辻村みよ子『憲法〔第4版〕』（日本評論社，2012年）
野中俊彦＝中村睦男＝高橋和之＝高見勝利『憲法I〔第5版〕』（有斐閣，2012年）
長谷部恭男『憲法〔第5版〕』（新世社，2011年）

●演習問題
●たとえば，爆発物の作り方をネット上で紹介するようなサイトは，表現の自由の保護をうけるでしょうか。

chapitre 06-2

表現の自由 ②

　「あなたの意見には反対だが，あなたがそれを主張する権利は命をかけて守る」とは，伝ヴォルテールの名言ですが，表現の自由の規制をめぐる訴訟で勝訴するのは至難の業です。表現の自由の重要性が強調され，厚い保障がなされるべきだと主張されるということは，反面，いかにトラブルが多く大きく，権利保障が難しいかを示唆するのです。

1 表現の自由の規制

　表現の自由は、どのような場合に制約されるのでしょうか。憲法21条は「検閲」の禁止を明示的に定めています。表現の自由といえども絶対的に保障されるわけではなく、その他にも、制約される場面がありうるのです。学説は、表現の自由を守るために、合憲性審査を厳しくするなど、さまざまな提案をしてきています。本章では、表現の自由が制約されるさまざまな場合のルールを検討します。

　また、表現の自由とおなじ21条1項に規定された集会結社の自由、2項の通信の秘密について検討します。

2 検閲の禁止と事前抑制の理論

　憲法21条2項は、「検閲はこれを行ってはならない」と明示的に規定し、**検閲**を絶対的に禁止しています。

　「検閲」は一般的には、公権力が表現物の思想内容をあらかじめ審査し、不適当と認めるときは、その発表を禁止すること〔芦部・190頁〕です。表現物の発表そのものを止めてしまうので、そもそも情報がどこにも流通せず、そうした点で、侵害の度合いが大きいと考えらるのです。

　検閲の主体は「公権力」とされてはいますが、ふつう、検閲を行うのは専ら行政権です。しかし、裁判所がその判断によって表現物の発表を止めてしまうことがあるので、裁判所も問題になることがあります。しかし、裁判所の手続は公正で法の手続に従うものと考えられるので、裁判所による「事前抑制」は、例外的な場合には、厳格かつ明確な要件のもとで許容されることもあります〔芦部・191頁〕。

　税関検査事件〔最大判1984〔昭59〕・12・12民集38巻12号1308頁〕は、憲法で禁止された「検閲」は、**行政権**によるものと狭く解し、行政権による検閲は絶対禁止とし、裁判所によるものは原則禁止としています。税関検査事件では、原告は、外国から8ミリフィルムや書籍を郵便で輸入しようとしましたが、税関支署長から、関税定率法違反だと通知されました。異議申立も棄却されたので、通知と異議棄却決定の取消しを求めました。

　最高裁によれば、検閲は行政権が主体となり、思想内容等の表現物を対象として、その全部又は一部の発表の禁止を目的とし、網羅的一般的に発表前にその内容を審査したうえ、不適当と認めるものの発表を禁止することです。最高裁は、税関検査は検閲ではない、としましたが、その理由としては、①表現物は、国外で発表済み

である，②また，税関検査は関税徴収手続に付随し，思想内容それ自体を網羅的に審査し規制することを目的としない，③司法審査の機会が与えられており，行政庁の判断は最終的なものではない，こと等をあげています。

このうち，①は批判が多く，知る権利の観点から，発表済みかどうかではなく，国民が情報を受領できるかどうかを基準に検閲かどうか考えるべきだとの議論がされています。このような観点からは，「有害図書」に指定して書籍を買いにくくすること［最判1989〔平1〕・9・19刑集43巻8号785頁］も，受領前に情報の流通を阻害するものとして問題視されます（公共の図書館から書籍を排除した事案［最判2005〔平17〕・7・14民集59巻6号1569頁］も参照）。

裁判所による事前抑制についてのリーディング・ケースは，**北方ジャーナル事件**［最大判1986〔昭61〕・6・11民集40巻4号872頁］です。この事件では，北方ジャーナルに掲載される北海道知事選の候補者に関する記事が，名誉を侵害するおそれがあるとして，候補者が出版の事前差止を求め，地裁が仮処分を認めたところ，出版社が，これにより損害を被ったとして，損害賠償・国家賠償を求めました。

最高裁によれば，公務員・候補者に関する記事は，公共の利害に関するもので，差止めは原則許されませんが，①表現内容が真実ではなく，②公益を図る目的のものでないことが明白で，③被害者が重大で回復困難な損害を被る虞があるときは，事前差止めが許容されます（**事前差止めの三要件**）。この事件では，差止めを認める前に，聴聞を行わなかったことが争点の1つでした。最高裁は，口頭弁論や債務者の審尋など，債務者に主張立証の機会を与えることが原則ですが，債権者提出の資料で判断できるならば，事前の聴聞を行わなかったとしても，21条違反ではない，とし，仮処分は合憲と判断されました。

「石に泳ぐ魚」事件［最判2002〔平14〕・9・24判時1802号60頁］（☞前出06-1）は，私人のプライバシー権侵害に基づく差止めの事件なので，三要件のうち，③しか問題にしていません。原則禁止のはずの事前差止の要件としてはゆるやかすぎるという批判があります。

3 二重の基準論と合憲性審査基準

表現の自由は，自己実現・自己統治などの重要な価値があるとされ，検閲以外の場合にも，その規制にはきわめて慎重でなくてはならないと考えられています。

🔳 二重の基準論

二重の基準論は，精神的自由を規制する立法の合憲性は，経済的自由を規制する立法より厳格に合憲性が審査されなくてはならない〔芦部・187頁〕，と考えるものです。アメリカの判例理論を基にしたもので，その理由づけはさまざまです。

1つには，経済的自由や社会権の規制については，もしそれが不適当だったとしても，精神的自由が保護され，民主制の過程が正常に機能していれば，是正が可能だという考え方があります〔芦部・187頁〕。民主制の過程を保護することを中心に憲法理論を組み立てるプロセス理論〔松井・56頁〕は，そうした面をことに重視する考え方です。

これとは異なり，**小売市場判決**〔最大判1972〔昭47〕・11・22刑集26巻9号586頁〕は，憲法が国による積極的な社会経済政策の実施を予定していること，社会経済政策については，裁判所は，正確な基礎資料を集め，社会政策全体との調和を考慮し，関連する諸条件の適正な評価と判断をする必要があるという点から，当否の審査能力が乏しいこと，を理由に，明白に違憲でない限り，立法府の判断を尊重すべきだ，としています。

二重の基準論は，合憲性審査の大枠についての議論といっていいものですが，それは，規制される対象や，規制類型ごとの**合憲性審査基準**とともに働くものです。合憲性審査基準は，それぞれの事案の分析に客観性を与えますが，最終的に，個別の事案の事情を考慮しながら，合憲，違憲の判断を下すことになります。

最近では，ドイツの理論をもとにした**三段階審査**（石川・小山・松本）を用いることも示唆されていますし，二重の基準論によらない合憲性基準を用いること〔高橋・125頁〕も示唆されていますが（☞前出03-3），ここでは，二重の基準論の枠組みの下で，さまざまなタイプの表現の自由の規制について，具体的に，どのような判断の基準が考えられているのかを説明してゆきます。前述の，事前抑制の三要件は，事前抑制の原則禁止をうけて，かなり厳格な基準だと考えられています。それ以外の類型をみてゆきましょう。

🔳 内容規制

内容規制は，表現によって伝達されるメッセージを理由に制限する規制です。つまり，「政府の立場に反対するようなメッセージを伝える表現」だから規制する，といったタイプのもので，より恣意的だと考えられており，問題視されます。保護の中心は，政治的表現だと考えられ，**厳格審査**（やむにやまれぬ政府利益のために，

非常に狭く限られた手段をとることを要求する）を用いるべきだとされます。下級審には、きわめて厳しい基準で、犯罪の扇動など、限定された内容の場合にのみ適用できると考えられている**「明白かつ現在の危険」**の基準（ある表現行為が近い将来、実質的害悪を引き起こす蓋然性が明白であり、実質的害悪が重大で、発生が時間的に切迫しており、手段が必要不可欠である場合、規制することができる）を用いたものもあります〔芦部・200頁、佐藤・262頁〕。また、名誉毀損、わいせつ表現の場合には、定義づけ衡量の理論が規制範囲を絞っていますし、プライバシー侵害の場合には、「宴のあと」事件が判断基準を提供しています（☞前出06-1）。

これに対して、営利的表現（☞前出06-1）などの表現と判断されると、「価値の低い表現」とみなされ、審査基準はゆるやかなものがとられます。**合理性の基準**（正当な目的のために合理的な手段であればよい）、あるいは、消費者としての国民にとって価値があると考え、**中間審査**（重大な政府利益のために、目的を実質的に促進する手段がとられているかを、具体的に審査する）の適用が示唆されています。

❸ 内容中立規制

内容中立規制は、メッセージや伝達の効果に直接関係なく表現を制限する規制です。これまで問題になったものとしては、電柱や橋脚へのビラ貼りの他、立て看板や、駅構内でのビラ配りなどがあります。

規制も洗練されてきていて、あからさまな内容規制はむしろまれです。それにかえて、内容中立規制によって、特定のタイプの表現を抑えようとするほうが多く、そのため、表現の自由の規制の「主戦場」は、むしろ内容中立規制の分野だといっていいでしょう。内容中立規制とはいえ、規制によって流通する情報の量が減る点では同じだ〔市川・170頁〕、との指摘もあり、内容規制と内容中立規制を区別しない立場もあります〔市川・232頁、佐藤・262頁〕。

学説は、内容中立規制に、より厳格な基準を採用することで、表現の自由に対する規制を抑制しようとしてきました。時、所、方法の規制には、**より制限的でない他の選びうる手段（LRA）の基準**（目的が表現に関しない正当なものでも、手段が広範すぎる立法につき、目的達成のために制限の程度のより少ない手段が存在するかを具体的・実質的に審査します。よりゆるやかな規制があり得る場合、立法は違憲とされます）が適当だと考えられています。LRAの基準は、立法目的の達成にとって必要最小限の規制手段を要求する基準と考えられており、運用によっては、そうとう厳しい基準でありえます。

しかし、判例は、一貫してゆるやかな基準である**合理的関連性の基準**（①規制

目的の正当性、②手段と目的の合理的関連性、③規制により得られる利益と失われる利益の均衡）をとっています。たとえば、右翼団体が、ビラを電柱や橋脚に貼って屋外広告を規制する大阪市の条例違反等に問われた事件〔最大判1968〔昭43〕・12・18刑集22巻13号1549頁〕では、最高裁は、屋外広告条例は、大阪市の美観風致を維持し、公衆に対する危険を防止するために、屋外広告物の表示場所、方法、設置、維持について規制するもので、都市の美観風致の維持は、公共の福祉の内容をなし、「この程度の規制は、公共の福祉のため、表現の自由に対し許された必要且つ合理的な制限」だ、としています。合理的関連性の基準では、手段と目的との関連性は抽象的なものでよく、衡量が形式的・名目的だとの批判があります〔芦部・202頁〕。象徴的表現・行動をともなう表現の規制にも、合理的関連性の基準が適用されています。こうした、表現の自由が必ずしも重視されない状況が、内容規制・内容中立規制の二分論に疑問を抱かせるのです。

近時の、立川ビラまき事件〔最判2008〔平20〕・4・11刑集62巻5号1217頁〕では、イラク派兵反対のビラを防衛庁立川宿舎の各室の玄関ドアの新聞受けに差し入れたNGOのメンバーが、住居侵入罪で有罪とされ、またしても内容中立規制の評価について疑問を投げかけました。

集会・結社の自由の公安条例や道路交通法での規制（☞後出）の他、**選挙規制**（☞後出13-2）も、内容中立規制とされる分野ですが、そもそもアメリカでは特定の事柄に関わる「観点規制」とされ、内容規制の1つとされています。日本では、選挙に、選挙期間の定め、戸別訪問の禁止、配布物の種類や量などさまざまな規制がかかっていて、ゆるやかな基準で合憲とされています。こうした制限は、選挙の公正のためとされますが、まだ名前が売れていない新人候補には不利に働くとされ、長らく議論を呼んでいます。インターネットを利用しての選挙活動も禁止されていたのですが、2013（平成25）年の公職選挙法改正により、一定のものが解禁されました。

❹ 明確性の理論（漠然性の故に無効の理論）

明確性の理論は、もともと、刑事法の罪刑法定主義からきた考え方です。31条の適正手続の保障または13条の幸福追求権が根拠とされますが、罪に問われる際にはあらかじめ何をしたらどのような処罰があるのかについて公正な警告がなくてはならないため、およそ規制は明確な法文で書かれなくてはなりません。くわえて、表現の自由には、不明確な規制を作ると、何が処罰されるのかよくわからないため、表現者が表現を差し控える、**萎縮効果**が生じると考えられています。これは、流通する表現の量を減じ、好ましくありません。そのため、表現の自由を規制する法律

等が漠然不明確だと，違憲無効とされる，この分野に独特の法理があります。ただし，**徳島市公安条例事件**［最大判 1975［昭 50］・9・10 刑集 29 巻 8 号 489 頁］では，不明確かどうかの基準はゆるやかで，「通常の判断能力を有する一般人が，具体的場合において，自己がしようとする行為が」禁止に触れるかどうか判断するのが困難でなければよいとされています。

これらさまざまな基準を駆使して（あるいは，新たな分析方法を用いて），これまでのところ，決して厚いとはいえない表現の自由の保障をいかに行っていくかは，21 条で保障される政治活動の自由について，公務員の，職場や職務とは関係のないところでの選挙活動の処罰が合憲とされた**猿払事件**［最大判 1974〔昭 49〕・11・6 刑集 28 巻 9 号 393 頁］以来の大きな課題なのです。

4 集会結社の自由

21 条は，**集会，結社の自由**も言論出版の自由と同じ項で規定していますが，これは，集会，結社が集団，団体としての思想や意思の表明をともなうものと考えられているため，表現の自由という側面から捉えられているからです。たとえば，「政府が私学への助成を増やすことを求めて，学生が駅前で 1,000 人の集会を開いた」ら，思想や意思の伝達手段として，有効でありえます。一方，集会，結社の自由について，集会し，団体を作ることそのものの価値に着眼する立場もあります〔初宿・301 頁，渋谷・403 頁〕。

注意が必要なのは，集会のように表現が行動をともなう場合，社会的な関係から，つまり，道を歩いたり駅や公園を利用したりする一般の人に不便がありうることから，規制の必要性が出たり，表現の自由の保障が制約される場合があることです。

❶ 集会の自由

集会の自由については，この権利の難しい点は（自前の土地や建物で大集会を開ける人は，あまりいないので），集会が，ほとんど常に，他者の土地や建物で開かれることを前提とした権利だということです。そのため，ものの道理として，市民らには，道路，公園などの公の場所や，公共の施設を用いて集会する権利があると考えられています。

◎ **道路での集会や集団行動**

道路での集会や「**動く集会**」と考えられているデモなどの「**集団行動**」は，地方自治体の「公安条例」や，道路交通法の規制を受けることがあり，二重規制の場

合もあります。公安条例は，しばしば，「公共の安全」を保護するなどの抽象的な文言で目的を定め，集団行動を行うときに，公安委員会の「許可」を受ける，ないし「届出」をすることを求めます。規制の目的は，集会の自由を他者の権利保障と調整することのはずですが，治安維持が目的と解釈された判例もあり（東京都公安条例事件［最大判1960〔昭35〕・7・20刑集14巻9号1243頁］），批判を受けてきました。また，集団行動は自由であるはずなので，許可制はおかしいため，届出制で充分だとされ，「許可」の文言がある場合でも，「届出」とかわらないほど許可基準が明確かつ厳格でなくてはならないとされます〔芦部・209頁〕。できるだけ規制を限定し，集会の自由の保障を図る必要があるのです。

　ところで，公安条例等が漠然とした規定をしている，という問題については，明確性の理論の問題です。**徳島市公安条例事件**（☞前出）は，「通常の判断能力を有する一般人が，具体的場合において，自己がしようとする行為が」禁止に触れるかどうか判断するのが困難でなければよいとしています。かなりゆるやかな基準といえます。

　道路交通法も抽象的な文言で「一般交通に著しい影響を及ぼすような」通行や行為を規制する（道交法77条1項4号）ので問題になるのですが，判例は，同法77条2項が明確で合理的な基準で集団行動が不許可とされる場合を厳格に規定しているとして，合憲判決を下しています［最判1982〔昭57〕・11・16刑集36巻11号908頁］。具体的な事案で，規制の妥当性を注意して検討しなければなりません。

◎ 公共の施設での集会・集団行動

　公共の施設の利用が問題になる場合もあります。国有の施設では，公園をメーデーの集会に利用しようと許可申請をし，拒否された事案ですが，**皇居外苑使用不許可事件**［最大判1953〔昭28〕・12・23民集7巻13号1561頁］が，利用の拒否は管理者の自由裁量ではなく，管理権の行使を誤り，国民の利用を妨げると違法である，としました。

　地方自治体が管理する施設の場合には，**地方自治法244条**が，「正当な理由がない限り，住民が公の施設を利用することを拒んではならない」と規定しています。また，不当な差別的取扱いも禁止しています。これについて，**泉佐野市民会館事件**［最判1995〔平7〕・3・7民集49巻3号687頁］では，関西新空港に反対する集会で市民会館を利用する申請が，条例に基づいて，主催者が，違法な実力行使等を行った過激派団体であることを理由に却下されたことが問題になりました。最高裁は，人の生命，身体，財産が侵害され，公共の安全が損なわれる「明らかな差し迫った危険の発生が具体的に予見される」場合にのみ使用を拒否することができると判断しましたが，本件では，不許可処分は違法ではないとしました。公共の施設の利用

を拒む場合の厳しい基準を示したものとして評価されています。

2 結社の自由

結社の自由は，多数人が共通の目的をもって，継続的に結合する権利〔芦部・211頁〕です。宗教団体は20条，労働組合は28条で，個別の条文で重ねての保障が規定されています。結社の自由は，団体を結成し（あるいは結成しない），存続させ，解散させる自由，また，既存の団体に加入し（あるいは加入しない），脱退する自由，団体として活動する自由を含みます。ただし，専門的技術，公共的性格を有する団体などの場合には，強制設立・強制加入制が許容される場合もあります〔芦部・211頁，渋谷・409頁〕。

団体には，ある程度の**内部統制権**，つまり，構成員を従わせる権限がありますが，無条件ではなく，一定の内在的制約があると考えられています。犯罪目的や，暴力的破壊を目的とする場合などはもちろん許容されません。このほか，**南九州税理士会事件**〔最判1996〔平8〕・3・19民集50巻3号615頁〕は，政治団体に寄付するために強制加入団体である税理士会が会費を特別徴収し，納入を拒否した者の役員の選挙権・被選挙権を停止して役員選挙をしたことが問題になった事件で，最高裁は，会員の思想・信条の自由を侵害するとして，特別徴収する旨の決議は無効だと判断しています。

労働組合は，加入や脱退は労働者の自由ですが，組合員に対する組織強制ないし団結強制は，一般の団体とは違い，28条の団結権からきたものとされています（☞後出09）。しかし，これにも限界があり，最高裁は，比較衡量に基づき，労働組合が組合員に市会議員選挙での立候補の取りやめを要求したり，方針に従わずに立候補した場合に除名処分にしたりできないとしたことがあります〔最大判1968〔昭43〕・12・4刑集22巻13号1425頁〕。

5 通信の秘密

21条2項は，検閲の禁止とともに，**通信の秘密**を規定しています。通信は，意思の伝達という一種の表現行為だと考えられます。放送が不特定多数の者に対して一方的に情報を送るのに対し，通信は，特定の者の間の双方向的な情報伝達だとされます〔渋谷・371頁〕。媒体は問いません。通信の秘密については，公権力による通信探索をさせないことは，政治的表現の自由の確保に関連すると考えられています〔芦部・213頁〕。検閲と並んで規定されていることから，通信が国

のチェックをうけると，情報をストップしはしなくとも，表現行為に干渉し，抑圧することが問題なのだと考えられます。

　通信の秘密を，むしろ特定人の間の意思伝達行為の秘密を守り，私生活の秘密を守る，プライバシー権の側面からとらえたり〔佐藤・320頁〕，これと重なるとする考え方もあります〔渋谷・372頁〕。

　通信の秘密の保障は，通信内容，差出人，受取人の住所氏名通信の日時や個数など，通信に関する全ての事項に及び〔芦部・208頁〕，こうした情報を探知することが禁止されます。また，通信業務に従事している者が，職務上知った通信に関する事項を漏らすことも禁じられます。さらに，通信業務従事者から公正な通信業務を受けられることを含むとする説もあります〔佐藤・322頁〕が，これについては，あらためて法律の根拠付けが必要だとする立場もあります〔渋谷・373頁〕。

　通信の秘密にも限界があり，郵便物等の押収（刑訴100条，222条），破産手続上の制約（破産法81条，82条），関税法上の郵便物の差押（関税法122条）等に制約が規定されています。しかし，これらの規制の合憲性は必ずしも充分検討されていないのではないか，との疑問も示されています〔佐藤・322頁〕。

　捜査のための盗聴も，通信の秘密の観点から問題になります。刑事訴訟法は，捜査のための盗聴について規定していなかったのですが，**通信傍受法**（1999年）は，薬物関連犯罪等の特定の犯罪について，裁判所の傍受令状に基づいて盗聴を認めました。しかし，どんな場合に令状が発給されるのかの要件や，許される傍受が限定されているか，傍受をうけた人の事後救済についての配慮が不充分ではないか，などの批判があります〔佐藤・323頁〕。

【引用・参考文献】
芦部信喜〔高橋和之補訂〕『憲法〔第5版〕』（岩波書店，2011年）
石川健治「薬局開設の距離制限」『憲法判例百選Ⅰ〔第5版〕』（有斐閣，2007年）
市川正人『表現の自由の法理』（日本評論社，2003年）
小山剛『「憲法上の権利」の作法〔新版〕』（尚学社，2011年）
佐藤幸治『日本国憲法論』（成文堂，2011年）
渋谷秀樹『憲法』（有斐閣，2007年）
初宿正典『憲法2　基本権〔第3版〕』（成文堂，2010年）
高橋和之『立憲主義と日本国憲法〔第2版〕』（有斐閣，2010年）
辻村みよ子『憲法〔第4版〕』（日本評論社，2012年）
野中俊彦＝中村睦男＝高橋和之＝高見勝利『憲法Ⅰ〔第5版〕』（有斐閣，2012年）
長谷部恭男『憲法〔第5版〕』（新世社，2011年）
松井茂記『憲法〔第3版〕』（有斐閣，2007年）
松本和彦『基本権保障の憲法理論』（大阪大学出版会，2001年）

chapitre 07

学問の自由と教育の自由

　2011年9月，大阪府知事が議会に提出した「大阪府教育基本条例」案は，大変な反響を呼びました。同条例案は，知事に府立高校における目標を決定する権限を付与し（6条2項），非協力的な教育委員会委員の知事による罷免権（13条2項）をバックに，教育委員会が知事の設定した目標の実現措置を講じ（7条1項），校長や教職員だけでなく，保護者や周辺住民もこの目標の実現に動員される（10条，11条）体制を，構想するものでした〔「大阪府教育基本条例（素案）」季刊教育法170号73頁以下参照〕。教育内容を多数決によって支持を調達した権力担当者に委ねる議論の登場に，文科省は，内容次第では，地方教育行政法上の知事の権限を超えて違法となる可能性があるとの見解を示しました（2011年12月8日朝日新聞〔朝刊〕）。こうした批判を受けて，大阪府知事は，「教育基本条例」案を改め，「教育行政基本条例」案と「府立学校条例」案の二本立てで，2012年2月に議会に提出しました。これらの条例案からは，知事が府立高校における教育目標を設定するという規定はなくなりました。「教育内容」を多数決で決めることが好ましいことではないとしたら，どうやって決めたらよいのでしょうか。

1 学問の自由

❶ 憲法は「学問の自由」をなぜ定めているのか

　憲法23条は「**学問の自由**」を保障しています。思想・良心の自由と表現の自由が保障されていれば，学問の自由もその効果として当然に保障されるといえます。そこで，なぜ，学問の自由を別に保障しなければならないのか，考える必要があります。

◎ 歴史的沿革

　中世のヨーロッパの伝統では，学問活動は，国王や教会から自治権を認められた「大学」と密接に結びついていました。学問の自由は，すべての人が享受する自由ではなく，大学に所属する構成員の「**特権**」として理解されていました〔安西他・161頁（宍戸）〕。

◎ 学問の自律性の確保

　表現の自由がとりわけ保障されなければならない理由の1つとして，「思想の自由市場」を通じて良いものだけが残ることがあげられます（☞前出06-1）。学問の自由を保障する根拠は，これとは異なります。「学問」とは真理を探究することに真髄があります。真理は多数決では決まりません。ガリレオ裁判をもち出すまでもなく，真理と虚偽が戦って必ず真理が勝つとも限りません。自由市場のアナロジーが妥当するのは，真理概念が典型的に当てはまらない政治的，思想的あるいは美学的主張にとどまります。学問の上の真理は，個別の学問領域で受け入れられた，合理的な手続と方法によって証明されるか否かにかかっているのであって，社会全体の多数決によって受け入れられるかどうかで決まるのではありません。このため学問の自由は，本来の意味での学問上の真理を探究するうえで必要な**学問の自律性の確保**を目的とします。この自律性が必要とされるのは，学問上の真理探究が，社会全体の利益の増大に資するからだとされています〔長谷部・223～224頁〕。

　いかなる精神活動が「学問」に値するのか。その判断が委ねられているのは，学問を専門的に担う研究者共同体です。個々の研究者の学問の自由は，学問活動の「場」としての大学によって外部の圧力から保護されると同時に，大学という「場」の論理によって制約されます〔長谷部・224頁，安西他・161～162頁（宍戸）〕。このため，学問の自由と**大学の自治**は表裏一体のものとして考えられるのです。

❷ 学問の自由の内容

学問の自由は，当然に，**学問研究の自由**および**学問研究成果の発表の自由**を含みますが，さらに，**研究成果を教授する自由**を含みます。

◎ 教授の自由

学問の自由が伝統的に大学の自由として発展してきたことから，教授の自由を享受するのは，大学その他の高等学術研究教育機関の教員に限られると考えられてきました。ポポロ事件上告審判決は，そもそも「教育ないし教授の自由は，学問の自由と密接な関係を有するけれども，必ずしもこれに含まれるものではない」が，憲法23条が「大学が学術の中心として深く真理を探究することを本質とすることにかんがみて，特に大学における」学問の自由を保障していること，および学校教育法上，「大学は，学術の中心として，広く知識を授けるとともに，深く専門の学芸を教授研究」することを目的としていることから，大学においては研究成果を**教授する自由**が保障されているとしています〔最大判1963〔昭38〕・5・22刑集17巻4号370頁〕。

教授の自由があるといっても，授業中の教室内や大学構内での発言に対しては，当該研究教育機関における研究教育目的遂行と合理的に関連する規制や強制が働いています。その規律や強制の内容を決定するのが，研究教育機関およびその構成員です。このために，大学の自治が保障されているのです〔長谷部・224頁〕。

◎ 大学の自治

ポポロ事件上告審判決（☞前出）は，**大学の自治**の内容として「教授その他の研究者の人事」，「大学の施設と学生の管理」を認めています。さらに，学説は，研究教育作用を実現する自治や予算管理における自治を含むとしています〔辻村・248頁〕。

ポポロ事件は，東京大学の学生団体（劇団ポポロ）が教室でえん罪事件に関する劇を上演した際に，学生が，聴衆の中に潜入していた私服の警察官に対して暴力行為を働いたとして，刑事責任を問われた事件です。この事件をきっかけに，警察が，警備公安活動のために，大学当局の事前の許可なく構内に立ち入り，著名教授の講義等の学内情報を収集していたことが明らかになりました。一審の東京地裁は，学生の行為は大学の自治を守るための正当行為であるとして無罪判決を出し〔東京地判1954〔昭29〕・5・11判時26号3頁〕，高裁もこれを支持しました〔東京高判1956〔昭31〕・5・8高刑集9巻5号425頁〕。最高裁は，学生は大学の自治の担い手ではない，学生が一般の国民以上に学問の自由を享受したり，大学施設を利用できたりするのは，研究者の

学問の自由と大学の自治の効果にすぎない，という理解に立ち，本件集会（演劇上演会）は「真に学問的な研究と発表のためのものではなく，実社会の政治的社会的活動であり，かつ公開の集会またはこれに準じるもの」であるから，大学の自治の保障はおよばないとして，原審判決と一審判決を破棄し，東京地裁に差し戻しました。差戻上告審で被告人の有罪が確定しました〔最判1973〔昭48〕・3・22刑集27巻2号167頁〕。学説は，正規の令状があれば大学は警察の立ち入りを拒めないが，それ以外の場合には，大学の了解が必要であると批判しています〔高橋・183頁〕。

3 学問の自由の限界

学問研究は本来自由に委ねられるべきです。しかし，近年急激に科学技術が発展した結果，遺伝子組み換えのような遺伝子技術，臓器移植や体外受精・遺伝子治療など先端分野では，科学技術の規制が問題となっています。こうした技術については，生命・健康に対して予測不能な形で多大な被害をもたらすリスクがあり，場合によっては人間の尊厳の観念も揺るがしかねないからです。学問の自由の伝統からすれば，研究者集団の自主規制に委ねることが望ましいと考えられます。

2000年に制定されたクローン技術規制法（ヒトに関するクローン技術等の規制に関する法律）は，「人の尊厳の保持，人の生命及び身体の安全の確保並びに社会秩序の維持」（同1条）を根拠にして，クローン技術による人個体の産生を刑罰によって禁止（3条）しています。その他の領域では，政府のゆるやかな規制と学会等の自主規制を組み合わせた「**規制された自主規制**」の方式が浸透しつつあります〔安西他・163頁〔宍戸〕〕。

2 教育の自由

1 意　義

日本国憲法には，精神的自由としての教育の自由を直接定める条文はありません。前述のポポロ事件上告審判決は，教授の自由・教育の自由は，大学などの高等教育機関でのみ認められると判断しました。これに対して，教育学者などから疑義や異論が出されました。子どもの**学習権**（☞後出09）を基底として，親や教師の**教育の自由**が議論されるようになり，教科書裁判（家永訴訟）の開始とあいまって，教育権論争に発展しました。教育内容の具体的決定権が誰にあるかをめぐる争いです〔辻村・242頁〕。

教科書裁判（家永訴訟）　　教科書裁判とは，歴史家の家永三郎教授が自己の執筆した高校の日本史教科書に対する文部省（当時）検定不合格処分を不服として，その取消しや損害賠償を求めて争った3つの訴訟をいいます（1965年〜2005年）。教科書検定において，国が叙述内容の当否にまで立ち入ることが許されるのか否かが争われました。原告は文部省による**教科書検定制度**が親や教師の教育の自由を侵害するとして，検定制度の違憲性を主張し，文部省は検定制度の合憲性を主張しました。

2 教育権論争

◎ **国家の教育権説**

　旧来，教育内容の決定権が国家にあることを前提として，国家に教育内容の介入権を認め，**教育の自由を否定する**「**国家の教育権説**」がとられていました〔辻村・242頁〕。第一次家永訴訟第一審判決（**高津判決**［東京地判1974〔昭49〕・7・16判時751号47頁］）は，現代公教育においては教育の私事性は捨象され，議会制民主主義の下で国民の総意は法律に反映されるから，国は法律に準拠して**公教育**（☞後出09）を運営する責務と権能を有するとしました。

◎ **国民の教育権説**

　教育内容の具体的な決定権が国家にあることを否定し，親や教師，子ども等さまざまな主体の教育の自由を総称して，「**国民の教育権説**」が主張されました〔辻村・243頁〕。教科書検定不合格処分の適法性が争われた第二次家永訴訟第一審判決（**杉本判決**［東京地判1970〔昭45〕・7・17判時604号29頁］）は，発達可能態たる子どもの生来的権利としての**学習権**を承認し，それに対応する責務として，親を中心とする国民全体の教育権を認め，国家の介入を，教育の諸条件整備といった外的事項に限定し，教育内容等の内的事項については，大綱的基準を設定する他は指導・助言にとどまるべきだとしました。杉本判決は，教師の教育の自由は23条の一環としつつ，26条の**教育を受ける権利**（☞後出09）の前提として位置付けました。

3 折衷説

　教育権論争に一応の決着をつけたのが，**旭川学テ事件最高裁判決**［最大判1976〔昭51〕・5・21刑集30巻5号615頁］です。最高裁は，両説はいずれも「極端かつ一方的」なものであって，そのいずれも採用することができない，としつつ，子どもの親，教師，私立学校はそれぞれ子どもの学習権を充足する責務に対応して一定の範囲に

おいて教育の自由を有するが、それ以外の領域では、国が「国政の一部として広く適切な教育政策を樹立、実施すべく、またしうる者として」、「子ども自身の利益の擁護のため」あるいは「子どもの成長に対する社会公共の利益と関心にこたえるため、必要かつ相当と認められる範囲において、教育内容についてもこれを決定する権能を有する」として、折衷的な態度を示しました。もっともこの判決では、「政党政治の下で多数決原理によって左右される国政上の意思決定は、さまざまな政治的要因によって左右されるものであるから、本来人間の内面的価値に関する文化的な営みとして、党派的な政治的観念や利害によって支配されるべきでない教育にそのような政治的影響が深く入り込む危険があることを考えるときは」、「教育内容に対する」「国家介入についてはできるだけ抑制的であることが要請される」し、「子どもが自由かつ独立の人格として成長することを妨げるような国家介入、たとえば、誤った知識や一方的な観念を子どもに植え付けるような内容の教育を施すことを強制するようなことは、憲法26条、13条の規定からも許されない」ことも指摘されています。

下級教育機関においても、生徒の人格形成・発展的な教育のために、自由な教育が要求されます。一方、全国的レベルでの教育水準の確保と教育内容の共通化のためには、小・中・高校の教育内容に一定の基準が必要であることは否定できません。教師の教育の自由といっても、教師が学校の授業で自分の世界観や思想を表明する自由はありえず、生徒の人格形成のために創造的な教育を行う自由、教師の専門家としての裁量の意味と解するのが妥当です。教育の自由は、教師の個人的な「国家からの自由」ではなく、国による教育内容への干渉排除という客観的原則の意味として考えられます〔戸波・142頁〕。

【引用・参考文献】
高橋和之『立憲主義と日本国憲法〔第2版〕』（有斐閣，2010年）
辻村みよ子『憲法〔第4版〕』（日本評論社，2012年）
戸波江二「学問の自由と大学の自治」大石眞＝石川健治編『憲法の争点』（有斐閣，2008年）
長谷部恭男『憲法〔第5版〕』（新世社，2011年）
安西文雄＝巻美矢紀＝宍戸常寿『憲法読本』（有斐閣，2011年）〔宍戸執筆〕

のが、「経済生活の秩序は、すべての人に、人たるに値する生存を保障することを目指す正義の諸原則に適合するものでなければならない」というワイマール憲法（1919年）151条です。その153条3項は、「所有権は、義務づけられる」（各個人の物質的な支配権は、今までのように不可侵とばかりはいえず、社会的な統制を受けなければならない、という趣旨）と定め、経済過程への公的介入の仕組みを色々と導入するに至りました〔奥平・210〜211頁〕。日本国憲法も、22条1項、29条2項に「**公共の福祉**」という言葉をおき、現代憲法型の経済的自由の考え方をとっています。このように経済活動の自由の領域では、主として権利の制限が現れます。これと表裏の関係にあるのが、社会権的権利の成立・保障（25〜28条）です（☞後出09）。

◎ **規制緩和**

　政府による過剰な規制に対して、国家への依存による国民の政治的主体性喪失の危険、経済的不効率、行政（官僚機構）権限の肥大化などのマイナス面が指摘されてきました。日本電信電話公社民営化（1985年）、国鉄の民営化（1987年）を皮切りに、「**小さな政府**」の名の下に、1990年代以降、市場原理を徹底させた方が「社会的公正」を実現するとして、規制緩和、市場の自由化、郵政事業の民営化が進められてきました。その弊害は、激烈な形で現れました。JR福知山線脱線事故（2005年）は、私鉄との過度な競争による安全コスト削減が遠因ではないかといわれています。2005年末に発覚した耐震偽装問題は、建築基準検査機関の民間開放（1998年）に遡ります。労働者派遣法（1985年）の数次にわたる緩和は、景気悪化に対応する企業の雇用調整に利用され、派遣切り問題を引き起こしました〔安念他・128〜129頁（小山）〕。労働者派遣法に関しては、2012年3月に一定の規制強化が盛り込まれた改正法が成立し、改善に一歩踏み出しました。

　できるだけ自由な経済活動がよいのか、国家による規制がよいのか、一義的に答えが出るわけではありません。人々の暮らしを守るうえで国家の役割はどうあるべきか、根源から問い直される必要があります。

2　職業選択の自由

❶ 何が保障されるのか

◎ **職業選択の自由の意義**

　憲法22条1項は**職業選択の自由**を保障しています。「職業選択」は個人の生き方の

問題でもありますから、精神的自由と深くかかわります。その意義は、薬事法事件最高裁判決〔最大判 1975〔昭 50〕・4・30 民集 29 巻 4 号 572 頁：以下「75 年判決」とする〕に尽くされています。同判決によれば、「職業は、人が自己の生計を維持するためにする継続的活動であるとともに、分業社会においては、これを通じて社会の存続と発展に寄与する社会的機能分担の活動たる性質を有し、各人が自己のもつ個性を全うすべき場として、個人の**人格的価値**とも不可分の関連を有する」とされます。

職業の自由の保障は、「職業の開始、継続、廃止において自由である」のみならず、「選択した職業の遂行自体、すなわちその職業活動の内容、態様においても、原則として自由である」ことを要請します。このように、自己の従事する職業を選ぶ自由だけでなく、自己の選択した**職業を遂行する自由**（職業活動の自由）、すなわち**営業の自由**を含みます。遂行する自由を含まない職業の選択は無意味だからです。もっともこのことは、いかなる規制もなしに職業を自由に選択し、遂行しうることを意味するのではありません。

◎ 職業の自由に対する規制

職業選択の自由にさまざまな規制が加えられるのはなぜでしょうか。表現の自由の領域では、「思想の自由市場」という言葉が示すように、人は特別な許可を得ることなく、自分の考えを自由に表明できます（☞前出 06-1）。不適切な表現であった場合は、行政機関が事前に規制を行うのではなく、裁判所によって事後的に解決が図られることになります（例外的に「事前差し止め」（☞前出 06-2）があり得ます）。これに対して、たとえば自由に医者を開業させておいて、患者の生命や健康の危険が生じたら規制を加えるというのでは、社会に混乱が生じてしまいます。国家は、国民の経済活動を自由に任せておくわけにはいかないのです。前述したように、職業は、その性質上、社会的相互関連性が大きいから、「職業の自由は、それ以外の憲法の保障する自由、殊にいわゆる精神的自由に比較して、公権力による規制の要請がつよく」働く（75 年判決）のです。

❷ 職業の自由に対する規制

◎ 規制の類型

実際、職業選択の自由に対しては法制上さまざまな規制が加えられています。ある職業への参入への規制が全くないものもあれば、その対極に、当該職業の「**全面禁止**」（たとえば、売春防止法 3 条）があります。法文の上ではさまざまな文言が用いられていますが、職業の自由に対する規制は、大きく「許可的なもの」と「特許

的なもの」に区分されます。**許可**は，本来誰でも享受できる個人の自由を，公共の福祉の観点からあらかじめ一般的に禁止しておき，個別の申請に基づいて禁止を解除する行政行為をいいます。例えば旅館業の営業許可（旅館業法3条1項）やレストランの営業許可（食品衛生法52条1項）は，これに該当します。**特許**は，本来私人の自由に属しない特権ないし特別の能力を行政庁が私人に付与するもので，歴史的には，電気事業，ガス事業，鉄道事業などが該当しました。例えば電気事業であれば，地域に限られた電力会社しか存在してこなかったことがその名残でした。しかし時代の変化により，これらの事業を特別視する必要は失われ，規制緩和により新規参入が比較的容易に認められるようになってきています（許可と特許の相対化現象）。

　本節で参照している薬事法事件は，上記のうち，「許可制」が問題となった事例です。薬の乱売・廉売が社会問題化したことから，1963年の改正薬事法は，薬局の適正配置規制（距離制限）を採用しました。この適正配置規制を具体化する広島県条例は，薬局の開設許可条件として，既存の薬局から約100メートルの距離制限を設けました。薬事法改正直前に薬局開設の許可申請を受理され，法改正後に不許可処分された原告が，薬事法および同条例は憲法22条1項に違反するとして提訴したのです。

◎ 規制の正当化

　職業は，「その種類，性質，内容，社会的意義及び影響がきわめて多種多様であるため，その規制を要求する社会的理由ないし目的も，国民経済の円満な発展や社会公共の便宜の促進，経済的弱者の保護等の社会政策及び経済政策上の積極的なものから，社会生活における安全の保障や秩序維持等の消極的なものに至るまで千差万別で，その重要性も区々にわた〔り〕」（75年判決）ます。このことから，職業の自由に対する規制が憲法22条1項にいう「公共の福祉」のために要求されるものとして是認されるかどうかは，一律に判断することができません。

　それでは，どうやって判断すればよいのでしょうか。75年判決は，「具体的な規制措置について，規制の目的，必要性，内容，これによって制限される職業の自由の性質，内容及び制限の程度を検討し，これらを比較考量したうえで慎重に決定されなければならない」といいます。このような検討と考量を行うのは第一次的には立法府であって，裁判所は，「規制の目的が公共の福祉に合致するものと認められる以上，そのための規制措置の具体的内容及びその必要性と合理性については，立法府の判断がその合理的裁量の範囲にとどまるかぎり，立法政策上の問題としてその判断を尊重すべき」だといっています。しかし，立法府の「合理的裁量の範囲に

については、事の性質上おのずから広狭がありうる」ことから、裁判所が、「具体的な規制目的、対象、方法等の性質と内容に照らして」、これを判断しなければなりません。「**事の性質**」は、事案ごとに精密に分析される必要があります。

3 規制立法の合憲性審査

◎ 裁判所による立法裁量の統制

それでは、裁判所は、立法府による職業の自由に対する規制をどのように統制するのでしょうか。

①75年判決は、まず、職業規制の通常のあり方、すなわち「**自由な職業活動が社会公共に対してもたらす弊害を防止するための消極的、警察的措置**」については、許可制に比べてよりゆるやかな規制であることが原則であって、それでは「目的を十分に達成することができない」必要最小限の場合に限り、許可制も容認されるという基準を示しました。許可制は、「狭義における職業選択の自由そのものに制約を課するもので職業の自由に対する強力な制限」となるからです。職業選択の自由への人格中心の個人権的アプローチ（**人格アプローチ**）は、職業選択の自由の直接規制には全体として敵対的となります〔石川①・150頁〕。この論理を一律に適用すると、各種の許認可行政はほとんど違憲状態になります。

②そこで75年判決は、「社会政策ないし経済政策上の積極目的のための措置」については、例外としました。これは、75年判決に先立って出された小売市場事件判決〔最大判1972〔昭47〕・11・22刑集26巻9号586頁：以下「72年判決」とする〕の論理です。その際にも、「必要かつ合理的な範囲」内の規制手段が求められます。けれども、それが社会経済政策の一環として行われる場合には、「個人の経済活動に対する法的規制措置については、立法府の政策的技術的な裁量に委ねるほかなく」、裁判所は、「著しく不合理である」ことが「明白」でなければ、立法府の判断を尊重するとされました。

③かつて学説は、上記の①の論理と②の論理を対比して、規制目的を、消極国家における規制目的、すなわち国民の生命および健康に対する危険の防止や最低限の秩序維持の目的（消極目的）と、積極国家における規制目的、すなわち積極的な社会経済政策目的（積極目的）に二分して、それぞれに厳格度の異なる審査基準を適用しようとする「**規制目的二分論**」を定式化しました。しかし二分論が持ち出されているのは、②の限られた局面でしかありません〔石川③・207頁〕。75年判決は、①の論理を緩和する例外として、②のほかに、「国民生活上の不可欠な役務」の「高度な公共性にかんがみ、その適正な提供確保のために、法令によって、提供すべき役務の内容及び対

価等を厳格に規制するとともに、さらに役務の提供自体を提供者に義務づける等のつよい規制を施す反面、これとの均衡上、役務提供者に対してある種の独占的地位を与え、その経営の安定を図る措置がとられる場合がある」（公企業の特許）ことを指摘しています。

◎ **規制目的二分論の後退**

　職業の自由の規制に対する合憲性審査の法理として定式化された「規制目的二分論」はかつて有力に支持されていましたが、実際には、75年判決以降の最高裁判例の動向と整合しません。

　まず、規制目的が時代とともに変遷し、あるいは1つの規制が積極・消極の2つの目的を同時に追求する場合があることが、公衆浴場の距離制限の合憲性をめぐる一連の判決を通して、明らかにされました。

　規制目的二分論が定式化される以前、最高裁は、当該距離制限につき、規制目的を「国民保健及び環境衛生」（消極目的）と認定しつつ、「濫立→過当競争→経営の不安定→衛生設備の低下」という論法で、合憲判断を下しました［最大判1955〔昭30〕・1・26刑集9巻1号89頁］。規制目的二分論定式化の契機となった75年判決後、最高裁は、当該距離制限による規制目的を、自家風呂を持たない社会的弱者に公衆浴場を確保すべく、公衆浴場の経営を安定させるもの（積極目的）と認定し、72年判決を引用して、合憲判断を下しました［最大判1989〔平元〕・1・20刑集43巻1号1頁］。

　その後、行政事件において最高裁は、「適正配置規制の目的は、国民保健及び環境衛生の確保にあるとともに、公衆浴場が自家風呂を持たない国民にとって日常生活上必要不可欠な厚生施設であり、入浴料金が物価統制令により低額に統制されていること、利用者の範囲が地域的に限定されているため企業としての弾力性に乏しいこと、自家風呂の普及に伴い公衆浴場業の経営が困難になっていることなどにかんがみ、既存公衆浴場業者の経営の安定を図ることにより、自家風呂を持たない国民にとって必要不可欠な厚生施設である公衆浴場自体を確保しようとしていることも、その目的としている」と指摘し、合憲判断を下しています［最判1989〔平元〕・3・7判時1308号111頁］。

　今ひとつは、消極目的でもなければ、積極目的からも捉えきれない規制目的が登場していることです。酒類販売免許制度の合憲性が争われた事件で、最高裁は、当該規制目的を「租税の適正かつ確実な賦課徴収を図るという国家財政目的」と捉え、租税立法に関する広範な政策的・専門技術的裁量を認めて、裁量の範囲を逸脱する、著しく不合理なものとはいえないとして合憲判断を下しました［最判1992〔平4〕・

12・15民集46巻9号2829頁〕。同判決に付された園部裁判官補足意見は，財政目的は消極・積極目的のいずれにも当てはまらない「第三の目的」であると指摘しました。

◎ **積極目的規制**

　最高裁が，職業の自由の規制について，人格アプローチを原則に事の性質に応じて審査の厳格度を緩和する手法とっているとしても，それは積極目的の存在を否定するという意味ではありません。確かに75年判決の事案が問題にしたように，国会が特定の業界の保護立法をあたかも国民一般の福祉に貢献する消極的警察規制であるかのように装って制定する場合があります。「目的の認定」によって，そのように隠蔽された積極目的があぶりだされたとしても，認定された真の目的である「積極目的」を理由に，ゆるやかな審査を行っていいということにはなりません。裁判所は，法文上に表れた目的と手段との関連性に立ち入って審査し，合理的関連性がない場合には違憲無効とすべきです。他方，小売商業調整特別措置法のように，国会が正面から特定業界の保護をうたって参入規制を行う法律を制定した場合，それは国会が本来行うべき調整と妥協の結果として，裁判所は尊重すべきであると考えられます〔長谷部・240頁〕。

　職業選択の自由・営業の自由の規制については，人格アプローチによる審査が原則であるとしても，政治部門による積極的な経済社会政策の展開が妨げられないことを示しています。権利の保障は，裁判所を通じてなされるだけではありません。立法者の積極的介入によって保障されるべき権利も存在するのです。

3　財 産 権

❶「財産権」の保障

　一般に，**財産権**とは，所有権などの物権，債権，著作権・特許権・商標権・意匠権などの知的財産権，水利権・河川利用権などの公法上の権利，鉱業権・漁業権などの特別法上の権利など，すべての財産的価値に対する権利をいいます。憲法自身は，「財産権」について定義をしていません。財産権の具体的内容は憲法次元では確定されず，法律による具体的な定めに依存しています。ここに財産権の特徴があります。たとえば著作権は，「著作権法」がなければ保障されません。憲法のどこを探しても「著作権」は存在しないからです。

◎ 憲法29条の構造

憲法29条は，財産権を3つの項に分けて定めています。

「財産権は，これを侵してはならない」という1項は，「個人の現に有する具体的な財産上の権利の保障」（現存保障）と，「個人が財産権を享有しうる法制度」（私有財産制の保障）という二つの側面を有する（**権利・制度両面保障説**）として説明されています〔芦部・225頁〕。前者（権利保障）は，財産権の内容の事後法による変更の禁止を要求するとされます。後者（制度保障）は，生産手段の私有制と考え，社会主義に移行するには憲法改正が必要であるとされます。後者の解釈については，私有財産制の核心は人間が人間たるに値する生活を営むうえで必要な物質的手段の享有であるとする立場からは，それが侵されない以上，社会化は憲法を改正しなくても可能であるという見解も有力です。

次に2項は，「財産権の内容は，公共の福祉に適合するやうに，法律でこれを定める」としています。これは，不可侵とされる財産権はどのように確定されるか，を述べているものと考えられます。そして3項が，「私有財産は，正当な補償の下に，これを公共の福祉のために用ひることができる」と規定しているのは，財産権の保障の現れです。公共のために好きなように私有財産を収用してしまうのではなく，「正当な補償」をすることによって，財産権が保障されていると考えることができます〔奥平・228～229頁〕。

収用条項は所有権が不可侵とされた時代から存在し，フランス人権宣言17条は，「適法に確認された公の必要が明白に要求する場合」に，「正当かつ事前の補償のもとで」収用が行われうることを認めていました。もっとも，29条1項の対象とする「財産権」が「所有権」にとどまらず，財産的価値あるもの一般に拡張された結果，収用＋補償条項としての3項の意味は，単純なものにとどまっていません。この問題については，後に改めて検討することにしましょう。

◎ 憲法29条1項と2項の関係

29条2項は新しいタイプの条項です。**「財産権の内容」が法律によって定められることの意味**が問題となります。

何が個々の具体的財産権であるかは，憲法の次元では確定していません。法律の規定によって具体的な形態が与えられ，法律の規定に基づいて何人かに帰属しているものが具体的な財産権にほかなりません。そうすると，29条1項で保障する具体的な財産権は，法律に従属した権利であり，法律に対抗しうる権利ではないことになります。

法律に基づきすでに取得している具体的財産権に対して，法改正により事後的に規制が加えられた場合には，既得の財産権に対する制限として，規制目的の正当性，手段の必要性・合理性が問われることになります（国有農地売払特措法事件〔最大判 1978〔昭 53〕・7・12 民集 32 巻 5 号 946 頁〕参照）。これに対して，法律による規制よりも後に財産権を取得した者については，どのように判断されるべきでしょうか。この者との関係では，法律による規制は既得の財産権を縮減するものではなく，当該権利の内容を新たに定義したものとなります〔小山・154 頁〕。森林法事件最高裁判決〔最大判 1987〔昭 62〕・4・22 民集 41 巻 3 号 408 頁：以下「87 年判決」とする〕は，この問題を扱った事例です。

❷ 森林法事件最高裁判決

◎「救済に足るだけの経済的ダメージ」なき事件

森林法事件は，生前贈与により森林を兄と共有していた者が，後に兄と不仲になり森林の分割を求めたところ，持分価額の 2 分の 1 以下の森林共有者に対して民法 256 条 1 項所定の共有物分割請求権を制限する森林法 186 条（現在は削除されています）が障害となったことから，当該規定の合憲性を争ったものです。当該上告人は，もともと分割請求権が制限されていた持分をそれと知って取得しており，「救済するに足るだけの経済的ダメージ」を受けていません。既得権侵害は存在していない事案です〔安念・138～139 頁〕。

◎ 29 条 1 項の解釈

87 年判決は，29 条 1 項について「**私有財産制度を保障しているのみでなく，社会的経済的活動の基礎をなす国民の個々の財産権につきこれを基本的人権として保障**」しているとして，主観的権利の側面で，通説よりも踏み込んで解釈しています。

◎ 審査方法

87 年判決は，75 年判決を引用して，次のような枠組みを示しました。まず，「財産権の種類，性質等が多種多様」であり，また財産権に対する規制目的も「社会公共の便宜の促進，経済的弱者の保護等の社会政策及び経済政策上の積極的なもの」から，「社会生活における安全の保障や秩序の維持等の消極的なもの」まで種々さまざまであることが指摘されます。その合憲性判断については，「規制の目的，必要性，内容，その規制によって制限される財産権の種類，性質及び制限の程度等を比較考量して決すべき」として，比較考量が提示されます。比較考量は第一次的に

は立法府に委ねられますが、立法の規制目的が「公共の福祉に合致しないことが明らか」であるか、規制手段が目的達成手段として「必要性若しくは合理性に欠けていることが明らか」で、「立法府の判断が合理的裁量の範囲を超えるものとなる場合」に、当該規制立法は憲法29条2項に違背するとされました。**比例原則**が立法裁量を覊束(きそく)する判断基準として示されています。

◎ **森林法186条の違憲性**

以上の法理を示したうえで、87年判決は、森林法186条について次のような判断をしています。

①「森林法186条は、……民法256条1項所定の分割請求権を否定している」。

②「共有物分割請求権は、各共有者に近代市民社会における原則的所有形態である単独所有への移行を可能ならしめ〔る〕……ものとして発展した権利であり、共有の本質的属性として、持分権の処分の自由とともに、民法において認められるに至ったものである」。

③「分割請求権を共有者に否定することは、憲法上、財産権の制限に該当し、かかる制限を設ける立法は、憲法29条2項にいう公共の福祉に適合することを要する」。

④森林法186条の目的は、「森林の細分化を防止することによって森林経営の安定を図り、ひいては森林の保続培養と森林の生産力の増進を図り、もって国民経済の発展に資すること」であるとして、正当性が認められる。

⑤上記目的達成手段として、「森林法186条が共有森林につき持分価額2分の1以下の共有者に民法256条1項所定の分割請求権を否定しているのは、森林法186条の立法目的との関係において、合理性と必要性のいずれも肯定することのできないことが明らか」である。

◎ **森林法事件判決の特殊性**

87年判決は、共有物分割請求権を「近代市民社会における原則的所有形態である単独所有への移行を可能ならしめ〔る〕」もので、「共有の本質的属性」と位置づけ、その制限を「憲法上、財産権の制限に該当」すると解しています。このことは、自由な分割請求権それ自体が憲法上制度として保障されているということを意味しているわけではありません。本判決が憲法による法制度保障の中核として目しているのは、「近代市民社会における原則的所有形態」である「単独所有」であり、単独所有が憲法上保障されていることのいわばコロラリーとして、立法者が共有なる制度を設ける場合には、それと自由な分割請求権とをパッケージにしなければなら

ない，という思考がとられています〔安念・150頁〕。

しかし，憲法には，単独所有に関する規定は存在しません。単独所有を憲法上の保障と解するためには，最高裁のとった論理をどのように説明したらよいのでしょうか。近時注目されているのは，「法制度保障論」と「ベースライン論」による説明です。

◎ 法制度保障論

法制度保障とは，伝統的な私法上の法制度を，立法による改変から保護するために，憲法により保障するという考えをいいます。この考え方に立つ論者は，87年判決の論理を，「法制度としてのローマ法的・近代的所有権（一物一権主義）と，その例外をなす法制度としての共有の関係」を語るものと捉え，「共有物分割請求権の存在は，一物一権主義が建前として維持されており，その本質的内容が侵されていない，ということを証明するアリバイである。……それを直接的に否定しようとする森林法186条は，憲法改正によらずに単なる立法（単純多数決）の方法により，一物一権主義のアイデンティティーを脅かしている」として，「一物一権主義への憲法的選択」を指摘しています〔石川②・211頁〕。民法的選択である一物一権主義の選択を，憲法制定権力が政治的に決断したという説明です。これに対して，「憲法的選択」という理解に疑問を挟む見解もあります〔中島②・440頁以下〕。もっとも，87年判決は「憲法的選択」について論じているわけではなく，事案をあくまでも分割請求権の制約と構成し，それが公共の福祉に適合するか否かを比例原則で判断しています。

◎ ベースライン論

ベースラインとは，当該社会の制度イメージに立脚した法律家集団の共通了解としての標準的な制度形態をいいます。そこから乖離した個別の制度について，必要性と合理性が求められます。日本では，民法，とりわけ財産法上の規定は，法律家集団において政治的に中立なものと考えられており，単独所有は憲法の想定する所有権制度のベースラインとして説明されています〔長谷部・177頁，241頁〕。

◎ その後の判例の展開

このように，87年判決をめぐる学説の解釈はまだ流動的です。対して最高裁の判例は，現在のところ，安定する傾向にあります。87年判決後，インサイダー取引規制の一環である証券取引法164条1項の短期売買利益返還請求を合憲と判断し

た最高裁判決［最大判 2002〔平 14〕・2・13 民集 56 巻 2 号 331 頁］は，87 年判決の比較考量に関する判示部分をほぼ踏襲しているものの，同判決を先例として引用していません。その後の財産権規制に関する一連の判決も森林法事件判決を先例とせず，証券取引法事件判決を先例として引用しています〔安西他・181 ～ 182 頁（巻）〕。

❸ 損失補償

◎ 根　　拠

　憲法 29 条 3 項が典型的に想定しているのは，道路や公園建設などの公益事業のために土地等を一方的に取得する公用収用です。日本では，戦後の自作農創設を目的とする農地買収のように，特定の個人が受益者となる場合でも，収用全体が広く社会公共の利益（公共）のためであれば，「公共のため」に含まれるとされてきました［最判 1954〔昭 29〕・1・22 民集 8 巻 1 号 225 頁］。憲法 29 条 3 項は，公共のために財産が収用されたり制約を受けたりした者に，「犠牲」を強いた分だけ，衡平の原則にしたがい，その損失を保障すべきことを命じています〔奥平・238 頁〕。

　損失補償の根拠は，次の 2 つです。1 つは，29 条 1 項の財産権の保障です。そのコロラリーとしての，収用前後を通じた財産価値の保障です。もう 1 つは，14 条 1 項の平等原則です。特定個人の犠牲の下に社会全体が利益を得るのは平等原則に反するとして，社会全体の負担の公平を図るのです〔安西他・184 頁（巻）〕。

◎ 補償の要否

　どのような場合に補償が必要とされるかについては，従来，「特別の犠牲」にあたる場合（**特別犠牲説**）と考えられてきました。

　「特別の犠牲」にあたるかどうかは，①侵害行為が広く一般人を対象としたものか，特定の個人ないし集団を対象としたものか（形式的要件），②財産権侵害の程度が，財産権に内在する社会的制約として受忍すべき限度内か，それを超えて財産権の本質的内容を侵すほどのものか（実質的要件），を総合的に考慮して判断するとされています。

　このうち，形式的要件にいう規制対象が一般人か特定の者かという区別は相対的なものにすぎないことから，「特別の犠牲」の判断基準としては，実質的要件を中心に考えるという説が有力になっています。この考え方によると，財産権の剥奪ないし当該財産権の本来の効用の発揮を妨げるような侵害については，当然に補償を要するとされます。この程度に達しない財産権の規制については，(a)当該財産の存在と社会共同生活の調和を保つために必要とされる場合は，財産権に内在する社会

的拘束として補償は不要（土地の公共性から，土地利用規制については補償不要とされる場合が多い），(b)他の特定の公共目的のために，当該財産権の本来の社会的効用とは無関係に偶然に課せられる制限であるときは，補償が必要，とされています〔芦部・230〜231頁〕。

◎ **正当な補償**

財産権の規制に対して与えられる「正当な補償」については，**完全補償説**と**相当補償説**が対立してきました。完全補償説は，市場価格を基準として，収用による侵害の前後を通じて財産価値に変動を生じさせないことを要請します。相当補償説は，合理的に算出された相当額であれば市場価格を下回ってもよいとするものです。

最高裁は，農地改革事件判決〔最大判1953〔昭28〕・12・23民集7巻13号1523頁〕で，相当補償説を採用しました。その後最高裁は，改正された土地収用法に関し，「正当な補償」の内容について1953年判決を引用し，「完全補償」でないことを前提に，補償金額の算定基準時を収用裁決時から事業認定時に変更する土地収用法71条を合憲と判断しています〔最判2002〔平14〕・6・11民集56巻5号958頁〕。もっとも，1953年判決は，占領下における前近代的地主制の改革という，憲法が前提とする社会を憲法外において創設した例外的な事態に関する判断であったと考えることができます〔長谷部・236頁〕。後者の事例も，事業認定という国家の介入により自由な取引価格が形成されていません。そもそも損失補償制度は，適法な権力行使によって生じた損失を個人の負担とせず，平等原則によって国民一般的な負担に転化させることを目的とする制度です。既存の財産法秩序の枠内で財産権の個別的侵害があった場合は，**完全補償**を要します〔最判1973〔昭48〕・10・18民集27巻9号1210頁〕（完全補償原則説）が，既存の財産法秩序を構成するある種の財産権に対する社会的評価が変化したことに基づき，その権利関係の変革を目的として行われる収用には**相当補償**で足りると考えられます。

◎ **生活権補償**

収用は，土地だけでなく，その土地に住んでいる人の生活そのものを奪ってしまう場合があります。完全補償という場合には，収用される財産の市場価格のほか，移転料や営業上の損失など付帯的な損失も含まれるとされます。これに加えさらに，憲法上の「正当な補償」には，生活再建のための**生活権補償**（職業のあっせんなど）が含まれるという見解があります。下級審の判断ですが，裁判所はこの考えには消極的です〔岐阜地判1980〔昭55〕・2・25判時966号22頁〕。実際には，立法上

生活再建のための措置が規定されています（たとえば，水源地域対策特別措置法8条，都市計画法74条など）。

◎ 補償の請求規定

　補償の請求は，通常，法律等の具体的規定に基づいて行われます。法令上補償規定を欠く場合でも，憲法29条3項を直接の根拠（補償請求権の発生）として，補償請求ができるとされています［最大判1968〔昭43〕・11・27刑集22巻12号1402頁］。よって，憲法上補償が要求されているにもかかわらず，補償に関する規定を備えていない法令であっても，そのために直ちに違憲無効とされることはありません。

　この点に関連して，予防接種禍に対する救済に，29条3項を適用することができるかどうかが問題となりました。強制的あるいは勧奨的予防接種は，本人の利益のためだけでなく，社会を伝染病から予防するという公共の利益のために実施されます。副作用による健康被害者が生じた場合，国家賠償法による救済が認められなければ，損失補償による救済を認める必要があります。しかし，29条3項の損失補償制度は，国の適法行為により「私有財産」が侵害された場合の救済を定めたもので，予防接種禍で侵害を受けているのは生命・健康という非財産的法益です。東京地裁判決［東京地判1984〔昭59〕・5・18判時1118号28頁］は，財産権に対する侵害でも補償されるのであるから，まして生命・健康に対する侵害であればなおさら補償されるとして，損失補償を認めました。

　その控訴審の東京高裁判決［東京高判1992〔平4〕・12・18高民集45巻3号212頁］は，本件予防接種禍は，法によっても侵害することが許されない生命・健康という法益の侵害にかかわるものであるから，財産権に対する適法な侵害に関する補償を定めた憲法29条3項を根拠に損失補償権を導きだすことはできないとし，厚生大臣の過失を広く認める手法で，被害者の救済をはかりました。確かに，将来に向けて国家機関のしたがうべき行動指針を示すという観点からすれば，生命・健康を侵害した場合を「適法な収用」に見立てることには疑問があります。しかし，現に生じてしまった被害をいかに救済するかという点からすれば，本件はまさに少数者の特別犠牲によって国民全体が利益を得ている状況と考えられることから，29条3項の類推適用には相応の理由があると理解されています〔長谷部・237頁〕。

　その後，別件の最高裁判決［最判1991〔平3〕・4・19民集45巻4号367頁］が厳格な予診義務を課したことから，予診の不十分さをもって過失を認定しやすくなり，最近の判決は，国家賠償で救済する傾向にあります〔高橋・172頁（早瀬）〕。

【引用・参考文献】

芦部信喜〔高橋和之補訂〕『憲法〔第5版〕』（岩波書店，2011年）
安念潤司「憲法が財産権を保護することの意味──森林法違憲判決の再検討」長谷部恭男編『リーディングズ現代の憲法』（日本評論社，1995年）
安念潤司＝小山剛＝青井未帆＝宍戸常寿＝山本龍彦編著『論点 日本国憲法──憲法を学ぶための基礎知識』（東京法令出版・2010年）〔小山執筆〕
石川健治「営業の自由とその規制」大石眞＝石川健治編『憲法の争点』（有斐閣，2008年）〔石川①〕
同「財産権②」小山剛＝駒村圭吾編『論点探究 憲法』（弘文堂，2005年）〔石川②〕
同「薬局開設の距離制限」高橋和之＝長谷部恭男＝石川健治編『憲法判例百選Ⅰ〔第5版〕』（有斐閣，2007年）〔石川③〕
奥平康弘『憲法Ⅲ 憲法が保障する権利』（有斐閣，1993年）
小山剛『「憲法上の権利」の作法〔新版〕』（尚学社，2011年）
渋谷秀樹＝赤坂正浩『憲法1 人権〔第4版〕』（有斐閣，2011年）〔赤坂執筆〕
高橋和之編『新・判例ハンドブック』（日本評論社，2012年）〔早瀬勝明執筆〕
中島徹『財産権の領分──経済的自由の憲法理論』（日本評論社，2007年）〔中島①〕
同「財産権は市民的自由か──もうひとつの『憲法と民法』」辻村みよ子＝長谷部恭男編『憲法理論の再創造』（日本評論社，2011年）〔中島②〕
長谷部恭男『憲法〔第5版〕』（新世社，2011年）
樋口陽一『国法学 人権原論〔補訂〕』（有斐閣，2007年）
安西文雄＝巻美矢紀＝宍戸常寿『憲法読本』（有斐閣，2011年）〔巻執筆〕

● 演習問題
● 人の健康を損なうことがないといわれていた人工着色料Aに発がん性物質が含まれていることが明らかになり，厚生労働省はその製造・使用を禁止しました。人工着色料A使って食品を製造販売していたX社は，返品を余儀なくされ，大量の在庫をかかえることになってしまいました。人工着色料Aの使用禁止措置による経済的打撃は「公共の福祉」のための「特別の犠牲」だとして，X社は，憲法29条3項に基づく損失補償を求めて出訴しました。X社の主張は妥当でしょうか。

chapitre 09

社 会 権

　朝日新聞によれば，日本の子どもの貧困率は，経済協力開発機構の経済協力機構（OECD）の平均を上回り，7人に1人が苦しい暮らしをしています。主な理由は，1人親世帯の貧しさで，2000年代半ばの各国の状況を比べると，日本では6割近くが貧困状態にあり，30カ国中，最悪です。OECDによれば，原因は，第1に，著しく賃金の低い非正規労働が急速に広がって，所得が少なくなっていることが原因です。特に，母子家庭の母親の多くが低賃金を余儀なくされています。第2に，所得再分配のゆがみが原因です。社会保障が年金や医療，介護など，高齢者に偏り，子どもを持つ世帯，特に貧困層にいきわたらないことが挙げられています。いまの税や社会保障のありかたでは，子どもの貧困率がいっそう高まってしまうというのです。経済状況が悪く，倒産や離婚が増え，「会社と家庭に頼る日本型福祉社会は壊れている」とされます（「社説　憲法記念日に　われらの子孫のために」朝日新聞2012年5月3日）。
　このような場面で，日本国憲法の社会権規定は，苦境にある人や子どもを守ることができるでしょうか。

社会権は，19世紀末に資本主義の拡大に伴う弊害として，貧困や労働問題が顕著になったことから，社会的・経済的弱者を保護するものとして，保障されるようになりました。社会権は，国に対して一定の行為を要求する権利（**作為請求権**）です。この権利は，社会主義諸国の影響をうけたもので，国の不干渉を要求する自由権とは系統の異なるものといえます。最初にこの権利を規定したのは，第一次世界大戦後のドイツのワイマール憲法（1919年）ですが，そこでは，すべての者に「人間に値する生活」を保障する経済活動のルールがある，と規定されています。戦後，1946年に起草された日本国憲法は，この考え方を受容し，基本的人権として社会権を規定しました。社会権に分類されるものとしては，生存権（25条），教育を受ける権利（26条），勤労の権利（27条），労働基本権（28条）が挙げられます。

作為請求権とはされますが，社会権には**自由権的側面**（効果）もあるとされます。たとえば，生存権を受けていったん法律等で具体化された給付を正当な理由なく切り下げるような場合には，生存権条項が具体的な裁判規範としての法的性格をもち，侵害が違憲無効なものとして司法的に排除されうるという意味での，自由権的な側面（効果）が意識されます〔大須賀・60頁〕。

1 生 存 権

生存権（25条）は，社会権の代表格の権利です。25条1項は，「すべて国民は，健康で文化的な最低限度の生活を営む権利を有する」と規定します。この規定は，社会権の原則的な規定〔芦部・259頁〕とされ，国民が誰でも，人間らしい生活をおくることができる権利を宣言しています。

第2項は，「国は，すべての生活部面について，社会福祉，社会保障及び公衆衛生の向上及び増進に努めなければならない」と規定しています。これは，国が生存権を具体的に保障するよう努力する義務を規定したものです。これを受けて生活保護法，児童福祉法，老人福祉法，身体障害者福祉法などの各種の**社会福祉立法**，国民健康保険法，厚生年金保険法，高齢者の医療の確保に関する法律，介護保険法など，各種の**社会保険立法**等の**社会保障制度**が設けられ，地域保険法，食品衛生法，環境基本法，大気汚染防止法など**公衆衛生**のための制度など，さまざまな制度が設けられています。例えば，生活保護は，原因にかかわらず，自分では生計を立てるのが難しくなってしまった場合に，さまざまな給付を行います。保険制度は，国民が日頃保険料をプールしておき，病気になった，高齢になって仕事をやめた，介護が必要になった，など，必要なときに給付をうけるものです。

かつては，25条の解釈として，国が，1項では救貧施策，2項では防貧施策をなすべきことを定めたもの，とし，2項では広い立法裁量をみとめ，この防貧施策で救われなかった場合に，国が1項での救貧施策をなすべきことを規定したものと，1項と2項をわけた解釈をした判例がありました。しかし，1項の救貧施策を生活保護法による公的扶助だけに限り，2項の「防貧施策」は，広い立法政策を認めるとしたことが，批判されました。今では，1項と2項について，どのような施策がどちらで保障されるかというような議論はあまりしません。しかし，再度，1項と2項の差に目を向け，1項を，権利を定めたものとして狭義の生存権，2項の国が整備する責務を負う諸施策（目標）をさだめたものとして広義の生存権とする説も出ています〔佐藤・362頁〕。この場合でも，2項の諸施策については広範な裁量に委ねていいというようなアプローチは取るべきでない〔高橋・289頁〕でしょう。

　生存権でもっとも議論になるのは，その法的性格です。生存権は，国民が「人間らしい生活」，25条の文言では，「健康で文化的な最低限度の生活」を送るために，国の積極的な施策を求める権利ですが，実際，このような生活が送れなかった場合に，国民は具体的な権利保障を求めることができるのでしょうか。つまり，例えば，裁判所で給付などの救済を受けることができるのでしょうか。

　この点が争われたのが，**朝日訴訟**〔最大判 1967〔昭 42〕・5・24 民集 21 巻 5 号 1043 頁〕です。この訴訟では，月額 600 円の生活扶助費の支給が低額に過ぎ，25条1項違反かどうかが争われました。上告中に原告が死亡し，最高裁が訴訟の承継を認めなかったため，訴訟そのものは終了しました。しかし，最高裁は「なお，念のため」として，25条の性格を説明しています。これによれば，25条1項は，すべての国民が健康で文化的な最低限度の生活を営めるように国政を運営する（政治的）責任を宣言したもので，個々の国民に具体的権利を附与したものではないとしました。25条1項は，国の政治目標を定めたものにすぎないとしたのです（**プログラム規定説**）。この最高裁の立場は，現在まで維持されています。

　学説には，プログラム規定説をとるものはほとんどなく，憲法上の権利として規定されている生存権に，なんとか法的効力を与えようとしています。**抽象的権利説**は，生存権の内容は抽象的で不明確で，25条を直接根拠にして生活扶助を請求できるような具体的権利を認めるのは難しいが，生存権を具体化する法律が作られれば，具体的な権利となる，と考えます〔芦部・260頁〕。つまり，生存権が，これをうけて制定された生活保護立法などで具体化された場合に，憲法と法律を一体ととらえて，生存権に具体的権利性をみとめることができると考えます。25条が国会に，具体化立法を行うべき法的義務を課していると考えるのですが，かりに国会が立法

を怠ったとしても，不作為の違憲確認訴訟を提起するのは，なかなか難しいと考えると（☞後出 17-3），プログラム規定説とそれほど差はないことになります。

さらに，限られた意味ですが，生存権を（限られた意味での）具体的権利であるとする**具体的権利説**もあります。この説は，25条の権利内容は行政権を拘束するほどには明確でないが，立法権を拘束する程度には明確だとして，その意味で，具体的権利をみとめたとします。そのため，救済としては，国会が立法をしなかった場合に不作為の違憲確認訴訟〔大須賀・63頁〕や，無名抗告訴訟〔高田・53頁〕が提起できるとするにとどまります。人権保障において司法権による保障を基本としながらも，「生存権の実現には立法権の関与が自由権よりはるかに大きい」〔大須賀・64頁〕ことを踏まえた立論です。

生存権を権利と考えて救済を実現しようとする諸説に対し，生存権は，むしろ客観的な法規範としての効力をもつという考え方があります。堀木訴訟の上告審は，朝日訴訟に従いプログラム規定説の立場に立ちます。そして，具体的にどのような立法措置を行うかは，立法府の広い裁量にかかり，「それが著しく合理性を欠き，明らかに裁量の逸脱・濫用とみざるをえないような場合を除き」，裁判所が審査し判断するのには適しないとしました。このように25条に立法裁量を拘束するものとしての意義をみとめるのが立法裁量説です〔抽象的権利説の流れと見る見解もあります，佐藤・365頁〕。しかし，このような，ごく例外的な場合しか法的判断の対象にならないとする議論が歯止めになりうるかどうかは，疑問視されています〔大須賀・70頁〕。

社会権を，国家の権能や義務からでなく，主体的権利として捉え直そうという立場の論者の中には（中村，佐藤，菊池），抽象的権利説か具体的権利説か，というカテゴリカルなとらえ方を避け〔中村・311頁〕，生存権は法律の制定を待つことなく内実となる核をもつが，一般的な権利の実現のためには法律による具体化が必要で，国家はこの「権利」を具体化すべき明確な法的義務を負う，また，法律が制定されれば，行政庁の基準設定がなされ，具体的処分が行われるとし〔佐藤・366頁〕，このような抽象的権利説に近い議論に加えて，国家がこの種の法律を制定しない場合，立法不作為により損害を受けた者による国家賠償請求権の対象になる〔佐藤・366頁〕，また，一旦具体化された給付を正当な理由なく廃止・後退させる場合，「制度後退禁止原則」（棟居）に反し，1項違反になる〔佐藤・366頁〕とする説があります。別の論者は，25条2項が政府に少しずつ国民の生活水準を高めていくことを義務づけていると解されるため，逆に，一旦具体化した水準を低下・後退させる場合には，裁量の幅が狭まり，相応の正当化が要求されるのだとしています〔高橋・289頁〕。この議論の意義は，具体的な場面で，制度が後退する場合に，どの程度の正当化が求められる

かにかかりますが，老齢加算廃止訴訟〔東京高判 2010〔平 22〕・5・27 判時 2085 号 43 頁，福岡高判 2010〔平 22〕・6・14 判時 2085 号 76 頁〕に一定のインパクトを与えた〔葛西・33 頁，48 頁以下〕とされています。

さらに，生存権は**給付請求権**（一般的な意味での具体的権利）であるという説も唱えられています〔渋谷・258 頁〕。裁判所は立法に当然含まれる政策的・専門的判断を法に照らして判断するもので，専門家の知見などを用いてその当否を判定することは可能だ，国の作為方法はいろいろありうるが不作為についての是非は判定可能である，予算に制約があるという点についても，予算が憲法的権利を決めるのは本末転倒だ，とされます。

そして，生存権がどのような法的性格のものか，という問題は，朝日訴訟で提起された，生存権の「健康で文化的な最低限度の生活」に客観的な基準がありうるのか，という問題とリンクします。朝日訴訟の最高裁は，生存権は，単なる政治目標だとするプログラム規定説の立場に立ち，何が「健康で文化的な最低限度の生活」かの判断は，厚生（労働）大臣の行政裁量にかかるとしています。一方，生存権に法的効力を与えようとする抽象的権利説やほかの諸説は，ある時代，ある社会での「健康で文化的な最低限度の生活」は，ある程度は客観的に決めうると考えます。

このように，生存権についての主な論争は，その侵害が起こったとされる場合に，どのように救済するのかをめぐるものなのです。「健康で文化的な」最低限度の生活とは，何で，それは，どのように実現されるべきなのでしょうか。「政治的目標」とする判例の立場では，生存権の保障はきわめて脆弱です。諸説は，それを克服しようとしているのです。

【判例】朝日訴訟〔最大判 1967〔昭 42〕・5・24 民集 21 巻 5 号 1043 頁〕　原告の朝日氏は国立の医療施設に入院し，月 600 円の日用品費の生活扶助，給食付き医療扶助を受けていました。その後，市の社会福祉事務所長が，実兄に 1500 円仕送りするよう命じ，生活扶助を廃止して，日用品費を控除した残り 900 円を医療費の自己負担とする保護変更決定をしました。原告は，不服申し立てをしましたが，厚生大臣が却下したため，600 円の日用品費は，健康で文化的な最低限度の生活を営むにたりないとして，訴訟を提起しました。ところが，1 審終了後に原告は死亡し，養子で相続人である夫婦が訴訟を継続しました。

最高裁は，生活保護受給権は一身専属の権利で，相続されず，訴訟は承継されないとしました。そして，「なお，念のために」とし，25 条は健康で文化的な最低限度の生活を営めるように国政を運営することを国の責務として宣言しただけで（政治

的責任），国民に具体的権利を付与したものではなく，具体的権利は生活保護法によって与えられる，としました。また，最高裁は，何が健康で文化的な最低限度の生活であるかの認定判断は，厚生大臣の合目的的裁量であり，その判断は政治的責任を問われることがあっても直ちに違法の問題を生じないとしました。ただし，著しく低い基準など，生活保護法の趣旨目的に反し，裁量権の限界を超えた，または裁量権を濫用した場合には，司法審査の対象となるとしました。しかし，本件の生活扶助基準は，裁量権の限界をこえ，または濫用したとは断定できないとされました。

【判例】堀木訴訟〔最大判 1982〔昭 57〕・7・7 民集 36 巻 7 号 1235 頁〕　視力障害者で，障害福祉年金を受給していた女性が，離婚して次男を養育していました。児童扶養手当を申請したところ，知事に却下されたため，異議申し立てをしましたが，児童手当法に公的年金給付との併給禁止の規定があるとされ，棄却されました。女性は，処分取消しと手当受給資格認定の義務づけ等を求めて訴訟を提起しました。

　最高裁は，25 条がプログラム規定であるとし，25 条をうけて具体的にどのような立法をするのかは，立法裁量で，著しく合理性を欠き明らかに裁量の逸脱・濫用と見ざるをえないような場合をのぞき，裁判所の審査判断に適さないとしました。最高裁によれば，児童扶養手当は，母子福祉年金を補完するもので，受給者の所得保障である点で，国民年金一般と同一の性格です。また，複数事故で，事故が二重以上重なったとしても，稼得能力の喪失低下の程度が事故の数に比例して増加するとはいえず，併給調整を行うかどうかは，立法府の裁量範囲に属します。給付額も立法裁量事項で，低額だからといって，当然に 25 条違反には結びつかないとされました。また，障害福祉年金受給者とそうでない者の間に，児童扶養手当について差別が生じるとしても，この差別がなんら合理性のない不当なものとはいえない（14 条に違反しない）とされました。13 条違反の主張についても，併給禁止が児童の個人としての尊厳を害し 13 条に違反する恣意的かつ不合理なものとはいえないとしました。

2 教育を受ける権利

❶ 学 習 権

　憲法 26 条は，「すべて国民は，法律の定めるところにより，その能力に応じて，等しく教育を受ける権利を有する」と規定しています。

教育を受ける権利は，個人が人格を形成するために不可欠です。この権利は，性質上，子どもに対する保障を中心としたもので，その内容は子どもの**学習権**を保障しているとされます。**旭川学テ事件**［最大判1976〔昭51〕・5・21刑集30巻5号615頁］は，26条の背後には，「国民各自が，一個の人間として，また一市民として，成長，発達し，自己の人格を完成，実現するために必要な学習をする固有の権利を有すること，特に，みずから学習することのできない子どもは，その学習要求を充足するための教育を大人一般に対して要求する権利を有するとの観念が存在」する，としました。

子どもに教育を受けさせるのは，実際には，親や保護者ということになります。26条2項は，子どもに**教育を受けさせる義務**を規定しますが，そのような義務を負うのは，第一義的には親ないし親権者とされます。

作為請求権としての教育を受ける権利は，国に対し，**教育制度を維持し，教育条件を整備すべき義務**を生じます。これを受けて教育基本法および学校教育法が定められ，小中学校の義務教育を中心とする教育制度が設けられました。教育基本法は，2007年に改正されましたが，2条5号が，「伝統と文化を尊重し，それらをはぐくんできた我が国と郷土を愛する……態度を養うこと」（2条5号）と定め，教育が法律により行われること（16条）を強調したなどの点が論争になりました。国家主義的な愛国心教育がめざされるのではないか〔辻村・243頁〕，あるいは，子どもや教師の内心に干渉するようなことが起こるのでは〔芦部・265頁（高橋）〕，という点が懸念されています。

❷ 教育権論争

やはり旭川学テ事件で争われた，教育内容を誰が決めるのか，という問題は，**教育権**論争として知られます（☞前出07）。国家が教育内容を決めるのだという説（国家教育権説）に対して，親や教師，子どもなどに教育の自由を認める説（国民の教育権説）もあります。教師の教育の自由は，23条の学問の自由と結びつけて考えられます。この場合は，下級の教育機関での教育権が特に問題になります。また，26条の教育を受ける権利の前提と考える説もあります。旭川学テ事件の最高裁は，折衷的な立場をとり，親，教師に一定の範囲で教育の自由がみとめられ，それ以外の領域では，国が必要且つ相当な範囲で教育内容について決定するとしました（☞前出07）。

❸ 義務教育の無償

26条2項は，「義務教育は，これを無償とする」としています。「無償」につい

ては，これが，授業料を徴収しない，という意味だとした判例があります［最大判 1964〔昭 39〕・2・26 民集 18 巻 2 号 343 頁］。しかし，もちろん，授業料を払わなくていいだけでは，実際上，学校に通うわけにはいきません。学説では，**授業料無償説**のほか，教科書代や，教材など，就学に必要な一切の費用を無償とするものだ，という**就学費用無償説**（必要経費無償説）があります。ただし，教科書については，「義務教育諸学校の教科書用図書の無償措置に関する法律」（1963 年）に基づき無料で配布されています。

【判例】旭川学テ事件［最大判 1976〔昭 51〕・5・21 刑集 30 巻 5 号 615 頁］　全国一斉学力調査（学テ）に反対する労組役員 4 名が旭川の市立中学で実力阻止行動をとり，建造物侵入，公務執行妨害，共同暴行罪で逮捕されました。最高裁は，26 条の背後には，学習権があるとしました。そして，教育の内容や方法を誰が決定するのか，という問題について，親の教育の自由（家庭教育や学校選択），私学教育や教師の教育の自由（23 条の学問研究の自由，教育が教師と子どもの間の直接の人格的接触を通じ，子どもの個性に応じて行われなければならないため，教育の具体的内容及び方法にある程度自由な裁量が認められなければならないことから）を一定範囲で肯定しながら，国が必要且つ相当な範囲で教育内容について決定するとしました。

3 労働基本権

19 世紀には，資本主義が発達しましたが，労働者は，失業の不安や，劣悪な労働条件のもとにおかれ，その生活はきびしいものでした。雇用されて働く労働者人口が増加し，発言権をもつようになったことで，労働者の保護や，労働運動を容認する立法がなされるようになり，労働者に「**人間に値する生活**」を保障するために，労働者保護のための規定が憲法に置かれるようになります。日本国憲法も，27 条で勤労の権利を保障し，28 条で労働基本権を保障しています。

❶ 勤労権と労働条件の法定

27 条の**勤労権**は，すべての国民の勤労の権利を保障します。勤労権は，一般には社会権，すなわち国家に対する作為請求権と考えられます。身近なところでは，例えば，ハローワークで仕事を紹介し，国民が実際に働けるように機会を提供するなどの国家行為を求めるものと考えるのです。従来は，27 条もプログラム規定だと考えられていましたが，やはり 27 条も，国に政治的義務を課しただけでなく，

一定の法的権利性があるとする説が唱えられています。国との関係では、具体的権利説〔大須賀〕や、国家との関係で法律の改廃による積極的侵害を争えるとする説〔野中他・524頁（野中）〕があります。また、使用者に対して、解雇の自由を制限するという法的効果が認められるとされ〔野中他・524頁（野中）〕、これは、27条の自由権的側面（効果）の問題とされます〔樋口他・192頁（中村）参照〕。

また、27条2項は、賃金や就業時間、休息などの**労働条件に関する基準**を、**法律で定めることを規定**しています。かつては、契約の自由が重視され、労働規制を行うことは難しかったのですが、使用者が優位に立つ雇用関係では、このことが劣悪な労働条件に結びついていました。27条2項をうけて、**労働基準法**や、労働安全衛生法、最低賃金法、男女雇用機会均等法など、さまざまな規制立法が制定されています。

❷ 労働基本権

19世紀に重視されたような、契約自由の原則のもとでは、事実上の力関係では、雇われる労働者は使用者に対して不利な立場にあります。**労働基本権**は、使用者に対して劣位にある労働者を、使用者と対等の立場に立たせることが目的です。

憲法28条は、「勤労者の団結する権利及び団体交渉その他の団体行動をする権利は、これを保障する」と規定しています。ここでいう勤労者は、労働者と同じ意味です。28条に規定された労働基本権は、団結権、団体交渉権、団体行動権（争議権）の3つからなります（労働三権）。

団結権は、労働者が、労働組合などの団体をつくる権利です。労働者が団結することによって、労働者を使用者と対等の地位に立つことができるようにするためのものです。使用者が組合活動に介入してはならず、労働組合等の団体には一定の内部統制権が認められます〔辻村・312頁〕。しかし、組合員が選挙に立候補する権利との関係では、組合が市会議員選挙の統一候補を決めたのに、決定に反して立候補した組合員の権利を1年間停止したことなどが公職選挙法225条項違反に問われた事件で、勧告や説得の域を超えて立候補を断念するよう要求し、従わないと統制違反として処分するのは、組合の統制権の限界を超え、違法だとした判例があります〔最大判1968〔昭43〕・12・4刑集22巻13号1425頁〕。また、団結権については、組合への加入強制（クローズドショップ、ユニオンショップなど）が合憲かどうか問題になることがあります。組合に加入しないと解雇されるユニオンショップ協定によって、組合員に加入を強制することは、労働者の組合選択の自由や、他の労働組合の団結権を侵害する場合には許されないとした判例があります（三井倉庫港運

事件〔最判1989〔平元〕・12・14民集43巻12号2051頁〕)。

団体交渉権は，労働者の団体が，使用者と労働条件について交渉する権利で，交渉の結果，労働協約が締結されます〔芦部・268頁〕。

団体行動権は，労働者の団体が，労働条件を実現するために，団体行動を行う権利です。

労働基本権は，社会権として，国が労働基本権を保障する措置を講ずることを要求し，国は，その施策を実施すべき義務を負います〔芦部・268頁〕。これは，労働基本権を実現するため，行政救済を受ける権利の側面を含むとされます〔辻村・312〕。自由権的な側面(効果)としては，国に対して，労働基本権に干渉するような立法その他の国家行為を禁止します〔芦部・268頁〕。たとえば，争議行為に刑罰を科すことや，公務員の労働基本権の制限などは，このような見地から問題になります。

国に対するほかに，労働基本権は，使用者にも，労働者の労働基本権の行使を尊重する義務を課します。基本的に国を名宛人とする憲法の規定の中ではめずらしく，労働基本権は，私人間に直接適用されます。例えば，労働者が争議行為をした場合には，使用者に損害が生じる可能性がありますが，これに対する**民事免責**などが例としてあげられます。また，使用者が，労働基本権の行使を理由として，解雇などの不当労働行為を行うことを禁じます〔辻村・312頁〕。

労働基本権の行使には，社会的影響が大きいので，規制がなされる可能性も大きくなります。かつてよく行われた鉄道のストライキなどを考えると，影響が想像できます。ただ，社会的影響が大きいといっても，労働基本権は，生存権や勤労権を前提に，労働者の生きる権利として保障されており，規制立法について立法裁量を過度に重視することは問題です。そのため，厳格な合理性の基準のうち，LRA（立法目的を達成するために規制の程度のより少ない手段があるかを具体的・実質的に審査する）の適用を示唆する立場〔芦部・202頁〕などがあります。雇用は，多くの人にとって生活のおおもとです。多少の迷惑があるからといって，安易に規制を容認せず，たがいに，労働者として生きていく権利をどのように守るか，慎重に考える必要があるということです。

3 公務員の労働基本権

やはり労働者である公務員にも，労働基本権の保障はもちろん及びますが，それが大きく制限されていることは，しばしば問題になってきました（☞前出03-2）。一方で，三公社（国鉄，電信電話，専売）五現業（郵政，林野，印刷・造幣，アルコール専売）などが独立行政法人化されたり民営化されたりし，林野事業以外は，

規制から外れました。結果として，規制の適用対象となる人は減っています。

まず，**特別公務員**（警察・消防職員，自衛隊員，海上保安庁，刑事施設に勤務する職員）は労働三権のすべてが否定されています。非現業の一般の公務員は，団体交渉はできますが，**団体協約締結権**は行使できず，**争議権**も否定されています。現業の公務員は，争議権が否定されています。

制限の根拠は，初期には，公共福祉のほかに「全体の奉仕者」であることなどの，抽象的な原則が挙げられました。しかし，これは公務員の基本的性格を示す理念規定で，制約の根拠にならないとされます〔渋谷・142頁〕。また，後にみるように，判例が打ち出した「地位の特殊性」を根拠とする説があります。憲法が公務員関係という特別法律関係の存在とその自律性を憲法秩序の構成要素として認めていること（15条，73条四号）を根拠とする説もあります〔芦部・269頁〕。

公務員といっても，職務の内容や性質はさまざまです。そのため，労働基本権の制限は，職務の内容や性質に応じて，必要最小限の範囲にとどめなくてはなりません〔芦部・269頁〕。このような考え方に立って，**全逓中郵判決**〔最大判1966〔昭41〕・10・26刑集20巻8号901頁〕は，労働基本権の制限は，国民生活の維持増進の必要と比較衡量し，制限は合理性の認められる必要最小限にとどめるべき，制限違反に対する不利益は必要な限度をこえず，とくに刑事制裁はやむを得ない場合に限る，等として，公共企業体労働関係法17条1項を合憲とする一方，正当な争議行為には労働組合法1条2項の適用があり，刑事免責されるとして，被告人を無罪としました。**東京都教組事件**〔最大判1969〔昭44〕・4・2刑集23巻5号305頁〕は，勤務時間中のストライキをあおったとして，地方公務員法で組合役員が起訴された事案で，合憲限定解釈の手法で，処罰の対象になるのは，違法性の強い争議行為の，違法性の強いあおりであると，「二重のしぼり」で限定して，被告人を無罪にしていました。

しかし，判例の立場は，大きく転換します。**全農林警職法判決**〔最大判1973〔昭48〕・4・25刑集27巻4号547頁〕は，「公務員の地位の特殊性と職務の公共性」のほか，公務員の勤務条件は国会の法律によって定められること，人事院等の代償措置が講じられていることなどを理由に，公務員の争議行為の一律・全面的制限を合憲としました。この全農林警職法判決は，今でもリーディング・ケースです。

しかし，ヨーロッパでは，公務員の争議行為はある程度是認されており，決して，国家運営のために公務員の争議行為の全面禁止をなすことが必要だ，ということではありません。国際的にも，公務員の争議行為の全面禁止は，国際人権規約A規約人権委員会の批判をうけています。

【判例】**全農林警職法事件**〔最大判 1973〔昭 48〕・4・25 刑集 27 巻 4 号 547 頁〕
警察官職務執行法の国会上程に反対する農林省職員の組合，全農林労組が，時間内に職場大会を開きました。そのため，大会への参加を慫慂した幹部が，国家公務員法 98 条 5 項の禁じる争議行為のあおりだとされ，国公法 110 条 1 項 17 号によって起訴されました。

　最高裁は，上告を棄却し，下級審の有罪判決を支持しました。最高裁によれば，28 条の保障は公務員に対しても及ぶが，公務員の地位の特殊性と職務の公共性にかんがみ，必要やむを得ない限度の制限を加えることには充分合理的な理由があります。公務員が争議行為におよぶと，公務員の地位の特殊性と職務の公共性と相容れないばかりか，多かれ少なかれ公務の停廃をもたらし，国民全体の共同利益に重大な影響を及ぼすか，またその虞れがあるというのです。

　さらに，最高裁によれば，公務員の給与や勤務条件は法律で定められ，使用者としての政府には解決できません。また，私企業と違って，労働者の過大な要求が企業の存立を危うくし，労働者の失業を招くことや，「市場の抑制力」などがありません。また，公務員の労働基本権を制約する代替措置として，人事院が設置されています。

　また，国公法 98 条 5 項のあおりは，違法な争議行為をあおる等の者に，特に処罰の必要性を認めて罰則を設けており，充分に合理性があるとされました。国公法 110 条 1 項 17 号による処罰は，憲法 18 条，28 条に違反しないとされました。政治的目的のために争議行為をすることは，二重の意味で許されず，あおりの処罰は 21 条違反ではないからです。最高裁は，あおり行為等の罪で刑事制裁を科されるのは，違法性の強い争議行為に限るとするような不明確な限定解釈は，犯罪構成要件の保障的機能を失わせ，明確性を要求する 31 条に違反する疑いがあるとしました。

【引用・参考文献】
芦部信喜〔高橋和之補訂〕『憲法〔第 5 版〕』（岩波書店，2011 年）
遠藤美奈「生活保護と自由の制約」摂南法学 23 号（2000 年）
大須賀明『社会国家と憲法』（弘文堂，1992 年）
尾形健「生存権論の可能性」法学教室 326 号（2007 年）
葛西まゆ子『生存権の規範的意義』（成文堂，2011 年）
菊池馨実『社会保障の法理念』（有斐閣，2000 年）
国際人権規約社会権規約委員会　日本の第 2 回定期報告に対する最終見解（外務省HP）
　　http://www.mofa.go.jp/mofaj/gaiko/kiyaku/kenkai.html
佐藤幸治『日本国憲法論』（成文堂，2011 年）

渋谷秀樹『憲法』（有斐閣，2007 年）
初宿正典『憲法 2〔第 2 版〕』（成文堂，2002 年）
高田敏「現代における法治行政の構造」渡辺宗太郎先生古稀記念論文集『行政救済の諸問題』（1970 年）
高橋和之『立憲主義と日本国憲法〔第 2 版〕』（有斐閣，2010 年）
辻村みよ子『憲法〔第 4 版〕』（日本評論社，2012 年）
中村睦男『社会権法理の形成』（有斐閣，1973 年）
野中俊彦＝中村睦男＝高橋和之＝高見勝利『憲法Ｉ〔第 5 版〕』（有斐閣，2012 年）
長谷部恭男『憲法〔第 5 版〕』（新世社，2011 年）
樋口陽一＝佐藤幸治＝中村睦男＝浦部法穂『注解法律学全集・憲法II』（青林書院，1997 年）
棟居快行「生存権と『制度後退禁止原則』をめぐって」佐藤幸治先生古希記念論文集『国民主権と法の支配（下巻）』（成文堂，2008 年）

●演習問題
●生活保護の老齢加算は，70 歳以上の生活保護受給者に対し，加齢に伴う特有の生活需要を満たすために 1960 年から実施されていました。厚生労働大臣は，2004 年度から，その段階的な廃止を決定し，2006 年度には全廃しました。そのため，高齢の被保護世帯は，生活扶助費を約 20％削減されました。これが生存権の侵害だとして訴訟を提起した場合，どのような憲法判断が下されるでしょうか。

chapitre 10

幸福追求権

　宮崎駿監督のアニメーション作品の舞台のモデルとなったとされる瀬戸内の古い港町，鞆の浦に，交通渋滞の緩和などのために橋をかけようという計画がありました。道が細く，混雑して，緊急車両の通行さえ難しい場合があるというのです。
　これに対して，歴史的な景観を守ろうという反対運動が盛り上がりました。
　橋の建設計画の差止めを求める訴訟も起こり，「景観権」が保障されるべきだという主張がなされ，地方裁判所は，これまで例のない，建築差止を認める判断を下しました。
　今のところ，別のルートや，トンネルを掘るという対案で，話し合いが進んでいます。
　「景観権」というような権利は，憲法の条文にはみあたりません。また，より一般的な言い方だと思われる「環境権」も，条文にはありません。こういう権利が憲法で保障される可能性はないのでしょうか。

1 新しい人権

　日本国憲法は，1946年に制定され，翌年施行されました。日本国憲法は，自由権のほかに社会権の規定も有する，その時点では最新の知見によって書かれたものですが，すでにそれから半世紀以上が経っているわけです。その間，人権保障の分野でも，さまざまな，当初には想定されていない局面が起こるようになり，新たな権利を考える必要がでてきました。

❶ 包括的権利としての幸福追求権

　新しい人権の中には，知る権利（☞前出06-1）の場合の21条のように，個別の条文に根拠を求めることができるものもあります。しかし，そうでないものもあります。リストの形になっている第3章の人権編に，権利保障の根拠が見あたらない場合は何を根拠とするのでしょうか。

　人権編は，歴史的に侵害されることが多かった人権を列挙したものですが，網羅的にすべてを挙げたものではない〔芦部・118頁〕，と考えられ，いわゆる**例示列挙**だと考えられています。そのため，憲法に規定されているもののほかに，新しい人権を観念するのに不都合はないと考えられるわけです。つまり，どのような価値を権利として守るか，ということについては，社会変化に応じて，つけ加わるものがあってよい，ということです。

　ちなみに，例示列挙に対する限定列挙は，交渉によって交わされる二国間の条約（つまり約束）などの条文をイメージすると理解できるかもしれません。あらかじめ約束が結ばれた事柄以外が，あとから新たな交渉と改定もなしに付け加わることはありません。アメリカなど連邦制がとられている場合の憲法の人権規定などは，ものによっては各邦との関係があって，規定されていないあらたな権利が観念されることについてより硬直的で，つまり，難しく，大論争になります。

　13条の**幸福追求権**は，憲法に明文の規定がない権利の根拠となる規定だと考えられています。13条は，はじめ，14条以下の人権をまとめたもので，そこから法的権利を引き出せないと考えられていましたが，1960年代以降の社会・経済状況から生じた問題に対応するために，解釈が見直されるようになりました。そして，幸福追求権は，憲法に規定のない一般的かつ包括的権利を保障するもので，これが侵害された場合には，裁判所で救済をうけることのできる具体的権利である，と考えられるようになりました〔芦部・118頁〕。幸福追求権は，憲法に全く根拠のない権利の場合は，それだけで独立して，具体的権利を保障します。個別の条文との関

係では，より個別的な条文が一般法に先立ってまず適用されるという，一般法と特別法についての法学の原則に従って，個別の条文が適用されます。しかし，憲法にある個別の条文では保障が不充分だと考えられる場合には，幸福追求権が個別条文を補足して，権利を保障するものと考えられます。例えば，行政法における手続保障は，31条でなされるという説もありますが，31条が刑事法由来であることなどから，むしろ13条を根拠とする説もあります〔佐藤・192頁，松井・543頁，釜田・125頁〕。そのため，31条を広く行政手続を含むと考える立場をとる場合でも，実務の場面では，あわせて13条の保障があることを主張しておくのです。

　こうした考え方をとるとしても，幸福追求権の法的性格や，内容には，さまざまな考え方があります。これについて，幸福追求権そのものを，「基幹的な人格的自律権」と考え，第3章の諸権利がこの「基幹的な人格的自律権」から派生しつつ，独自の歴史的背景と構造を背負ったものだと考える立場があります〔佐藤・175頁〕。この立場では，幸福追求権が既存の条文を補充するような場合には，狭義の「人格的自律権」と呼びます〔佐藤・176頁〕。しかし，表現の自由などのように，そもそもその社会的効用が重視されるような権利の場合，このようなくくりは難しそうです。なお，民主的プロセスを重視する立場は，民主主義プロセスを構成する権利（政治参加のプロセスに関わる権利，政府のプロセスに関わる権利）を中心的なものと見，基本的に，基本権を実体的価値のあるものとはみません〔松井・305頁〕。基本的人権を認めるのは，政治共同体の決断によると考えるプロセス的基本的人権観〔松井・311頁〕からは，13条を根拠として保障されると議論される環境権や自己決定権は，そもそも基本的人権の内容をなさず，これらの内容について差別のある場合には，14条の平等権の問題を生じるのみだという見解〔松井・597頁〕です。

　このほか，13条のもとで保障されるとされるプライバシーまたは「私的領域」が広範ではっきりしないことから，保障される領域を自己決定権に絞り，多くの部分を他の個別の条文に割り振る見解もあります〔渋谷・175頁〕。難点は，個別条文の解釈を，少々ストレッチすることでしょうか。

❷ 人格的利益説か，一般的行為自由説か

　幸福追求権が，憲法に明文の規定がない権利の根拠となるものだといっても，新たに考えられたすべてのものが権利と考えられるわけではありません。「自律的な個人が人格的に生存するために不可欠と考えられる基本的な権利・自由」〔芦部・119頁〕（**人格的利益説**），ひらたくいえば，自分が自分であるために欠くことができないと考えられるような権利・自由は，「新しい人権」として憲法上保障される

と考える立場が通説となっています。

　一方，個人の自由は広く保障されなくてはならないため，個人の自由な行為が「一般的行為の自由」として広く保障されるのだと考える説もあります（**一般的行為自由説**）。この説では，たとえば，好きな服を着ることや，危険なスポーツをすること，自動車やオートバイに乗ることなども，一般的行為の自由のひとつの現れとして，他者の権利が侵害されない範囲で保護されるとされます〔芦部・120頁〕。もともと，ドイツ基本法2条1項が人格の自由な発展の権利を保障していることにインスピレーションを得たものとされます〔渋谷・576頁〕。

　しかし，何もかもが権利とされると，保障が拡散してしまいます。個人にとってより重要な，欠くべからざるものだけを権利と考えて手厚く保障するという考え方が，人格的利益説であると考えられます。なお，人格的利益説をとっても，政府は恣意的に規制を行えるわけでなく，権利の制約が許されるためには，政府の規制等に正当な目的があることや，権利の制約に充分に実質的な合理的理由があることが求められます。つまり，一般に，個人の人格にとって核心的でないとされるような利益でも，事実に即した筋の通った理由付けもないのに，制約することはできないということです。

　ただし，判例は，あまりはっきりと立場をあきらかにしてはいません。どぶろく裁判〔最判1989〔平元〕・12・14刑集43巻13号841頁〕では，酒税法が酒類製造について免許制をとり，無免許で製造すると刑事罰が科されるとしていることについて，自己消費のための酒類製造の自由が制約されるとしてもそうした規制が「立法裁量を逸脱し，著しく不合理であることが明白であるとはいえ」ず，31条や13条違反とはいえないとしたのみです。

❸ どのような権利が保障されるか

　具体的にどのような権利が13条で保障されるか，ですが，いわゆる「新しい人権」として主張されたものには，プライバシー権，環境権，日照権，眺望権，入浜権，嫌煙権，健康権，情報権，アクセス権，平和的生存権など，たくさんあります。このうち，13条を根拠として判例上，認められたことがあるのは，**プライバシー権**くらいなので，なかなかハードルは高いのです。

　憲法上の権利として保障されるための条件についても議論がありますが，「自律的な個人が人格的に生存するために不可欠と考えられる基本的な権利・自由」なのかのほか，その行為が伝統的に個人の自律的決定に委ねられたものであると考えられているか，誰か特定の人だけでなく，多数の国民が行いうるか，などさまざまな

要素を考慮して考えられねばならないとされます〔芦部・120頁〕。あるいは，人格的自律の存在としての個人に不可欠であること，明確で特定的な内容をもっていること（もつようになったこと），憲法の基本権体系と調和する形で解釈上特定の条文に基礎を求められること〔佐藤・392頁〕などとされます。

たとえば，そもそも民事法上の権利とされた「**人格権**」は，さまざまな内容を含み，人の社会的な信用に対する権利である「名誉権」などもその1つです。この「人格権」ですが，最近では，**憲法上の権利としての「人格権」**という位置づけもなされます〔戸波②・179頁，阪本・242頁〕。諸法の領域で議論された権利が，徐々に，「憲法上の権利」と考えられるようになることもあるのです。**環境権**も，もともとは民事上の権利として観念されました。判例で憲法上の権利として認められたことはなく，権利として保障することがふさわしいのかについてもさまざまな議論があります。しかし，学説では13条を根拠とする権利として議論するものも多いです。そうした際に，憲法上の権利として保障されるための条件が議論されることになります。

13条で保障される権利について学説はさまざまなものを挙げ，独自の分類をしていますが，ここでは，プライバシー権，環境権についてみてゆきましょう。

2 プライバシー権

プライバシー権は，もともと，アメリカで生まれた権利です。「ひとりで放っておいてもらう権利」と形容されるのですが，そもそも，個人の自律的な決定にまかされる私的な領域があり，それに対する不干渉が保障されると考えるものです。内容は広範で，私生活の秘密を守ることや，子どもを産むか産まないか，自分の身体にかかわること，家族と住むこと，など，多様な私的領域を保護します。

日本で初めてプライバシー権が問題になったのは，**「宴のあと」事件**〔東京地判1964〔昭39〕・9・28下民集15巻9号2317頁〕です。そこでは，「**私生活をみだりに公開されない権利**」として登場しました（☞前出**06-1**）。プライバシー権も，民法上の人格権の1つと考えられていたのですが，「宴のあと」事件の裁判所は，個人の尊厳を保ち幸福の追求を保障するうえで必要不可欠なもので，憲法上の権利として保障されるとしました。その後の判例も，プライバシー権を憲法上の権利と考えています〔最判1981〔昭56〕・4・14民集35巻3号620頁，最判2002〔平14〕・9・24判時1802号60頁〕（☞「石に泳ぐ魚」事件につき，前出**06-1・06-2**）。私的領域が保護されることが，「自律的な個人が人格的に生存」するために不可欠だと考えられているのです。

プライバシー権は，広義には，情報プライバシー権と自己決定権を含むとも考えられています〔芦部・125頁〕。

❶ 情報プライバシー権

プライバシー権は，情報化社会が進展し，情報の価値が認識され，個人情報が行政機関や民間企業によって収集され，管理されるようになって，より積極的に「自己情報をコントロールする権利（情報プライバシー権）」と把握されてきました。中には，権利内容の明確性，同質性を重視する立場から〔佐藤・182頁〕，自己決定権とは分けて，情報プライバシー権のみを（狭義の）プライバシー権とする立場があり，通説的だとされています〔辻村・159頁〕。自己情報コントロール権は，自己に関する情報を自らコントロールし，自己情報の閲覧・訂正・抹消を求める権利をも含むと考えます。

情報プライバシー権によって問題になる情報は，広く捉える見解もありますが〔棟居・192頁，阪本・251頁〕，その人の道徳的自律の存在に関わる情報〔佐藤・182頁〕とされ，または，「本来の私生活の秘匿性」を核とするものと説明されます〔辻村・159頁〕。

情報に関するプライバシー保護については，地方自治体が先行して条例によって保護していましたが，1998年には「行政機関の保有する電子計算機処理に係る個人情報の保護に関する法律」が作られました。2003年には，民間業者を対象とする「個人情報の保護に関する法律」（個人情報保護法）が作られ，同時に，行政機関に対する法も改正されて「行政機関の保有する個人情報の保護に関する法律」（行政機関個人情報保護法）となり，罰則が強化され，訂正請求権が承認されました。これらの法律は，「プライバシー」よりも，より範囲の広い「個人情報」を保護します。

情報プライバシー権に難がないわけではありません。「情報」はある事象を外から見たもので，一種の外付けの記号のようなものです。他者が自分をどのように見るかを，そもそもコントロールしうるのか，という本質的な問題があります。広義のプライバシー権とされる自己決定権などとの分け方の問題であるともいえるのですが，プライバシー権の内容は，決して「情報そのもの」でなく，それによって不利益を被るなにか，の保護，といえます。

そのため，「プライバシー」の語が適当なのかどうかは一考の余地がありますが，「情報」であることから，「情報プライバシー権」をむしろ表現の自由についての21条の内容とみる立場もあります〔渋谷・364頁〕。

【判例】前科照会事件　　自動車教習所の技能指導員だった原告は，解雇されて地位保全仮処分命令によって従業員としての地位が仮に定められており，関連して京都地裁や中央労働委員会に事件が係属していました。自動車教習所側の弁護士は，理由を「京都地裁や中央労働委員会に提出するため」として，所属していた弁護士会に X の前科照会の申し出を行い，弁護士会から申出書を添付して X の住所の区役所に照会がなされました。これが本籍地のある京都市中京区役所に回付され，中京区長は，道路交通法違反 11 犯，業務上過失傷害 1 犯，暴行 1 犯の前科がある旨の回答をしました。このため，教習所側は X の前科を知り，京都地裁や中央労働委員会の審理の後などに，構内で事件関係人や傍聴人の前で前科を摘示したり，X を経歴詐称だとして解雇したりしました。X は，京都市に対し，中京区長による前科の回答はプライバシー侵害だとして，損害賠償と謝罪文をもとめて訴訟を起こしました。最高裁は，前科は人の名誉，信用に直接かかわる事項だとして，「前科等をみだりに公開されないという法律上保護に値する利益」を認め，「前科等の有無が訴訟等の重要な争点」で「他に立証方法がないような場合」であれば市町村長は前科等を回答することも許容されうるが，その取扱いには格別の慎重さが要求されるとしました。そして，本件では中京区長が「京都地裁や中央労働委員会に提出するため」としたのみの照会申出書に漫然と応じ，犯罪の種類や軽重を問わず，前科のすべてを報告したことが公権力の違法な行使にあたるとし，慰謝料 20 万円を与えた原審の判断を支持しました［最判 1981〔昭 56〕・4・14 民集 35 巻 3 号 620 頁］。

❷ 自己決定権

　自己決定権は，「個人の人格的生存に関わる重要な私的事項を公権力の介入・干渉なしに各自が自律的に決定できる自由」で，プライバシー権のうち，情報プライバシー権以外の私生活上の自由とされます。子どもをもつかどうか（リプロダクション）など家族のあり方を決める権利，身じまい（髪型，服装）などライフスタイルを決める自由，医療拒否，尊厳死などの生命の処分を決める自由などが含まれるとされます〔芦部・125 頁〕。アメリカでの「プライバシー権」は，19 世紀にイエロージャーナリズムに対抗するものとして主張されました〔佐藤・181 頁，渋谷・364 頁〕。しかし，その後，違法な堕胎による死亡などの問題が起こったことから，リプロダクションなど家族のあり方を決める権利が中心となって議論されてきました〔芦部・125 頁〕。プライバシー権の核心が何であるかを考える手がかりがそこにはあります。

　夫婦同氏を強制する制度を含め，婚姻制度のあり方も，自己決定権の問題として

議論されます。情報プライバシー権と分離した「自己決定権」としてですが、リプロダクションの権利と、家族の形成・維持に関する権利を分けて類型化する説〔佐藤・188頁〕もあります。アメリカの「プライバシー権」は、もともと、どの範囲を「家族」として同居するかが典型的な判例の一つとされるなど、かなり広範な内容をふくみます。「家族のあり方」という場合、そうした内容も視野に入れられるべきでしょう。

権利内容を確定することは、権利保障のために避けられない作業なのですが、こと「プライバシー権」（論者によっては自己決定権）を細かく分類して、細分化したカテゴリーに特定の「私的な領域の保護」が含まれるかどうかに比重をかけて分析することそのものが、ある意味で危険な可能性があります。たとえば、同性愛や、これによるパートナーシップは、まさに私的領域の問題なのですが、リプロダクションの問題とはいえませんし、「家族」が狭く血縁と婚姻のみを指すのならば、これにもあたらないでしょう。「身じまい」や「危険なスポーツをすること」のように、「ライフスタイル」の問題ともいえません。単なる類型化とはいうものの、それが、保護されるべきものを無視したり排除したりする結果になりかねません。

私生活概念自体が極めて不明確〔渋谷・177頁〕とはされるのですが、なお、「プライバシー権」でなくては保障しえない核心があるがために、この権利が観念されるのです。自己情報の閲覧・訂正・抹消を含める「情報プライバシー権」も含め、その本質や保護内容を検討しなおす必要がありそうです。

【判例】輸血拒否事件 エホバの証人の信者である患者が、癌で手術が必要であるという診断を受け、無輸血の手術が受けられる国立病院に転院しました。この病院は、患者の希望を尊重するが、輸血以外には救命手段が無い事態に至った場合には、患者や家族の許否にかかわらず輸血するという方針でした。手術中にXは大量に出血し、輸血が行われました。この患者は、国に対し、輸血しないという特約に違反した債務不履行、信教の自由の侵害による不法行為に対する損害賠償を請求しました。

最高裁は、患者が宗教的信念に従って輸血を拒否する意思決定は、人格権の一内容として尊重されなくてはならないとしました。最高裁は、病院側は、輸血以外には救命手段が無い事態に至った場合には輸血するという方針を説明し、手術を受けるか否かを患者の意思決定に委ねるべきであったとして、50万円の損害賠償の支払いを命じました〔最判2000〔平12〕・2・29民集54巻2号582頁〕。

3 環境権

　環境権も，もともと，民事上の権利として観念されました。1960年代の高度経済成長によって，重・化学工業などの発展の反面，深刻な産業公害などの公害問題が起こったのです。水俣病，イタイイタイ病，四日市喘息に対する訴訟など，多くの公害訴訟が提起され，1967年には，公害対策基本法が制定されました〔阿部＝淡路・10頁（淡路）〕。

　このような背景のもと，1970年，日本弁護士連合会が，民事差止めの法理における限界を克服するため，環境侵害を地域住民の人権侵害と捉え，司法差止めの根拠となりうる「環境権」を提唱したのがはじまりです〔近藤・86頁，野村・5頁〕。

　1970年の「公害国会」では，14の公害関係法の制定，改正がなされ，71年には環境庁が設置され，後に，2001年に環境省に昇格しました。1980年代には，公害法制が整備され，行政執行の整備，産業界の対応，科学技術の進歩，住民の行動・意識の向上により，水質汚濁や大気汚染が大きく改善しました。1990年代になって，公害問題は，環境問題に拡大したとされます。環境保護は，自然保護，林道の開発，日照・静穏など都市の快適性や景観など，その範囲や質が広がり，人の活動と自然や生物などの関わりも視野に入れられることになったのです。また，都市化の進展による廃棄物，大気汚染，有害化学物質による土壌汚染・地下水汚染等の，あらたなタイプの環境汚染があらわれ，環境リスクや化学物質管理のあり方が問題になりました。これに対応して，1993年には，環境基本法が制定され，環境法が整備され，環境政策が進められました〔阿部＝淡路・25頁（淡路）〕。

　環境権は，憲法改正論の中でも，新たに憲法に書かれるべき内容の1つとしてさまざまな形で取り上げられました〔阿部＝淡路・34頁（淡路）〕。しかし，これまで判例で認められたことはなく，長年にわたって，理論的な難しさが指摘されてきました。「環境権」として主張される内容は多岐にわたります。健康で快適な生活をおくるための条件としてのよい環境を享受し支配する権利〔芦部・262頁〕として，大気や水，日照などの自然的な環境を対象とする説（狭義説）や，遺跡・寺院や公園・道路などの文化的・社会的環境までを含める説（広義説）もあります。あまり内容が広範になりすぎるので，環境権の登場した背景からも，自然的環境に限定する説が多数説です。また，誰にそのような権利が帰属するのか，裁判の場面で誰がそのような権利を主張できるのかについても多様な見解がみられます。環境権の権利性自体について消極的な見解もあります〔松本・82頁，青柳・166頁〕。議論は，むしろ，国に環境に配慮する義務があるとする，いわゆる環境配慮義務論から，個別法

にそうした関心をどのように盛り込むかに移っています。

憲法上の「環境権」は、13条に基づく「人格権」や、13条の幸福追求権と25条の生存権を並列して挙げるなどの規定の解釈として保障されうるかどうかが〔青柳・168頁〕、主に公害等が未だ深刻な被害を及ぼさないうちに差止訴訟を提起しうる根拠の問題として議論されます〔奥平・427頁〕。

❶「人格権」を根拠とする説

「環境権」をめぐる論争に大きな影響を与えたのは、大阪空港公害訴訟の控訴審〔大阪高判〔昭50〕・11・27判時797号36頁〕です。この訴訟は、民事法の「人格権」を根拠として、大阪国際空港（伊丹空港）の夜間飛行差止め、過去の損害・将来の損害に対する損害賠償を求めました。判例は、民事上の人格権を、「個人の生命、身体、精神、および生活に関する利益は、各人の人格権に本質的なものであって、その総体を人格権という」とします。この民事上の「人格権」が差止めの根拠となることには異論はあまりありませんが、憲法上の権利としては、13条を根拠とする憲法上の「人格権」の一つとして環境権を位置づける考え方や、13条で民法上の「人格権」に含まれるものに対応できるという考え方があります〔大塚・112頁〕。13条に基づく「人格権」については、判例上、差止めの根拠となると考えられていますが〔青柳・167、169頁、大塚・63、67頁〕「環境権」にもとづく差止めは、これまで認められたことがありません。これは、「いずれの自然環境を犠牲にするかと言ったレベルでの利益衡量の場合、少なくとも憲法の条文からは明確な価値判断の基準は読み取り得ず」利益衡量が困難であるためとされます〔松浦・69頁〕。

これに対しては、環境権を「人格権」で代替するのは、「人格権」を広げすぎ、人格権すなわち人権保障の射程を不明確にする、との批判があります。むしろ、「生命・身体の権利」か、「環境汚染によって生ずる環境への悪影響とその帰結としての生命・身体への侵襲の危険性からの保護のため」の「環境権」を憲法上の人権として認めるほうがいいというのです〔戸波①・372頁〕。

しかし、「人格権」の延長ができるなら環境権を持ち出す必要はなく、延長ができないのなら、環境権に代えても、やはり一般の承認をえられないのでは、との意見もあります〔松本・87頁〕。つまり、人格権との関係では、「環境権」にそれ独自の性格や領域があるのかが問題で、そのため環境の公共性が重視されるようになり〔松本・83頁、中山①・12頁〕、後に述べる「公共利用権」の発想につながった、とされます〔中山④・60頁〕。

【判例】大阪空港公害訴訟　　航空機騒音・振動・排ガス等の深刻な公害のため，大阪空港離着陸コース直下の住民が，身体的・精神的被害，生活環境破壊等を訴えて，空港の設置管理者である国に対して午後 9 時から午前 7 時までの空港の使用差止め，過去の損害賠償，将来の損害賠償を求めました。大阪高裁は人格権に基づく差止めを認めましたが〔大阪高判 1875〔昭 50〕・11・27 判時 797 号 36 頁〕，最高裁は，空港の管理権は航空行政権と不可分一体のため，民事訴訟でなく行政訴訟で争われなくてはならず，民事の差止請求は不適法だとしました。過去の損害賠償は，住民に受忍を求めることができないとされ認められましたが，将来の損害賠償は，明確な具体的基準によって賠償されるべき損害の変動状況を把握することは困難なため，認められないとされました〔最大判 1981〔昭 56〕・12・16 民集 35 巻 10 号 1369 頁〕。

❷ 13 条と 25 条を根拠とする説

「環境権」は，13 条と 25 条を根拠に，社会権的性格と自由権的性格をもつと解するのが多数説です。13 条と 25 条を環境権の根拠として挙げる説では，環境権を，「健康で快適な生活を維持する条件としての良い環境を享受し，これを支配する権利」とし，良い環境の享受を妨げられないという意味では，環境権は，自由権だとして，13 条を根拠に挙げる説があります。国などによる積極的な環境保全や改善のための施策をもとめるという意味では，環境権は，社会権であるとされ，25 条が根拠条文として挙げられます〔芦部・262 頁〕。また，25 条のみを根拠に自由権的性格と社会権的性格を認める見解，13 条，25 条双方に自由権的性格と社会権的性格を認める見解もあります〔松本・21 頁〕。

13 条を「環境権」の根拠とみる場合にも，人格権と同じく，「環境権」が，個人の権利以上のものに向けられており，13 条の範囲に納まらない〔奥平・424 頁〕，との指摘があります。

13 条と 25 条を並列する支配的な説では，社会権的な側面では，通説的な見解は，これが抽象的権利であるとします〔青柳・168 頁〕。判例においても，ゴミ処理場・埋め立て，ゴルフ場，リゾート開発，河口堰，火力発電，原発などの事前差止め請求訴訟において，環境権が抽象的な権利と認められるとしても，ほとんどの場合，実定法の根拠を欠き，それだけでは差止めの根拠とならない，とされるのです〔近藤・87 頁〕。

「人格権」を根拠とする場合にも，13 条と 25 条を並列する説にも，内容が何であるかに諸説あり，さまざまな理論上の問題や，課題に応えられないところがあります。そのため，これらの規定の解釈による保障ではなく，新たな「環境権」規定

を憲法に設けることが主張されるのです。

3 憲法上の保障が必要か

　また，むしろ，憲法上の保障にこだわらない保障も，盛んに議論されています。民法上の，「**共同利用権**」（他の多数の人々による同一の利益と共存できる内容をもって，かつ共存できる方法で，各個人が特定の環境を利用することができる権利）〔中山④・68 頁〕とする見解もあります。国立マンション訴訟〔最判 2006〔平 18〕・3・30 民集 60 巻 3 号 948 頁〕で注目された景観権や，アマミノクロウサギ事件〔鹿児島地判 2001〔平 13〕・1・22〕で知られる，いわゆる**自然の権利**〔渡邊・129 頁〕訴訟は，豊かな自然環境を享受する権利としての「**自然享有権**」を訴訟提起の根拠とする点で，同じような考え方に立つ面があります。また，個人的な権利というよりは，「**公益**」と形容されうるような**環境利益**を守るために，「**環境権**」として，むしろ「**民主的な政治プロセスに手続参加**」する「**手続的参加の権利**」〔松本・88 頁〕を保障するという立場もあります。一方で，環境法制は，全般に，公害法から環境法へ，つまり，公害を防止することから環境を保全する方向に移行し，環境基本法が制定され，諸法の整備が進んでいます。そのため，環境の保全を，「環境権」の保護として考えるのでなく，**環境保護（保全）**に**配慮する義務**として捉える「**環境保護義務論**」もあるのです〔戸波①・373 頁〕。

【判例】アマミノクロウサギ事件　　奄美大島でのゴルフ場開発による自然破壊に反対する自然保護団体の一員である X らは，はじめ，訴状に「アマミノクロウサギ外（ほか）3 名」と原告表示したため裁判所に補正を命じられましたが，「文字通り動物」を原告とするのだとして，応じず，却下されました。X らは，一部の人間原告の表示を訂正し，本訴訟を提起し，自然環境や動物の種の存続に対する影響，周辺住民や土地利用者等の安全への影響を争い，開発許可処分の取消を求めました。X の原告適格が問題になりましたが，鹿児島地裁は，自然観察等で森林を訪れる者については，個々人の自然環境や野生動植物に対する利益を公益と区別できない，訪問者が不特定多数で範囲が確定できない等の理由で，原告適格を認めませんでした。一方で鹿児島地裁は，森林法 10 条の 2 等に基づく周辺住民の生命・身体の安全等に対する利益が保護される可能性は示唆しました〔鹿児島地判 2001〔平 13〕・1・22〕。

chapitre 10　幸福追求権

【引用・参考文献】

青柳幸一「日本国憲法60年　現状と展望　環境」ジュリスト1334号（2007）168頁
芦部信喜〔高橋和之補訂〕『憲法〔第5版〕』（岩波書店，2011年）
阿部照哉「新しい人権としての環境権」Law School20号（1980年）
阿部泰隆＝淡路剛久編『環境法〔第3版補訂版〕』（有斐閣ブックス，2006年）
岩間昭道「III-7 日本における環境保全の課題の憲法化」ドイツ憲法判例研究会編『先端科学技術と人権』（信山社，2005年）
大塚直「憲法環境規定のあり方―環境法研究者の立場から」ジュリスト1325号（2006年）
奥平康弘『憲法III　憲法が保障する権利』（有斐閣，1993年）
釜田泰介「恣意的判断と憲法一三条審査に関する一考察」同志社法學60巻3号（2008年）
近藤真「環境権―その歴史と環境権の理論」小林武＝三波敏克編『21世紀日本憲法学の課題』（法律文化社，2002年）
阪本昌成『憲法理論II』（成文堂，1993年）
佐藤幸治『憲法〔第3版〕』（青林書院，1995年）
渋谷秀樹『憲法』（有斐閣，2007年）
初宿正典『憲法2〔第2版〕』（成文堂，2002年）
高橋和之＝松井茂記＝鈴木秀美『インターネットと法〔第4版〕』（有斐閣，2010年）
辻村みよ子『憲法〔第4版〕』（日本評論社，2012年）
戸波江二「環境権は不要か」ドイツ憲法判例研究会編『先端科学技術と人権』（信山社，2005年）〔戸波①〕
同『憲法〔新版〕』（ぎょうせい，1998年）〔戸波②〕
中山充「環境権―環境の共同利用権（1）～（4）・完」香川法学10巻2号1頁，3・4号115頁，11巻2号1頁，13巻1号（1990～1993年）〔中山①②③④〕
同「1-2　環境権論の意義と今後の展開」大塚直＝北村信喜編『環境法学の挑戦』（日本評論社，2002年）〔中山⑤〕
野中俊彦＝中村睦男＝高橋和之＝高見勝利『憲法I〔第5版〕』（有斐閣，2012年）
野村好弘「第一章　環境権の意義とその生成」『特集　環境権と環境配慮義務』環境法研究31号（2006）
長谷部恭男『憲法〔第5版〕』（新世社，2011年）
松井茂記『日本国憲法〔第3版〕』（有斐閣，2007年）
松浦寛「環境権の観念構造と日本国憲法」国際公共政策研究4巻1号（1999年）
松本和彦「憲法における環境規定のあり方―憲法研究者の立場から」ジュリスト1325号（2006年）
棟居快行『人権論の新構成』（信山社，1992年）
渡邊暁彦「第7章　環境保全と法の役割」滋賀大学環境フォーラム編『滋賀大学で環境を学ぶ』（アインズ株式会社，2003年）

●**演習問題**
- Xさんは、夕方のニュース映像で、公道を歩く自分が映った映像が「街の情景」として流れているのをみつけ、「プライバシー侵害だ」と考えました。Xさんは、放送局を相手取った不法行為訴訟を提起することを検討中ですが、憲法上のプライバシー権侵害は、根拠になるでしょうか。

chapitre 11

法の下の平等と平等権

　少し古くなりますが，2007年8月10日の朝日新聞は，「イギリスを始めとする欧州連合（EU）諸国では，正社員（男性）とパート労働者（女性）の賃金格差は，外見上は性的に中立な基準が一方の性に対して著しい不利益をもたらす間接差別に該当すると解釈されている」ことを紹介しています。日本では，1986年に男女雇用機会均等法が施行され，1997年の改正で，努力義務だった配置・昇進に関する男女の平等取り扱いが義務化されるなどして，正社員間の男女賃金格差は少し改善されました。しかし，非正規雇用が拡大し，女性労働者の過半数になったため，全体としての男女間賃金格差はむしろ拡大しているとされます（なお，2011年度の非正規雇用の割合は，女性が55％，男性が20％です）。このような格差は，14条侵害といえるでしょうか？

憲法14条は，人権規定の中で，総則的意味，つまり一般的ルールとしての意味をもつ「法の下の平等」（平等原則）と，具体的な平等権をあわせて規定したものと考えられています。

思想としての平等は，ギリシアにさかのぼる歴史をもちます。アリストテレスの唱えた配分的正義（具体的事実や能力が同じなら同じ取り扱いをする）と均分的正義（事実にかかわらず取り扱いを同じにする）の分類はよく知られています〔辻村・167 頁〕。

近代立憲主義においては，自由と平等は，ともに個人主義と深くかかわり，相互に関連しあう原理です。身分制の社会では，王侯貴族と一般人－農奴は，身分とそれに結びついた権利が異なり，決して「平等」を観念することはできませんでした。身分にかかわらない普遍的な「自由」と，そして，個人の「平等」は身分社会を打破する基礎となりました。自由と平等は，現代の憲法でも，密接に結びつく分かちがたい原理として規定されています。

19世紀末には，資本主義の発達にともなう社会的・経済的格差の拡大から，社会的経済的弱者をより厚く保護し，それによって他の国民と同等の自由と生存を保障していくことが必要だと考えられるようになりました〔芦部・127 頁〕。理念としての平等には，各人を国が同じように扱うという**形式的平等**だけでなく，**実質的平等**という考え方が入ってきたのです。こうした考え方を，どのように憲法に取り込むかには，国によって差があります。

抽象的な「平等の思想」や「理念」は，（「平等」について考えるときに無視することはできないながら）法規範とは一線を画します。また，近代立憲主義における個人の本質的な平等を観念しながらも，どのような法規定をおくかは，各国の具体的な問題状況に左右されます。

明治憲法は，一般的な平等権の規定をおかず，法律命令の定める資格に応じて，「均ク……公務ニ就ク」ことができるとし，公務就任資格の平等を定めていただけでした。

日本国憲法では，明治憲法体制からの移行にともない，14条1項が法の下の平等を宣言するとともに具体的な平等権の保障を定めるほか，貴族制度の廃止（14条2項），栄典に伴う特権の禁止（14条3項）が規定されました。また，個別的な規定として，普通選挙の一般原則（15条3項），選挙人資格の平等（44条），夫婦の同等と両性の本質的平等（24条），教育の機会均等（26条）が置かれています。

❶ 法の下の平等

14条1項は，「すべて国民は，法の下に平等であつて，人種，信条，性別，社会

的身分又は門地により，政治的，経済的又は社会的関係において，差別されない」と規定しています。各人がおかれた事実上の状況はそれぞれ異なりますが，「法の下の平等」及び平等権は，基本的には，各人の事実上の状況を同じにする，ということを意味しません。そうではなくて，国が，各人を等価値のものとして法的に等しく扱う，ということを意味しています。

❶ 法適用の平等と法内容の平等

「**法の下の平等**」ですが，まず，これは，古くは，**法適用の平等**を意味しました。法の執行・適用が平等であればそれでいいと考えるもので，そのため，法適用の平等は，行政権や執行権に，法の平等な執行・適用を求めるものでした。しかし，のちに，「法の下の平等」は，法適用の平等だけでなく，**法内容の平等**，つまり，法それ自体の内容も平等の原則に従ってつくられなくてはならない，ということをふくむと考えられるようになります。14条の「法の下の平等」は，法適用の平等と法内容の平等の両方を要求すると考えられています（**立法者拘束説**）。

❷ 相対的平等

次に，「法の下の平等」は，どんな事情や条件でも等しく扱う**絶対的平等**を意味するのか，それとも**相対的な平等**，つまりおなじような事情と条件のもとでは等しく扱うことを意味するのか，という問題があります。相対的平等は，それぞれの人の能力や年齢，性別〔芦部・129頁〕，職業，財産，社会的な関係など，さまざまな事実上・実質上の違いがあることは前提として，権利義務の面で，同じ事情と条件の下では等しく取り扱うことを意味します。一方で絶対的平等は，こうした違いを勘案しないのです。両者はよく，「背の高い者にも低い者にも同じ長さのベッドを用意するのか，それとも身長に応じたベッドを用意するのか」というような例えで説明されます。絶対的平等は，しばしば不合理な結果を生じます。

14条の定める「法の下の平等」は，相対的平等を定めたものと解されています。相対的平等のもとでは，恣意的な差別は許されませんが，法的に異なる取り扱いと，事実上の違いの関係が（一般的な意味で）合理的である限り，異なる取り扱いは平等原則に違反しないと考えられています〔芦部・129頁〕。例えば，事実と法的取り扱いがつりあっていること（比例的平等）も，合理的かどうかのひとつの要素だと考えられます〔樋口他・312頁（浦部）〕。問題は，具体的にどのような取り扱いが許されないのかを，どう判断するかということです。

判例は，別異取り扱いが合憲かどうかを「合理的かどうか」で判断しています。

例えば、最も古い法令違憲判決である**尊属殺重罰規定違憲判決**〔最大判 1973〔昭 48〕・4・4 刑集 27 巻 3 号 265 頁〕は、14 歳の時から実父に性的虐待を受けて、5 人の子どもを生んだ女性が、職場で出会った男性と結婚を考えるようになったところ、実父から 10 日余りにわたって脅迫虐待を受け、このような境遇から逃れるため、実父を殺害し、刑法 200 条（1995〔平 7〕年に削除）の尊属殺の規定によって起訴されたという事件です。刑法 200 条の量刑は、無期懲役と死刑のみでした。最高裁は、憲法 14 条は、「事柄の性質に即応した合理的な根拠に基づくものでない限り、差別的な取り扱いをすることを禁止」したものだとしました。そして、弁護側が主張した、尊属殺の目的の合理性は肯定したものの、「量刑について加重が極端で、立法目的を達成する手段としてはなはだしく均衡を欠き、正当化の根拠がないときは、その差別は著しく不合理なものといわなければならない」とし、刑法 200 条が立法目的達成のため必要な限度をはるかに超え、普通殺の 199 条に比べて「著しく不合理な差別的取扱い」として違憲と判断しています。

最高裁は「合理的かどうか」という枠組みの中で、さまざまな要素を比較衡量しているものと思われますが、学説は、もうすこし判断の枠組みを絞ろうと努力してきました。14 条 1 項後段列挙事由の「人種、信条、性別、社会的身分又は門地」による区分が使われた場合や、それ以外の場合には、（平等の問題は、常になんらかの権利・利益が問題になるため）どのような権利が問題になったかによって、権利の性質や二重の基準（☞前出 03-3）などの考え方に基づいて、国家行為の目的やそれを達成するための手段に焦点をあてた、厳しさの違う審査基準を用い、合理性の有無を判断する方法が主張されてきました。精神的自由が問題になった場合には厳格審査、経済的権利のうち、積極規制目的のものには厳格な合理性の基準（中間審査）、消極的規制目的のものには明白性の原則（合理性の基準）、社会権には厳格な合理性の基準〔芦部・132 頁〕といったぐあいです。

この合憲性審査基準を用いる考え方は、判例の少数説に採用されたほか、判断の差異に何を重視するかという点で、判例の審査の内実に影響を与えたかもしれません。しかし、判例は、**国籍法違憲事件**〔最大判 2008〔平 20〕・6・4 民集 62 巻 6 号 1367 頁〕でも、国籍法 3 条 1 号が、準正子と、準正の地位にない婚外子の間で、国籍取得の可否について「合理的な理由のない区別」を生じる点で 14 条 1 項に違反する、としています。

最近では、通常審査とゆるやかな審査の二分割を示唆する見解もあります〔高橋・152 頁〕。また、別異取り扱いと正当化の二段階審査を示唆する学説も出ています〔小山・107 頁〕。

3 形式的平等と実質的平等

14条の「法の下の平等」は,形式的平等のみを保障するのでしょうか。それとも,**実質的平等**を保障することも,内容に含まれるのでしょうか。ここでいう形式的平等は,機会の平等とも説明され,個人を等しく取り扱い,その自由な活動を保障するというものです〔芦部・127頁〕。しかし,実際には,各人の置かれた状況はそれぞれ異なります。そもそも,とても社会的・経済的条件の悪い者にとっては,平等な機会が与えられたからといって,それを生かすことが大変難しいのが実際のところです。親世代の経済状況が大変悪いだけでなく,子ども世代の教育に影響が及ぶような状況だとしましょう。生活は苦しく,成績がふるわず,学用品が買えなかったり,高校の学費にこと欠くかもしれません。さて,そうした状況で,さあ,競争しなさい,機会は平等だ,といったら,「法の下の平等」が満たされるでしょうか。実質的平等は,そうした事実上の差異をある程度埋め,それによって,ほかの者と「同等の自由と生存」〔芦部・127頁〕を保障しようとします。

通説的には,14条は,形式的な平等,つまり機会の平等を保障し,実質的平等は保障しないとされます。日本国憲法の構造上,実質的平等は社会権の諸規定を通じて実現されると考えるのです。ただ,実質的平等を保障するような措置がとられた場合に,(一般的な意味で)合理的かどうか考える場合に,実質的平等の趣旨を最大限考慮して,合憲性を肯定する方向で考えなければならない,とします。

4 実質的平等か構造的差別か

さて,「資本主義の発展によって」競争により生じた実質的格差は,それで説明がつくとしても(といっても,競争のみでない複雑な背景がからみあっている場合も多く,また,「貧困」が疑わしい差別事由かどうかをめぐる論争もあります。また,差別は,しばしば経済的利害をめぐる確執の結果でもあります),問題は,直接的にはその個人に対する法的差別はないが,過去にその個人が属するグループが差別を受け,その影響がまだ払拭されていない場合や,それが**構造的差別**,つまり,ある特定のグループに属する者等に不利益を与えるような社会的しくみとして固着した場合です。個人でそれを克服するのは難しいです。洗練された差別は,最終的には差別を受ける者にも差別をする方にも,しくみとしての差別,つまり構造的差別があってもそれと認識させないようなものになるとさえいいます。これらについて,救済を社会権に負わせるべきでしょうか。それとも,平等権の問題として救済しうるでしょうか。人種差別や,冒頭の女性差別などさまざまな例が考えられます。

この問題に最初に対処しようとしたのは，1960年代に始まったアメリカの**アファーマティブ・アクション**で，大学を舞台に，過去の奴隷制度に発する苛烈な人種差別の影響をうけたアフリカ系の学生を，優遇措置によって就学させたことから始まり，大学のみならず雇用にも広がり，女性に対しても行われるようになりました。ただ，1970年代には，逆差別の訴えが起こり，それ以来，長く議論になってきました。いまだ，大学で人種を考慮する方法での入学試験は，個人に対する審査の一つの要素として考慮する分には合憲とされていますが，アファーマティブ・アクションは，問題とされたグループの地位向上も背景として，だいぶ下火になってます。

ヨーロッパでは，論争の多いアファーマティブ・アクションの文脈を避け，むしろ，必ずしも「差別」にかかわらない実質的平等の文脈で，**ポジティブ・アクション**として，女性に対する優遇措置や，地域的な優遇措置などがなされてきました。一定の割当てを決めて優遇措置を行うことは，アメリカでは違憲な措置と考えられ，もはやなされませんが，例えば，フランスの選挙の候補者の男女比率の割当制は憲法院で違憲判決をうけています。しかし，EU諸国のうちで女性の政治参加が著しく遅れ，政治課題化していたフランスは，憲法改正によって「パリテ」の導入を可能にしました（糠塚）。歴史的な背景もありますが，各国で，問題の評価ととりくみの姿勢には，大きな差があります。

日本国憲法では，政治部門には，背景によっては，過去の差別の影響を払拭したり，構造的な差別の解消に積極的な救済策を行うことが求められます。司法権は，政治部門の行った施策の合憲性審査の際に，その趣旨をとりこむことが求められます。この際，区分によって審査基準をかえる学説を採ると，人種などを理由とする深刻な差別の救済施策にまで厳格な審査が及ぶことになり，判断の際に施策の背景を考慮することが重要になります。さらに，司法権との関係で，構造的な差別は，ふつう，被害を被った当人には，直接的な形で向けられてはいません。そのため，侵害に対する「救済」をストレートには観念しにくい難しさがあります。背景によっては，過去の構造的な差別が行政訴訟や民事訴訟の形で浮上してくる可能性がありますが，そうした場面で，それを14条の問題と認識し，救済を与えるかどうか，裁判所の判断が問われることになります。

訴訟での救済内容は給付など，いくつかのタイプの救済にいきつくことになります。しかし，憲法上，「平等権」は「社会権」とは別個の保障です。それらの権利が救済しようとしている侵害は異なり，調整しようとしている状況は違ったものなのです。社会権は，人間らしい生存を求めますが，平等権は，意図すると

しないとにかかわらず事実上有利な立場にあるものにはいささか苦い，正義をもとめます。逆に言えば，同じ救済が行われても，「差別」が認定されなければ，平等権を介した調整が真になされることはなく，問題の解決にはならないでしょう。

2　14条の具体的内容

「法の下の平等」は，すでに述べたように，国民を「平等に」取り扱うことを求めますが，その後段は，「人種，信条，性別，社会的身分又は門地により，政治的経済的又は社会的関係において，差別されない」と定めています。この部分は，14条1項のうち，**平等権**の具体的内容を定めたもの，と考えられています。

❶ 後段列挙事由

14条1項後段の「人種，信条，性別，社会的身分又は門地」は，GHQ草案を，翻訳の際に翻案・調整したものですが，GHQ草案では，人種，信条（creed），性別，社会的身分のほかに，階級や身分を意味し，「門地」と訳されたcaste，自身や親の出身国（national origin）がありました。下地となった文はアメリカ憲法ですが，こうした列挙事由はありませんので，経験的に問題となった事由を列挙して付加したと思われます。これについて，「性別」が挙げられている点など，アメリカでは性差別を認識するのに1970年代まで時間がかかったことなどと比較して，一歩踏み込んだ規定と評価されます。

判例は，これらの列挙事由は，例示列挙されたもので，（実際に差別と判断されるかどうかの場面では）特別な法的意味がないとしています。諸説も，ほかの事由に基づく異なる取り扱いも，14条1項違反になる可能性があるという点では例示列挙であるととらえています。しかし，それに加えて，後段にわざわざ列挙された事由は，人類の歴史的経験上特に排斥されるべき区分と認められたからで，法的意味があるという立場が有力です。「人種，性別，社会的身分又は門地」は，本人の意思や努力では変更できないし，脱却できないもので，また，「信条」は，人の精神活動にかかわります〔渋谷・193頁〕。これらの事由に基づく区分は，（一般的な意味で）合理的でないと考えられます。これらの区分が差別だとして裁判の場面で問題になった場合には，より厳格な審査基準の枠がはめられると考えられているのです。

ここからは，具体的な列挙事由についてみてゆきます。

◎ 人　　種

　「人種」は，本来は，人類学上の種類〔辻村・176頁〕です。共通の遺伝的特徴をもつ人の集団で，皮膚や髪の色その他の身体的特徴をおなじくする人の集団を指します〔渋谷・195頁〕が，法学ではそう厳密なものではありません。日本国憲法では，言語や（宗教），文化を同じくする民族も，ここに含めて考えます。起草段階では，**自身や親の出身国**（national origin，外務省訳では国籍起源）」は，「外国人」の権利保障との関係で意図的に列挙から落とされたのですが，今では，これも「人種」に含めると考えられています。戦前は，帰化した人やその子孫が公職に就くことに制限がありました〔渋谷・195頁〕。

　この区分にあたる具体的な例としては，アイヌ民族が挙げられますが，1899年に制定された北海道旧土人保護法が，1996年に「アイヌの文化の振興並びにアイヌの伝統等に関する知識の普及及び啓発に関する法律」（アイヌ文化振興法）の制定によりようやく廃止されました。文化振興策は打たれているのですが，民族文化の復興・継承についてさまざまな問題がのこるほか，経済的な困窮も解消されていません。差別を避けて，多くの人が首都圏に移り住んで，救済施策が難しいことも知られています。このほか，在日の人々に対する民族的差別などにも，この事由があたります。植民地出身者をも含んでいる「外国人」に対する差別をどう扱うかですが，日本は，国籍法の血統主義や帰化条件とのかねあいで，国際的には，在日の人々を「外国人」の地位におきつづけることで，マイノリティーに対する差別としてとらえることが避けられていると非難されています。どのような法的地位の人でも，14条は（一般的な意味で）不合理な差別を許容するものではありません。

◎ 信　　条

　信条は，宗教上の信仰のほか，19条の「思想・良心」と同じものを含みます。「思想・良心」は，世界観・人生観など，個人の人格形成の核心をなす価値観・主義・信条とする信条説が有力ですが，この場面では，広く，ものの見方や考え方も含む（広義説），とされます〔渋谷・195頁〕。「信条」と意見の区別は困難だ，という指摘があるのです〔辻村・177頁〕。特定のイデオロギーを存立の基礎とする傾向企業が問題になりますが，特定の政治的イデオロギーの支持が「事業目的と本質的に不可分とはいえない」などとして，政治的信条を理由とした解雇はできないとされた判決があります（日中旅行社事件［大阪地判1969〔昭44〕・12・26，判時599号90頁］）。

◎ 性　　別

　戦前の日本には，姦通罪（刑法 183 条），妻の民事無能力等の民法規定など，差別的な規定が多くありましたが，戦後，これらの規定は改正され，婦人参政権も実現しました。また，労働基本法 4 条，国家公務員法 27 条など，男女の平等を推し進める法律が作られました。女性差別撤廃条約（1981 年）の締約（1985 年）は，国籍法改正（1984 年），男女雇用機会均等法（1985 年）の制定を後押ししました〔芦部・134 頁〕。男女雇用機会均等法は，その後，数次の改正により，規制が強化されています。これにより違法とされたものの，コース別人事の影響の憲法的評価や，間接差別の問題など，個人の社会での活躍を下支えする雇用にかかわるだけに，未だ問題が残っています。

　男女の差を設けた法制も問題です。婚姻年齢の区別（民法 731 条，男子 18 歳，女子 16 歳）は，国際人権規約 B 規約人権委員会などの批判を受けながらも，改正されていません。また，離婚後，女性のみに課される 6 ヶ月の待婚期間（民法 733 条）も問題です。夫婦同氏の原則（民法 750 条）についても，夫婦別姓を認めるべきだと議論されています［最大判 2015〔平 27〕・12・16］。1996〔平 8〕年の法制審議会による民法改正案要綱では，婚姻年齢は男女とも 18 歳とされ，待婚期間が短縮され，夫婦別姓が認められていましたが，民法の改正には至りませんでした。2015（平成 27）年 12 月 16 日の最高裁大法廷判決は，女性の待婚期間の 100 日を超える部分を違憲と判断しました［最大判 2015〔平 27〕・12・16］。

　国家資格では，助産師資格が未だ女性に限られ，性別で適性が異なる国家資格は想定できないのではという指摘があります〔渋谷・197 頁〕。国立の女子大学や，公立学校が男女の定員を分けて募集することも，違憲との指摘があります〔渋谷・197 頁〕。

◎ 社会的身分・門地

　何が「社会的身分」にあたるかについては，3 つの説があります。判例がとる，人が社会において占める継続的な地位とする説（広義説），人が社会において一時的にではなく占める地位で，自力ではそれから脱却できず，一定の社会的評価を伴うもの（中間説）〔覚道・236 頁，佐藤・205 頁〕，出生によって決定された社会的地位または身分（狭義説）〔宮沢・284 頁〕です。合憲性審査基準との関係から，中間説をとるものが多いです。生来的な地位のほか，破産した，前科があるなどの場合が，ネガティブな評価を伴う具体的例として挙げられています〔渋谷・198 頁〕。

　「門地」は家系や家柄による血統とされ，旧憲法下の士族や華族がこれにあたる

とされていますが，すでに廃止されています。「社会的身分」は，社会的地位のうちでこれをのぞいたものとされます〔辻村・178頁〕。これについて，家柄〔佐藤・206頁〕としたり，生来の身分のうち，プラスの評価を伴うもので，中間説以外の説では，社会的身分に含まれると考える説もあります〔渋谷・199頁〕。

すでに挙げた尊属殺重罰規定違憲判決［最大判1973〔昭48〕・4・4刑集27巻3号265頁］，国籍法違憲事件［最大判2008〔平20〕・6・4民集62巻6号1367頁］や，**婚外子の法定相続分**［最大決2013〔平25〕・9・4民集67巻6号1320頁］などは，社会的身分にかかわるものとされます。障害者であることも，社会的身分とされ得ますが，2012年には障害者差別禁止法が制定されました。

【判例】婚外子の法定相続分［最大決2013〔平25〕・9・4民集67巻6号1320頁］

平成13年7月に死亡したAの嫡出の子らが，嫡出でない子であるXに対し，遺産分割の審判を申し立てました。Xは，嫡出でない子の法定相続分を嫡出子の2分の1とする民法900条4号但書は，憲法14条1項に違反し無効だと主張しました。

最高裁は，婚姻や家族の形態の多様化，国民意識の多様化，諸外国の非嫡出子差別撤廃の動向，国際人権規約B規約・子どもの権利条約の各委員会からの条約違反の指摘，婚外子に関わる住民票や戸籍の記載・国籍法の法制が是正され，本件規定も何度も改正が検討されたこと，諸判決の個別意見が当該規定の合理性を疑問視してきたこと等を挙げました。そして，家族という共同体の中で個人の尊重がより明確に認識されてきたことは明らかだとし，父母が婚姻関係にないという，子に選択・修正のできない事柄を理由に不利益を及ぼすことは許されないとして，相続の開始当時には本件規定の合理的根拠は失われ，憲法14条1項違反だったと判断しました。

❷ 政治的・経済的・社会的関係

14条1項後段は，「政治的経済的又は社会的関係において，差別されない」としています。これについては，「あらゆる分野において」差別されない〔芦部・135頁〕，と考えていいので，別に特定する必要もないと考えられます〔渋谷・201頁〕。政治的関係とは，参政権や裁判を受ける権利など，政府の政策決定に参加する権利，政府の提供する制度を利用する権利〔渋谷・201頁〕，と考えられています。また，経済的関係は，租税の賦課，財産権の収用，勤労の権利などです〔芦部・135頁〕。社会的関係は，それ以外のもの，と考えられ，居住の権利，教育を受ける権利などが挙げられています〔芦部・135頁〕。政治的関係では，一票の格差に関する議員定数不均衡問題が，何度も争われています（☞後出**13-2**）。

③ 家族と平等

　24条1項は，婚姻が両性の合意のみに基づいて成立すること，夫婦が同等の権利を有すること，2項は，家族に関する法制が，個人の尊厳と両性の平等について制定されるべきことを定めました。もともと起草されたときには，ワイマール憲法を参考にした家族の保護を目的とした複数の条文が置かれていたものが，簡略化され，婚姻を中心としたこの条文に収斂した経緯があります。

　この規定は，封建的な戦前の家制度を打破し，**婚姻の自由**を中心に，**個人の尊厳と両性の平等**に基づいて，**家族を形成する**ことを定めています。24条1項は，婚姻が両性の合意のみに基づく契約的関係〔渋谷・413頁〕であることを求めます。24条の規定する新たな家族観にあわせて，民法第4編「親族」・第5編「相続」は，全面的に改正されました。

　24条は，ここでは，14条に関連した項目として扱っていますが，実際には，13条に関連する問題として立ち現れてくることもしばしばです。

　24条との関連では，すでにあげた婚姻年齢の区別や待婚期間をめぐる問題，夫婦別姓問題など，さまざまな積み残しがあります。また，憲法施行後65年以上経っても，24条の原理や価値観が完全に根づいたとはいえず，戸籍や冠婚葬祭など，家族関係には旧制度や旧来の慣行が残存し，個人の尊厳や，両性の平等が侵害されているという指摘があります〔辻村・183頁〕。

【引用・参考文献】
芦部信喜〔高橋和之補訂〕『憲法〔第5版〕』（岩波書店，2011年）
覚道豊治『憲法〔改訂版〕』（ミネルヴァ書房，1977年）
小山剛『「憲法上の権利」の作法〔新版〕』（尚学社，2011年）
佐藤幸治『日本国憲法論』（成文堂，2011年）
渋谷秀樹『憲法』（有斐閣，2007年）
初宿正典『憲法2〔第2版〕』（成文堂，2002年）
辻村みよ子『憲法〔第4版〕』（日本評論社，2012年）
糠塚康江『パリテの論理―男女共同参画の技法』（信山社，2005年）
野中俊彦＝中村睦男＝高橋和之＝高見勝利『憲法Ⅰ〔第5版〕』（有斐閣，2012年）
長谷部恭男『憲法〔第5版〕』（新世社，2011年）
宮沢俊義『憲法Ⅱ〔新版〕』（有斐閣，1974年）

● **演習問題**
● 子どもが交通事故死した場合の損害賠償訴訟では，男児と女児では，男女に賃金格差があるために，逸失利益に男女格差があることが問題になります。これは，14条違反でしょうか。

第Ⅱ部　統治機構

12　統治機構の原理	総　論
13-1　国民主権と国民代表制	
13-2　選挙と政党	
14-1　国会の地位と組織	政治部門
14-2　国会・議院の活動と権能	
14-3　財政における国会中心主義	
15　内　閣	
16　地方自治	
17-1　司法権	裁判部門
17-2　裁判所の組織と活動原則	
17-3　違憲審査制	

第Ⅱ部は,「統治機構」を対象とします。授権規範としての憲法の性格に対応するものです。第1部で学んだ「憲法上の権利」を保障するために,憲法は,統治の原理にそってさまざまな政府機関や組織を設置し,それぞれに権限を割り振っています。憲法上の権利と統治機構は,目的と手段の関係にあります。

　12「統治の原理」では,統治機構の組織編成と機能面にわたって貫かれている原理として,「権力分立」と「法の支配」を学びます。国民主権の下にある憲法の統治機構は,国民と結びついていなければなりません。この結びつきが「代表」の観念として現れ,選挙が重要な場面となります。13-1「国民代表」は前者の観念を扱い,13-2「選挙と政党」は後者の場面を扱います。

　14〜17は,権力分立機構として設置された機関・組織とそこに割り振られた権限について学びます。14〜16は政治部門で,17は裁判部門です。

　14-1「国会の地位と立法権」,14-2「国会の構成と権限」,14-3「財政における国会中心主義」,15「内閣」が対象とするのは,中央政府の機構です。16「地方自治」では,地方政治のメカニズムを扱います。本書が14・15と16を政治部門として捉えながらも,前二者と後者を対比させるのは,中央権力に対する地方自治による権力分立を示すためです。

　裁判部門は中央政府の権力分立機構の一部門で,それ自体権力に違いありませんが,その権力活動が政治部門の権力活動の抑制機能を果たすことがあります。とりわけ,裁判所が違憲審査権を行使するシステムを採用したことは,裁判所による権力抑制機能を強化し,権力者に憲法を遵守させる有力な手段の1つとなっています。17-1「司法権」では,司法権の意義と限界を扱います。17-2「裁判所の組織と活動の原則」では,裁判所の組織と権限,近代司法の原則である「裁判の公開」と「司法権の独立」(および裁判官の身分保障)を学びます。17-3「違憲審査制」では,この制度の基本構造と審査の諸技術について論じます。

〔糠塚〕

chapitre 12

統治機構の原理

　ルソーは,『社会契約論（1762年）』（桑原武夫＝前川貞次郎訳, 岩波文庫, 1954年）のなかで, 権力分立を, 子どものからだをバラバラにして空中にほうりなげ, それがすべて集まって生きた子どもになって落ちてくるような, 「日本のヤシ〔香具師〕の手品」のようなものだと批判しています（第2編第2章）。しかし, 別の箇所では, 立法権は人民だけに属し, 執行権は人民に属しえないとして, 「立法権」と「執行権」を截然と区別しています（第3編第1章）。ルソーは権力分立を否定しているのでしょうか, 肯定しているのでしょうか。

1 権力分立

❶ 権力分立の意義

　立憲的意味の憲法にとって，権利の保障と並んで，権力分立が必須の要素となっています（1789年フランス人権宣言16条）。権力分立は，ロックやモンテスキューの思想と結び付けて理解されています。

◎ ロックの権力分立論
　ロック（『統治二論（1690年）』加藤節訳，岩波文庫，2010年）は，まず，国家権力を立法権と執行権に区別し，各々を議会と君主に帰属させました。立法とは，自然法の意味内容を確定して一般的な法規を定立することです。このように定立された法規を実際に適用する，継続的な作用が執行です。それに加えて，君主に対外的な安全と公益の管理（外交・軍事）をあつかう同盟権を託しました。立法権と執行権を同一の機関が担当すると，「自身の私的利益を追求し，社会および政府の目的に反する」ことになるからと考えられたからです。

◎ モンテスキューの権力分立
　モンテスキュー（『法の精神（1748年）』第2部第11編第6章「イギリスの国制について」野田良之ほか訳，岩波文庫，1989年）は，「立法権力」，「万民法に属する事項の執行権力」（＝「国家の執行権力」）とならべて，「公民法に属する事項の執行権力」（＝「裁判権力」）の三権分立を説き，それぞれを別個の機関が担当すべきであるとしました。なぜなら，1つの機関が2つ以上の権力を担うと，市民の自由に対する恣意的な抑圧が可能となるからです。もっともこの理論は，当時のフランスに実在した社会勢力である君主，貴族，市民への権力配分の上に成り立つ混合政体への志向をもっていました。具体的には，立法権は世襲の貴族団体と人民の代表者の団体に分有され，お互いの団体が単独の立法を阻止し合う関係にあります。執行権力を担う君主は，立法権を阻止する権能も有します。裁判権力は，常設機関の裁判所ではなく，その都度抽選で選ばれる市民の同胞によって行使されます。こうして「恐れられる裁判権力」が，「いわば目に見えずに無となる」のです。

◎ 近代憲法の権力分立
　このように，ロックやモンテスキューの権力分立論は，身分制社会を前提として

います。その眼目は，17〜18世紀における国王への権力集中を自由に対する「専制」として否定する点にありました。対して，近代立憲主義の本質的要素として権力分立は，国家への権力の集中（＝「主権」の成立）を前提とします〔樋口・143頁〕。およそ近代憲法で権力分立など実現したものなどないという批判があるのは，そのためです。

　近代立憲主義が採用する権力分立論にとって肝心なことは，権力の集中＝専制を排除する統治構造を基礎づけることです。すなわち，①権力の集中による濫用の危険性から自由を守る自由主義的特性，②統治効率よりも，権限を委ねられた機関相互の摩擦・相互牽制による統治を優先する消極的特性，③権力行使担当者に対する不信という懐疑的特性，④どのような政治体制に対しても抑制装置として機能する政治的中立性の特性のゆえに，権力分立は，自由主義を統治機構に組み込むことができるのです〔渋谷＝赤坂・229頁（渋谷）〕。

2 国家作用の分立と国家機関の分立

　権力分立は，三権分立と同義と捉えられがちです。しかし，国家作用の分立と国家機関の分立の側面から見ると，両者は必ずしも一致しません。

◎ 国家作用の分立

　三権分立は，通常，国家作用を立法・行政・司法に分類します。しかし，この分類があらゆる国家作用を分類しつくしているわけではありません。また分類のためには，それぞれの国家作用を実質的に定義することが必要となりますが，今日必ずしもそれに成功しているわけではありません（☞後出 14-1・15・17-1）。

　また，国家作用の性質としては，立法・行政・司法は同格ではありません。行政・司法は立法の執行作用です。論理的に立法が執行に先行し，執行作用は立法作用の下にあるものとして認識されます。たとえば，ロックは，立法権と執行権の不対等性を指摘していました。契約によって社会が成立したときに人民が最初に行うのは立法権の設立であり，法律を与える者は，法律によって権限を与えられる者の上位に位置づけられるとして，立法権が「最高の権力」であると位置づけたのです。こうして，権力分立は，イギリスでは「議会主権」という方向をたどり，フランスでは，「法律＝一般意思」という定式の下，行政権に対して議会の権力（＝立法権）の優位というあらわれ方をしました。他方，国家作用の範囲は，それを定める憲法によって異なります。19世紀のドイツや明治憲法下の日本では，国政に関する事項のうち，立法権と司法権にあてがわれた役割というのは，きわめて限られた範囲でし

かなく、残りのすべての事項は行政権に属すると考えられていました。そのような文脈では、権力分立は、上昇しようとする議会権力から行政権を防御するシンボルとして使われました。

◎ **国家機関の分類**

　ロックやモンテスキューの思考は、分類された国家作用をそれぞれ異なる国家機関に専属させるものでした。しかし、現実の憲法典は、特定の国家作用を特定の国家機関に専属させているわけではありません。アメリカ合衆国憲法は、モンテスキューの説いた権力分立論を忠実に制度化し、立法権を連邦議会に（合衆国憲法1条1項）、行政権を大統領に（同2条1節1項）、司法権を連邦司法部に付与しています（同3条1節）。確かに大統領には法律案の提出権も議会の解散権もありませんが、法律案の承認拒否権があり（同1条7節2項・3項）、立法に関与することができます。また、立法・行政・司法という3つの国家作用は、国家機関にとって重要な国家作用に違いないのですが、それは憲法が授権した国家作用の一部にすぎません。憲法はそれ以外の権限を創設し、それを3つの国家機関に授けています。たとえば、合衆国憲法上、連邦議会上院は条約締結承認権（同2条2節2項）、大統領の弾劾権（同1条3節6項）をも有しています。

❸ 現代における権力分立

◎ **権力分立と国民主権**

　日本国憲法は国民主権原理を確立した（☞前出02）うえで、国会を「唯一の立法機関」（41条）とし、行政権を「内閣に属する」（65条）ものとし、「すべての司法権」は裁判所に属する（76条1項）というふうに、三権分立の枠組みを採用しています。国民主権原理の下では、国民からの距離（正統性の強弱）によって、権力機構に階層化が生じます。国民から直接選出され、「国民代表」の地位を獲得した国会が始原的な立法作用をつかさどり、行政権および司法権がそれを適用するのです。近代立憲主義憲法が、国家の主権の成立を前提に、なお、権力分立を本質的要素として成立した意義をふまえるならば、一方的に「国民主権」を強調するのではなく、権力分立の論理との平衡のとれた調整をとることが必要になります〔樋口・142頁〕。

◎ **行政国家現象・政党国家現象**

　現代における消極国家から積極国家への転換は、国家の役割を量的にも質的にも

増大させました。この変化は行政権の役割の肥大化となって出現し，議会中心主義から行政権優越の流れが事実として進行しています（**行政国家現象**）。さらに政党制の発達により，議院内閣制と大統領制とを問わず，立法府と行政府という政治部門の多数派を同じ政党が担い，立法府による行政府の抑制が事実上機能していません（**政党国家現象**）。行政権の担当する統治活動を民主的にコントロールすることが重大な課題とされています。実効性の観点からすれば，立法府の多数派＝行政府の統治機能と立法府少数派の抑制機能という権力分立に着目することが有用と考えられています。こうした趨勢からは，「**一元型の多数派デモクラシー**」（議会内多数派や首相に権力を集中する型）が正当化されます。これに対抗する考え方が「**多元型の分権デモクラシー**」（多党制を前提としたコンセンサス型・協調型）で，議会の中心性を維持しようとするものです〔辻村・351頁〕。二者択一的に対抗させるのではなく，双方を補完的に組み入れ，リーダーシップとコンセンサスを両立させる政治のルールの確立が望まれます〔大山・245頁〕。この課題については，次章以下で検討することにします。

◎ 司法国家現象

立法府と行政府の実質的一体化の傾向が見られるようになると，政治部門の政策について合憲性や適法性を審査する司法府に，権力抑制の役割が期待されるようになります。これを**司法国家現象**と呼ぶことがあります。国民主権の下では，国民に対する権力主体の責任が問われます。選挙民に責任を負わない司法府の正統性が問題となります（☞後出 17-3）。権力分立は国政に関する権限の分立です。立法府，行政府，司法府への権限配分は，国民に憲法上の権利をあてがったうえでの配分のはずです。そうであれば，他の国家機関が個人に承認された憲法上の権利を侵害しないように保護する役割を，司法府に割り当てたのだと考えることができます〔長谷部・18～19頁〕。司法国家現象は現代立憲主義の一般的傾向でもありますが，それを促したのは，後述する「法の支配」の原理の浸透です〔安西他・241頁（宍戸）〕。

◎ 垂直的分立

上述の権力分立は，中央政府内の水平的分立の問題でした。最近では，中央政府によって処理すべき職務と地方政府が処理すべき職務の「**垂直的分立**」，すなわち地方分権をどのように実現するかが，課題となっています（☞後出 16）。

2　法の支配

1 法の支配と法治国家

◎ **法の支配の伝統的理解**

　法の支配は，rule of law という中世のイギリス法の伝統に由来し，「人の支配」に対置されます。イギリス 17 世紀の裁判官エドワード・クックによる「国王は何人の下にもあるべきではない。しかし神と法の下にあるべきである」という言葉は，この原理の核心を伝えています。この原理は，19 世紀後半に活躍した法学者ダイシーによって定式化されました（『憲法序説（初版 1885 年）』伊藤正己＝田島裕訳，学陽書房，1983 年）。その特徴は，①通常の法の優位（通常の裁判所において通常の法的方式で定められた法に対する違反による場合を除き，何人も処罰を受けず，又はその身体もしくは財産に不利益を課せられない），②法の前の平等（通常の司法裁判所の運用する通常の法にすべての階層が等しく服する），③憲法の一般原則が，具体的事件に関する司法裁判所の判決の結果である，という 3 つの要素から成ります〔杉原・143 頁（土井）〕。

　こうした伝統的イメージは，そのままの形で現代でも有効であるわけではありません。そこからどのような普遍的要素を導きだして，日本国憲法の体系的理解や個別的解釈に活かしていくかが，課題となります。その際，「法治国家」概念が対照されてきました。

◎ **法治国家**

　法治国家とは，19 世紀後半のドイツにおいて確立した原理です。その核心は，行政権による市民の権利・自由の侵害を法律によって制限する点にありました。立憲君主制の下においては，君主と国民代表の合意によって成立する法律が，最高の国家意思であると考えられたからです〔安西他・242 頁（宍戸）〕。このような法治国家原理は，国家目的を実現する手段として位置づけられました（**形式的法治国家論**）。この原理は，①法律の法規創造力，②法律の優位，③法律の留保の 3 本柱からなる「**法律による行政**」として定式化されました。この原理は民主的な側面も有していたのですが，ナチスが「合法的に」人道に対する罪を犯すことを許しました〔杉原・145 頁（土井）〕。

　こうした歴史的教訓をふまえ，第二次世界大戦後制定されたボン基本法（1949 年）は，国家目的と手段の両者を射程に入れる**実質的法治国家論**を採用するに至りまし

た。これは、法律の内容に一定の実質的限界があるという考え方で、「悪しき法律も法」という考え方との決別を意味しています。しかし、社会国家の実現等の実質的側面と手続的側面との緊張、憲法裁判所への批判を背景として、法治国家の再形式化を説く見解もあります。

❷ 法の支配の現代的理解

◎「善き法」の支配？

法の支配を「善き法」の支配と同視することがあります。現代の法の支配は、行政権による権利侵害とともに、立法権による権利侵害も防がなければならないという理解があるからです。そこから現代の法の支配の特徴として、支配すべき「法」には、最高法規としての憲法が含まれること、民主政のプロセスから独立した裁判所が違憲立法審査権を有すること、という2点が導かれます。さらに、法の支配の要請の中に、個人の尊厳や基本的人権の保障、国民主権など、近代立憲主義の諸要素がすべて含まれるという論者もいます。

立憲主義と区別して法の支配を論ずるのであれば、法の支配が「法」の存在を前提にすることで、人の恣意による支配を排していることに注目すべきでしょう。この目的から法はどのような要素を有すべきかが、問われることになります。

◎ 規準としての法

法の支配を実現するためには、従うことが可能な法でなければならず、法に基づく社会生活を営むことが可能でなければならないとされます。そのためには、①法が一般的抽象的であり、②公示され、③明確であり、④安定しており、⑤相互に矛盾しておらず、⑥遡及立法（事後立法）が禁止され、⑦国家機関が法に基づいて行動するよう、独立の裁判所によるコントロールが確立していること、が要請されています〔長谷部・19頁〕。日本国憲法は、このような要請を、法令の公布に関する規定（憲法7条1号）、憲法41条の「立法」概念、司法の独立（憲法76条以下）、憲法31条以下の諸規定に具体化しています。

【引用・参考文献】
大山礼子『比較議会政治論―ウェストミンスターモデルと欧州大陸型モデル』（岩波書店、2003年）
渋谷秀樹＝赤坂正浩『憲法2　統治〔第4版〕』（有斐閣、2010年）〔渋谷執筆〕
杉原泰雄編『体系憲法事典〔新版〕』（青林書院、2008年）〔土井真一執筆〕
辻村みよ子『憲法〔第4版〕』（日本評論社、2012年）

糠塚康江『現代代表制と民主主義』(日本評論社, 2010年)
長谷部恭男『憲法〔第5版〕』(新世社, 2011年)
樋口陽一『憲法Ⅰ』(青林書院, 1998年)
安西文雄＝巻美矢紀＝宍戸常寿『憲法学読本』(有斐閣, 2011年)〔宍戸執筆〕

◉演習問題
❶憲法上の権利が個人に配分された決定権限の配分であるとすると，これを権力分立として算入できるでしょうか。
❷本文 157 頁のように，立憲主義と区別して「法の支配」を「規準としての法」の支配と捉えると，「夜間外出禁止令」は「法の支配」と両立します。そのように帰結される理由を説明してみましょう。

chapitre 13-1

国民主権と国民代表制

　日本国憲法は,「日本国民は,正当に選挙された国会における代表を通じて行動し」,「〔国民の〕権力は国民の代表者がこれを行使〔する〕」(前文1項)とし,選挙された国会議員が「全国民を代表する」と定めています(43条1項)。議会あるいはその構成員を「国民の代表」とする考え方は,各国の憲法に同旨の規定を見出すことができます。議会あるいはその構成員が「国民」を「代表」するとはどのようなことを意味しているのでしょうか。

1 代表制の展開

❶ ナシオン主権と純粋代表制

◎ 中世身分制議会と代表

租税のバーゲニングの場として発展した中世の身分制議会は，課税同意権をテコとして事実上の立法権を獲得しました。身分制議会では，議員（受任者）は選出母体の代表とされ，選出母体の訓令に拘束されていました。ここでの代表は，私法的な意味での代表＝代理に近く，選挙民と受任者議員との間には，**命令的委任**の関係が成立していました〔辻村・356～357頁〕。

◎ ナシオン主権原理

国民代表の概念は，近代国家において議会が占めるにいたった地位を，それ以前の身分制議会の地位との対比において表現するものとして生み出されました。これを典型的に示すのが，フランス革命に引き続いて制定された1791年憲法といわれています。この憲法が採用した**ナシオン主権**（souveraineté nationale）原理は，アンシャン・レジーム（旧体制）における君主主権原理を否定すると同時に，政治的意思決定能力を持つ有権者総体を主権者とする**プープル主権**（souveraineté populaire）原理を否定しました。国政のあり方を決める権力（主権）は，観念的・抽象的な一体として観念される国民（ナシオン）に帰属するとされました。

◎ 国民代表制採用の不可避性

主権主体である「国民」は，過去から現在を経て未来へ連綿と継続する観念的・抽象的存在であるため，主権主体自身が主権を行使できないことから，かわって意思決定を行う機関を必要とします。これが「**国民代表**」です。1791年憲法の下では，立法府と国王が代表として国民の一般意思の表明である法律の制定に関与しました。

◎ 憲法の授権による代表

誰が代表者であるかは，憲法による授権によって定められていました。立法府の議員は選挙によって選ばれますが，彼らが代表するのは国民全体であって，選出された選挙区の有権者の意思を代表するのではありませんでした。議員は，むしろ有権者から独立した存在であることが求められます。このため**命令的委任は禁止**されました（**自由委任**）。

◎ 純粋代表制

　有権者の選挙権は，固有の権利ではなく，むしろしかるべき能力を持った者を国民代表として選出すべき職務として捉えられました（**選挙権公務説**）。そのような公務に相応しいのは「国の公的施設の維持に貢献しうる者」（男性高額納税者）に限られるとして，これを能動市民として参政権を認め（**制限選挙制**），それ以外の女性や納税額の低い男性などを受動市民として，参政権から排除しました。全国民を代表する議員は，現実の個々の選挙民の意思を顧慮すべきではなく，また選挙民も議員の行動を拘束すべきではないという考え方に立った代表制のあり方を「**純粋代表制**」と呼びました。

2 プープル主権と人民代表制

　ナシオン主権原理の特色は，これに対抗して登場したプープル主権原理と対比することでより鮮明になります。フランス革命が民衆革命として深化し，立憲君主制から共和制に移行した時期に制定された1793年憲法が，この原理を採択しました。もっとも，この憲法は，実際には施行されませんでした。

◎ プープル主権原理

　プープル主権原理を典型的なかたちで示したのが，ルソーの『社会契約論（1762年）』（桑原武夫・前川貞次郎訳，岩波文庫，1954年）です。プープル主権原理では，主権主体としての人民（プープル）は，政治的な意思決定能力をもった具体的な市民の総体とされました。プープル主権のもとでは，主権主体としての人民を構成する各市民が主権行使（政治的な意思決定）の能力をもつため，主権保持者と主権行使者が分離されず，普通選挙制や立法についての人民拒否制度など，民主的な直接制手続を採用することができました。この点で，主権保持者と主権行使者が論理的に分離されるナシオン主権と大きく異なります。1793年憲法は，選挙権を各市民の「権利」として明示し（**選挙権権利説**），男子普通選挙制を採用しました（**普通選挙制**）。立法手続については，人民への立法権の帰属を原則的に確保するために，「人民拒否」（あるいは「任意的レフェレンダム」）の制度がおかれ，立法府は法律案作成権限のみをもつとされていました〔辻村＝糠塚・21～23頁（辻村）〕。

◎ 人民代表制

　プープル主権原理の下でも，一般意思の決定に議会制度が採用される場合があります。その議会制度は，人民が一般意思を決定するという要請に抵触するものであって

はなりません。「人民の代議士は，一般意思の代表者ではないし，代表者となることもでき〔ません〕」(『社会契約論』第3編第15章)。ナシオン主権原理の代表者は，主権者の意思を形成表示しますが，プープル主権原理の下にある人民の代表者は，議会外に実在する人民の一般意思を確認表示する存在であるとされます。そのために，人民に対する議会・議員の従属性を確保し，議会による一般意思の表示に人民決定の内実を確保する方法が用意されなければならないとされます〔杉原＝只野・31頁（杉原）〕。

◎ 代表制と民主制

プープル主権原理の下では直接民主制が原則となります。人口が多く，国土が広大であるという理由で代表制が採用される場合にも，直接民主制の内実が備わるような制度的工夫が必要とされます。ナシオン主権原理の下での純粋代表制は，直接民主制が不可能だから採用されたのではなく，直接民主制よりも原理的に優れた制度として把握されていました。市民の多くは法律の制定に必要な教育も余暇も有しておらず，せいぜいのところ代表者たちを選ぶ能力しか有していないと考えられていました。直接民主制と代表制の分水嶺は，一般民衆と代表者のいずれに信頼がおけるかという判断にあります。新興のブルジョワジーが政治権力を掌握した現実の政治過程において，有権者から独立した代表者が国民全体の利益に沿った行動をとる蓋然性が高いという立場がとられたのです〔糠塚・39頁以下〕。

3 半代表制と社会学的代表

◎ 選挙民の意思の反映

その後フランスでは普通選挙制が確立し，労働者代表が議会に進出するようになると，選挙民と代表者（議員）との事実上の意思の一致が確保されるような代表制が求められるようになりました。すなわち，国民の代表者は，少なくとも選挙民の意思と全く独立に国政について判断すべきだとは考えられず，選挙民の意思をできる限り忠実に反映すべきだと考えられるようになりました。再選を求める議員は，普通選挙制によって今や膨大な数となった有権者の支持を求めて，できる限り有権者の意向に接近しようと努めるようになります。選挙民と代表者の意思の一致という建前に立脚した代表制を，純粋代表制と区別して「**半代表制**」と呼びます。半代表制の下では命令的委任はなお否定されていますが，選挙民の意思と代表者の意思の事実上の一致が求められ，したがって，両者の「乖離」が批判されることになります。それを矯正するために，人民投票制などの直接民主制的な要素と議会制との結合の可能性が，説かれます。

◎ 民意の縮図

　選挙民の意思と代表との関係は，法的意味のそれではなく，事実上一致しているか否かという社会学的意味で捉えられます（**社会学的代表**）。社会学的代表の主張は，「選挙民意思と代表者意思」との事実上の一致＝社会学的な類似を，代表の構成をいわば「社会学化」することで，選挙を通じて社会の構成要素を議会の構成に忠実に反映させ，「民意の縮図」としての議会を出現させて，実現しようというものです。議会に国民世論を忠実に再現前すること（＝ représentation）で，議会の決定に国民自身の決定と類似した内実を付与しようとするものであるとすれば，そこには直接民主制の代替物としての要素を見出すことができます。しかし，「民意」を把握するために設定される「カテゴリー」（代表の構成要素）それ自体の人為性が問題とされざるをえません。「民意」それ自体を把握できない以上，いかなる「尺度」を採用するかで「民意」の相貌が異なることに留意する必要があります〔杉原＝只野・152頁以下（只野）〕。

2　憲法43条1項の「代表」概念

1　学説状況

◎ 支配学説の後退

　かつての支配学説は，憲法43条1項にいう「代表」とは，議会の意思が国民の意思とみなされる法的効果を伴う法的代表ではなく，政治的代表を指すとされていました。この見解に対し，「代表者の意思と被代表者の意思の一致が要求されないのは，法的代表の典型である法人の機関や，未成年者等の制限能力者の法定代理人の場合においても同様ではないか」，「被代表者である本人が事実上意思能力をもたないか，少なくとも不完全な意思能力を有するゆえに，法律の力によって代表者を設ける必要が生じたのではないか」，という疑問が生じます〔長谷部・165頁〕。上述したように，ナシオン主権は国民代表制と必然的に接合するものとされ，国民代表の意思は主権主体であるナシオンの意思とみなされていました。

　普通選挙確立以降の政治運営において，選挙された国民代表が，選挙民の意向から全く独立して国政を判断すべきであるとは考えられていません。**今日の学説は，「半代表制」ないし「社会学的代表」の観念を反映したものになっています。**

◎「人民代表」論

　この立場は，近代から現代への憲法史をナシオン主権原理からプープル主権原理への傾斜と捉え，「**徹底した民意の反映**」を代表制の課題に据えます。この**人民**は，「政治的意思をもち，それぞれが政治的には等価な，個人あるいは抽象的『市民』の集合体」ですが，多様性を内包すると考えます。よって所与の代表されるべき「民意」は存在せず，「民意」は「代表によって構成される」と考えられています〔杉原＝只野・383 頁以下（只野）〕。

◎「両義的代表」論

　この立場は，「**主権**」を**正統性の根拠**とし，**主権者＝国民にどこまで権力的契機を与えるかは選択の問題**であるという考え方を前提にしています。43条1項の代表は，純粋代表制以来ひきつがれた「命令的委任の禁止」という**禁止的な規範要求**と，半代表の観念の中核となっている「現実の国民の意思ができるだけ議会に反映されなければならない」という**積極的な規範要求**の両方が含まれる，と考えられています〔樋口・152～153頁〕。前者は部分代表の否定を意味し，後者は全国民の意思を適切に反映する議員であることの要請を意味します。緊張関係にある2つの規範的要請を共存させることで，代表者の政治責任の観念を成立させ，一方が他方を否定しない（相互に限界づけあう）という意味で相互補完関係を現出させるという理論です。

◎「二側面並存」論

　この立場は，「両義的代表」論が積極的規範的意味と捉える側面を「事実的側面」として視点を組み換えています。**法的には自由委任論が維持**されています。**代表への「民意の反映」は，「建前」にとどまる**とされています。このような立論の支持は多いのですが，その主張には幅があります。一方の極に，権力によって解釈される「民意」に対する警戒から「民意」に特権的な拘束力をもたせないように配慮する立場があり，他方の極に政権選択レベルでの「民意の反映」を構想する立場があります。この構想の違いは，統治機構の具体的な制度設計に結びついています。前者は，「民意」は日々流転するという理解から，審議・決定する機関としての国会重視の立場が帰結します〔小山＝駒村・254頁以下（毛利）〕。公開を原則とする議会では，「公益」を標榜（ひょうぼう）する圧力がかかるからです。後者は，行政国家現象を所与として内閣中心の統治システムを構想し，「民意を反映」するとは，国民が選挙によって実現可能な国政のプログラムと担当者（政権）を直截に選択し，真に代表されていると実感することだとして，国民による内閣の出力（**国民内閣制**☞後出15）

を主張します〔高橋①・209頁以下〕。

❷ 現代代表制の「討議民主政」的傾向

◎「民意反映」の病理

　議員と選挙民との結びつきは，しばしば重大な「病理」を伴います。ナシオン主権原理が排除した「部分利益」「特殊利益」の流入を許すことになるからです。政治過程がさまざまな利益集団間の抗争と妥協のプロセスにすぎないのであれば，それはある種の民主主義の「生理」現象ということができます。しかし，政治過程が利益配分に堕し，それによって議員の「地元」や支持団体の「票田」が培養される傾向が強まることは，やはり「行き過ぎ」として批判されなければなりません〔杉原＝只野・214頁（只野）〕。上述の「両義的代表」論が，古典的な代表制の禁止的側面を強調することには，このような現代的意味があります。

◎討議民主政

　アメリカでは利益政治が半ば公認されてきました。この利益政治に対抗するものとして近時有力に主張されているのが，「討議民主政」です。「討議民主政」にはさまざまな潮流がありますが，ここでは「選好集積モデル」に対抗する民主政モデルとして理解しておきます。「**選好集積モデル**」は，既存の選好が民主主義のプロセスにおいても変化せずにそのまま維持されるとの前提に立ちます。そうなると民主政とは，多様な利害をもつ諸集団間の抗争と妥協のプロセスとなります。「公益」とは「選好の総和」ということになります。代表者は被代表者の「選好」＝「私益」を代表すべきであるという主張につながります。これに対して「**討議民主政**」にあっては，「討議の過程で選好は変化するか，ないしは新たに形成される」ことになり，私益の総和とは異なる「公益」が想定されます。代表は，利益の忠実な代弁者ではなく，理性的討議を通じて「公益」を追求するものとして描かれることになります。「討議」を通じた選好の変化の可能性を前提に，「公益」をめぐるコンセンサスの形成が目指されるのです〔杉原＝只野・215～216頁（只野）〕。

◎ 現代代表制の課題

　代表制をめぐる諸学説は，「民意」の政治過程への反映を肯定しています――「民意」による政治権力の正当化を否定するものではありません――が，「賢明な主権者ならこう考えるはずだ」というあるべき「民意」を想定しているわけではありません。少なくとも選挙後の通常の政治過程においては，「民意」は，多かれ少なか

れ「代表を通じた国民の意思形成プロセス」によってたえず構成され続けなければならないという想定に，諸学説は収斂しています。言い換えれば，代表制のプロセスは「討議」を組み込むことで，代表性の精度を上げ続ける永久運動として描かれることになるのです。確かに，国民主権の権力的契機からすれば，国民と統治の接点である「選挙」は重要な局面です。政治のプロセスからすれば，「選挙」は議会制民主主義のための不可欠の手段です。しかし，「点」にすぎません。今日の代表制は，選挙時点に限らず，より射程を広げ，公共圏と議会制を接合する永久運動として把握することができます。そのための制度構想が各論者によって模索されています。

政党（☞後出 13-2）への着目もその 1 つです。また，議員の役割も改めて注目すべきでしょう。なぜなら，「議員は，一方で選挙区の意思を『反映』しながら，他方で何が一般意思であるかを同僚議員との討論・説得のなかで自己の良心に基づいて判断し，両者の乖離を選挙区民への働きかけ（討論・説得）を通じて埋めてゆくという役割を果たさなければならない」〔高橋②・323 頁〕存在だからです。そこには，「民意」＝多数派に身を隠すのではなく，自らの身体＝責任をかけて発話し，「民意」を再活性化させる議員像があります〔糠塚・248 頁〕。

【引用・参考文献】

小山剛＝駒村圭吾編『論点探究憲法』（弘文堂，2005 年）〔毛利透執筆〕
杉原泰雄編『〔新版〕体系憲法事典』（青林書院，2008 年）〔只野執筆〕
杉原泰雄＝只野雅人『憲法と議会制度』（法律文化社，2007 年）
高橋和之『国民内閣制の理念と運用』（有斐閣，1994 年）〔高橋①〕
同『立憲主義と日本国憲法〔第 2 版〕』（有斐閣，2010 年）〔高橋②〕
辻村みよ子『憲法〔第 4 版〕』（日本評論社，2012 年）
辻村みよ子＝糠塚康江『フランス憲法入門』（三省堂，2012 年）〔辻村執筆〕
糠塚康江『現代代表制と民主主義』（日本評論社，2010 年）
長谷部恭男「国民代表の概念について」法学協会雑誌 129 巻 1 号（2012 年）
樋口陽一『憲法 I』（青林書院，1998 年）

● **演習問題**
● 政権与党である X 党は，選挙公約の前提が崩れたとして，政策を転換しました。これに抗議して野党に同調した X 党議員 A・B は除名されました。小選挙区から選出された A は最大野党 Y 党に加わりましたが，B は比例区選出のため，公職選挙法の規定によって Y 党に加わることができませんでした。A・B の処遇の違いは，憲法上正当化できるでしょうか。

chapitre 13-2

選挙と政党

　最高裁判所は，2011年3月，衆議院小選挙区の1票の最大較差2.30を「違憲状態」にあると判断しました。しかし，国会は，この状態を改めないまま放置しました。2012年に実施された世論調査によると，違憲状態のまま衆議院を解散し，総選挙を行うことについて，「してもよい」は27%であったのに対し，「するべきではない」は53%に達しました（朝日新聞2012年5月3日朝刊）。1票の較差はなぜ生じるのでしょうか。1票の較差問題は，選挙にどのような影響を及ぼすのでしょうか。

1 参政権

❶ 意　義

◎ 国民主権と参政権

「**参政権**」ということばには，国民から見て他者が最終的な決定権をもつ（＝君主主権）政治に参与するという語感があります〔樋口②・298頁〕。国民主権の下では，総体としての国民が主権をもつということを，国民を構成する各人の権利の側面から言い表しています。参政権は，各人が，主権者として，直接もしくは代表者を通じて間接に，国の政治に参加する権利ということになります〔辻村・324頁〕。国民主権と参政権の関係については，1789年の人権宣言のなかで鮮やかに示されています。宣言は，人の生まれながらの自然権として「自由」「所有」「安全」「圧制への抵抗」をあげつつ（2条），この自然権保持を目的とする「政治的結合」における「市民」の権利として，「一般意思の表明」としての法律の形成に参与する権利（6条）を定めていました。この「市民」の権利こそ，国民主権における参政権の中核にほかなりません。

❷ 公務員の選定罷免権

◎ 憲法上の規定

日本国憲法は，前文で国民主権を宣言し，国民の権力は国民の代表者が行使することを明らかにしたうえで，公務員の選定・罷免権（15条1項）が「国民固有の権利」であると述べています。ここにいう「**公務員**」は広義の公務員で，**国または地方公共団体の公務に携わることを職務とする者**を指します。具体的には，国民自身（または地方公共団体の住民）による直接の選定（43条による両議院議員選挙，93条2項による地方公共団体の長，議員等の選挙）と直接罷免（79条2〜4項による最高裁判所裁判官の国民審査），他の国家機関による選定・罷免（内閣総理大臣つき6条1項，67条，その他の国務大臣につき68条1〜2項，国会議員につき55条，58条2項，最高裁判所の長たる裁判官につき6条2項，その他の最高裁判所裁判官につき79条1項，下級裁判所裁判官につき80条1項，78条）が定められています。

◎ 憲法所定の場合以外の可能性

公務員の選定・罷免権が「**国民固有の権利**」であることから，上記の憲法所定の場合以外に，国民による公務員の選定・罷免の制度を設けることができるかどうか

が問題となります。

　公務員の解職制度（**リコール制**）については，地方自治の場面で，解職請求・解散請求の制度（地方自治法 13 条，76 条以下）が設けられています（☞後出 16）。国会議員については，地方議会議員について定めのない，独立性に関する憲法上の規定（43 条 1 項，51 条）があるため，リコール制を設けるには，これらの規定との緊張を自覚したうえでのことになります。正当化はそれほど容易なことではありません。憲法が特に独立性を要請している裁判官（76 条 3 項）については，憲法所定の場合（78 条，79 条 2 〜 3 項）を除いては，国民自身による罷免制度は設けられないと考えられます（☞後出 **17-2**）。

　国民の直接投票という場面では，憲法改正手続における国民投票（憲法 96 条）（☞後出 20），一の地方公共団体のみに適用される特別法の際に必要とされる住民投票（95 条）があります。地方自治ではさらに，法律によって，条例の制定改廃および事務監査の直接請求制度（地自法 12 条，74 条以下）が設けられています（☞後出 **16**）。

2　選挙権と被選挙権

❶ 選挙の性格

◎ **民主主義の手段**

　近代議会制度が成立する以前の絶対君主政のもとでは，**請願権**が為政者に対して民意を知らせ懇願する手段となっていました。国民主権原理のもとで参政権が確立している日本国憲法においても，16 条で，何人も損害の救済等について平穏に請願する権利を有し，請願をしたためにいかなる差別待遇も受けないことが定められています（手続等は請願法を参照）。請願権は伝統的に**国務請求権（受益権）**の 1 つとして位置づけられていますが，**参政権を補充する意義**があるとして，一種の参政権として請願権を捉える傾向もあります〔辻村・295 頁〕。

　参政権のなかでもとくに重要なものが，**選挙権**です。選挙権は「国民の国政への参加の機会を保障する基本的権利として，議会制民主主義の根幹を成すもの」［最大判 2005〔平 17〕・9・14 民集 59 巻 7 号 2087 頁］です。国民主権の下では，選挙は，主権者国民の政治参加・主権行使の機会であるだけでなく，候補者や政党に対する信任機能や再選拒否などによる政治責任追及機能，「政権交代」や「ねじれ国会」などをもたらす多数派形成機能をもちます。

◎ 正当化機能

　反面，選挙は，「民意」を忠実に反映しているかのような**正当化機能**も果たします。当選が汚職議員や「灰色」議員の「みそぎ」として論じられる場合もあります〔辻村・364～365頁〕。「民意」は現実に存在しますが，常に形成途上にあって，それ自体を把握できません（☞前述13-1）。**選挙制度は，民意のある断面を写し取るにすぎない**ものです。選挙制度が現実をさまざまに解釈するといってもよいかもしれません〔髙橋①・84～85頁〕。したがって，どのような選挙制度を選択するかは，重要な意味をもちます。

❷ 選挙権の法的性格

◎ 選挙権論の展開

　歴史的には，フランス革命時に**権利説**と**公務説**が登場しました。**権利説**は，選挙権を主権者の（個人的）権利と解し，普通選挙の論理として主張されました。**公務説**は，選挙権を選挙という公務を執行する義務と解し，制限選挙を正当化する機能を果たしました（☞前出13-1）。国家法人説を確立した19世紀のドイツ国法学においては，選挙権の権利性を否認して国家機関権限と解する**権限説**（または個人の選挙人資格請求権のみを承認する**請求権説**）が主流となりました。普通選挙制の確立を背景とする議会制と政党政治の発達にともない諸国で有力になったのは，権利と同時に義務と解する**二元説**です〔辻村・326頁〕。

◎ 権利説 vs. 二元説

　日本国憲法の下でも二元説が通説化しましたが，選挙権の本質を一元的に権利と捉える**権利説**（権利一元説）も有力に主張されています。権利説の理解において注意しなければならないのは，ここにいう「権利」の意味を「自然権」と捉えることはできないという点です。選挙権は憲法上の実定的権利であり，その権利主体は政治的意思決定能力をもった者（プープル主権論の主権者人民を構成する市民）です。権利の制約は，主権的権利としての性格に内在するという意味での「内在的制約」（意思決定能力をもたない子どもなどを権利主体から排除する）として考えられます〔辻村・327頁〕。二元説については権利を強調する傾向が進み，権利説と二元説の違いは，基礎にあるデモクラシー観の違いにすぎず，実際上の違いはないと指摘されています〔髙橋③・272頁〕。もっとも，権利説からは，両者における権利内容の理解や基礎理論には無視しえない違いがある，という再反論がなされています〔辻村・327頁〕。

chapitre 13-2　選挙と政党

◎ 選挙権行使の機会の保障

在外国民選挙権事件最高裁判決〔最大判2005〔平17〕・9・14民集59巻7号2087頁〕は,「自ら選挙の公正を害する行為をした者等の選挙権について一定の制限をすることは別として,国民の選挙権又はその行使を制限することは原則として許されず,国民の選挙権又はその行使を制限するためには,そのような制限をすることがやむを得ないと認められる事由がなければならない」として,**選挙権の制限について厳格な判断枠組みを示しました**。そして,在外国民が選挙人名簿に登載されず,その結果として選挙権を行使できなかったこと,1998年の公選法改正後も,国会議員選挙のうち比例代表選挙の部分にしか参加できず,選挙区選挙の部分で選挙権を行使できなかったことを,違憲と判断しました。**最高裁は,選挙権を,選挙権行使の機会が実質的に保障されることまで要請すると捉えています**〔参照,最判2006〔平18〕・7・13判時1946号41頁〕。

❸ 被選挙権

◎ 判例の展開

日本国憲法は,被選挙権について明示的に言及していません。初期の判例では,被選挙権は,選挙人団からの指名を承諾して公務員になる資格で,「権利ではなく,権利能力」にすぎないと解されていました〔最大判1955〔昭25〕・2・9刑集9巻2号217頁の斎藤・入江裁判官補足意見〕。その後,**三井美唄炭鉱事件最高裁判決**は,「**立候補の自由**」は「選挙権の自由な行使と表裏の関係にあ〔る〕」として,憲法15条1項の保障する「基本的人権」と捉えるに至りました〔最大判1968〔昭43〕・12・4刑集22巻13号1425頁〕。ここにいう「基本的人権」概念ははっきりしませんが,**被選挙権の権利性を認めていると理解することができます**。

◎ 学　　説

学説においても**「立候補の自由」を被選挙権の内容の中心に据える見解が有力**です。選挙権権利説の立場からは,国政参加の一態様として立候補の権利を認めることができるとされています。他方,被選挙権を選挙権と表裏一体と捉え,被選挙権の制約が選挙権の制約になるという主張もあります。この主張の場合は,被選挙権を「投票対象となりうる権利」として捉え,立候補制がとられているために被選挙権が「立候補の権利」として現れていると考えます〔高橋③・277頁〕。こうした観点から,被選挙権が憲法上の権利であることが否認され,地方公共団体の長の多選を制限できるとの見解が主張されています〔高橋②・14頁〕。

◎ **現行法上の問題**

　被選挙権を立候補の自由として捉えるならば，公務員の立候補を制限する現行法の諸規定（公職選挙法〔以下公選法と略記〕89～91条）が問題となります。とりわけ問題とされるのが，**選挙供託金制度**です。立候補の届け出に際しては，供託金が必要とされます（同92条）。衆議院小選挙区選出議員および参議院選挙区選出議員の選挙については候補者1人につき300万円，衆議院および参議院の比例代表選出議員の選挙については，名簿登載者1人につき600万円とされています。たとえば，新党を結成して参議院選挙に臨む場合，当該新党が参議院比例区で届出政党になるためには，候補者を10人以上擁立しなければなりません（同86条の3第1項3号）から，600万円×10人で，6000万円の供託金を用意しなければなりません。さらに，仮に1人も当選しなければ全額，1人当選したとすれば，600万円×（10－1×2）＝4800万円が没収されます（同94条3項）。供託金制度の名簿提出の抑止効果は大きいといわざるをえません。両議院の議員になる資格について，「財産又は収入によって差別してはならない」（憲法44条）はずです。現行の供託金制度には疑問があります。

　下級審の判断ですが，裁判所は供託金制度を「立法府の合理的裁量の範囲内の措置」としています〔たとえば，神戸地判1996〔平8〕・8・7判時1600号82頁，大阪高判1997〔平9〕・3・18訟月44巻6号910頁〕〔辻村229～330頁〕。

3　選挙の原則

　選挙制度の具体的なあり方は，憲法上も理論的にも，一義的に定まってはいません。憲法は，「選挙に関する事項は，法律でこれを定める」（47条）と規定しています。しかし，選挙法制について国会の有する立法裁量は無制約なものではありません。多くの立憲主義諸国では，立法府の裁量を枠づける，議会制民主主義に相応しい選挙法制に関わる原則を歴史的に築き上げてきました（選挙権権利説は，これらの原則を憲法上の必然的要請と読みとります〔辻村332～333頁〕）。これが**選挙に関する5原則**ないし「**選挙法の公理**」と呼ばれるものです。47条が定める「法律」の意味も，この原則に枠づけられたものとして理解する必要があります。

❶ 普通選挙

　普通選挙は，制限選挙に対立する概念で，歴史的には租税額や財産による選挙・被選挙資格の制限をしない選挙として成立しました。日本国憲法では，財産のみな

らず，人種・信条・性別・社会的身分・門地・教育による一切の差別が禁止され（44条1項ただし書），「成年者による普通選挙」が明文で保障されています（15条3項）。明治憲法の下では，当初，納税額を基準とした制限選挙制が採用されていました。1925〔大14〕年，男子普通選挙制が実現され，第二次世界大戦後（1945〔昭20〕年），女性の選挙権が認められました。2015〔平27〕年，公職選挙法が改正され，選挙権年齢は18歳に引き下げられました。

❷ 平等選挙

選挙権の平等は，1人1票をもつ（one person, one vote）ことを要請します。数的平等からすれば，高額納税者であること（あるいは大学卒業資格をもつこと）を理由に複数の投票権を与えるような制度（**複数投票制**）の禁止は明らかです。

◎ 投票価値の平等

形式上は1人1票の原則がまもられていても，1票の価値の平等をそこなう制度も存在していました。その典型が，19世紀プロイセンの，いわゆる**等級選挙**（間接選挙制の枠組みを前提に，選挙権者を納税額によって3種類に等級化し，高額納税者からなる第一級選挙人はごく少数，低額納税者からなる第三級選挙人はきわめて多数で，各等級がそれぞれ同数の第二次選挙人を選挙する制度）です。そのようにことさらに投票価値の不平等を作り出そうとするものではありませんが，選挙区ごとに配分される議員定数と人口との不均衡によって，それと同様の現象が生じます。これが後で検討する「**1票の較差**」と呼ばれる問題です。

❸ 自由選挙

自由選挙の原則は憲法上明記されていませんが，通常，選挙の基本原則に数えられています。その意味するところは，立候補の自由や投票行動の自由（棄権の自由・強制投票の禁止），選挙運動の自由が含まれるとされています。学説には，棄権者に対する制裁のいかんによっては強制投票を容認できるとする考え方〔渋谷＝赤坂283頁〔赤坂〕〕もあります。たとえばイタリア憲法は「投票の行使は市民の義務である」（48条2項）と定めています。選挙運動の自由については，憲法上の明文がないため，憲法21条の表現の自由の要請と解することが一般的です〔辻村・332頁〕。実際は，後で検討するように，普通選挙制導入以来，日本では選挙運動が厳しく制限されてきました。

4 秘密選挙

秘密投票の原則は憲法15条4項前段に明記されています。公開選挙制に対立する原則です。選挙人の自由な選択を最大限確保するために，投票時の秘密だけでなく投票前から投票後に至るまでの投票者の秘密が守られなければなりません。そのため，公選法は，投票の秘密保持（51条）のほか，無記名投票（46条4項），投票用紙の公給（45条，68条1〜3項各1号），他事記載禁止（68条1〜3項各6号）などを定めています。最高裁は，選挙無効確認のために投票者に投票対象者を答えさせることはできないとの判断を示しています〔最判1950〔昭25〕・11・9民集4巻11号523頁〕。もっとも，公選法が自書式（46条1〜3項）を採用しているため投票が個性化し，投票数がそれほど多くない選挙区では，秘密が保たれない場合があります。公選法は，地方公共団体の議会の議員または長の選挙について，**記号式投票**を容認しています（46条の2）。

選挙犯罪捜査のために警察が投票済みの投票用紙を差押えることはできるでしょうか。1986〔昭61〕年10月20日大阪地裁堺支部判決（判時1213号59頁）は端的に憲法違反としましたが，1997〔平9〕年3月28日最高裁判決（判時1602号71頁）は，指紋照合のための差押えを合憲と判断しました。この最高裁判決には，「投票の秘密といえども選挙の公正の確保のために制約を受けることがあるが，投票の秘密の保持の要請の方が選挙犯罪の捜査の要請より優越した価値を有しており，選挙犯罪の捜査において投票の秘密を侵害するような捜査方法を採ることが許されるのは極めて例外的な場合に限られる」とする，福田裁判官の補足意見が付されています。

5 直接選挙

直接選挙の原則は，有権者が直接に議員を選出することを求めるものです。有権者が中間選挙人を選び，この選挙人が議員を選出する**間接選挙**と対立します。憲法は，地方公共団体の長や議会の議員の選挙について直接選挙制を要請しています（93条2項）が，国会議員については明記していません。このため，とりわけ両議院の組織方法に変化をもたせて独自性を出すため，参議院議員を間接選挙で選出することも違憲ではないとする立場があります〔樋口・②351頁〕。これに対して，間接選挙は，選挙人の判断の能力を信頼しないことを根拠とする制度であり，半代表制の建前と整合性を欠くという批判があります〔長谷部・319頁〕。

4 選挙制度

❶ 選挙区制と代表法

◎ **選挙制度と民意**

　前述のように選挙にはさまざまな機能が期待されています。選挙制度が「民意」を解釈するからです。**選挙制度が有権者意思をいかに反映するかについては，2つの要請を考慮すべきだ**といわれています。①国民の間に存在する多様性をできるだけ忠実に国会の構成に反映させるべきだという要請と，②議院内閣制の下で強力で安定した政府を構成するという要請です。後者の要請を強く押し出しているのが，**国民内閣制論**です（☞前出 13-1，後出 15）。選挙制度は，選挙区の大小，代表法，投票方法のさまざまな組合せによって，いくつかの類型に分かれます。

◎ **選　挙　区**

　日本の参議院比例代表選出議員選挙や旧全国区選挙のように，一国の全有権者が1つの選挙人団を構成して選挙を行うこともありますが，多くの場合，**有権者をいくつかの選挙人団に区分し，それぞれに一定数の議員を割り当てる方式**がとられています。選挙人団の区分を**選挙区**といいます。区分の基準としては，論理的にはさまざまなものが考えられます（たとえば前出の納税額による区分）が，近代立憲主義の下では，地理的な単位によって区分するのが通例となっています。

　地理的区分をめぐっては，どのような区画を選択するかによって選挙結果が左右される場合があります。いわゆる**ゲリマンダリング**（アメリカの州知事ゲリーがつくらせた選挙区が，奇妙な形をした伝説上の動物サラマンダーに似ていたことに由来）のように，党派的利害から，地理的・行政的条件を無視した人為的な線引きが行われことがあります。

　選挙区については，各選挙区から1名の議員を選出する**小選挙区制**と，各選挙区から2名以上の議員を選出する**大選挙区制**に区分されます。日本では，普通選挙制成立以来，3〜5の議員定数（ただし，1986年の公選法改正で，例外的に2人区および6人区が創設されました）を割り当てられるものを**中選挙区**と呼ぶ慣用があります。この選挙区制は，第二次大戦直後の例外を除いて，1994年の公選法改正まで採用されてきました。全国1選挙区の場合が，大選挙区の極限になります。

◎ 代表法

各選挙区から多数派のみの代表を選出するか，あるいは少数派の代表をも選出するかで，それぞれ**多数代表制**と**少数代表制**に区分されます。小選挙区制は多数代表制の典型とされ，民意を集約して多数派形成に親和的であり，政権の安定につながるといわれています。反面，死票を多く生む可能性があるとされます。しかしながら，伝統的にこの制度を採用しているイギリスでも必ずしも安定した多数派を生み出しているわけではなく，各選挙区ごとの地方利益中心の政治を生みだす恐れもないわけではありません。得票数に比例して議席を配分する方法である**比例代表制**では，議会に過半数を占める政党の出現が一般的に困難となります。小党分立状態となれば，政権樹立のために連立が余儀なくされます。連立協議が必要となり，実行される政策レベルにおいて，選挙時に提示されたパッケージ化された政策体系が変更され，有権者の意思に見合った政策の遂行が難しくなります。

◎ 投票方法

選挙区の議員定数にかかわらず，投票用紙に1名の候補者の氏名を記入する方法が，**単記記入投票法**です。また，大選挙区制において2名以上の候補者を記入する**連記式**があり，このうち議員定数と同数の候補者を記入する方式が**完全連記式**で，それより少ない候補者名を記入する方式が**不完全連記式**です。さらに，候補者名簿に対する投票である**名簿式投票**について，多数代表制を前提とするものと比例代表制を前提にするものがあります。名簿式にも，名簿を作成した政党の指定した順に当選者が決まる**拘束名簿式**と，投票者が候補者について選好を表明できる**非拘束名簿式**とが区別されます。

❷ 日本の選挙制度

◎ 衆議院議員選挙

衆議院議員選挙は，長年，中選挙区制（大選挙区単記制度）の下で実施されてきましたが，1994年の公職選挙法改正によって，**小選挙区比例代表並立制**が採用されました。現行制度（2018年2月現在）では，衆議院議員の定数465人のうち，289人を小選挙区選出議員，176人を比例代表選出議員としています（公選法4条1項）。有権者は各自2票を投じ，小選挙区では候補者氏名1名を自書し，比例代表選挙では政党等の名称または略称を自書します。

比例代表選出議員は，全国を11のブロックに分けて選出されます。議員定数は，北海道8人，東北13人，北関東19人，南関東22人，東京都17人，北陸信越11人，

東海21人，近畿28人，中国11人，四国6人，九州20人です。各党（その他の政治団体）の得票をブロック単位で集計し，**ドント式**（各政党の得票を1から順に整数で割り，その商の大きい順に議員定数に達するまで当選人を決めていく方法）を用いて議席配分を行い，名簿登載者の上位から順に当選者が確定される方式（**拘束名簿式**）が採用されています（95条の2）。

政党その他の政治団体の候補者に限って，小選挙区と比例区への**重複立候補**が認められています（86条の2第4項）。重複立候補制は，小選挙区で落選した候補者が比例区で当選できる仕組みですから，「小選挙区選挙において示された民意に照らせば，議論があり得るところ」です。最高裁は「国会が裁量により決定することができる事項」と解し，政党本位の選挙制度として合理性があるとしています［最大判1999〔平11〕・11・10民集53巻8号1577頁］。重複立候補者については，名簿の順位が同一であることが多く見受けられます。この場合は，各小選挙区における**惜敗率**（小選挙区における当選者得票数を分母とし，当該小選挙区候補者得票数を分子とする商の値）が最も高率である者が当選者となります（95条の2第3項）。2000〔平12〕年の法改正後，小選挙区選出議員の選挙において，得票数が**供託物没収点**（有効投票総数の1/10）に達しなかった重複立候補者は，比例代表選挙においても当選人となることができません（同第6項）。

◎ 参議院議員選挙

憲法制定直後の参議院選挙法によれば，参議院議員の定数は250人で，そのうち150人を地方選出議員，100人を全国選出議員と定められていました（同1条）。参議院議員は憲法上3年ごとの半数改選であるため，通常選挙においては，都道府県別の地方選挙区では全75人を1人区から4人区で選挙する小選挙区と大選挙区の混合型で，全国区は，1つの選挙区で50人を選出する極限の大選挙区制でした。1982〔昭57〕年の公選法改正により全国区は廃止され，これに代わって日本憲政史上初めて拘束名簿式比例代表制（ドント方式）が導入されました。

現在（2018年2月）は，議員定数**242人**，比例代表選出議員**96人**，選挙区選出議員**146人**となっています（公選法4条2項）。比例代表制の方式は，2000〔平成12〕年の改正後，全国1単位とする非拘束名簿式に変更されています。有権者は，候補者個人名か当該候補者所属の政党名のいずれかに投票することができます。候補者個人の票は，当該所属政党への投票と同一視されます。これについて最高裁は，比例代表制が憲法上容認されることを確認したうえで，非拘束名簿式比例代表制も政党本位の名簿式比例代表制の一種であるとして，容認しています［最大判2004〔平16〕・1・14

民集58巻1号1頁]。各名簿の当選者は，候補者の個人票によって決まります。

5 投票価値の平等

❶ 衆議院議員選挙と投票価値の平等

◎ 1976〔昭51〕年最高裁大法廷判決

　かつての中選挙区制で実施された1972〔昭47〕年12月に実施された衆議院総選挙について，最高裁は，最大で1対4.99に達していた投票価値の較差につき，議員定数配分規定全体が不可分一体として違憲の瑕疵(かし)を帯びるにいたっていると判断しました〔最大判1976〔昭51〕・4・14民集30巻3号223頁〕。その前提で，「選挙権の内容，すなわち各選挙人の投票価値の平等もまた，憲法の要求するところであると解するのが，相当である」として，さまざまな条項（14条1項，15条1項・3項，44条ただし書）を根拠に，**投票価値の平等**が憲法上の要請であることを認めました。

◎ 判例の審査枠組み

　もっともこの判決は，「**公正かつ効果的な代表**」の実現にとって，「各選挙人の投票価値の平等」は「国会が考慮すべき唯一絶対の基準」ではなく，国会は「他にしんしゃくすることのできる事項」を考慮して，選挙制度を決定することができる，としました。そして，①「投票価値の不平等が，国会において通常考慮しうる諸般の要素をしんしゃくしてもなお，一般に合理性を有するものとはとうてい考えられない程度に達しているときは，もはや国会の合理的裁量の限界を超えているものと推定されるべきもの」で，「このような不平等を正当化すべき特段の理由が示されない限り，憲法違反と判断するほかない」との判断（第1関門）を示したうえで，②「憲法上要求される合理的期間内における是正がなされなかったものと認めざるをえない」と判定（第2関門）して，違憲判断を導きました。もっとも，この時は，選挙を無効として議員資格を奪うことから生じる政治的混乱を防ぐとともに，議員定数問題の解決を国会に委ねるという配慮から，行政事件訴訟法31条1項の定める**事情判決**（処分は違法であっても，それを取り消すことが公共の福祉に適合しないと認められるとき，違法を宣言して請求を棄却する判決で，公選法219条は準用を排除している）制度に含まれる一般的な法の基本原則に基づき，選挙が違法であることを主文で宣言するにとどめ，選挙を無効とする請求を棄却しました。

　国会がこの問題の解決に消極的である場合は，裁判所の配慮も効を奏しません。

1985 年判決〔最大判 1985〔昭 60〕・7・17 民集 39 巻 5 号 1100 頁〕での寺田裁判官の補足意見は，いったん**事情判決の法理**が適用され，違憲と判断された配分規定について，国会による是正がなされず，そのまま選挙が行われた場合には，選挙の効力を否定せざるをえないこともありうるとして，違憲判断が**将来効**をもちうることを示唆しました。

◎ **審査基準**

　1976 年判決は，違憲判断を導くために，2 つの関門を設けました。第 1 関門（上記①）はどの程度の投票価値の較差であれば違憲とされるのか，第 2 の関門（上記②）は「いつの時点」で違憲状態が生じ（起算点），「どのぐらいの期間」をもって合理的な期間とするのか（合理的期間の長さ）が問題とされました〔杉原・612 頁（糠塚）〕。

　第 1 の関門について，最高裁自身は明確な数値を示してはきませんでした。その後の判例の展開では，中選挙区制について，「公正かつ効果的代表」の観念によって人口比例原則を後退させ，事実上最大較差 1 対 3 を超えるかどうかが違憲判断の目安になっていたようです。通説的地位を占める学説は，1 人 1 票の反対解釈として，最大較差 1 対 2 を違憲判断の目安としています。しかし，個人の人格的平等がもっとも強く要請されるはずの選挙における平等が，なぜ 2 倍までの較差を許容するのか，理論的な論拠は乏しいように思われます。今日では，1 対 1 を原則として，どのような理由と必要に基づいてこの原則から乖離したのか，政府が投票価値の較差を正当化する理由を示すことができなければ違憲と判断すべきであるとの見解が，有力になっています〔辻村・337 頁，長谷部・171 頁〕。

　第 2 の関門についても具体的な基準は示されていません。1985 年判決（☞前出）は定数是正後 8 年半（施行後 7 年）を違憲とし，1983 年判決〔最大判 1983〔昭 58〕・11・7 民集 37 巻 9 号 1243 頁〕，1993 年判決〔最大判 1993〔平 5〕・1・20 民集 47 巻 1 号 67 頁〕は，それぞれ改正法公布後 5 年弱（施行後 3 年半），配分規定施行日から 3 年 7 カ月（国勢調査確定値公表から 3 年 3 カ月）を合憲と判断しました。

◎ **小選挙区制と「1 人別枠方式」**

　1994〔平 6〕年の選挙制度改革によって衆議院議員の選挙について小選挙区制が採用されましたが，最高裁の判断枠組みは変わっていません。この制度を採用するにあたって，各都道府県に 1 議席を配分し，残りの議席を人口比例で各都道府県に配分するという「**1 人別枠方式**」が採用されました。このため，当初から 1 対 2 を超える 1 票の価値の較差が存在していました。最高裁は，「人口の少ない県に居

住する国民の意見をも十分に国政に反映させることができるようにすることを目的」に「1人別枠方式」を採用することは国会の裁量の範囲内だとして，許容しました［最大判1999〔平11〕・11・20民集53巻8号1441頁］。その後，最大較差1対2.304のまま実施され，政権交代を実現した2009年の総選挙をめぐり，各地の高等裁判所で違憲判決が相次いで出されました。これらの高等裁判所判決を受けて，最高裁は，地方に手厚く議席を配分する「1人別枠方式」について違憲判断に転じました［最大判2011〔平23〕・3・23民集65巻2号755頁］。ただし，多数意見は，合理的期間論によって選挙自体の合憲性は認めました。

　具体的な是正方策を最高裁が迫ったことは，これまでなかったことです。ところが，国会は，2010年の国勢調査結果をふまえた，内閣総理大臣に対する**衆議院議員選挙区画定審議会**からの小選挙区の区割り変更の勧告期限（2012年2月25日：衆議院議員選挙区画定審議会設置法4条）を守ることができず，2012年11月になって，同法3条2項に規定された「一人別枠方式」を削除するに至りました。さらに2020年以後アダムズ方式によるブロック・都道府県議席配分導入を前提に，2016年に当面定数を10減，比例代表「0増4減」，小選挙区「0増6減」を先行させ，国会自身が目標とした選挙区間の1票の較差2倍未満を実現しました。

❷ 参議院議員選挙と投票価値の平等

◎ 1983〔昭58〕年最高裁大法廷判決

　1977〔昭52〕年に実施された参議院議員通常選挙の地方区（現選挙区）における1票の較差は最大1対5.26に達し，**逆転現象**（選挙人の多い選挙区の議員定数が，選挙人の少ない選挙区の議員定数よりも少ない現象）も見られました。これに対し最高裁は，選挙権の平等原則は投票価値の平等を求めるとしつつも，地方区選出議員選挙の仕組みについて，**地方区選出議員が事実上都道府県の地域代表的な意義ないし機能を有すること**を理由に，衆議院議員選挙制度よりも格段と広い立法裁量を国会に認めました［最大判1983〔昭58〕・4・27民集37巻3号345頁］。この判決では，どの程度の較差になれば「到底看過することができないと認められる程度の投票価値の著しい不平等状態」となるのか不明でした。1992年の参議院議員通常選挙では，1票の最大較差が1対6.59に達し，逆転選挙区も24例におよびました。この選挙について，最高裁は，選挙制度の仕組みや是正技術の限界などを考慮しても「違憲の問題が生じる程度の著しい不平等状態が生じていた」との評価を下しながらも，この不平等状態が「相当期間」（衆議院に関する「合理的期間」よりも緩やか）継続し，これを是正する措置を講じないことが立法裁量の限界を超えたとは

断定できないことから，選挙当時の定数配分規定は合憲であると判断しました［最大判 1996〔平 8〕・9・11 民集 50 巻 8 号 2238 頁］。

◎ 参議院の特殊性と投票価値の平等

1996 年の判決を前提に，最高裁は，参議院選挙区の議員定数配分につき，1 票の較差を 1 対 6 までを容認していると推測されました。しかし，その合理性が問われなければなりません。確かに，**参議院議員選挙については「半数改選」**という，衆議院とは異なる特殊な憲法上の要請がありますが，選挙区選出議員を「都道府県代表」とすることは憲法上の要請ではありません。投票価値の平等を重視する立場からすると，選挙区の議員定数の配分が人口比例を保てない選挙制度の選択にこそ，問題があるとも考えられます。2009〔平 21〕年の最高裁大法廷判決は，2007〔平 19〕年の参議院議員選挙当時，選挙区の 1 票の最大較差が 1 対 4.86 に達していたことにつき，是正の「相当期間」が徒過していないとして定数配分規定を違憲と断じなかったものの，最大較差の大幅な縮小をはかるには現行の選挙制度の見直しだいが必要であることを指摘しました［最大判 2009〔平 21〕・9・30 民集 63 巻 7 号 1520 頁］。最高裁の違憲状態判決［最大判 2012〔平 24〕・10・17 民集 66 巻 10 号 3357 頁］を経て，2015（平 27）年，「4 県（鳥取県・島根県と徳島県・高知県）2 合区を含む 10 増 10 減」を内容とする改正が行われ，最大較差は 1 対 2.97 になりました。

6 選挙運動

❶ 選挙運動の制限

◎ 選挙運動の自由と公正

選挙運動とは「特定の公職選挙につき，特定の候補者又は立候補者のため投票を得若しくは得させる目的をもって，直接又は間接に必要かつ有利な周旋，勧誘その他の諸般の行為をすること」［最判 1977〔昭 52〕・2・24 刑集 31 巻 1 号 1 頁］をいいます。選挙は国民がその意思を表明し，国政に反映させる重要な機会です。有権者は，正確で判断するに必要かつ十分な情報に基づいて，候補者もしくは政党を主体的にかつ自由に選択することが可能でなければなりません。選挙運動が憲法の保障する表現の自由の一環をなすことから，可能な限り自由であることが求められます。他方で，候補者および政党間の選挙運動の条件の平等，公正な競争確保のために一定のルールが必要です。この意味では，確かに，選挙過程における表現活動をめぐっては，

通常の表現行為の場合とは異なる要請が働く余地があります。そうであるとしても，選挙で求められる公正は，実質的な選挙の自由を確保し，「主権者意思の忠実な表明」に資するものであって，選挙の「公正」の名において「一律平等の不自由」や「選挙過程の管理」を導くものであってはならないはずです〔杉原・617頁（糠塚）〕。

◎ **公選法による制限**

　日本では，男子普通選挙制導入時に選挙の公務性が強調され，不正選挙を防止するために，大衆的選挙運動の規制を念頭に厳しいルールが定められました。国民主権を確立し，表現の自由が保障された日本国憲法の下でも，公選法は，戦前の規制構造を踏襲した性格を残しています。その基本的枠組みは，選挙運動とそれ以外の政治活動を区別し，選挙運動期間以前の選挙運動は事前運動として一切禁止し，運動期間中の選挙運動については一定の手段を認める一方で，それ以外は規制しようとするものです。現行公選法では，選挙公報の発行から，通常葉書，ポスター，ビラ，新聞広告，政見放送などの無料提供まで，**選挙公営**がかなり広範に広がっていますが，選挙運動規制の強化と表裏一体をなしてきました〔樋口①・182頁〕。

　選挙運動の規制としては，具体的には，①期間について事前運動の禁止（129条），②選挙運動の主体についての制限（135～137条の3），③運動の方法についての制限があります。③については，文書図画の規制（142～147条の2），報道・評論の規制（148条，151条の3），個人演説会の規制（161～164条），街頭演説の規制（164条の5）などのほか，候補者，政党以外の者によって開催される演説会の禁止（164条の3），戸別訪問の禁止（138条1項），署名運動の禁止（138条の2），人気投票の公表の禁止（138条の3），飲食物の提供禁止（139条），気勢を張る行為の禁止（140条），買収の禁止（221条1項）などが定められています。

❷ 戸別訪問の禁止

　戸別訪問禁止は日本独自のルールです。戸別訪問は，欧米ではむしろ選挙運動の主要な手段と位置付けられています。戸別訪問の全面禁止は，憲法21条の表現の自由に反するという学説や，選挙権の内容を広く解する立場から15条違反であるとする学説が，有力に主張されています。

◎ **戸別訪問弊害論**

　最高裁は，比較的安易な「公共の福祉」論を用いていましたが，1969〔昭44〕年4月23日の大法廷判決（刑集23巻4号235頁）以降，一連の判決で，**戸別訪問**

の弊害論が展開されました。それは、①不正行為温床論、②情実論、③無用競争激化論・煩瑣論、④迷惑論と呼ばれる4つの議論で、戸別訪問を認めれば、不正行為の温床になったり、情実に流されて投票したり、無用な競争を強いたり、被訪問者への迷惑になる、などの弊害論を指摘したものです〔辻村・344頁〕。

最高裁は、戸別訪問の禁止が、意見表明そのものの制約を目的とするのではなく、意見表明の手段・方法のもたらす弊害の防止に向けられた、単に手段方法の禁止に伴う限度での間接的、付随的な制約にすぎないことに着目し、この目的と戸別訪問の一律禁止との合理的関連性、戸別訪問禁止によって失われる意見表明の自由という利益と、禁止によって得られる弊害防止による選挙の自由と公正の確保との比較衡量から、得られる利益の方が大きいとして、合憲判断を下しています［最判1981〔昭56〕・6・15刑集35巻4号205頁］。

この判決に提示されるような審査基準では、表現活動に対する時・所・方法に関する規制に対する基準としても緩やかすぎるのではないかとの批判があります。1981〔昭56〕年7月21日の最高裁判決（刑集35巻5号568頁）に付された伊藤正己裁判官の補足意見は、公選法上の選挙運動は、あらゆる言論が必要最小限度の制約の下に自由を競いあう場ではなく、各候補者が選挙の公正を確保するために定められたルールにしたがって運動する場であるとの理解を示し、このルール内容の設定は立法政策に委ねられているとする、新しい合憲性の根拠づけを行っています〔辻村・344頁〕。

7 政　党

❶ 政党の意義

◎ 政党と憲法

政党（party）は、その字義によれば、「部分」を表します。国民主権を掲げる近代国家においては、部分利益を追求すると目される政党は、一体のものとして成立した「国民」の同質性になじまないものとして、国法上「敵視」されていました。現代政治は、政党を抜きに語ることはできません（☞前出12）。**政党は、国民の意見をくみ上げてさまざまな政策のパッケージを作成し、それを国民に提示して支持や資金を集め、選挙運動や議会の活動を実際に担っています。八幡製鉄事件最高裁大法廷判決**は、会社の政治献金を肯定する文脈においてでしたが、「憲法は、政党の存在を当然に予定しているものというべきであり」、「政党は議会制民主主義を支える不可欠の要素」であり、「国民の政治意思を形成する最も有力な媒体である」

ことを認めています〔最大判1970〔昭45〕・6・24民集24巻6号625頁〕。

ワイマール共和国時代に，トリーペルは，憲法の政党に対する態度として，「敵視」⇒「無視」⇒「承認」⇒「憲法への編入」という段階があることを指摘しました〔丸山〕。ワイマール憲法（130条1項）は，公務員が一党派の奉仕者となってはならないという否定的文脈で政党に言及するにすぎませんでしたが，現行のドイツ憲法（21条）やフランス憲法（4条）などは，政党条項を有しています。このように政党が憲法上の地位を獲得したことには，二重の意味があるとされます。ひとつは，統治機構の運用上，政党の役割がますます大きくなってきたことを反映し，同時に，一党独裁の経験をふまえて複数政党制を保障するという，地位保障の意味があります。もうひとつは，もともとは国法と無関係に自由な結社として成立した政党を，憲法上の規制対象にひきこむという，地位規制の意味です〔樋口①・189頁〕。

◎ **政党の法的承認**

日本国憲法は結社の自由（☞前出06-2）を認めていますが，「政党」に全く言及していません。1994〔平6〕年の政治改革によって，**「政党本位」の選挙**を実現する公選法の改正，政治資金規制を強化する**政治資金規正法**の改正と並んで，国庫による政党に対する助成を認める**政党助成法**が成立しており，政党の存在が法律上正面から認められるに至っています。もっとも**政治資金規正法**（3条2項），**政党助成法**（2条1項）において「政党」とされるのは，「政治団体」（政治資金規正法3条1項）のうちで，「次の各号のいずれかに該当するものをいう」と定義されています。

（一）当該政治団体に所属する衆議院議員又は参議院議員を5人以上有するもの
（二）前号の規定に該当する政治団体に所属していない衆議院議員又は参議院議員を有するもので，直近において行われた衆議院議員の総選挙……又は直近において行われた参議院議員の通常選挙……における当該政治団体の得票総数が当該選挙における有効投票の総数の100分の2以上であるもの

❷ 政党をめぐる諸問題

◎ 「政党本位」の選挙

政治改革の結果導入された「政党本位」の選挙制度をめぐっては，既成政党を優遇する形で小政党にとって議席獲得が困難な制度になっているのとの評価があります。また，選挙運動も，小選挙区において立候補者を届け出た政党・政治団体に対して，一定の選挙運動が認められるなど，「政党本位」のものとなっています。この結果，候補者個人の選挙運動以外に候補者届け出政党の選挙運動も行い得る「政

党」候補者と，個人の選挙運動しか行い得ない無所属候補者・小政党候補者との間に，平等原則違反の強い疑義が生じています〔高田・28～29頁〕。

◎ **政党助成**
　政党の「**私的**」**結社性**を重視する立場からは，「国庫助成」という「特権」付与は否定的にとられます。**政治過程における政党の「公的」性格**を重視すると，政党に対する財政支援は，承認されやすい傾向があります。このような一般的性格づけから政党助成一般の評価を直ちに下すことは困難ですが，現行の政党助成法が定める仕組みについては，吟味が可能です。それによれば，第1に，政党が受け取る交付限度額が定められていないことから，政党と国民の遊離（＝政党の期待された本来的役割からの遊離）を助長している点，第2に，選挙制度が議席獲得において大政党有利になっているため，助成金配分方式について平等原則上疑義がある点，第3に，既存の政党中心の仕組みになっており，平等原則上疑義がある点，が問題点として指摘されます〔杉原・668頁（本），高田・29頁〕。

◎ **政党の自律性と規律**
　一連の政治改革が現職の国会議員に委ねられたことから，大政党ないし既存の政党有利に制度設計がなされたことには，必然性があったということでしょう。そうであれば，このように政党が地位を承認され，保護を受け，さらに特権を付与されている以上，「私的」性格を口実に政党が現在のように自由を謳歌していることには，疑問があります。このため，政党の組織のあり方や決定手続について，民主制，公開性，透明性などの観点から一定程度規律するように現行の制度をより積極的にルール化すべきであるとの見解があります。他方，政治結社としての自律性を尊重した方が政党がその役割をよりよく果たすというのであれば，その「私性」に相応しく現行の制度を見直し，場合によっては助成などの特権を撤廃するという見解もあり得るでしょう。政党の自律性をめぐっていかなる規制が許されるかは，慎重に検討する必要があります。

【判例】**日本新党繰上補充事件**　　政党の自律性をめぐっては，参議院比例代表選出議員の選挙（当時は拘束名簿式）にあたって名簿に登載された候補者を，その後，政党が除名した旨の届出をしたため，上位当選者の辞職による繰上補充について，除名された候補者が当選人とされなかったことの適法性が争われた事件（日本新党繰上補充事件）があります。

第一審東京高裁は,「政党の規則,綱領等の自治規範において,除名要件に該当する事実の事前告知,除名対象者からの意見聴取,反論又は反対証拠を提出する機会の付与等の民主的かつ公正な適正手続が定められておらず,かつ,除名がこのような手続に従わないでされた場合には,当該除名は公序良俗に反し無効と解すべきであ」り,それを有効なものと前提してなされた当選人決定は無効である,としました〔東京高判 1994〔平 6〕・11・29 判時 1513 号 60 頁〕。その前提には,拘束名簿式比例代表選挙に参加する政党がなす名簿登載者の選定は,「公的ないしは国家的性質の強いもの」で,選挙後の除名は,名簿を考慮して投票した選挙人の意思を無視することにもなるから,「より一層強く妥当する」という判断があります。

　上告審で最高裁は,「政党等の政治結社の内部的自律権をできるだけ尊重すべきものとし」,選挙長ないし選挙会は除名その他の処分の有効性を実質的に審査することなく,「審査の対象を形式的な事項にとどめている」公選法の立法趣旨から,政党による名簿登載者の除名が不存在または無効であることは,除名届が適法になされている限り,当選訴訟における当選無効の原因とならないと判断しました〔最判 1995〔平 7〕・5・25 民集 49 巻 5 号 1279 頁〕。投票の結果によって決定されるべき候補者の順位が政党の恣意によって事後的に変更されるならば,直接選挙の原則に反するという評価があります〔長谷部・319 頁〕。

【引用・参考文献】
新井誠「現代選挙法の公理」大石眞＝石川健治『憲法の争点』(有斐閣,2008 年)
渋谷秀樹＝赤坂正浩『憲法 2 統治〔第 4 版〕』(有斐閣,2011 年)〔赤坂執筆〕
杉原泰雄編『〔新版〕体系憲法事典』(青林書院,2008 年)〔糠塚康江,本秀紀執筆〕
高田篤「憲法と政党」大石眞＝石川健治『憲法の争点』(有斐閣,2008 年)
高橋和之『現代立憲主義の制度構想』(有斐閣,2006 年)〔高橋①〕
同「『被選挙権』は憲法による保障を受けない」ジュリスト 1340 号 (2007 年)〔高橋②〕
同『立憲主義と日本国権憲法〔第 2 版〕』(有斐閣,2010 年)〔高橋③〕
辻村みよ子『憲法〔第 4 版〕』(日本評論社,2012 年)
長谷部恭男『憲法〔第 5 版〕』(新世社,2011 年)
樋口陽一『憲法 I』(青林書院,1998 年)〔樋口①〕
同『憲法〔第 3 版〕』(創文社,2007 年)〔樋口②〕
丸山健『政党法論』(学陽書房,1976 年)
安西文雄＝巻美矢紀＝宍戸常寿『憲法読本』(有斐閣,2011 年)〔宍戸執筆〕

●演習問題
● 世代間格差が社会問題化しています。憲法上,「世代」別選挙区(「20 代選挙区」「30 代選挙区」など)をベースにした選挙制度を設けることは可能でしょうか。

chapitre 14-1

国会の地位と組織

　第二院は「一致すれば無用，反対すれば有害」ということばは，フランス革命期にシィエスによって発せられたと伝えられていますが，実はその根拠は定かではないといわれています。同趣旨の発言は同時代に別の議員によって語られ，爾来，「古典的なジレンマ」と評されるようになりました〔只野・185頁参照〕。2010年の参議院議員選挙後，「ねじれ国会」と呼ばれる状況の中で「決められない政治」が問題となっています。これは，両院制の制度的欠陥なのでしょうか。

1 国会の地位

明治憲法においては，天皇が「帝国議会ノ協賛ヲ以テ立法権ヲ行フ」(5条) とされていましたが，日本国憲法は主権原理を国民主権に転換し，主権者である国民から選任される「国民の代表機関」としての地位が国会に認められています (43条参照，☞前出 13-1)。加えて 41 条は，国会に「国権の最高機関」としての地位と「国の唯一の立法機関」としての地位を与えています。

1 国権の最高機関

「国権」は，国家の「主権」と同義として，国家に帰属する単一の「統治権」を指します (☞前出 02)。「国権の最高機関」は，明治憲法の「統治権ノ総攬者」に匹敵する表現ということができます。国政の中心が天皇から国会へ転換したことを示す規定といえます。

しかしながら，国民主権の下で「最高機関」があるとすれば「有権者」であって，国会ではありません。そこで通説は，本条の「最高機関」は，単なる政治的美称にすぎない (**政治的美称説**) として，国民主権との抵触を回避しています。

これに対して「統治権の総攬者」としての役割を国会に認めようとするのが，**統括機関説**です。統括機関説は，理論的に国民主権原理・権力分立論との関係で妥当ではないとの指摘を受け，国政調査権の本質をめぐる論争 (☞後出 14-2) のなかで，国政調査権の強力な発動を正当化するものとして批判されました。

政治的美称説に対しては，国会の形骸化と行政権の肥大化に有効な理論的歯止めにならなかったとする批判が向けられています。政策形成の省庁主導型から政治主導型への変革，官僚制の統制，内閣・国会機能の強化という現代的課題を意識して，国会が有する「最高機関」性の法的意味を再評価する見解 (**総合調整機能説・最高責任地位説**) が，今日有力です〔渋谷＝赤坂・268 頁 (赤坂)〕。憲法自身が狭義の立法権を超えて国会に分配している権限を丹念に点検する必要があります。

その代表的論者によれば，国会を国権の最高機関と位置づけることで憲法は，国政の円滑な運営に配慮する役割を，並列関係にある憲法上の政府機関のなかで国会に与えているとされます。「国権の最高機関」性は，「国家諸機関の権能および相互関係を解釈する際の解釈準則となり，また，権限所属が不明な場合には国会にあると推定すべき根拠となる」〔佐藤・143〜144 頁〕と解されることになります。もっとも，政治美称説を採る学説も，国会への権限推定の可能性を否定しているわけではありません〔高橋②・324 頁〕。これに対して，総合調整機能は，議院内閣制の下

では、「国務を総理する」内閣に帰属すべきだ（☞後出 15）との見解もあります〔長谷部・312 頁〕。

　国民主権原理の下で、主権者から直接に選挙で選出される国家機関が国会だけであること、すなわち国会が「民主的正統性」をもつ代表機関であることを前提に、主権者の委任に応えて主権行使を実現するうえで「国会の優位性」を導く立場（**最高機関責任説**）があります〔辻村・379 頁、杉原＝只野・397 頁（只野）〕。この学説は、少なくとも行政権との関係において、憲法上有する権能を可能な限り活用することで、国会がより積極的に統治の中心であるようにすることを狙いとしています。

　憲法に準拠した統治機構の運用という観点からすれば、**「国権の最高機関」性から直ちに国会の具体的な特定の権限が導かれるわけではなく、憲法が授権した国会の権能を超えるものではありません**。国会の意思は国民の意思そのものではなく、立憲主義を免れる主権者はいない以上、まして国民の代表機関にすぎない国会は憲法の制約を免れることはできないからです。

❷ 唯一の立法機関

1)「立法」の意味

　立法の概念をめぐっては、形式的意味の立法と実質的意味の立法が区別されます。両者は、立法の対象としての形式的意味の法律と実質的意味の法律の区別に対応するものです。

形式的意味の法律　　形式的意味の法律とは、国会が制定し、「法律」という名称を与えられた法形式をいいます。形式的意味の法律を定めることが、形式的意味の立法にあたります（憲法 59 条）。41 条にいう「立法」をこの意味で捉えると、41 条は単なる同義反復となり、内容が空疎となります。また、法律がいまだ存在していない空白領域について、国会以外の機関、例えば内閣が「法律」という形式をとらずに独立命令を設定するという機能をもったとしても、論理上可能になってしまいます。独立命令とは、議会の関与しない、法律と同じ効力を有する行政権による立法をいいます。そこで 41 条は、実質的意味の法律を定立する権限が国会にあることを定めていると理解されています。

実質的意味の法律　　実質的意味の法律とは、形式的意味の法律によって定められるべき事項について定める法規範のことです。国会が定めるべき法律の内容を特定することを意味します。立憲君主制の下での「**法規**」（Rechtssatz）概念が、これに

あたります。法規概念は一律に定義しうるものではありませんが，一般に「国民の権利・自由を直接に制限し，義務を課する法規範」が法規であると考えられていました。歴史的には，法規概念は，君主の活動に議会が関与できる範囲を画定する役割を演じました。形式上は君主の活動に対する議会の関与が憲法上規定されているのに，「法内容からいって，それは実質的には立法とはいえない」という理由で，議会の関与を狭めるのに使われたのです。

一般的・抽象的法規範　　民主主義の進展とともに議会の権力が強くなり，国民の権利・自由の制限のみに着目した法規概念では狭きに失することから，「法規」の意味は広く理解されるようになりました。通説的見解は，実質的法律を「およそ一般的・抽象的規範をすべて含む」〔芦部・286頁〕と捉えるようになりました。この法律の一般性・抽象性（合わせて**一般性**といいます）とは，法律が不特定多数の人に対して，不特定多数の場合ないし事件に適用される法規範であることを表しています。この定義に従えば，法律は誰に対しても平等に適用され，事件の処理についても予測可能性が満たされることになり，経済社会の発展が促されることになります。これは法治主義の思想に適合する概念といえます。

立法事項　　立法事項を内容的に確定するアプローチをとると，立法事項をいかに拡張しようとも，内容上立法事項に該当しないとされる法規範の存在が想定されます。立法事項に属さない法規範の定立は，通説である行政権概念の控除説（☞後出15）によれば，「行政」に属することになります。通説は，立法事項に属さない法規範を法律によって制定することが可能であるとしているので，論理的な整合性を考える必要があります。国会の権限に専属的に属する立法事項を必要的立法事項（専属的立法事項），法律でも法律以外でもともに定めうる事項を任意的立法事項（競合的立法事項）と呼びます。後者にも国会の立法権限が及ぶのは，41条前段の**「最高機関性」の効果**であるとされます〔高橋①・687～688頁，赤坂・157頁〕。このことは，**国会が一般的法規範以外の領域にも法律をもって侵入することが可能である**ことを意味します。いいかえれば，国会は，自由に立法権を行使できるのです。立憲君主制の時代のように「立法権」の行使を妨げられる立場にないということです。そうであるとすると，実質的法律概念をとっていても，形式的法律概念に接近することになります〔糠塚・96頁〕。

特例法・措置的法律（処分的法律）　　任意的立法事項に包含されるものに，社会

国家的課題もしくは行政国家的現実から要請される種々の行政処分的性質をもつ個別具体的な措置を内容とする，「特例法」「措置的法律（処分的法律）」があります。2011年3月11日の大震災への対応として，被災者を対象に租税関係に対する特別措置や支援のための「特例法」が数多く制定されました。時には，特定団体について権利を制限する内容をもつ措置的法律が制定される場合もあります（例えば「無差別大量殺人を行った団体の規制に関する法律」）。

2)「唯一の」の意味

国会が「唯一の」の立法機関であることは，**国会中心立法の原則**および**国会単独立法の原則**という2つの原則に分析されます。

(a) 国会中心立法の原則

国会中心立法の原則とは，憲法に明示された例外を除いて，国会だけが実質的意味の法律を制定できることを含意します。明治憲法は，帝国議会の関与なしに，天皇が緊急勅令（8条），独立命令（9条）を制定できるとしていました。日本国憲法には緊急命令についての規定はないので，これを端的に否定しているといえます。また，41条の「立法」を一般規定の定立と解する立場，ないし行政権が法律の根拠なしに行動することはできないとする法治主義の原理から，「この憲法……の規定を実施するため」の政令（73条6号）を，法律の媒介抜きで制定することはできません。憲法が明示する国会中心主義の例外として，**両議院の規則制定権**（58条2項）（☞後出14-2），**最高裁判所の規則制定権**（77条1項）（☞後出17-2），**地方公共団体の条例制定権**（94条）（☞後出16）があります。

立法の委任　　国会中心立法の原則からすると，行政権による立法は，法律の執行に必要な細則を定める**執行命令**と法律の委任に基づく**委任命令**に限定されることになります。「立法の委任」とは，通常，法律がその所管事項を他の国法形式──ことに命令──に委任することをいいます〔野中他・76頁（高見）〕。憲法73条6号ただし書が，内閣が政令で罰則を設けることができる例外的な場合として，「法律の委任」の存在に言及していることから，憲法は委任命令を否定していないと解されます。しかし，**委任命令**は，本来法律によって定められるべき立法事項であるのに，法律の制定を経ずして行政に決定を任せるものです。そもそも国会自らが立法者の役割を担うことが期待されているのですから，行政に「丸投げ」するという事態は，禁止されなければなりません。そこで，委任命令が許容されるための条件が追求さ

れてきました。その結果，法律による委任（授権）がただ存在するだけではなく，法律が委任する所管事項と規範形式が具体的に指定されており，指定事項の範囲も明確であることが必要で，包括的で不明確な委任（**白紙委任**）は許容されないとされています〔芹沢他・300頁（石川）〕。その際，①憲法上，国会に「留保」されている事項については，「委任された権力は委任せらるるをえず」の法諺（ほうげん）により，特別の解釈上の根拠が存しない限り，命令等の他の国法形式への委任は許されず，②この法諺からして，憲法の特別の規定がない限り，命令等の委任立法は法律を改廃できる効力を有するものであってはならず，形式上法律的効力に劣る法的効力をもつものでなければならない，という2つの条件に合致していなければなりません〔野中他・76～77頁（高見）〕。

　委任を受ける下位の法規範の形式としては，政令，府令，省令，規則，条例など多岐にわたります。たとえば，国家公務員法102条1項は，処罰の対象となる「政治行為」の具体的な定めを，人事院規則14-7に一任しています。最高裁は猿払（さるふつ）事件判決（☞前出03-2）で，この委任は，「公務員の政治的中立性を損なう恐れのある行動類型に属する政治的行為を具体的に定めることを委任するもの」で，合憲であると判断しました［最大判1974〔昭49〕・11・6刑集28巻9号393頁］。学説は，この委任は白紙だと見る見解が支配的です。同様に，執行命令にしても，具体化を通じて法定立を行う場合があり得ますから，「執行のため」という理由は免罪符にならず，検討が必要です。

(b) 国会単独立法の原則

　国会単独立法の原則とは，憲法上の例外を除いて，国会の議決だけで実質的意味の法律を制定することを意味します。明治憲法の下では，帝国議会の議決は単なる議会の機関意思にすぎませんでした。天皇の裁可があって法律という国家意思が成立したのです（5条，6条）。これに対して，現行憲法においては，**法律は原則として両議院の可決によって成立**し（59条1項），天皇の裁可を必要としません。立法過程は国会内部で完結することになりました。憲法上の例外として，「一の地方公共団体のみに適用される特別法」（いわゆる**地方自治特別法**）があります（95条）。特別法は国会の議決のみでは成立せず，当該地方公共団体住民の投票による同意を得なければなりません。

公布・施行　「法律となる」とは，法律として確定したことであり，内閣の執行義務は生じますが，国民に対する拘束力はまだ生じていません。現実に**国民を拘束す**

る力が発するのは、「**施行**」の日からです（具体的な施行日を定めるのは、国会の議決です）。そのためには、一般国民にあらかじめ法律の内容を知らせておく必要があります。日本では、**官報**に掲載されたことが「**公布**」を意味します。公布は**施行の要件**であって、立法の要件ではありません。公布は、内閣の助言と承認に基づいて天皇が行います（7条1号、☞前出02）。

内閣による法案提出　　法律案提出権者は、立法過程のイニシアティヴを握っています。現行憲法は、法律案提出権者を明示していません。**実務において立法過程の端緒を開いているのは、多くの場合、内閣です**。国会単独立法の原則を文字通り受け止めるのであれば、立法のイニシアティヴを国会が握るべきだという主張になります。現行憲法の仕組みにおいて、国会と内閣は完全に分離されておらず、むしろ協働関係にあり、内閣に法律案提出権を認める余地は憲法上あると解されます。内閣法5条は、「内閣提出の法律案、予算その他の議案を国会に提出する」と定め、内閣の法律案提出権を認めています。

2　国会の組織

❶ 二　院　制

　国会は、衆議院と参議院によって構成されます（憲法42条）。比較法的には、単一国家（中央政府に一切の権力を集中することで成立する国家）の場合、一つの会議体からなる一院制の議会を採用する国が多数です。連邦制国家の場合、二元的国家構造に由来して、連邦国民全体を代表する第一院のほかに、連邦構成国（支邦、州）を代表する第二院が要請されます（**連邦型**、アメリカ合衆国、ドイツなど）。単一国家でも、貴族制を前提に**貴族院型**の第二院が設けられる場合があります。明治憲法下の貴族院やイギリスの上院がこれに該当します。もっともイギリスの上院は、今日、貴族的要素を代表する必要性をもってしてその存在を正当化できないとされ、2011年以降、公選制の導入をはかる改革が着手されています〔野中他・84頁（高見）〕。

◎ **民主的二院制型**

　貴族制度も存在せず、連邦国家でもない単一国家において二院制が採用される場合、**第二院の存在意義**が問われます。日本国憲法の制定の際にも、大いに論じられました。GHQの憲法改正案は、国会は単一の院によって構成されるとしていま

した。その理由は，一院制のほうがシンプルであること，単一国家である日本では連邦制国家のように州を代表する上院をおく必要がないことが挙げられていました。二院制に執着する日本政府は，GHQによる全議員の公選制の条件をのみ，衆議院と構成原理を同じくする「全国民を代表する」参議院が誕生しました〔大山・152～153頁〕。

　民主政にとっては，国民の意思を代表する機関は1つで足りるはずです。**民主的二院制型**には，どのような存在理由があるでしょうか。一般に指摘されるのは，①議会の専制防止，②下院と政府との衝突の緩和，③下院の軽率な行為・過誤の回避，④民意の多角的反映，などがあげられます〔芦部・290頁，野中他・85頁（高見）〕。このうち①～③は他の型の二院制にも当てはまることで，本質的な理由は④にあります。金森徳次郎は，帝国議会の憲法改正議論の答弁で，「数」とは異なる「質」の代表を実現する場として参議院を位置づけていました〔只野・187～189頁〕。

2 両院の関係

◎ 組織上の関係

　日本国憲法は，両院ともに「全国民を代表する選挙された議員」（43条）から組織されるとしています。衆議院議員の任期は4年（45条），参議院議員の任期は6年（46条）です。参議院議員は衆議院議員より任期も長く，衆議院議員のように任期を解散によって短縮される（45条ただし書）こともなく，3年ごとの半数改選制であることから，衆議院議員よりも身分的に安定し，院としての活動の継続性もあります。これによって，**衆議院に対する第二院としての抑制機能**が参議院に期待されています〔野中他・86頁（高見）〕。なお，公職選挙法が，両院の定数，選挙制度について定めています（☞前出13-2）。

◎ 活動上の関係

　両議院の召集，開会，閉会は同時に行われ，衆議院が解散されたときは，参議院も同時に閉会となります（憲法54条2項）。この**同時活動の原則**は，二院制を採用したことから当然に導かれます。憲法上の例外として，**参議院の緊急集会**の開催が認められています（54条2項・3項）。

　各議院は独立して議事を行い，議決します。これを**独立活動の原則**といい，二院制の帰結です。両議院の議決が一致したときに，国会の意思が成立します。憲法上の例外として，**両院協議会**の開催が認められています（59～61条）。また，国会法の定めである①両院の常任委員会が協議して開く合同審査会（44条），②各議院の

議案の委員長または発議者が他の議院で提案理由を説明すること（60条）は，独立活動の原則の例外です。

◎ **権能上の関係**
　日本国憲法は，両院の意見が対立した場合にそなえて**衆議院の優越規定**を用意しています。両院の所管事項の範囲はほぼ対等ですが，憲法上，衆議院だけが，**内閣信任・不信任決議権**（69条），**予算先議権**（60条）をもちます。参議院は，衆議院の解散中，緊急集会を開き暫定議決を行うことができますが，当該議決を有効とするためには，次の国会開会後10日以内に衆議院の同意を必要とします（54条2項・3項）。

憲法上の衆議院の優越　　①法律案の議決（59条），②予算の議決（60条），③条約の承認（61条），④内閣総理大臣の指名（67条）について，妥協案の成立をはかるために両院協議会が設けられます（国会法84条〜98条）が，衆議院の議決が参議院の議決に優越することが認められています。②〜④の場合は，最終的に衆議院の議決が「国会の議決」とされます。しかし，①については，「衆議院で出席議員の3分の2以上の多数で再び可決したとき法律となる」（59条2項）と規定しており，現実にはきわめて難しい条件となっています。このため，法律案議決における衆議院の参議院に対する優越の度合いは，小さくなっています。日本国憲法制定時の①に関する日本側の案では，衆議院において引き続き3回可決した法案は，参議院の議決にかかわらず，衆議院の最初の議決の日から2年を経過したときに法律となるという，イギリス流の規定になっていました。3分の2以上による再議決という要件は，アメリカ大統領による拒否権行使を覆すために連邦議会で3分の2以上の多数による議決を要することにヒントを得たとも，あるいは日本自由党改正案に影響を受けたともいわれていますが，二院制のあり方を熟考した結果ではありませんでした〔大山・153頁〕。なお，憲法改正の発議（96条）については，例外的に，両議院の議決価値に差はありません。

法律上の定めによる衆議院の優越　　憲法所定事項以外は両院は対等であり，憲法上国会の権能とされた事項について，法律で衆議院の優越を規定することはできません。ただ，法律によって新たに国会の権能とされた事項について，当該法律で衆議院の優越を定めることは可能とされます。たとえば，国会法13条は，臨時会・特別会の会期決定，会期延長について「両議院の議決が一致しないとき，又は参議院

が議決しないときは，衆議院の議決したところによる」と定めています。かつて会計検査院法は，検査官について，内閣が「両議院の同意」を経て，これを任命するとしたうえで，この同意の議決に「衆議院の優越」を定めていましたが，1999年の法改正の際，削除されています。

強い参議院　　衆議院の与党が内閣を組閣し，予算や条約を成立させることは可能ですし，既存の法律の執行による日常的な国政運営は可能かもしれません。しかし，日々生起する新たな課題に対応する政策を遂行するためには新たな法律を制定しなければなりません。そうすると，3分の2以上の多数による再議決という要件が高いハードルとなります。逆に言うと，参議院の方がかなり強力な権能を有することになります。参議院の反対にあえば内閣は政策執行の手段である法律を制定できず，政治責任を問われる事態に追い込まれます。参議院が少なくとも衆議院の権力を抑制できるほど強力で，衆議院の多数派を支配する与党・内閣も参議院の支持を得られない限り，実効的な政策実施が不可能となっています。

　強い参議院が注目されたのは，衆参のねじれ現象が背景にありました。**ねじれ現象**とは，衆議院において多数を占める政権与党（内閣を支える政党ないし政党グループ）が，参議院では少数派となり，衆議院において少数派である野党が，参議院では多数派となっている政治状況を指します。両議院の議員選挙は別々に行われていることから，本来，「ねじれ」現象は憲法の想定外ではありません。衆議院の優越の規定は憲法的対応ですが，参議院の政党化が進行しているため，憲法上の仕組みだけでは問題の解決が難しい状況になっているのです。根本的には，参議院をその存在意義通りの「理の府」とするための，**参議院の改革**が求められています〔大山・183頁以下〕。

3　国会議員の地位と権能

❶ 議員身分の得喪

◎ **身分の取得**

　議員の身分は，当選の効力が発生した日，すなわち，選挙の当選者に対して当選の告知がなされ，その住所・氏名が告示された日に取得されます（公選法102条）。

◎ **身分の喪失**

　国会議員がその身分を失い，退任するのは以下の場合です。①任期が満了したと

き，②被選挙資格を失ったとき（国会法 109 条），③他の議院の議員になったとき（憲法 48 条，国会法 108 条），④法律上兼職できない国または地方公共団体の公務員になったとき（同法 39 条），⑤所属する議院の許可を得て辞職したとき（同法 107 条），⑥所属する議院の 3 分の 2 以上の多数決で懲罰により除名されたとき（憲法 58 条 2 項，国会法 122 条 4 号），⑦**資格争訟の裁判**によって資格がないことが確定したとき（憲法 55 条，国会法 111 〜 113 条），⑧衆議院議員の場合は衆議院が解散されたとき（憲法 45 条ただし書），⑨衆参両院の比例代表選出議員が選出された選挙に名簿を提出していた他の政党へ移動したとき（公選法 99 条の 2，国会法 109 条の 2）。

❷ 国会議員の特典

◎ 会期中の不逮捕特権

　憲法は，「両院の議員は，法律の定める場合を除いては，国会の会期中逮捕されず，会期前に逮捕された議員は，その議院の要求があれば，会期中にこれを釈放しなければならない」（50 条）と定めています。**不逮捕特権**は，行政権の濫用により，議員の身体を拘束してその職務遂行を妨害することを防ぐ目的で定められた制度です。この趣旨からすれば，「逮捕」とは，刑事訴訟法上の逮捕・勾引・勾留には限られず，これらに類する公権力による身体の拘束まで含むとされます〔長谷部・335 頁，辻村・398 頁〕。本条の保障する特権は，訴追されない特権まで含むものではありません。

　国民主権が確立し，議院内閣制度が採用されている現代においてなおこの制度が意義を有するのは，議会の多数派および政府による少数派の抑圧が皆無とは言い切れないからです〔長谷部・335 頁〕。

◎ 特権の例外

　憲法が例外としている「法律の定める場合」は，「院外における現行犯罪の場合」ならびに「院の許諾」がある場合です（国会法 33 条）。

院外における現行犯罪　　国会法が「院外」における現行犯罪を不逮捕特権の例外としたのは，罪を犯したことが明白で，政治的な不当逮捕のおそれがきわめて少ないからです。「院内」の現行犯罪については，不逮捕特権の例外とされていません。「院内」の秩序維持は憲法上議院の自律権に委ねられているためです（憲法 58 条 2 項，国会法 114 条）。議場内においては，議長の命令によって逮捕することになります（衆規 210 条，参規 219 条〔ただし，「拘束」という表現を使用〕）。

院の許諾　　各議院の議員逮捕について当該議院の許諾を求めるには，所轄裁判所または裁判官が，令状を発する前に内閣に要求書を提出します。内閣はその受理後速やかに，議院に対して逮捕の許諾請求を行います（国会法34条）。請求を受けた議院は，案件を議院運営委員会に付託し，その審査を経て院の許諾の議決を行います。議院運営委員会の審議は通常秘密会で行われます。

　議院が逮捕の許諾を与える場合，条件あるいは期限を付すことができるかという問題があります。1954年2月23日の有田二郎議員逮捕の許諾に際して，衆議院は3月3日までという期限をつけましたが，裁判所はこれを無効と考え，有田議員は刑事訴訟法上の規定に従って3月7日まで勾留されました。これに対する準抗告手続でも，東京地裁は期限を付すことができないとの立場（消極説）を示しました〔東京地決1954〔昭29〕・3・6判時22号3頁〕。この問題については，不逮捕特権の趣旨をどのように理解するかによって，判断が分かれます。不逮捕特権の趣旨が，①政府の権力により議員の職務遂行が妨げられないように身体の自由を保障することにあるだけでなく，②議院の正常な活動の保障を同時に含むとするなら，条件あるいは期限付許諾も許されると解されます〔辻村・399頁，野中他・104頁〔高見〕〕。しかし，不逮捕特権の趣旨が①にあり，②にあるわけではない（そうであるからこそ，「院外の現行犯逮捕の場合」を例外としている）とするなら，正当な逮捕である限り許諾を与えなければならず，いつまで勾留するかは刑事訴訟法上の手続に従って，検察官あるいは裁判所が判断すべき事柄といえます〔長谷部・336頁〕。

　参議院の緊急集会期間は，国会の会期中ではありませんが，この間は参議院が暫定的に国会の職務を代行していると考えられますので，50条の保護は緊急集会中の参議院議員にも及びます（国会法100条）。国会閉会中の委員会における継続審議は「会期」に含まれず（☞後出14-2），本条の保護は及びません。

　会期前に逮捕された議員は，議院の要求があれば，会期中釈放されます。会期前に不当に逮捕された議員の身柄が会期中も拘束されているのであれば，不逮捕特権の意義が失われるからです。内閣は，会期前に逮捕された議員があるときは，会期の始めに，その議員の属する議院の議長に，令状の写を添えてその氏名を通知しなければなりません（同法34条の2第1項）。会期前に逮捕された議員の釈放要求の発議には，議員20名以上の連名で理由を付した要求書を院の議長に提出することが必要です（同法34条の3）。

◎ 発言・表決の免責

　憲法は，「両議院の議員は，議院で行つた演説，討論又は表決について，院外で

責任を問はれない」（51条）と定めています。この**免責特権**の趣旨は，議会内における議員の自由な言論を十全に保障することで，議員の自由な活動や全国民の代表としての職務遂行を可能にすることにあります（☞前出 **13-1**）。

主体　　議員のほかに，国務大臣，政府委員，公述人，参考人など，国会で発言を行う者がいます。憲法51条で保障される免責特権の主体は議員に限られます。国務大臣の中には議員の身分を有する者がいます。免責特権が認められるのは議員としての言論・表決の場合であって，国務大臣として行った発言には**本条の保障は及ばない**と解されています。

免責の対象　　免責特権の対象となるのは，「議院で行つた演説，討論又は表決」です。「議院で行つた」とは，議員の職務上の行為です。本会議，委員会のほか，地方公聴会など議事堂外であっても，議員の活動であれば含まれます。「演説，討論又は表決」に付随して行われた行為については免責の対象となると考えられますが，実際には，職務に付随する行為と職務と関係のない行為の区分は個別的に判断するほかありません。1955〔昭30〕年，56〔昭31〕年のいわゆる第1次・第2次国会乱闘事件（議場内での「乱闘」をめぐり国会議員が傷害罪等で起訴された事件）では，免責特権の範囲が問題とされました。いずれの場合も，裁判所は免責特権の適用を認めませんでした〔第1次：東京地判1962〔昭37〕・1・22 判時297号7頁，第2次：東京地判1966〔昭41〕・1・21 判時444号19頁，東京高判1969〔昭44〕・12・17 判時582号18頁〕。暴力行為まで保護の対象とされないということです。免責特権にあたるかどうかの判断は，裁判所にあります〔長谷部・337頁〕。

議院の告発の要否　　国会乱闘事件では，免責特権にあたらないとされる議員の犯罪行為の刑事訴追に，議院の告発が必要かどうかも問われました。本来，議場の混乱の収拾は議院自身が自律的に対応すべきことです。議員の行為が免責特権の射程内にあるのか否かの判断が難しいのであれば，一次的判断権は議院に留保されるべきであると考えられ，議員の刑事訴追には議院の告発が必要と解する余地があります。しかしながら，それでは憲法の規定していない新たな特権を議院に認めることになってしまいます。よって**議院の告発は不要**と考えられます〔芦部・298頁〕。上記判決も消極に解しています。

免責の範囲　　院外での責任とは，院外における，一般市民法上の責任をいいます。

「院外で責任を問はれない」とは，一般国民であれば当然負うべき民事上および刑事上の責任を負わないことを意味します。しかし，その他の責任，たとえば，有権者に対する議員の政治責任まで免除するものではありません。所属する政党や政治団体などから，議員が議院で行った行為について制裁を加えられ，除名されることがあっても，本条の対象外です。両議院は「院内の秩序をみだした議員を懲罰する」（憲法58条2項）ことができますが，これは「院内」で責任を問われるもので，本条の保障は及びません。

一般市民の権利 vs. 免責特権　議員の発言によって，一般市民の名誉やプライバシーが侵害される場合があります。免責特権が公益のために認められた特権にすぎないのであれば，一般市民の権利の侵害があった場合は，公務員が「違法に他人に損害を加えた」（国賠法1条1項）ものとして国が賠償すべきだ，という見解があります〔佐藤・204頁〕。あるいは，名誉を毀損された個人の犠牲において全体が利益を受ける関係にあることに着目して，損失補償による救済の可能性を説く見解もあります〔高橋②・141～142頁〕。

　議員の質疑等によって名誉を毀損されたとする病院長の妻が損害賠償を請求した事件で，最高裁は，国家賠償法1条1項にいう違法な行為があったものとして国の賠償責任が肯定されるためには，当該国会議員がその職務とはかかわりなく違法または不当な目的をもって事実を摘示し，あるいは虚偽であることを知りながらあえてその事実を摘示するなど，議員がその権限の趣旨に明らかに背いてこれを行使したものと認めうるような特別の事情があることを要するとして，賠償の可能性をきわめて限定的に解しました〔最判1997〔平9〕・9・9民集51巻8号3850頁〕。

◎ 歳費請求権

　憲法は「両議院の議員は，法律の定めるところにより，国庫から相当額の歳費を受ける」（49条）と定めています。**歳費**は議員の勤務に対する**報酬**としての性質をもちます。1年を基準に一定額が支給されます。国会法は，「議員は，一般職の国家公務員の最高の給与額（地域手当等の手当を除く。）より少なくない歳費を受ける」（35条）としています。具体的な額は，「国会議員の歳費，旅費及び手当等に関する法律」の定めるところによります。

　歳費以外にも，議員の活動に要する経費を補助するために，派遣旅費，文書通信交通費，議会雑費等が支給され，JR各社の特殊乗車券もしくは定期航空各社の航空券が，各社から買い上げの方式で交付されています。さらに，「国会議員の立法

に関する調査研究の推進に資するため」，会派単位で毎月立法事務費が支給され（国会における各会派に対する立法事務費の交付に関する法律），職務遂行を補佐するための秘書2名，政策担当秘書1名が国費で付されています（国会法132条，国会議員の秘書の給与等に関する法律）。

❸ 議員の権能

国会議員は，議院の活動に参加するために次のような権能を有します。

◎ **議案の発議権**

議員は所属する議院の議案について**発議権**をもちます（国会法56条1項）。ただし，予算案（憲法73条5号，86条），条約（同73条3号）については，発議権は内閣にあり，議員にはありません。国会法制定当初は，議員は一人でも議案を発議することができました（国会法旧56条1項）。しかし，この制度が悪用され，財源的裏付けを欠く議員の選挙区向けお土産立法が盛んになったことから，1955年の法改正によって発議要件が強化されました。一般議案については，発議者の他，衆議院では議員20人以上，参議院では議員10人以上，予算を伴う法律案では衆議院では議員50人以上，参議院では議員20人以上の賛成者が必要となりました（国会法56条1項）。

一般議案に対する修正案については，衆議院では議員20人以上，参議院では議員10人以上，法律案に対する修正案で予算の増額を伴うもの，または予算を伴うことになるものについては，衆議院では議員50人以上，参議院では議員20人以上の賛成者が必要です（国会法57条，57条の2）。

◎ **質問権・質疑権**

議員は，議題と関係なく内閣に**質問**をすることができます（同法74〜76条）。質問には一般質問と緊急質問があり，前者の場合は質問主意書を作成して行い，緊急を要する場合には口頭で行います。現に議題となっている議案について疑義をただすことを，**質疑**といいます。質疑は口頭でなされます。

◎ **討論権・表決権**

議員は，議案について質疑終了後賛否の意見を表明でき（衆院規則135条以下，参院規則113条以下），本会議，委員会などで表決に参加することができます。本会議の場合，出席議員の5分の1以上の要求があれば，各議員の表決は会議録に記

載される必要があります（憲法 57 条 3 項）。

【引用・参考文献】
赤坂正浩「立法の概念」公法研究 67 号（2005 年）
芦部信喜〔高橋和之補訂〕『憲法〔第 5 版〕』（岩波書店, 2011 年）
大山礼子『日本の国会―審議する立法府へ』（岩波書店, 2011 年）
佐藤幸治『憲法〔第 3 版〕』（青林書院, 1995 年）
渋谷秀樹＝赤坂正浩『憲法 2 統治〔第 4 版〕』（有斐閣, 2011 年）〔赤坂執筆〕
杉原泰雄＝只野雅人『憲法と議会制度』（法律文化社, 2007 年）〔只野執筆〕
芹沢斉＝市川正人＝阪口正二郎編『新基本法コンメンタール　憲法』（日本評論社, 2011 年）〔石川健治執筆〕
高橋和之「日本国における『立法』と『行政』の概念・試論」樋口陽一＝野中俊彦編『小林直樹先生古稀祝賀―憲法学の展望』（有斐閣, 1991 年）〔高橋①〕
同『立憲主義と日本国憲法〔第 2 版〕』（有斐閣, 2010 年）〔高橋②〕
只野雅人「参政権と議会制民主主義」辻村みよ子＝長谷部恭男編『憲法理論の再創造』（日本評論社, 2011 年）
辻村みよ子『憲法〔第 4 版〕』（日本評論社, 2012 年）
糠塚康江「議会中心主義のパラドックス(1)―第三共和制におけるデクレ＝ロワ」関東学院法学 16 巻 3・4 号（2007 年）
野中俊彦＝中村睦男＝高橋和之＝高見勝利『憲法II〔第 5 版〕』（有斐閣, 2012 年）〔高見執筆〕
長谷部恭男『憲法〔第 5 版〕』（新世社, 2011 年）
樋口陽一『憲法〔第 3 版〕』（創文社, 2007 年）

●演習問題
● 憲法は議員の議案発議権を明示的に定めていませんが，議員は会議体の構成員であることから，当然に議案発議権を有すると考えられています。他方，現行の国会法上，一般議案については，発議者の他，衆議院では議員 20 人以上，参議院では議員 10 人以上，予算を伴う法律案では衆議院では議員 50 人以上，参議院では議員 20 人以上の賛成者が必要とされます。議員の発議権について，国会法で要件を課して議員の議案発議権を制限することには，憲法上の疑義が生じないでしょうか。

chapitre 14-2

国会・議院の活動と権能

　法律で定められた各種の人事案件に関する両議院の同意は，各議院がそれぞれ個別に議決するものとされ，衆参各院で同意に賛成の議決があったとき，人事案件について「両議院の同意」があったものとされます。衆参の間で賛否異なる議決がなされた場合や参議院が議決しない場合，「衆議院の優越」の定めはなく，両議院の議決がなかったことになります。「ねじれ国会」の下で，衆議院で多数派を占める政府による特定公職者の任命について，参議院（の多数派）が成否を決する権を保持する状況が生まれ，国会審議の停滞を招きます。この人事同意権能は，そもそもどういう役割を期待されているのでしょうか。

1 国会・議院の活動

❶ 会　　期

　国会が憲法上の権能を行使する活動期間は，一定期間に限られています。これを**会期制**といいます。**常設制**（無休国会制・通年国会制）は，政府に対する議会活動の独立性を保障する点で優れていますが，政党の抗争や議会での討議を永続化させ，行政能力の低下を招く等の欠陥があり，会期制が採用されています〔辻村・387頁〕。

◎ **会期の種類**

　憲法は，3種類の会期を定めています。
1) **常会**　　毎年1回召集される国会（憲法52条）で，1月中に召集されます（国会法2条）。会期は，議員の任期満了あるいは会期延長の議決がない限り，150日間です（同法10条）。一般に通常国会と呼ばれています。
2) **臨時会**　　臨時の必要に応じて召集されます（憲法53条）。いずれかの議院の総議員の4分の1以上の要求があれば，内閣は召集を決定しなければなりません。会期は，「両議院一致の議決で」（国会法11条）定めます。両議院の議決が一致しないとき，又は参議院が議決しないときは，衆議院の議決が優越します（国会法13条）。
3) **特別会**　　衆議院の解散があったとき，解散の日から40日以内に衆議院議員の総選挙を行い，選挙の日から30日以内に国会を召集しなければなりません（憲法54条1項）。これを特別会といいます。会期の定めは，臨時会と同じです。召集の時期が常会を召集すべき時期に相当するときは，常会と併せて召集することができます（国会法2条の2）。衆議院議員の任期満了による総選挙が行われたとき，および，参議院議員の通常選挙が行われたときは，その任期が始まる日から30日以内に臨時会を召集することになっています（同法2条の3）。

◎ **会期の原則**

　各会期は独立して活動するのが原則で，会期中に議決に至らなかった**案件**（議院において審議の対象となるすべての事項。議案，動議，請願が含まれる）は，継続審議することを議決したものを除き，後の会期に継続しないとする**会期不継続の原則**を，国会法が定めています（68条）。これは国会法上の原則なので，総選挙から総選挙までを1つの「立法期」とし，その間のひとつひとつの会期を独立して考えない制度に改めることは可能とされます〔芦部・299頁〕。また，一度議決した案件

については，同一会期中，再び審議しないという**一事不再議**も慣例上認められています。これは憲法上の原則ではないので，事情の変更により合理的な理由があれば，再提案も可能と解すべきであるとの見解もあります〔佐藤・160頁，辻村・389頁〕。

会期は，内閣の助言と承認により，天皇の召集によって開始し（憲法7条2号），会期の終了によって当然に閉会します。開会中，国会または一院の意思で活動を停止することを**休会**といい，一院のみの休会は，10日以内です（国会法15条4項）。

◎ 会期の延長

会期制をとって国会の活動期間を限定すると，会期を延長しなければならない場合があります。国会の会期延長は，「両議院一致の議決」によって行われ（国会法12条1項），常会にあっては1回，特別会および臨時会にあっては2回を超えてはならないとされています（同法12条2項）。会期延長については，1回の会期日数の制限はありません。延長をめぐって起こりがちな混乱を避けるために会期日数を長期化すると，延長回数を制限した意味が失われるおそれがあります。

2 緊急集会

衆議院が解散されると参議院も同時に閉会になります。その間に国会の議決にかかわらしめるべき緊急の案件が生じたとき，国会を代行するのが**参議院の緊急集会**です。緊急集会を求める権能は内閣に属し（憲法54条2項），議案の発議権も原則として内閣にあります（国会法99条1項参照）。議員は，内閣総理大臣から示された案件に関連のあるものに限り，議案を発議できます（同法101条）。緊急集会で採られた措置は「臨時のもの」で，「次の国会開会の後10日以内に，衆議院の同意がない場合には，その効力を失ふ」（憲法54条3項）ことになります。

3 会議の原則

◎ 定足数

議事を開き議決を行うために必要とされる出席者数を**定足数**といいます。両議院は，各々その総議員の3分の1以上の出席がなければ議事を開き議決を行うことができません（憲法56条1項）。両院の先例では，「総議員」は法定議員数を意味し，欠員の数も算入されます。

委員会の議事および議決の定足数は委員の半数以上です（国会法49条）。両院協議会の議事および議決の定数は，「各議院の協議委員の各々3分の2以上」（同法91条），常任委員会合同審査会の議決に要する定足数は，「各議院の常任委員の各々

半数以上」（常任委員会合同審査会規程8条2項）です。定足数を欠いた議事または議決は，法定要件を満たさないものとして，無効となります。ただし，定足数を欠いたか否かの判定は議院の自律権の問題で，裁判所の判断が及びえません。

◎ **表決数**

憲法で特別の定めのある場合を除き，表決数はすべて「出席議員の過半数」によります。可否同数のときは，議長の決するところによります（56条2項）。委員会，両院協議会にも同様の規定があります（国会法50条，92条2項）。学説の多数派および先例は，棄権者または無効投票も出席議員に算入しています。

総議員の3分の2以上の賛成を要するのは，憲法改正の発議の場合で（96条1項），出席議員の3分の2以上の多数を要するのは，議員資格争訟の裁判で議員の議席を失わせる場合（55条），秘密会を開く場合（57条1項），議員を除名する場合（58条2項ただし書），衆議院で法律案を再議決する場合（59条2項）です。

◎ **会議の公開**

会議の公開は，国民主権・国民代表制の下，国政に関する情報を提供し，正常な民主政の過程を維持するために重要な原則です。国民の「知る権利」に応えるために，傍聴の自由，報道の自由，会議録の公表が要求されます〔辻村・396頁〕。憲法は，57条1項で「会議の公開」を原則とし，同2項で，両議院がその会議の記録を保存し，公開し，原則として一般に頒布すべきことを定め，同3項は，「出席議員の5分の1以上の要求があれば，各議員の表決は，これを会議録に記載しなければならない」としています。

反面，出席議員の3分の2以上の多数の議決で，秘密会を開くことができます（同57条1項ただし書）。さらに「秘密会の記録の中で特に秘密を要するものと認められるもの」については，例外的に公表せず，頒布しないことができます（同2項ただし書）。

◎ **委員会制度**

明治憲法時代は，議院における議事につき，ヨーロッパ諸国に倣って**本会議中心主義**，法律案について**三読会制**を建前としていました。三読会制とは，第一読会で議案の趣旨説明，第二読会で法案の逐条審議，第三読会で最終的な議院の意思として議案全体の賛否の決定（一括採決）を行うものです〔大山・38頁〕。

国会法に基づく現行の手続は，読会制を廃止し，アメリカの制度に倣い，**委員会**

中心主義（委員会の審議が原則として議案の成否を左右する制度）に変わりました。委員会には**常任委員会**（2012年7月末現在衆参とも17）と**特別委員会**（その院において特に必要があると認めた案件又は常任委員会の所管に属しない特定の案件を審査するために設けられたもの）があり，詳細は国会法（40条以下）に定められています。

国会法は，「委員会は，議員の外傍聴を許さない。但し，報道の任務にあたる者その他の者で委員長の許可を得たものについては，この限りでない」（52条1項）として非公開を原則としています。法案修正を含めて実質的な審議は委員会が中心になって行っている〔大山・39頁〕ことから，委員会の公開度を高めることが求められてきました。今日では，インターネット中継が実施され，過去の審議状況についても視聴が可能であることなどから，委員会審議は事実上公開されているといえます。

2 国会の権能

国会の権能は，衆参両議院の合成機関としての国会の権能をいいます。憲法が定める国会の権能としては，①憲法改正の発議（☞後出20），②法律の議決，③予算の議決，④条約の承認，⑤内閣総理大臣の指名（☞後出15），⑥内閣の報告を受ける権能（☞後出15），⑥弾劾裁判所の設置，⑦財政統制（☞後出14-3）などがあります。このほかに，中央選挙管理委員会委員の指名，人事官の訴追，自衛隊の防衛出動等についての承認，日本放送協会予算等の承認，各種人事案件同意など，法律上の権限があります。以下では②，③，④，⑥について説明します。

❶ 法律の議決

憲法59条は，両議院の可決による法律成立の手続と，両議院の議決が一致しない場合の衆議院の優越を定めています。立法の概念や立法手続については，これまで随所で説明してきました（☞前出14-1）。確認のため，立法手続のフロー図をあげておきます（図14-2-1）。

◎ 衆議院の再議決

59条2項は，衆議院で可決し参議院がこれと異なった議決をした場合に，衆議院の出席議員3分の2以上の多数による再議決を認めることで，衆議院の優越を認めています。2007年の参議院選挙後に生じた衆参のねじれでは，いわゆる郵政選挙（2005年）で与党が衆議院での再議決に必要な3分の2以上の議席を有していました。実際に福田（康夫），麻生（太郎）内閣は衆議院の再議決の手続を用いて，

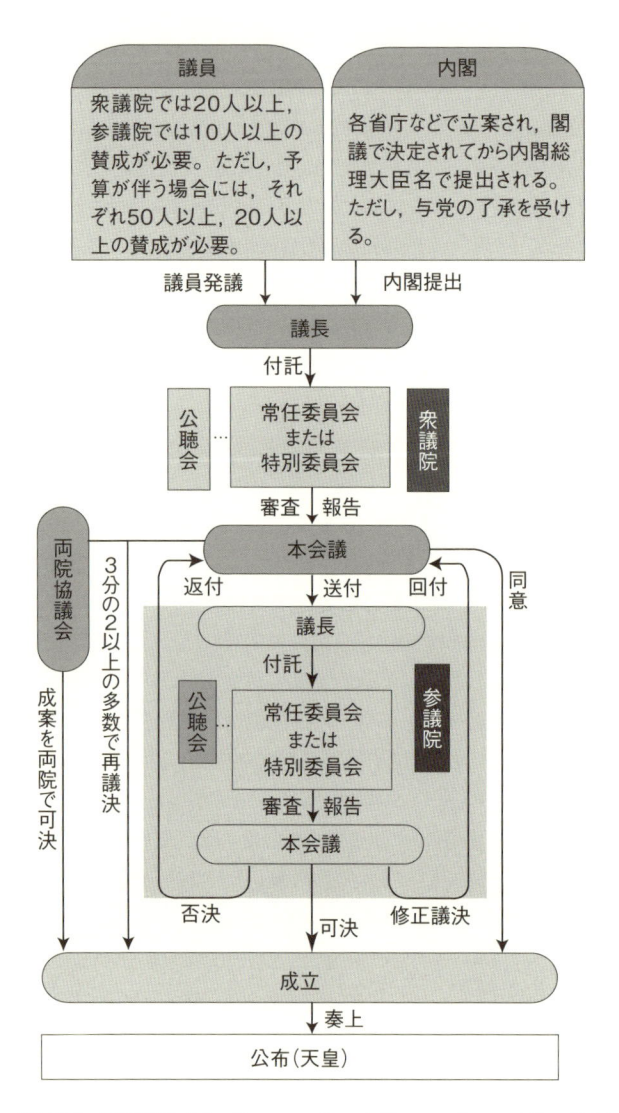

```
                    ┌─────────────┐  ┌─────────────┐
                    │   議員      │  │   内閣      │
                    │衆議院では20人│  │各省庁などで立│
                    │以上、参議院で│  │案され、閣議で│
                    │は10人以上の │  │決定されてから│
                    │賛成が必要。た│  │内閣総理大臣名│
                    │だし、予算が伴│  │で提出される。│
                    │う場合には、そ│  │ただし、与党の│
                    │れぞれ50人以 │  │了承を受ける。│
                    │上、20人以上 │  │             │
                    │の賛成が必要。│  │             │
                    └──────┬──────┘  └──────┬──────┘
                      議員発議              内閣提出
                           └────────┬────────┘
                                    ▼
                               ┌─────────┐
                               │  議長   │
                               └────┬────┘
                                  付託
                                    ▼
                    ┌──────┐  ┌──────────┐
                    │公聴会│..│常任委員会 │  ┌──────┐
                    │      │  │または     │  │衆議院│
                    │      │  │特別委員会 │  │      │
                    └──────┘  └─────┬────┘  └──────┘
                                  審査↓報告
                                    ▼
                               ┌─────────┐
                               │ 本会議  │
                               └────┬────┘
                             返付 送付 回付   同意
                                    ▼
                               ┌─────────┐
                               │  議長   │
                               └────┬────┘
                                  付託
                                    ▼
                    ┌──────┐  ┌──────────┐
                    │公聴会│..│常任委員会 │  ┌──────┐
                    │      │  │または     │  │参議院│
                    │      │  │特別委員会 │  │      │
                    └──────┘  └─────┬────┘  └──────┘
                                  審査↓報告
                                    ▼
                               ┌─────────┐
                               │ 本会議  │
                               └─────────┘
                              否決  可決  修正議決
                                    ▼
                               ┌─────────┐
                               │  成立   │
                               └────┬────┘
                                   奏上
                                    ▼
                              ┌───────────┐
                              │ 公布(天皇)│
                              └───────────┘
```

図14-2-1　参議院HP（http://www.sangiin.go.jp/japanese/aramashi/houritu.html 最終アクセス2012年7月1日）から転載。
上図は、例の多い衆議院先議の流れです。参議院先議の場合もあります。

新テロ対策特別措置法（2008年），海賊行為の処罰及び海賊行為への対処に関する法律（2009年）など，多くの法案を成立させました。

59条2項は，衆議院が先議・可決後，参議院で異なった議決をした場合を想定しています。これに対して，**参議院が先議・否決した場合，衆議院に同一法案を再提出できるか**が問題となります。通説はこれを肯定し，一事不再議の例外としています〔辻村・405頁〕。先に衆議院で可決され参議院に送付された法律案について，参議院で野党がそれを否決または修正するのではなくて，その対案を可決した場合，59条2項にいう「異なった議決」があったということになるでしょうか。学説の上では，衆議院に再議決についての憲法解釈権があるとする見解と，本来参議院の否決を待つべきであるという見解があります。二院制の趣旨をふまえた検討が必要です〔宍戸・229〜230頁〕。

59条4項は，「参議院が，衆議院の可決した法律案を受け取った後，国会休会中の期間を除いて60日以内に，議決しないときは，衆議院はその法律案を否決したものとみなすことができる」としています（いわゆる「**60日ルール**」）。先例では，参議院が否決したとみなす衆議院の議決が必要とされています〔辻村・404頁〕。みなし否決を行う際の期間の計算は，即日起算が原則となっています（国会法133条）。すなわち，参議院が法案を受け取った日が第1日目で，衆議院でみなし否決の議決が行えるのは61日目からです。

◎任意的両院協議会の開催

59条3項は，前項の場合に「衆議院が，両議院の協議会を開くことを求めることを妨げない」とし，再議決の手続に入る前に両院で調整することは可能であるとしています（**任意的両院協議会**）。両院協議会は，各議院で選挙された各10人の委員で組織され（国会法89条），出席議員の3分の2以上の多数で議決されれば両院協議会案が成案となります（同法92条1項）。両院協議会を経ても一致を得られなかった場合に，衆議院は59条2項に基づく再議決することができるでしょうか。従来は59条2項と3項を択一的とする学説がありましたが，現在では59条3項による両院協議会が開催された後でも，衆議院の再議決が可能とされています。

2 予算の議決

憲法60条は，予算について，**衆議院の先議権と議決の優越**を認めています。予算の専属的提出権限は内閣にあります。参議院が衆議院と異なる議決をした場合に，両院協議会を開いても両議院の意見が一致しなかったとき，または参議院が衆議院

の可決した予算を受け取った後、国会休会中の期間を除いて30日以内に、議決しないときは、衆議院の議決を国会の議決とします（60条2項）。

◎ 必要的両院協議会の開催

法律案の場合と異なり、本条2項前段による両院協議会の開催は必要とされ、義務づけられています（**必要的両院協議会**）。再議決を経ずして、衆議院の議決をもって国会の議決とするからです。参議院が予算案を否決する例はそれほど多くなかったのですが、衆参のねじれが生じた第169回国会では、まず平成19（2007）年度の補正予算が否決され、60条2項の規定により、衆議院の議決が国会の議決となりました。そして平成20（2008）年度予算も、同様の手続を経て成立しました。

◎ 自然成立

「参議院が……30日以内に、議決しないとき」（憲法60条2項後段）、衆議院の議決が国会の議決となります。これを「予算の自然成立」と呼びます。実例としては、第19国会の昭和29（1954）年度予算、第114国会の平成元（1989）年度予算があります。自然成立の時期がいつなのか、会期切れとの関係で争点になることがあります。国会実務上は、会期日数を考慮して、自然成立の時点を30日目の午後12時としています。

3 条約の承認

条約とは、文書による国家間の合意をいい、その締結は内閣の権能とされています（憲法73条3号）。従来、外交は政府（かつては君主）の専権事項であったという伝統と、実際に相手国との交渉にあたるのにもっとも適しているのは政府であるという事情によります。内閣の条約締結行為は、内閣の任命する**全権委員**の「**調印**」（**署名**）と内閣の「**批准**」（成立した条約を審査し、それに同意を与え、その効力を最終的に確定する行為。文書で行う）によって完了します〔芦部・303頁〕。

◎ 条約承認権

内閣が条約を締結するには、「事前に、時宜によつては事後に、国会の承認を経ること」が必要です（憲法73条3号ただし書）。憲法が条約締結に際して国会に関与させている趣旨から、「事前」承認が原則と解されています。国会の条約承認権は、外交の民主的統制に資するものであり、国会が内閣と協働して条約締結行為にあたろうとするものです〔芦部・304頁、野中他・140頁（高見）〕。

◎ 承認の手続

憲法61条は，条約の承認について衆議院の優越を定めています。60条2項の準用なので衆議院の先議権はなく，議決の衆議院の優越があるのみです。国会法はいずれの院も先議することができる旨を定めています（85条）が，先例はおおむね衆議院先議となっています。両院協議会を開いても意見が一致しないとき，または衆議院の議決案を送付されてから30日以内に参議院が議決しない場合に，衆議院の議決が国会の議決となります。衆議院の優越を認める趣旨につき，条約は相手国があることから，なるべくすみやかにその効力を確定する必要があるからだと説明されています〔辻村・406頁〕。

1960年の日米安全保障条約改定の際に，衆議院の議決後，国会内外で激しい批判が生じたために，参議院で送付後30日以内に議決することができずに自然成立したことがありました。第169回国会（2008年）では，在日米軍駐留経費負担特別協定をめぐって本条による両院協議会が初めて開催されましたが，成案を得られず，衆議院の議決が国会の議決となりました。また，同じく第169国会では国際物品売買契約に関する国際連合条約などの9件の国会承認事案は，参議院送付後，30日を経過しても参議院が議決しなかったために，本条規定により自然成立しています。

◎ 国会による条約の修正

国会の承認権が修正権を含むかどうかについては，議論が分かれています。国会の審議の内容を制約できないという意味では，国会に修正権があるとしても，それは，提案された条約を否決して，修正された内容に対応する条約を締結するように内閣に求めることにほかならず，この要求に応えるかどうかは，内閣の判断に任されることになります〔樋口・330頁〕。

◎ 不承認条約の効力

事前の承認を国会に求め，それが得られなかったときは，内閣は批准の手続をとることができず，内閣は条約の締結ができません。国会による修正要求を受けて，内閣が相手国と交渉して国会の修正を実現するよう努力しても相手国がそれに応じなければ，国会の承認が得られなかったことになり，条約は不成立になります。

事後に承認が得られなかった場合については，締結された条約の効力が問題となります。誰が条約の締結権者かは国際法によって各国憲法の定めに委ねられているが，締結権者がどんな手続を経て条約を締結すべきかまでは国際法の関知しないところだとすれば，事後承認が得られなかった条約も国際法上有効です。それに対し

て，条約締結の手続までが国際法によって各国憲法に委ねられていると考える見地に立つと，事後承認の得られなかった条約は国際法上無効となります〔樋口・330頁〕。いずれの見解でも，国会の「承認」がなければ，国内法的に実施することはできません。

❹ 弾劾裁判所の設置

憲法64条は，裁判官の罷免方法として「公の弾劾」が定められていること（78条前段）に対応して，裁判官の**弾劾制度**を定めています（☞後出17-2）。弾劾制度とは，訴追すなわち罷免の請求に基づき公権力が公務員を罷免する制度をいいます。裁判官弾劾制度の目的は，①裁判の公正確保，②司法に対する信頼維持のいずれに重点をおくかで，裁判官自身の免官願出の扱いに差異が生じます〔辻村・407頁〕。1981年の法改正により，最高裁から罷免の訴追をすべきことを求められた裁判官および罷免訴追中の裁判官については，みなし退職規定（公選法90条）は適用されないものとされました（裁判官弾劾法41条の2）。現行の裁判官弾劾制度は，**司法に対する信頼維持**をより重視しているといえます。

具体的手続等は，国会法第16章（125条〜129条），裁判官弾劾法に定められています。弾劾の事由は，憲法の趣旨に則って，「職務上の義務に著しく違反し，又は職務を甚だしく怠ったとき」と「その他職務の内外を問わず，裁判官としての威信を著しく失うべき非行があったとき」とされています（裁判官弾劾法2条）。

弾劾裁判所は，同じく国会に設置された**訴追委員会**の訴追をまって合議制で裁判を行います。弾劾裁判所は，各議院においてその議員の中から選挙された同数の裁判員（7人の裁判員，4人の予備員）で組織されます。訴追委員会は，各議院においてその議員の中から選挙された同数の委員（10人の訴追委員および5人の予備員）で組織され（同法5条1項），国会または各議院と独立に活動します（同法4条）。何人も訴追委員会に対して罷免の訴追を求めることができます（同法15条1項）。

3 議院の権能

❶ 自 律 権

◎意 義

各議院は，法律の議決や条約の承認など，両議院が協働して行使する権能の他に，それぞれ独自に行使する権能を有しています。このうち，他の国家機関や議院の干

渉を排除して，独立に行動しうるために認められる権能を総称して**自律権**といいます〔長谷部・339頁〕。憲法は，議院の自律権という語を用いてこれを明示しているわけではありません。議院の自律権は，院の運営（58条2項による議院規則の制定），院の組織（58条1項による議長その他の役員の選任），議員の身分（55条による議員の資格争訟の裁判，50条による議員逮捕の際の許諾），院の秩序維持（58条2項による議員の懲罰），の諸領域にわたっています。日本国憲法は，議事の運用について，明治憲法が置いていたような行政府の関与に関する規定（旧憲法7条，同48条参照）を一切設けていない点も，重要です。裁判所との関係でも，院の運営が尊重され，一定の場合には裁判所の判断が差し控えられています（☞後出17-1）。この中で特に重要なものが，**議院規則制定権**です。

◎ **議院規則制定権**

国会中心立法の原則に対する例外として，「両議院は，各々その会議その他の手続及び内部の規律に関する規則を定め」ることができます（憲法58条2項）。会議手続の決定および内部秩序の維持は各院の権限とされています。各議院が独自に制定することができるとされる規則の所管事項については，国会法をはじめとする法律にも定めをおいていることから，両者の効力関係が問題になります。通説は，①憲法で定めた議院規則の所管事項についても法律が定めることは可能であり，②形式的効力において法律が議院規則に優越する，と解しています。これに対して，規則制定権の趣旨が各議院の自主的運営を確保する点にあるとすると，憲法の定める所管事項については，規則の効力が法律を上回るとの見解〔長谷部・341頁〕も，有力です。この見解は，衆議院の優越（憲法59条2項）によって，参議院の自主運営が阻害されるおそれに配慮するものです。

❷ 国務大臣等の議院出席要求権

憲法63条は，内閣総理大臣およびその他の国務大臣が，大臣としての資格で衆議院・参議院のいずれにも出席し，発言できることを定めています。同時に，議院から答弁または説明を求められたときは，出席することを義務づけられています。そこで，このような議院への出席要求権を議院の権能の1つとして位置づけることができます〔辻村・416頁〕。

もっとも大臣が正当な理由なく出席しなかった場合の制裁措置・強制措置は存在せず，大臣の政治責任が追及されるにとどまります。

3 国政調査権

◎ 意義と性格

　議会が国政の中で中心的な役割を果たすためには，国政上のさまざまな事実を十分に知った上で，的確な判断を下すことが必要だと考えられ，そのために国政についての調査権能は，議院にとって本来的かつ固有のものとされてきました〔樋口・275～276頁〕。この権能を**国政調査権**と呼びます。日本国憲法は，各議院の国政調査権を規定するとともに，「証人の出頭及び証言並びに記録の提出」について議院が強制権をもつ根拠を提供しています（62条）。これを受けて，国会法（103条以下），「議院における証人宣誓及び証言等に関する法律」（議院証言法）などに，詳細な規定が置かれています。調査権は「両議院」に与えられたものですが，議院は，必ずしも「本会議」によってその権能を行使しなければならないわけではありません。国会が委員会中心主義をとっていることから，実際には委員会が国政調査権の行使において中心的な役割を果たしています。

　国政調査権の法的性格理解については，**独立権能説**とよばれるものと，**補助的権能説**とよばれるものがあり，いわゆる浦和事件を契機に論議されました。

浦和事件　「検察及び裁判の運営に関する調査」を行っていた参議院の法務委員会は，浦和地方裁判所のある刑事判決（生活苦の中で三児を殺害して自首した母親に，心中未遂として懲役3年，執行猶予3年の判決を下した）を対象として調査を行い，裁判官が「封建的思想にもとづいて」事実の認定と軽きに失する量刑をしたという評価を含めて，参議院議長に報告（1949年3月）しました。最高裁は，一方で，他の国家機関が司法権の行使につき容喙（ようかい）干渉することは憲法上絶対に許されるべきではなく，他方で，国政調査権は，議院が憲法上与えられた立法権・予算審議権など適法な権限を行使するにあたり必要な資料を蒐集（しゅうしゅう）するための補充的権限にほかならないところ，参議院法務委員会の措置は「司法権の独立を侵害し，まさに憲法上国会に許された国政に関する調査の範囲を逸脱する」ものだとして，強く抗議しました。法務委員会は，国政調査権は国政全般にわたって調査できる独立の権能で，国権の最高機関性の規定に基づいて行使される国政調査権は司法権に対しても監督権を有するとして反論しました〔樋口・283頁～285頁〕。

　法務委員会が立脚している見解が独立権能説です。これに対しては，その前提となっている41条理解（「統括機関」説）にむけられるのと同じ批判があてはまります（☞前出14-1）。最高裁の理解が補助的権能説にあたり，これが通説となって

います。補助的権能説にたっても、議院の権能が立法・予算審議・行政監督などきわめて広汎に及ぶことから、ほとんどの国政に調査が及ぶことになります〔芦部・308頁〕。最近では、国政調査権が国政上の重要な情報を国民に開示し、主権者たる国民の知る権利に応える機能をもつことを指摘し、国政調査に新たな意義を与える見解があります。これは機能面に注目したもので、従来の法的性格の検討とは次元が異なります。「知る権利」に資するという機能面から、議院の権能とは関係のない情報提供を目的とする調査まで正当化されないことはいうまでもありません〔芦部・308～309頁, 樋口・282頁, 長谷部・342頁〕。

◎ 国政調査の範囲と限界

　国政調査権の強制的な調査方法としては「証人の出頭及び証言並びに記録の提出」（憲法62条）があり、本条を受けて制定された議院における証人の宣誓及び証言等に関する法律（**議院証言法**）によれば、「正当の理由がなくて」、証人が出頭せず、もしくは要求された書類の提出をしないとき、あるいは証人が宣誓もしくは証言を拒んだときは、処罰の対象とされます（7条1項）。ここにいう「正当の理由」が、国政調査権の限界を画することになります〔長谷部・342頁〕。

議院証言法上の限界　　議院証言法自体が「正当の理由」として認めているのは、①自己または一定の親族が刑事訴追を受け、または有罪判決を受けるおそれがあるとき（4条1項）、②特定の職業にある者がまたはこれらの職にあった者が、職務上知りえた事実で他人の秘密に関する場合（同条2項）、③公務員または公務員であった者が職業上知りえた秘密である場合（5条1項）、です。ただし、公務員が最終的に証言または書類の提出を拒むためには、その証言または書類の提出が「国家の重大な利益に悪影響を及ぼす旨の内閣の声明」が必要となる場合があります（5条3項）。

一般原理による限界　　その他、調査権の法的性格および人権の原理と権力分立からの制約があります〔芦部・308～311頁, 長谷部・342～343頁, 辻村・411～413頁〕。
　①調査の目的は立法、予算審議、行政監督など、議院の憲法上の権能を実効的に行使するものでなければなりません。
　②調査目的が正当であっても、プライバシーを侵害する場合や信仰告白の強制にあたるなど、憲法上の権利を侵害する調査は許されません。また、国政調査の性質から、調査委員会には住居侵入、捜査、押収、逮捕のような刑事手続上の強制力は認められません。

③権力分立原理からの限界は、とくに、司法権の独立（☞後出 17-2）との関係が重要です。現に裁判が進行中の事件について裁判官の訴訟指揮などを調査したり、裁判内容の当否を批判する調査をしたりすることは許されません。ただし、裁判所で審理中の事件の事実（とくに刑事裁判の基礎となっているものと同じ事実）について、議院が裁判所と異なる目的（立法目的・行政監督の目的など）から、裁判と並行して調査すること自体は、司法権の独立を侵すものではないと解されます。その場合、事実を確定し、それに法を適用して具体的な量刑等を結論するなどの手続での調査は、司法権に対する不当な干渉となります。

行政権との関係では、国会が行政権に対して広汎な監督権限を有していることから、調査権も広く及びます。**検察行政の調査については、検察が準司法的性格を有することから、慎重な配慮が必要とされます。**すなわち、(a)起訴・不起訴について、検察権の行使に政治的圧力を加えることが「目的」と考えられる調査、(b)起訴事件に直接関係する事項や、公訴追求の内容を「対象」とする調査、(c)捜査の続行に重大な支障を及ぼすような「方法」による調査（例えば、起訴勾留中の被告人の喚問、接見を禁止して取り調べ中の被疑者の喚問）などは、違法ないし不当とされます。

◎ 予備的調査

現実の政党政治においては、少数会派が国政調査権の発動を促すことは困難です。1997年の国会改革によって、衆議院に40人以上の議員が予備的調査要請書を議長に提出して着手することが可能な、「予備的調査制度」が設けられました（衆議院規則56条の3）。「40人以上」というハードルは高く、一定規模の会派でなければ利用できませんが、いわゆる「年金記録問題」は、この制度によって明るみに出されました（2007年2月）。

【引用・参考文献】
芦部信喜〔高橋和之補訂〕『憲法〔第5版〕』（岩波書店、2011年）
大山礼子『日本の国会―審議する立法府へ』（岩波書店、2011年）
佐藤幸治『憲法〔第3版〕』（青林書院、1995年）
宍戸常寿『憲法解釈論の応用と展開』（日本評論社、2011年）
芹沢斉＝市川正人＝阪口正二郎編『新基本法コンメンタール　憲法』（日本評論社、2011年）〔原田一明執筆〕
辻村みよ子『憲法〔第4版〕』（日本評論社、2012年）
野中俊彦＝中村睦男＝高橋和之＝高見勝利『憲法Ⅱ〔第5版〕』（有斐閣、2012年）〔高見執筆〕
長谷部恭男『憲法〔第5版〕』（新世社、2011年）
樋口陽一『憲法Ⅰ』（青林書院、1998年）

chapitre 14-3

財政における国会中心主義

　近代議会の発達は，国民代表たる議会による財政の監督と結びついています。イギリス議会発展の端緒は，マグナ・カルタに書き込まれた課税同意権にありました（「同意なければ課税なし」）。国王の財政改革が貴族らの反対にあって挫折し，170年ぶりに召集された三部会〔身分制議会〕が「国民議会」を自称し，フランス革命の重要な文書を起草しました。アメリカの独立戦争は，イギリス本国が7年戦争（1756～1763年）の戦費を植民地の住民に負担させようとしたことが，引き金になっています（「代表なければ課税なし」）。財政統制は，今日においても，議会の重要な役割です。日本の国会は，どのような役割を果たしているのでしょうか。

1 財政民主主義

◎ 財　政

　財政とは，国家がその任務を遂行するために必要な財源を調達し，管理・使用する作用で，単に国民から税金を徴収して公的活動の財源を確保するという機能にとどまらず，公債や金利，財政投融資政策等を通じて国民生活や国民経済のあり方を左右する重要な機能を担っています〔辻村・488頁〕。

◎ 財政の基本原則

　日本国憲法は，83条で，「国の財政を処理する権限は，国会の議決に基いて，これを行使しなければならない」として，財政の基本原則を定めています。これは，政府の全活動を財政の側面から，国民の代表機関である国会の民主的統制の下におくという宣言にほかなりません。この考え方は，**財政民主主義**ないし**財政国会中心主義**とよばれています。財政国会中心主義は，主権者による財政の民主的決定の原則の反映です。フランスの1789年人権宣言14条は，「すべての市民は，自らまたはその代表者によって，公の租税の必要を確認し，それを自由に承認し，その使途を追跡し，かつその数額，基礎，取立ておよび期間を決定する権限をもつ」と定め，このことを端的に示しています。財政民主主義は，財政の統制を国会に委ねるだけでは不十分で，主権者たる国民が直接財政の監視や個々の政策形成に参与すべきことを求めるとされています〔辻村・489頁，野中他・335頁（中村）〕。

◎ 83条の意義

　国の財政を処理する権限は広汎に及びます。租税（84条），債務の負担・国費の支出（85条，86条，87条），皇室財産（88条）（☞前出02），公金支出の制限（89条），決算（90条）については，個別の条文が設けられています。83条は，基本原則を示すと同時に，個別条項ではカヴァーしきれない財政処理を国会の統制の下においています。およそあらゆる財政処理は，国会の議決を必要としています。

2 租税法律主義

❶ 趣　旨

　国家を運営するには経費が必要です。とりわけ福祉国家を標榜（ひょうぼう）する現代国家は，

社会保障関連の膨大な支出を賄わなければなりません。このような政府の運営資金を調達するために国民から強制的に無償で徴収する金銭を，**租税**といいます。最高裁は，旭川市国民健康保険条例事件判決の中で，租税を「国又は地方公共団体が，課税権に基づき，その経費に充てるための資金を調達する目的をもって，特別の給付に対する反対給付としてではなく，一定の要件に該当するすべての者に対して課する金銭給付」〔最大判 2006〔平 18〕・3・1 民集 60 巻 2 号 587 頁〕と解しています。

憲法 84 条は，「あらたに租税を課し，又は現行の租税を変更するには，法律又は法律の定める条件によることを必要とする」と規定しています。これは，租税の新設および税制の変更は，法律の形式によって，国会の議決を必要とするという，**租税法律主義**の原則を定めるものです。租税法律主義を国民の義務の側から規定しているのが，憲法 30 条です。先に引用した同じ判決の中で，最高裁は，租税法律主義の趣旨を「国民に対して義務を課し又は権利を制限するには法律の根拠を要するという法原則を租税について厳格化した形で明文化したもの」と解しています。

国が行う特定サービスに対する対価としての意味を有する各種の手数料や特定の事業の受益者に課せられる負担金は，租税には含まれません。財政法 3 条は，「租税を除く外，国が国権に基いて収納する課徴金及び法律上又は事実上国の独占に属する事業における専売価格若しくは事業料金については，すべて法律又は国会の議決に基いて定めなければならない」としています。これは憲法 84 条ではなく，83 条の要請と考えられます〔野中他・337〜338 頁（中村）〕。もっとも，財政法 3 条は，1948〔昭 23〕年の「財政法第 3 条の特例に関する法律」により，郵便事業に関する料金に限って適用されていましたが，2002〔平 14〕年，日本郵政公社法が制定されるとともに適用外となり，財政法 3 条は完全に空文化しています。

❷ 租税法律主義の内容

租税法律主義は，租税の賦課・徴収を国会が定める法律と法律が定める要件に従わせることによって，課税権者の恣意的な課税を防ぐことを目的としています。よって，租税の種類や課税根拠のみならず，具体的な課税要件（納税義務者・課税物件・課税標準・税率など）や納付・徴収の手続等，租税の賦課・徴収にかかわる具体的な内容が，法律によって規定される必要があり（**課税要件法定主義**），その内容も明確に定められていなければなりません（**課税要件明確主義**）〔辻村・490 頁〕。

◎ 租税法律主義からの派生法理

租税法律主義からは，①命令への白紙委任規定の禁止，②不確定概念の排除，③

通達の法源性の否定，④類推・拡張解釈の禁止，⑤行政先例法・慣習法による課税の禁止，⑥課税の不遡及などの法理が派生するとされています。

　最高裁は，従来，非課税物件とされていたものが通達によって課税された事案につき，「本件課税がたまたま所論通達を機縁として行われたものであっても，通達の内容が法の正しい解釈に合致するものである以上，本件課税処分は法の根拠に基く処分と解する」と判示しました［最判1958〔昭33〕・3・28民集12巻4号624頁］。**通達**というのは，上級行政庁が法令の解釈や運用の指針等を統一するために下級行政庁に対してなす命令・指令のことです。通達によって従前の取扱いを変更して，私人に不利益を及ぼすことには疑問が向けられています。

◎「疑わしきは納税者の利益に」

　上述のような租税法律主義の具体的な法理は，罪刑法定主義のそれに似ています。刑罰について「疑わしきは被告人の利益に」の原理が確立しているように，租税についても，積極的に課税しうる程度に課税要件事実が明確でない場合には課税すべきではないという意味で，「疑わしきは納税者の利益に」の原理が主張されています〔芹沢他・449頁（小沢）〕。

❸ 租税法律主義の適用範囲

◎国民健康保険料

　市町村が行う国民健康保険の保険料は，被保険者が保険給付を受けることに対する反対給付として徴収されますが，強制徴収され，賦課徴収の強制の度合いが租税に類似して強いものです。最高裁は，旭川市国民健康保険条例事件判決において，**国民健康保険の保険料の公課にも憲法84条の趣旨が及ぶとしました。そして，条例が国民健康保険の保険料率を定めずに市長の決定および告示に委任していることにつき，条例において保険料の賦課要件などがどの程度明確に定められるべきかは，賦課徴収の強制の度合いのほか，社会保険としての国民健康保険の目的，特質等をも総合考慮して判断し，本件の場合は憲法84条の趣旨に反しないと判断しました。**

◎地 方 税

　前述の旭川市国民健康保険条例事件判決で，最高裁は，憲法84条が規定する「租税」は国税だけでなく地方税も含むものとしています。地方分権論の高まりの中で，地方公共団体の自治権のなかに自主課税権が含まれることが主張されています〔芹沢他・450頁（小沢），辻村・516頁〕。大牟田市電気税訴訟で，福岡地裁は，地方公

共団体の自主課税権を認めましたが,「税源をどこに求めるか,ある税目を国税とするか地方税とするか,地方税とした場合に市町村税とするか都道府県税とするか,課税客体,課税標準,税率等の内容をいかに定めるか等については,憲法自体から結論を導き出すことはできず,その具体化は法律（ないしそれ以下の法令）の規定に待たざるをえない」として,地方公共団体の訴えを退けました［福岡地判 1980〔昭 50〕・6・5 判時 966 号 3 頁］。

東京都が大銀行を対象に課税した外形標準課税条例について,一審に続き,控訴審の東京高裁は,地方税法の規定が自治体に一定の裁量を与えていることを認めつつも,法律の枠を重視して外形標準課税条例を地方税法違反（無効）と判断しました［東京高判 2003〔平 15〕・1・30 判時 1814 号 44 頁］が,最高裁上告後,2003 年 10 月に東京都と銀行の間で和解が成立しました。2005 年の地方税法改正で,資本金 1 億円以上の法人に対して外形標準課税が導入され（72 条～72 条の 76),立法的に解決されました〔辻村・516 頁〕。

3 国費の支出

❶ 国費の支出と国の債務負担行為

憲法 85 条は,「国費を支出し,又は国が債務を負担するには,国会の議決に基くことを必要とする」と定めています。「国費の支出」とは,「国の各般の需要を充たすための現金の支払い」（財政法 2 条 1 項）をいいます。国費の支出に対する「国会の議決」は,「予算」の形式によって行われるとするのが,憲法 86 条の趣旨です。これを受けて財政法は,「歳入歳出は,すべて,これを予算に編入しなければならない」（14 条）と定めています。例外として予備費の国会議決があります。**予備費**は「予見しがたい予算の不足に充てる」もので,その支出は内閣が責任をもって行い,事後に国会の承諾を得ます（憲法 87 条）。

国が債務を負担する行為も,国会の議決に基かなければなりません（同 85 条）。国の債務負担行為とは,国が財政上の需要を充足するのに必要な経費を調達するために債務を負うことを意味します。直接に金銭を支払う義務でなくても,債務支払保証や損失補償の承認など国の支出を伴うものについては,債務負担に含まれます〔辻村・494 頁〕。債務負担行為の議決方式について,財政法は,「法律に基くもの又は歳出予算の金額（第 43 条の 3 に規定する承認があった金額を含む。）若しくは継続費の総額の範囲内におけるものの外,国が債務を負担する行為をなすには,予め

予算を以て，国会の議決を経なければならない」（15条1項）と定めています。

2 公金支出の制限

憲法89条は，「公金その他の公の財産は，宗教上の組織若しくは団体の使用，便益若しくは維持のため，又は公の支配に属しない慈善，教育若しくは博愛の事業に対し，これを支出し，又はその利用に供してはならない」と定め，公の財産の支出を制限する基準を示しています。

◎ 政教分離と公金支出

前段は，信教の自由を保障するために，国家と宗教との分離の厳格化を財政面からはかるものです（☞前出05）。

公金の支出等が制限される「宗教上の組織若しくは団体」について，箕面忠魂碑訴訟最高裁判決は，憲法にいう「宗教団体」または「宗教上の組織若しくは団体」とは，「特定の宗教の信仰，礼拝又は普及等の宗教的活動を行うことを本来の目的とする組織ないし団体を指す」として，きわめて狭い定義を採用しました〔最判1993〔平5〕・2・16民集47巻3号1687頁〕。他方で，空知太神社訴訟最高裁判決は，神社の氏子集団を「宗教行事を行うことを主たる目的としている宗教団体」と捉え，本条にいう「宗教上の組織若しくは団体」であるとしています〔最大判2010〔平22〕・1・20民集64巻1号1頁〕。最近の有力説は，「組織」と「団体」とは厳密に区別できないことを前提にして，制度化・組織化されたものでなくとも，何らかの宗教上の事業ないし活動をする団体を指すと解しています〔辻村・495頁，野中他・341頁（中村）〕。

租税法上，宗教法人は「公益法人等」として扱われ，収益事業から生じた所得以外の所得については，法人税や事業税が課されません（法人税法7条，地方税法72条の5）。公益・非営利法人一般に対する措置と同じ取扱いの一環であるかぎりで，合憲と解されます〔樋口・348頁〕。また，寺社の建物の修理に公金で補助を与えることについては，文化財という目的からする他の補助と同様のものであれば，合憲といえます。

◎「公の支配」と公金支出

後段は，「公の支配に属しない慈善，教育若しくは博愛の事業に対し」，公金支出，公の財産の供用を禁止しています。学説は，その立法趣旨として，①教育等の私的事業に対して公金支出を行う場合に公費の濫用をきたさないように当該事業を監督すべきことを要求する趣旨，②教育等の私的事業の自主性を確保するために公権力

による干渉の危険を除く趣旨，③政教分離の補完，すなわち宗教や特定思想信条が教育等の事業に浸透するのを防止するために必要な「公の支配」を成立させないかぎり国の財政的援助を禁止する趣旨，を挙げています〔辻村・496 ～ 497 頁，野中他・343 ～ 344 頁（中村）〕。本規定が，財政民主主義を基本原理とする第 7 章の「財政」に位置づけられている点や財政面での政教分離原則と同一条文であることから，上記①と③が立法趣旨と考えられます〔野中他・344 頁（中村）〕。

私学助成　　上記①・③と②は内容的に相容れないものではありませんが，②の趣旨を厳格に解すると，国が財政援助する以上は，事業の自主性を認めないことになり，創設者の「建学の精神」に則って運営されている私学への助成は憲法 89 条後段違反ということになります。

　これに対して，憲法 25 条などに規定される福祉国家の理念は，公共性を持つ学校事業等への助成について，89 条後段を緩やかに解することを要求していると考える立場があります〔長谷部・347 頁〕。公の財産の濫費を抑止しうる程度のコントロールがあれば，「公の支配」があることを認めようとするものです。1975 年に議員立法で制定された私立学校振興助成法は，こうした立場から，私学に対する国の監督手段として業務・会計報告の聴取や是正・勧告等にとどめ，私立学校の経常費への助成を可能にしています。

4　財政監督の方式

❶ 予　算

　「内閣は，毎会計年度の予算を作成し，国会に提出して，その審議を受け議決を経なければならない」（憲法 86 条）とされています。**予算**とは，一会計年度における国の歳入歳出の予定的見積りを内容とする国の財政行為の準則です〔野中他・348 頁（中村）〕。予算の内容は，予算総則，歳入歳出予算，継続費，繰越明許費および国庫債務負担行為です（財政法 16 条）。

◎ **法的性格**
　予算の法的性格については，①財政処理を行政と解し，予算の法的拘束力を否定する**予算行政説**，②予算を法律とは異なる国法の一形式と解する**予算法形式説**（**予算規範説**），③予算を法律と解する**予算法律説**があります。①予算行政説は，財政

民主主義の原則ないし財政国会中心主義の原則と矛盾し，支持を失っています。予算が会計年度ごとに成立し，国家機関のみを拘束の対象とし，かつ，審議・議決の方式が法律と異なる（憲法60条）ことを根拠に，②予算法形式説が多数説となっています〔長谷部・349頁〕。これらの根拠に対して，③予算法律説から反論が向けられています〔野中他・350頁（中村）〕。両説は，予算と法律の不一致，国会の予算修正権をめぐって，異なる見解を導きます。

◎ 予算と法律の不一致

　法律の実施に予算の裏付けが必要であるにもかかわらず，必要な予算が議決されないなどの場合，予算と法律の不一致が生じます。予算法律説に立ちますと，不一致は後法優位の原則（「後法は前法を廃する」）で解決可能とされます。もっとも，予算法によって法律の改廃をすることの是非の問題があり，予算と法律の不一致は，それ自体として別途解決をはかるべきであるとの指摘があります〔佐藤・186～187頁〕。

　予算法形式説によりますと，不一致が発生した場合，予算の裏付けのない法律の施行も，法律の根拠のない予算の執行も困難になります。本来，予算と法律は一致されるべきであり，国の財政支出には予算とその根拠となる法律の双方がセットで必要です。内閣は「法律を誠実に執行」（憲法73条1号）しなければならない以上，法律の裏付けとなる予算が設けられていなければ，補正予算を組んだり，経費を流用するなど，予算措置を講じなければならないと解されます〔野中他・353頁(中村)〕。

◎ 国会による予算案の修正

　予算の修正には，原案に対して廃除削減を行う減額修正と，原案に新たな款項を加え，または原案の款項の金額を増額する増額修正があります〔野中他・351頁（中村）〕。国会は内閣の提案を否決することができる以上，国会の審議権を制約できないことから，減額修正は可能と考えられます〔樋口・345頁，野中他・351頁（中村）〕。

　増額修正については，予算法律説からすれば，国会は予算を自由に修正できるとされます。予算法形式説は，原案と同一性をそこなうような全面的修正は，政府の予算発案権を侵害するものとして許されないとしますが，国会が予算を否決できることを理由に，増額修正についても制限がないとする見解もあります〔長谷部・349頁，辻村・501頁，野中他・352頁（中村）〕。実際には，財政法19条は国会の増額修正を予想し，財源の明記を求める規定になっています。また前述したように（☞前出14-1），国会法は，国会議員による予算案の修正や予算措置を伴う法律案

あるいは予算の増額を伴う法律案の発議・修正権限に制約を加え、「予算総額の増額修正、委員会の提出若しくは議員の発議にかかる予算を伴う法律案又は法律案に対する修正で、予算の増額を伴うもの若しくは予算を伴うこととなるものについては」、内閣に意見を述べる機会を与えています（57条の3）。

2 決　　算

決算とは、一会計年度における国の収入支出の実績を示す確定的計数書です。「国の収入支出の決算は、すべて毎年会計検査院がこれを検査し、内閣は、次の年度に、その検査報告とともに、これを国会に提出しなければならない」（憲法90条1項）ことになっています。決算についての国会審査のやり方は明治憲法下の慣行を踏襲しています。すなわち、決算は、内閣から両議院に同時に提出され、両議院によって各々別々に審査され、報告案件として扱われます〔野中他・356頁（中村）〕。

会計検査院は憲法上の機関で、3人の検査官からなる検査官会議と事務総局から構成され（会計検査院法2条）、検査官は両議院の同意を経て、内閣が任命します（同4条1項）。会計検査院は内閣に対して独立の地位を有し（同1条）、検査官には身分保障があります（同6～8条）。会計検査院は、正確性と合規性のみならず、経済性、効率性および有効性の観点その他会計検査上必要な観点から検査を行います（同20条3項）。

3 財政状況の報告

憲法は、「内閣は、国会および国民に対し、定期に、少なくとも毎年1回、国の財政状況について報告しなければならない」（91条）として、財政状況の公開の原則を定めています。財政法46条で具体化されています。

【引用・参考文献】
佐藤幸治『憲法〔第3版〕』（青林書院、1995年）
芹沢斉＝市川正人＝阪口正二郎編『新基本法コンメンタール　憲法』（日本評論社、2011年）〔小沢隆一執筆〕
辻村みよ子『憲法〔第4版〕』（日本評論社、2012年）
野中俊彦＝中村睦男＝高橋和之＝高見勝利『憲法II〔第5版〕』（有斐閣、2012年）〔中村執筆〕
長谷部恭男『憲法〔第5版〕』（新世社、2011年）
樋口陽一『憲法Ⅰ』（青林書院、1998年）

●**演習問題**
- A 学院大学は，キリスト教の教えを建学の精神とする私立大学です。B 市は，A 学院大学の新設学部を誘致するために，キャンパス用地を無料で提供しました。これに対して，住民 C は憲法 89 条違反を主張して訴訟を提起しました。これに対抗するために B 市はどのような主張をすればよいでしょうか。

chapitre 15

内　　閣

2005年，K内閣総理大臣は，長年主張してきた政策を実現するために法案を国会に提出しました。衆議院はこの法案に賛成したのですが，参議院で与党議員の造反があり，法案の可決が阻止されてしまいました。この結果を受けて，K内閣は，法案が実現しようとしている政策の是非を国民に問いたいとして，衆議院を解散しました。参議院の否決を理由に，法案に賛成した衆議院を解散することは可能なのでしょうか。

1 議院内閣制

1 政治制度3分類

　立法権（議会）と行政権（政府）との関係に注目すると，近代以降の立憲主義的憲法の政治制度は，大統領制，議院内閣制，議会統治制に分類されます。
　大統領制は，立法権と行政権が厳格に分立され，行政権の首長である大統領は，議会に対して責任を負わず，議会が大統領によって解散されることもありません。議会と大統領が別々に選挙され，両者の協働は期待できません。大統領制を採用している国は多くありますが，民主的な政治体制として長期にわたり運用されている国は，ほとんどアメリカ合衆国に限られます〔長谷部・357頁〕。
　議会統治制は，政府が議会によって選任されて議会の意思に服し，内閣は議会の一委員会にすぎないとする制度で，内閣は辞職の自由をもたず，常に議会の指令に従うほかありません。典型的な例としてスイスを挙げることができます。
　議院内閣制は，18世紀から19世紀初頭にかけてイギリスで成立しました。その特徴としては，①行政権が国王（君主）と内閣に二元的に帰属し，内閣は国王と議会の両者の間にあってその双方に対して責任を負ったこと，②議会の内閣不信任決議権と国王（現実には内閣）の議会解散権という相互の抑制手段によって，2つの権力が均衡を保ちながら協働の関係にあったこと，が指摘されます〔辻村・422頁〕。
　その後，フランスの共和政体に議院内閣制が導入されるようになると，君主に代わった大統領の権限が名目化して行政権が内閣に一元的に帰属する傾向が強まり，内閣は議会の信任を専ら存立要件とするようになりました（第三共和制・第四共和制）。第二次世界大戦後の行政国家現象の下，大統領の権限が強化され，大統領の公選化によって議会と民主的正統性を共有するようになり，大統領と内閣に行政権が二元的に帰属する状況（第五共和制）が生まれています〔辻村・423頁〕。

◎ 議院内閣制の本質

　こうした歴史的展開から，議院内閣制は，内閣が議会のみに責任を負う**一元型**と，議会と国王（ないし大統領）の両者に責任を負う**二元型**に分類できます。前者は，内閣の議会への従属を議院内閣制の本質（**責任本質説**）とし，後者は行政府と立法府の均衡を議院内閣制の本質（**均衡本質説**）としています〔長谷部・358〜359頁〕。
　議院内閣制の**標識**としては，①議会（立法府）と政府（行政府）の分立，②政府が議会に対して連帯責任を負い，その存立を議会に依存させること，が共通了解と

して挙げられます。これに均衡型の特徴である，③政府が議会の解散権をもつこと，という第3の要素を加えるかどうかで，学説は，**責任本質説**と**均衡本質説**に分かれることになります。

2 日本の議院内閣制

　日本国憲法中の国会と内閣の関係については，①内閣は行政権の行使について国会に対して連帯責任を負う（66条3項），②内閣総理大臣は国会議員の中から国会が指名する（67条1項），③過半数の国務大臣は国会議員の中から選ぶ必要がある（68条1項），④衆議院で内閣不信任案が可決されるか，あるいは信任決議案が否決された場合，10日以内に衆議院が解散されない限り，内閣は総辞職しなければならない（69条），⑤衆議院議員総選挙後に初めて国会が召集されたとき，内閣は総辞職しなければならない（70条）など，が定められています。内閣の存立を国会に依存させる議院内閣制が採用されているということができます。しかし，その本質がいかなるものかについては，明らかではありません。

　日本国憲法の運用上，内閣が自由に解散権を行使していることから，均衡本質説と解することも可能です。他方，解散権の所在が明確でないため憲法上は69条の場合にしか衆議院を解散できないという解釈から，責任本質説と解することもできます。憲法の構造自体を重視し，デモクラシーのあり方をコンセンサス型ないし協調型デモクラシーを志向する立場からは，責任本質説が妥当することになります〔辻村・423頁〕。

◎ **国民内閣制論**

　1990年代の行政改革においては内閣機能の強化が図られてきました。その狙いは，行政各部に対する内閣の政治主導を確保することにありました。内閣にそのような力を与えるには国民の支持を背景にする必要があります。憲法学においてこの課題に応えようとしたのが「**国民内閣制論**」〔高橋①〕です。「国民内閣制」とは，議院内閣制の「直接民主政的運用」をいいます。そこでは，世論の二極化（二大政党制）を前提に，衆議院議員選挙が首相・内閣と政権構想の選択──「政権選択」──の場として位置づけられます。世論の多数が選択した政権が，「政権公約」に従って，首相・内閣の主導の下，「政治」の優位を確立し，「官」を掣肘していくという構図が描かれます。首相・内閣を中心とした「政治主導」の体制で，多数派支配型のデモクラシーが選択されています。日本で内閣がリーダーシップを発揮してこなかったのは，法制度が要因ではないのではないか，日本の世論は多元化していて二大政党制ではすくいきれないのではないか，などの問題点も指摘されています。

2 行政権と内閣

　明治憲法では，行政権は統治権を総攬する天皇が直接行使し，「国務各大臣」による「輔弼」が予定されているだけでした（55条）。内閣は憲法上の機関ではなく，天皇の官制大権（10条）に基づく「内閣官制」（勅令）によって設けられたものでした。

　日本国憲法は，65条で「行政権は，内閣に属する」と定め，66条以下で「内閣」がいかに組織されるか規定し，内閣を憲法上の機関としています。「内閣」を論ずるにあたり，65条にいう「行政権」の意味と「属する」ことの意味を明らかにしなければなりません。

1 行政権の概念

◎ 従来の学説

　憲法65条は，「行政権は，内閣に属する」と定めています。行政権の概念をめぐっては，控除説又は消極説と呼ばれる学説が，長年通説的地位を占めてきました。**控除説**によれば，行政権とは，「すべての国家作用のうちから，立法作用と司法作用を除いた残りの作用である」〔芦部・312〜313頁〕とされます。君主のもつ包括的支配権のうちから，立法権と執行権がまず分化し，その執行権の内部で行政・司法が分けられたという歴史的経緯に適合的であったことから，控除説が支持を得てきました。

　控除説に対して，現代福祉国家における行政権概念としては相応しくないとの批判があり，行政権を積極的に定義しようとする試み（積極説）がありました。この試みは，控除説が消極的に囲い込んだ対象の内実を積極的に明らかにしようとするものでしたが，必ずしも多様な行政活動のすべてを捉えきるものではありませんでした〔辻村・419頁〕。

◎ 最近の学説

　最近の学説として，次の2つが注目されています。まず，法の支配と国民主権の観点から「行政」を端的に，法律の執行であると考える説（**法律執行説**）があります〔高橋②・336〜337頁〕。帰結として，憲法または法律によって内閣に個別的に与えられていない権限を65条が与えているとする解釈の余地がなくなります。

　今ひとつは，**執政権説**です。内閣が行う活動の中には一様に扱うことのできない多様な活動があることを指摘し，特に（狭義の）行政と呼ばれる活動（一般的抽象的法規範を個別具体的に適用する作用を典型とするような活動）との区別を主張し，

内閣の政治的性格を捉える必要を強調します〔阪本・223頁〕。その意義は，従来埋没していた執政という国家作用を統治機構論で問う場を開いた点にあります。執政権説の帰結は論者によって異なっていますが，法律執行説が「政治」を「法」によって包み込もうとすることに対する疑問に発していることから，論理的には，憲法65条を根拠に内閣の新しい権限を導く可能性があります〔淺野・159頁〕。

◎ **若干の検討**

　執政権説が問題にする内閣の「執政」作用につき，他の見解も実質的に肯定しているともいえます。控除説の立場でも，内閣が「国務を総理すること」（憲法73条1号）から，内閣に属する「行政権」は法律の誠実な執行に限定されず，国政全体の総合調整機能を含んでいると解することが可能です〔長谷部・364〜365頁〕。法律執行説も，法律執行や73条の諸権限行使の場面での内閣の政治的判断権を肯定ないし強調しています〔高橋・337〜338頁，芹沢他・368頁（毛利）〕。執政権説に対しては，そのような作用を，内閣の自由な領域に結びつきかねない「執政」という曖昧な概念で括ることが妥当かどうかが問われます〔芹沢他・369頁（毛利）〕。

　諸説の違いは，憲法体系内における65条の位置づけにあります。執政権説は，65条の「行政権」と，66条3項が国会に対して責任を負う職務として規定する「行政権」を同一のものとして解しています。65条の「行政権」を，議院内閣制において内閣が国会に対して責任を負いつつ行使する政治的権限を意味すると考えています。法律執行説は，65条を41条，76条1項に対応して国家権力と私人の関係を規律し，66条3項が国会との関係を規律していると解しています〔芹沢他・368〜369頁（毛利）〕。控除説も，65条と66条3項の「行政権」を同一のものとせず，前者を実質的行政権概念，後者を形式的行政権概念として把握しています〔長谷部・365頁〕。

　内閣の「行政権」の作用が「法律の執行」にとどまらないことは確かです。各論者が，あるべき内閣がどのような役割を担うのか探求しています。どのようなものであるにせよ，国民主権によって民主的正統性を有する立法府によるコントロールの下に内閣があるという原則は，見失うべきではありません〔辻村・420頁〕。

❷「属する」の意味

　憲法65条の規定は，内閣が実質的意味の行政権の主体であることを明示しているとしても，**行政権が内閣によって独占されているわけではありません**。一般には，**行政権は行政各部の機関が行使しており，内閣はその行政各部を指揮監督し，行政**

全体を総合調整し，統括する地位にあります〔辻村・420 頁〕。そのような立場にある内閣に対する国会のコントロールを通じ（憲法 66 条 3 項），行政全般へのコントロールが及ぼされるのです〔樋口・372 ～ 373 頁〕。それゆえ，通説は，66 条 3 項の「行政権」を形式的意味に解しています。

◎ 独立行政委員会

　このように解すると，いわゆる**独立行政委員会**の合憲性が問題となります。独立行政委員会制度は，戦後の民主化の過程において，政党の圧力を受けない中立的な立場で公正な行政を確保することを目的とし，アメリカの例にならって導入されました。その任務は，裁決・審決という準司法的作用，規則の制定などの準立法的作用，および人事・警察・行政審判などのような政治的中立性が高度に要請されるような行政作用におよびます〔芦部・313 ～ 314 頁〕。法制上は，通常，国家行政組織法 3 条 2 項，4 項に基づき省の外局として，あるいは内閣府設置法 49 条に基づき内閣府の外局としておかれ，内閣または内閣総理大臣の「所轄」の下にあるとされながら，いったん任命された委員の身分には一定の保障があり，その職権行使にあたっては内閣から独立して活動します。会計検査院は憲法そのものが設けています（90 条）が，法律によって，人事院，公正取引委員会，公害等調整委員会，中央労働委員会，国家公安委員会などが設けられています。

　独立行政委員会の合憲性については，以下の根拠が挙げられています〔長谷部・366 頁〕。

　第 1 は，憲法 65 条が，41 条や 76 条と異なり「唯一」あるいは「すべて」という修飾語を欠いている点に注目し，すべての行政権が，内閣の指揮・監督の下におかれる必要がないというものです。しかし，前述したように，すべての行政作用は原則として内閣の，間接的には国会のコントロールの下に置かれるべきです。

　第 2 は，内閣には，独立行政委員会の構成員の任命や予算編成権があり，一定の場合には構成員の罷免権を有している限りで，これらの機関にコントロールが及んでいるとする説です。これらの根拠は裁判官にもいえることですが，裁判所は独立しています。そうであれば，独立行政委員会も独立していることになります。

　第 3 は，独立行政委員会の職務の性格に独立性の根拠を求める見解です。独立行政委員会の職務は，国会による政治的コントロールになじまず，政党政治の圧力から独立して，その政治的中立性，技術的専門性，利害対立性などに留意しつつ執行されなければならないからです。よって，これらの機関に独立性を保障することには理由があるとされます。

行政委員会の合憲性は，制度の沿革，作用の中立性・非政治性，民主的コントロールの方法，行政権との関係等を総合的に考えて判断しなければなりません〔芦部・315頁〕。

3 内閣の組織と権限

❶ 内閣の構成

内閣は，首長たる内閣総理大臣およびその他の国務大臣から組織される**合議体**です（憲法66条1項）。内閣総理大臣およびその他の国務大臣は，各省庁の**主任の大臣**でもありますが，分担管理する事務を有さない国務大臣（**無任所大臣**）をおくこともできます。内閣総理大臣によって任命される国務大臣の数は，1999年に改正された内閣法2条2項により原則14名以内とされ，特別の必要がある場合に限って17名まで増員できます。

内閣構成員の資格として，憲法は，内閣総理大臣その他の国務大臣は文民でなければならないという要件と，国務大臣の過半数は国会議員でなければならないという要件を求めています（66条2項，67条1項，68条1項）。

◎「文民」の意義

文民条項は，極東委員会の要請に基づいて，貴族院の審議段階で加えられたもので，「**文民**」は〈civilian〉の日本語訳です。言葉の本来の意味としては「現在職業軍人でない者」という意味ですが，そのように解するとかつて職業軍人であった者が文民となってしまいます。現在では職業軍人としての自衛官が存在することから，「文民」は，「**現在職業軍人でなく，かつこれまで職業軍人であったことのない者**」を意味すると考えられます。この説は，自衛隊の合・違憲問題とかかわりがあるのですが，シビリアン・コントロール（軍事権を議会に責任を負う大臣（文民）によってコントロールし，軍の独走を抑止する原則）の趣旨を徹底させる観点から肯定されています〔芦部・316頁〕。

◎国会議員であること

内閣総理大臣およびその他の国務大臣の過半数が国会議員でなければならないとする要件は，内閣の成立要件であると同時に，存続要件でもあります。内閣総理大臣が国会議員の地位を失えば，内閣総理大臣としての地位を失い，内閣は総辞職

します。国務大臣の過半数が国会議員であることの要件を欠いた場合は、国務大臣の任免を通じて、要件充足の義務を負います〔長谷部・368頁〕。

2 内閣総理大臣

明治憲法下では、内閣総理大臣は「同輩中の首席 (primus inter pares)」にすぎず、他の国務大臣と対等の地位にあるにすぎなかったため、閣内の意見不統一の場合は、衆議院を解散するか、総辞職をせざるをえませんでした〔芦部・316頁〕。

◎ 内閣の首長

日本国憲法では、内閣総理大臣は、国会議員の中から国会の議決によって指名した者を天皇が任命し（67条、6条）、内閣の「首長」としての地位が認められています（66条1項）。この地位を裏付ける権能として、憲法は、国務大臣の任免権（68条）、国務大臣の訴追に関する同意権（75条）のほか、「内閣を代表して議案を国会に提出し、一般国務及び外交関係について国会に報告し、並びに行政各部を指揮監督する」権限（72条）を内閣総理大臣に与えています。内閣運営についても、内閣法は、閣議の主宰権（4条2項）、主任の大臣間における権限疑義について閣議で裁定する権限（7条）、行政各部の処分または命令の中止権（8条）を与えています。

◎「首長」としての地位と合議制

憲法は内閣総理大臣に強い地位を認めていますが、同時に、内閣は合議機関でもあります。内閣法が「内閣総理大臣は、閣議にかけて決定した方針に基いて、行政各部を指揮監督する」（6条）と定めているのは、内閣の合議体としての性格を反映しています。判例は、閣議にかけて決定した方針が存在した場合でも、「少なくとも、内閣の明示の意思に反しない限り、行政各部に対し、随時、その所掌事務について一定の方向で処理するよう指導、助言等の指示を与える権限を有するもの」と解しています［最大判1995〔平7〕・2・22刑集49巻2号1頁〕。

1999年の内閣法改正により、内閣が「国民主権の理念にのつとり……職権を行う」（1条1項）としてその正統性根拠が明示的に強調され、「内閣の重要政策に関する基本的な方針その他の案件を発議する」内閣総理大臣の閣議における主導性を裏付ける文言が挿入されました（4条2項）。

3 内閣の権限

内閣の主要な権限は、憲法73条に定められています。「一般行政事務」のほか、

①法律の誠実な執行と国務の総理，②外交関係の処理，③条約の締結，④官吏に関する事務の掌理，⑤予算の作成と国会への提出，⑥政令の制定，⑦恩赦の決定があります。73条以外の規定に定められているものとして，天皇の国事行為に対する助言と承認（3条，7条），最高裁判所長官の指名（6条2項），その他の裁判官の任命（79条1項，80条1項），国会の臨時会の召集（53条），予備費の支出（87条），決算審査および財政状況の報告（90条1項，91条）などがあります。

内閣がその職権を行うのは，閣議によります（内閣法4条1項）。**閣議**とは，内閣の構成員からなる会議体をいいますが，会合しないで文書を大臣間に持ちまわって署名を得る「**持ち回り閣議**」を排除するものではありません〔高橋②・343頁〕。内閣の意思決定は，慣習法上，全員一致でなければならないとされ，閣議の内容については高度の秘密が要求されています〔芦部・318頁〕。

4 内閣の責任

憲法は，天皇の国事行為に対する内閣の「助言と承認」に関する責任（3条）のほか，「内閣は，行政権の行使について，国会に対して連帯して責任を負ふ」（66条3項）と定めています。内閣が国会に対して連帯して責任を負う以上，内部での意見不一致は，たとえ存在したにせよ，外部に表面化してはならないはずです。閣議における意思決定手続は内部の問題であって，多数決で行われようと，内閣総理大臣の専断で決定されたとしても，内閣の判断によります。しかし，対外的には内閣の構成員は全員一致で意思決定がなされたように振る舞うことが義務づけられます。内閣総理大臣が閣内統一を乱す閣僚を任意に罷免し，自らの意向に沿った新しい国務大臣を任命することは，内閣の合議機関としての性格を弱めることになっても，憲法上正当化されると考えられます〔長谷部・369頁〕。

内閣の国会に対する責任は，政治責任です。憲法69条により衆議院において内閣不信任決議案が可決されたときは，内閣は解散か総辞職かの二者択一を迫られます。参議院も国会の一院として内閣の責任を追及できますが，**参議院の問責決議**には，衆議院の不信任決議のような憲「法」的効果はありません。しかし，内閣の存立をかけた重要法案が，衆議院で可決されても参議院で可決されず，衆議院による再議決（59条2項）もされないような場合は，内閣は，全体として「国会」に対する「責任」を果たすことができなくなっているとみるべきです。この場合，内閣の問題解決の選択肢として衆議院の解散もありえます。ただし，選挙の結果，衆議院での再議決が可能でなければ意味がありません〔樋口・380〜381頁〕。

5 衆議院の解散

内閣の対国会責任が明示的かつ具体的な効果を伴って作動するのが，憲法69条所定の場合です。「内閣は，衆議院で不信任の決議案を可決し，又は信任の決議案を否決したときは，10日以内に衆議院が解散されない限り，総辞職しなければならない」（69条）と定められています。衆議院が解散されたときは，衆議院議員は，任期満了前に，議員の地位を失います（45条ただし書）。

◎ 69条限定説と69条非限定説

69条所定の場合以外にも衆議院の解散が可能かどうか，という問題があります。憲法施行当初，野党が**69条限定説**，政府が**69条非限定説**をとって対立していました。実際の運用では，69条による解散は，1948年12月，1953年3月，1980年5月，1993年6月の4回だけで，それ以外の17回の解散は，すべて7条3号に基づいており（2012年7月現在），69条非限定説が定着しています〔辻村・438頁〕。

◎ 習律上の制約

学説も69条非限定説で一致しています。背景に，解散に対する実質的評価の変化があります。解散はそもそも君主の意のままにならない議会に対する制裁手段でしたが，解散後の総選挙によって「民意」の発現が可能であることから，解散の民主的機能が期待されるようになったのです。そうであれば，そのような機能が期待できるときに限って解散権が行使されるべきだ，という主張が導かれることになります。有力説は，①衆議院で内閣の重要案件（法律案，予算等）が否決され，または審議未了になった場合，②政界再編成等により内閣の性格が基本的に変わった場合，③総選挙の争点でなかった新しい重大な政治的課題（立法，条約締結等）に対処する場合，④内閣が基本政策を根本的に変更する場合，⑤議員の任期満了時期が接近している場合，などに限られると解すべきであり，内閣の一方的な都合や党利党略で行われる解散は，不当であるとしています〔芦部・325頁〕。この制約は，**憲法習律**と考えられています。憲法習律は裁判的方法によって強制されませんが，行為者にとっては法的拘束力をもちます。その成立のためには，当該ルールによって拘束されているという当事者の意思が必要ですが，実際には定着していません。

◎ 解散権の根拠

実質的な解散権は内閣にあるとしても，憲法上の根拠が明示されていないため，

論拠が錯綜しています。有力説は，7条説と制度説です。

7条説は，天皇の国事行為のひとつとして「衆議院を解散すること」（7条3号）が挙げられていることを根拠として，天皇の国事行為に「助言と承認」を与える内閣が，その実質決定をする権能をもつと説く説と，天皇には拒否権がないから内閣の「助言と承認」に拘束されると解する説があります。天皇はそもそも国政に関する一切の権能を有しないとの原則（憲法4条1項）を前提にすれば，国事行為はそもそも形式的儀礼的なものにすぎず，それに対する「助言と承認」には実質的決定権は含まれえないという問題点が指摘されています〔樋口・383頁〕。

制度説は，解散権は衆議院の不信任決議権に対して衆議院と内閣との均衡を確保する重要な手段であるとして，憲法の採用する議院内閣制の本質に重要な根拠を求めます。日本国憲法が議院内閣制を採用しているとしても，議院内閣制にはさまざまな類型があり，そのこと自体が69条限定説をとるか69条非限定説をとるかで，左右されることになります〔樋口・383頁〕。

このように，いずれの学説にも難点があります。それでも69条非限定説がゆるぎなく確立しているのは，実務上の慣行が定着し，解散の民主的機能が期待されているからです。そうであれば，解散の現代的機能をもりこんだ議院内閣制を日本国憲法が採用しているとみることができますが，イギリスでも解散権の行使を制約する議会任期固定法（2011年）が制定されたことを考慮する必要があります。

6 内閣の総辞職

内閣が総辞職すべき場合として，憲法は，①内閣総理大臣が欠けたとき（70条），②衆議院議員総選挙後に初めて国会の召集があったとき（70条），③衆議院で内閣を信任しない旨の議決がなされてから10日以内に衆議院が解散されないとき（69条）を，定めています。内閣総理大臣が欠けたときとは，死亡，在職資格の喪失，辞職などを指し，病気や一時的な生死不明の場合は，「内閣総理大臣に事故のあるとき」（内閣法9条）として，内閣総理大臣があらかじめ指定する国務大臣が臨時に内閣総理大臣の職務を行います。臨時代理は，内閣総理大臣のすべての権限を行うことができますが，大臣の任免や総辞職は，国会指名の内閣総理大臣の一身に専属すると考えられます〔長谷部・371頁〕。

◎ 内閣更迭の手続

総辞職した内閣は，「あらたに内閣総理大臣が任命されるまで引き続きその職務を行ふ」（71条）とされます。新内閣が成立するまでの手続は，総辞職の決定→衆

参両院への通知(国会法 64 条)→国会による新内閣総理大臣の指名(憲法 67 条)→組閣→旧内閣総理大臣への通告→旧内閣の閣議・新内閣総理大臣の任命についての助言と承認→新内閣総理大臣・新国務大臣の任命および認証(皇居における任命式および認証式)→旧内閣総理大臣・旧国務大臣の地位喪失→新内閣成立の国会への通告,となっています〔芦部・320 頁,辻村・437 頁〕。

【引用・参考文献】
淺野博宣「『『行政権は,内閣に属する』の意義」安西文雄他『憲法学の現代的論点〔第 2 版〕』(有斐閣,2009 年)
芦部信喜〔高橋和之補訂〕『憲法〔第 5 版〕』(岩波書店,2011 年)
阪本昌成「行政権の概念」大石眞=石川健治『憲法の争点』(有斐閣,2008 年)
芹沢斉=市川正人=阪口正二郎編『新基本法コンメンタール 憲法』(日本評論社,2011 年)〔毛利透執筆〕
高橋和之『国民内閣制の理念と運用』(有斐閣,1994 年)〔高橋①〕
同『立憲主義と日本国憲法〔第 2 版〕』(有斐閣,2010 年)〔高橋②〕
辻村みよ子『憲法〔第 4 版〕』(日本評論社,2012 年)
長谷部恭男『憲法〔第 5 版〕』(新世社,2011 年)
樋口陽一『憲法〔第 3 版〕』(創文社,2007 年)

●演習問題
●解散・総選挙がレファレンダムの機能を果たす場合があるといわれることがあります。そのような機能を果たすためには,どのような条件が必要でしょうか。検討して下さい。

chapitre 16

地方自治

　1995年以降の平成の大合併は，三位一体改革による地方交付税の大幅な削減を背景に，合併した地方公共団体に手厚い財政支援が行われたことによって進みました。秋田県岩城町は，2002年に，合併の可否をめぐり，条例による住民投票を行いましたが，投票年齢を18歳以上としました。長野県平谷村は，2002年に小学生をのぞく12歳以上に投票権を認める条例を作り，翌年，住民投票を行いました。2002年に住民投票を実施した秋田県県岩城町のように，永住権をもつ外国人に住民投票の投票権をみとめた例もあります。
　地方自治は，誰によって，どのように担われるのでしょうか。

1 地方自治の意義

❶ 地方自治の意義

　統治機構の基盤は、民主主義と権力分立です。そのためには、地方の政治が住民の自治によるという原理が認められなくてはなりません。地方自治は「民主主義の学校」であるといわれます。そして、同時に、地方自治は、中央政府の権力が拡大するのをおさえ、**権力を分散させる**という意義があります〔芦部・355頁〕。それによって、自由の保障がなされるのです〔渋谷・671頁〕。

　明治憲法下では、地方自治を憲法でなく法律で定め、明治憲法では、市と町村、府県と郡（郡はのちに廃止）がおかれていました。府県の長は、中央政府から派遣された知事でした。この制度は、中央集権志向があらわれたもので、昭和の戦時下では、簡単に無視され否定されました。また、私人が政治に参加するという社会基盤は醸成されませんでした〔渋谷・669頁以下〕。

　しかし、権力の過度の集中は、危険です。戦後、権力の抑制・均衡の重要な要素として、地方自治制度が再評価されるようになりました。同時に、中央政府の議会の過重な負担を減らすことも期待されました〔佐藤・546、11頁〕。こうした背景から、戦後の日本国憲法には、「地方自治」の章が設けられたのです。

❷ 地方自治の本旨

　憲法92条は、「地方公共団体の組織及び運営に関する事項は、地方自治の本旨に基づいて、法律でこれを定める」と規定しています。そこでまず、「**地方自治の本旨**」とは何なのかが問題になります。

　「地方自治の本旨」には、「住民自治」と「団体自治」の2つの要素があるとされます。

　「**住民自治**」とは、地方自治が住民の意思に基づいて行われるという民主主義の観点からの要素です。93条は、住民自治の原則を具体化するため、地方公共団体の長、議会の議員を住民が直接選挙することを規定しています。また、95条は、「一の地方自治体のみに適用される特別法」は、住民投票に付される、と定めています。さらに、地方自治法が、直接請求の制度を定めています。

　「**団体自治**」とは、地方の統治が、国から独立した地方公共団体に委ねられ、地方公共団体自らの意思と責任の下でなされることを意味し、自由主義的・地方分権的要素であるとされます（94条）〔芦部・336頁〕。

　「住民自治」、「団体自治」など少しく抽象的な説明に対し、地方政府も中央政府

も，統治権をもつ政府である点は同じであることから，地方自治の本旨を，地方統治権（団体自治），地方参政権（住民自治），対中央政府独立性と整理する説もあります〔渋谷・673 頁〕。

❸ 地方自治の本質

さて，地方自治権や，そのうちの団体自治は，本質的にはどのようなものなのでしょうか。いろいろな説がありますが，大別すると，**中央政府由来と考える説か**，それとも，**地方公共団体自体に，本来的に統治権があるとする説か**，という問題です。

中央政府の統治権を前提とし，中央政府の承認・許容・委任によって中央政府の統治権から伝来したものだという説（伝来説・承認説）や，地方政府固有の自然権的な地方統治権だという説（固有権説），中央政府の統治権を前提とするが，中央政府によっては侵害されない一定の統治権が憲法によって保障されるという考え方（制度的保障説）があり，**制度的保障説が通説**とされています〔渋谷・674 頁〕。そのため，92 条が「法律で定める」，としていても，地方公共団体そのものを廃止したり，地方議会を諮問機関（決定権限がない）としたりすることはできません〔芦部・356 頁〕。

これについて，地方自治権の主体は住民と自治体にあるとする説（新固有権説），また，95 条を根拠とし，地方自治権は，直接その地域住民から信託されたものとする説（社会契約説〔渋谷〕）なども唱えられています〔渋谷・675 頁〕。より，地方公共団体の独自性をみとめ，地方分権に資する方向が探られているといえます。

2　地方公共団体

94 条は，「地方公共団体は，その財産を管理し，事務を処理し，および行政を執行する権能を有し，法律の範囲内で条例を制定することができる」としています。重要なのは，地方公共団体には「行政を執行する権能」つまり行政権と，**条例制定権**，つまり立法権が与えられていることです〔渋谷・672 頁〕。

❶ 地方公共団体の定義

地方公共団体は，**94 条で定められた内容の統治権をもつ統治主体**とされます。判例〔最大判 1963〔昭 38〕・3・27 刑集 17 巻 2 号 121 頁〕は，地方公共団体を定義していますが，実際に問題になった事案は，東京都の特別区（地方自治法 1 条の 3 の特別地方公共団体）です。地方自治法 281 条の 2 で，区長の選任を，議会が知事の同意を得て行うことになっていたところ，収賄で起訴された議員が，特別区は憲

法93条2項の地方公共団体なので、区長は公選されることになっており、同条は違憲無効だと主張したものです。

最高裁は、「地方公共団体」といいうるためには、法律で規定されているだけでなく、「事実上住民が経済的文化的に密接な共同生活を営み、共同体意識をもっているという社会基盤が存在すること」や、沿革的にも現実の行政でも、「相当程度の自主立法権、自主財政権等地方自治の基本的権能を付与された地域団体」であることが必要であるとしました。そして、そうした団体であれば、実体を無視して、憲法で認められた地方自治の機能を法律で奪うことはできない、としたのです。最高裁は、区は、区長の公選が法律で認められていたことがあるとはいえ、そのほかの実体をそなえているとはいえず、93条2項の地方公共団体ではない、と判断しました。

学説には、これに対して、判定基準とされている「共同体意識」は測りがたい〔渋谷・676頁〕、「自主的諸権能」を付与されていることを判定基準とするが、これは具体的には法律によって付与されているので、中央政府が地方公共団体であるかどうかをコントロールできる〔佐藤・551頁、渋谷・676頁〕などの批判があります。

学説は、地方自治法2条1項を参照し、地方公共団体を、「一定区域を基礎に、その区域内の住民を構成要素として、その独自の統治意思の下に行財政運営を行う統治体にして法人格を有する者をいう」〔佐藤・551頁〕と定義したり、「地方公共団体とは、国の領域のうち、一定の区域を空間的基礎とし、区域内の住民を人間的基礎とし、住民によって付与された地方統治権を行使する地方政府が、中央政府から憲法上一定の独立を保障されて、住民の地方参政権の行使による民主的意思決定にしたがって、その区域内の地方的な公共的事務を処理することを目的とする統治団体」〔渋谷・676頁〕と定義したりしています。

2 地方公共団体の二段階性

地方自治法1条の3は、「普通地方公共団体」として、都道府県と市町村という二段階の地方自治体を定めています（これは、戦前から存続する都道府県・市町村の体制が、組織・権限に憲法上の変更を加えて存続したもの、とされます〔渋谷・678頁〕）。このうち、市町村は、「基礎的な地方公共団体」（地方自治法2条3項）であるとされており、都道府県は、判例のいう地方公共団体の条件をみたすものの、市町村と国を媒介する中間団体、とされます〔芦部・357頁〕。これに対し、都道府県は、憲法上の地方公共団体であるとし、道州制などより大きなものに再編する場合はともかく、単純に廃止できないという立論もあります〔佐藤・552頁〕。

しかし、憲法は「地方公共団体」としているのみですから、憲法が都道府県と市

町村という二段階の構成を要求するかどうかには，議論があります。立法政策の問題とする説（純粋立法政策説），地方自治の本旨に反しない限りという留保または限定がつくとする考え方（留保付立法政策説），二層制を要求するとする説（二層制絶対要請説），原則として二層制を要するが例外を許容する説（二層制原則要請説）があります。最高裁により，東京都の特別区は，地方公共団体とみとめられなかったため，東京都は一層構造であることから，判例は二層絶対要請説はとらないと解されています。

しかし，抑制と均衡の観点から，市町村だと規模が小さすぎて国と十分に対抗できないので，都道府県を挿入したものとみられ，現状では，二層構造は，地方自治の本旨の要請である〔高橋・350 頁〕，都道府県から地方公共団体の地位を奪い，単純に廃止した場合，市町村が弱体だと，中央集権化がすすみ，市町村が拡大すれば，基礎自治体としての実が失われる〔佐藤・552 頁〕などの議論にみられるように，**権力分立と民主主義的側面のバランスを考慮して，地方公共団体が二段階の構造になっていなければならないかどうかが議論されます。**

これについて，都道府県をより広域な道や州に変えようという，道州制への移行が議論されています。道州制といっても，①連邦国家を構成する単位国家のようなものから，②国の出先機関，③国の出先機関と広域自治体としての性格を併有する団体，都道府県よりも広域の，④都道府県と併存するもう一層の広域自治体，など，想定されているものは，一様ではありません〔佐藤・553 頁〕。前 2 者は，①は憲法は連邦制を想定していないし，②都道府県を代替の地方公共団体に置き換えることなく廃止する点で，憲法上，大きな問題があり，③出先機関かつ広域自治体という案も，中央政府のコントロールが強く働きます。以上を考慮して，④案がよいだろうという議論〔佐藤・553 頁〕があります。一方で，都道府県都道府県の位置づけが，中間団体としてのものだとして，道州制に移行するかどうかは，立法政策の問題であると考える説もあります〔芦部・358 頁〕。

3 地方公共団体の組織

地方公共団体には，議会が置かれます。そして，93 条が，地方公共団体の長と議会の議員が住民の選挙によることを定めています。地方自治の民主化のためです。ただし，長や議会の議員の選挙を行う「地方公共団体」は，先に挙げた都道府県と市町村という二段階の地方公共団体（地方自治法 1 条の 3）で，ほかの地方公共団体を意味するわけではありません。

また，立法機関と，執行機関の関係は明示されていません。長が執行機関であ

るという明文も，長が執行機関たる地位を独占するという明文もないので〔渋谷・682頁〕，権限配分ははっきりしないわけですが，通説は，執行機関の首長制をとるものとし，地方自治法もそのように考えています。

◎ 住　民

　住民の語は，広くは地方公共団体に住んで生活している人と考えられますが〔佐藤・553頁〕，地方選挙で投票するためには，地方公共団体の区域内に住所を有する「住民」（地方自治法10条1項，外国人を含む）のうち，「日本国民たる普通地方公共団体の住民」（同11条）であること，同法18条および公職選挙法（9条）では，日本国民で，18歳以上の者で，引き続き3ヶ月以上市町村の区域内に住所を有する者であることが法律上の要件です。

　92条3項の「住民」について，判例〔最判1995〔平7〕・2・28民集49巻2号639頁〕は，93条2項にいう「住民」は，「地方公共団体の区域内に住所を有する日本国民」だとし，93条2項は外国人に地方選挙の選挙権を保障したものではないとしました。しかし，憲法第8章の地方自治に関する規定の趣旨にかんがみ，永住者等の居住する区域の地方公共団体と特段に密接な関係を持つに至ったと認められるものについては，地方選挙の選挙権を付与するかどうかは，憲法上禁止されておらず，立法政策の問題だとしています。これについては，地方公共団体やその機関の行使する権能の種類や性質，地方公共団体ないしその機関と国との関係等々を考慮する必要があるなどの慎重論もあります〔佐藤・554頁，初宿・88頁〕。

◎ 地方議会

　地方議会には「議事機関」としての議会が設置されます。憲法は，やはりはっきりと地方議会の権限を規定していないのですが，一般には，「議事機関」は「議決機関」で，主な権限は法規範，つまり自治立法である条例を作ることだと解されています〔渋谷・683頁〕。

　議会は「住民」の選挙する議員で構成されます。町村には，「選挙権を有する者の総会」（地方自治法94条）が議会にかわって置かれうるが，有権者団自体がいわば議会になるもので，地方自治の原点であり，これも93条の議会に含むという見解があります〔佐藤・554頁〕。これについては，憲法には，条例制定権を地方議会に独占させるような明文規定がないので，首長やその他の機関，または直接，有権者が条例を作ることもできると考えられ，その具体的な例が，町村に議会のかわりに置かれる町村総会（地方自治法94条，95条）だとする説もあります〔渋谷・511頁〕。

地方公共団体が，議会と長という二元代表制になっているため，議員と長の兼職は禁止されています（同法141条2項）。

議会は，長に対し不信任決議権を有し，これに対し，長には議会解散権（同法178条）があります。また，「住民」は，議会の解散および議員の解職の請求をすることができます。

地方議会選挙でも，定数不均衡が問題になっており，最高裁は，衆議院議員定数不均衡訴訟の最高裁判決を，基本的に踏襲した判断基準を採用しています〔辻村・510頁〕。

◎ 地方公共団体の長

93条は，「地方公共団体の長」は，「住民」が直接選挙するとします。大日本帝国憲法下では，知事は中央政府によって派遣されるもので，中央政府のコントロールが強く，市町村長も選挙で選ばれるものではありませんでした〔佐藤・555頁〕。これに対して，日本国憲法は，「地方公共団体の長」をその地域に居住する「住民」で民主主義的に選ぶという制度を設けました。

地方自治法によれば，長の任期は4年（140条）とされ，議員との兼職は禁止されます。やはり，地方公共団体の二元代表制を保つためです。「地方公共団体の長」の被選挙資格には，年齢の制限があるのですが（公職選挙法10条，地方自治法19条），「住民」でなくてはならないという規定はありません。また，地方自治法で，「住民」が長の解職請求を行うことができます。

通説では，憲法で規定された「長」は，大統領制に似た，独任（つまり，一人で構成される）の執行機関だと理解されていると考えられます（執行機関の首長制）〔佐藤・556頁，辻村・510頁〕。地方自治法も首長主義を採用し，「普通公共団体の長」である知事および市町村長は，地方公共団体を「統轄し，これを代表」し（地方自治法147条），その団体の「事務を管理し及びこれを執行」すべきものとする（同148条）としています。ただし，「長」を複数人による参事会のようなものと解することもできるという説もあります〔渋谷・682頁〕。

しかし，こうした理解があまりにも硬直的だという指摘があり〔佐藤・556頁，渋谷・683頁〕，他にも，議会が長とともに執行機関になったり〔佐藤・556頁，渋谷・682頁〕，議会が専門のシティーマネージャーを任命して行政運営に当たらせる〔佐藤・556頁，渋谷・683頁〕，委員会が執行機関になる（委員会制〔辻村・510頁〕）などの代案があります。実際に，町村では，条例で町村総会制を採用することが認められている（地方自治法94条）ので，そうした場合には，首長との間でどのように権限配分するのかが問題になります〔辻村・510頁〕。

また，強大な権限が長に集中するので，職務の公正をどう確保するか，地方分権化で増えた事務量にどう対応するか，また，その結果としてのさらなる首長権限の強大化にどのように対応するかという問題が指摘されています〔渋谷・684頁〕。このうち事務量の増加に対しては，トップマネジメント体制を見直し，2006年に地方自治法を一部改正して助役と収入役の制度を廃止し，会計事務を司る一般職として，会計管理者をおきました（同168〜170条）。同時に，副知事・副市町村長制度を設けるなどの対応がなされました（同161〜167条）。これらは，シティーマネージャー制度的な要素を取り入れたものとされます〔渋谷・684頁〕。

4 地方公共団体の権能

◎ 地方公共団体の事務

94条は，「地方公共団体は，その財産を管理し，事務を処理し，および行政を執行する権能を有し，法律の範囲内で条例を制定することができる」としています。最後の条例制定権以外のものは，事務内容が具体的に示されておらず，94条をうけて地方自治法がこれを定めています。

地方自治法は，1999年に改正されました。国から地方公共団体の長などに通達で一方的に委任される機関委任事務の割合が，地方公共団体の事務の7〜8割に達し，国の下請けのような状態になっていたためです。改正によって，機関委任事務は廃止されました〔辻村・511頁〕。改正法は，「普通地方公共団体は，地域における事務及びその他の事務で法律又はこれに基づく政令により処理することとされるものを処理する」（地方自治法2条2項）とし，地方公共団体の事務は，「**自治事務**」と「**法定受託事務**」に分けられました。「**自治事務**」は，「地方公共団体が処理する事務のうち，法定受託事務以外のものをいう」（2条8項）と定められ，法定受託事務は，「国が本来果たすべき役割に係るもの」（同2条9項1号）を都道府県と市町村に委託するものと，「都道府県が本来果たすべき役割に係るもの」（同2条9項2号）を市町村に委託するもの，があります。

旧団体委任事務は，法令の委託により当該団体の事務になるという形ですが，法定受託事務は，機関委任事務のような発想のものだとされます〔渋谷・693頁〕。

新たな制度では，中央政府と地方政府は支配服従の関係から対等の関係になり，中央政府が関与する場合も，法定主義をとることになりました（同245条以下〔渋谷・694頁〕）。行きすぎると自治体の自主性や自律性を損なうので，国の関与について厳格に法律に基づくことを要求したのです〔高橋・354頁〕。

「自治事務」の内容がどのようなものか，ですが，国は，「国際社会における国家

の諸活動若しくは地方自治に関する基本的な準則に関する事務又は全国的な規模でもしくは全国的な視点に立って行わなければならない施策及び事業の実施その他の国が本来果たすべき役割を重点的に」（同1条の2第2項）処理し，都道府県は，「自治事務」のうち，「広域にわたるもの，市町村に関する連絡調整に関するもの及びその規模又は性質において一般の市町村が処理することが適当でないと認められるもの」を処理し（同2条5項），その他の自治事務は，「基礎的な地方公共団体」である市町村が処理することになっています（同2条3項）。住民との距離感によって，諸政府の事務配分を決め，まず狭い範囲の統治を担当する政府から事務権限を配分する，という，「補完性の原理」に似た考え方とされます〔佐藤・559頁，渋谷・694頁〕。権限配分の基準はあまり厳密ではないので，中央政府が法律でそれを決める場合の手続が，地方自治の本旨からみて重要だとされます〔渋谷・694頁〕。

◎ 条例制定権

地方公共団体は，「自治事務」を実施するのに際し，条例を制定することができます（94条）。「自治事務」は，地方公共団体が処理する事務（広義の自治事務）です（地方自治法2条）。

条例は，地方公共団体がその自治権に基づいて制定する自主法です。議会が地方自治法2条2項の事務と法律の特別の委任のある事項について定める法規をいいます。「自主法」は，国家法に対する概念です。1999年の改正前は，条例は「自治事務」に関する事項しか規定できず，機関委任事務が含まれませんでしたが，改正後は，地方自治法2条2項に，「自治事務」と「法定受託事務」を含むため，条例が制定できる範囲が広がりました〔渋谷・697頁〕。その範囲内では，国家法とは原則として無関係に独自に規定を設けることができます。

実質的な意味では，長の制定する規則（同15条）も，条例に含まれます〔芦部・358頁，佐藤・564頁〕。各種委員会の制定する規則（同138条の4）は，条例に含まれるとする説〔芦部・358頁〕のほか，やや消極的とおもわれるもの〔佐藤・564頁〕があります。長も住民によって直接選挙される存在であることなどが，理由とされる〔佐藤・564頁〕とすると，各種委員会の制定する規則については，少し説明が苦しくなります。一方，立法権が議会のみに割り振られているわけではないからだとする立場もあります。これだと，実質的な面，つまり，各種委員会が立法権を行使することの民主的正当性について，説明がつきにくい一方，各種委員会の条例（広義）制定権を認めうることになります。地方自治法は，議会の制定する条例（狭義）以外のものを，規則または規程と呼んでいます〔渋谷・696頁〕。

条例制定権は，まず，「自治事務」と「法定受託事務」に関するものでなくてはなりません。また，憲法上法律によらなければ制限されないとされている事項について，条例で規制できるのかどうかについて，また，規制できるとする根拠については議論があります。①条例による財産権の規制が可能かどうか，②31条と，「法律の委任によらなくては，政令に罰則を設けることができない」とする，73条6号との関係で，条例に違反した場合に罰則を設けることができるかどうか，が問題になります。条例は地方自治体の議会の議決で成立する民主的な立法で，実質的には法律に準じ，①条例による財産権の規制，②条例違反に罰則を設けることもできると解されています〔芦部・360頁〕。地方自治体が，国と並ぶ統治団体であることを挙げ，94条の条例制定権を根拠とする説もあります〔渋谷・703頁〕。③条例によって，地方税を賦課することができるか，という問題もあります。地方公共団体は，自治権の1つとして課税権を有し，92条または，94条の「行政の執行」の文言を根拠として，課税権の根拠を直接憲法に求める解釈が通説とされます〔渋谷・704頁〕。ところで，84条は，租税法定主義を定めているのですが，これについては84条の「法律」には条例が含まれる，と一般に解されています〔芦部・360頁〕。しかし，84条は中央政府の財政に関するもので，条例による課税には84条が準用されるのだという見解もあります〔渋谷・705条〕。

次に，94条が，「法律の範囲内で条例を制定することができる」としているため，条例は，法律に反してはなりません。条例の効力は法律におとるわけですが，地方自治法14条1項は，「法令に反しない限りにおいて」という規定をおいているため，命令にも違反してはならないと考えられています。したがって，条例は，「法令」に違反してはならないのですが，法令に明示・黙示の禁止規定がない限り，すでに法律が規制している場合でも，法律の委任がなくても，条例が制定できると考えられます。つまり，法律と重なった規制もできるのです。

これについて，条例が法律より厳しい規制をおいた場合を，「上乗せ条例」といいます。公害規制などで，地方公共団体が，国よりも厳しい規制をおく場合などが例です。当初は「上乗せ条例」やのちに述べる「横出し条例」は，法令に違反するとされましたが，合憲性については，学説は，「法律の範囲内で」という条件をゆるやかに解釈して，法律の趣旨から考えて，特段，より厳しい規制をしてはならないというのでなければ，地方の実状に応じて別に条例を設けて規制する上乗せ条例は適法であると解しています［最大判1975〔昭50〕・9・10刑集29巻8号489頁］。法律が全国均一の規制をめざしているときには，法律と同じ目的で法律の規制の対象になっていないことを規制したり（横だし条例），より厳しい規制をおいてはならないが，

法律が最低の基準を定めているような場合には、より厳しい規制をしてもよいと考えられ〔芦部・362頁〕、横だしもできます〔辻村・513頁、渋谷・698頁〕。水質汚濁防止法3条3項、大気汚染防止法4条1項、騒音規制法4条2項など、「上乗せ」「横出し」を認めた立法例もあります。また、法律による規制を緩和することはできないのですが、給付を付与することはできます（上積み条例）。法律が給付を定めている場合に、給付を追加したり、給付年齢を下げる場合です〔渋谷・699頁〕。

5 住民自治と住民投票

◎ 特別法の住民投票

日本国憲法の95条は、「一の地方公共団体のみに適用される特別法」については、住民投票で過半数の同意がなければ、国会はこれを制定できない、としています。一般の法律ではなく、特別の内容の法という意味なので、地方公共団体は一つである必要はなく複数でもかまいません〔辻村・518頁〕。一般には、特定の地方公共団体の本質に関わるような不平等・不利益な特例を設けることを防止するためのものと考えられ、特定の自治体だけに適用があるからといって、すべてが住民投票の対象になる「特別法」とされるわけではありません〔佐藤・560頁〕。例としては、横須賀・呉・佐世保・舞鶴に適用された旧軍港市転換法が、住民投票にかけられた例があります〔辻村・518頁〕。

◎ 直接請求と、それに基づく住民投票

憲法は、「地方自治の本旨」の内容とされる「住民自治」を保障するため、地方議会の議員や地方公共団体の長などの「住民」の直接選挙（93条）、および地方自治特別法に関する住民投票（95条）に関する規程をおきました。このほか、憲法上の明文規定があるわけではありませんが、「地方自治の本旨」をうけて〔佐藤・561頁〕、地方自治法では、①議員・長・役員のリコール（解職請求、80～88条）②議会の解散請求（76～79条）、③条例制定・改廃請求（74～74条の4）、④事務監査請求権（75条）などが規定されています。①②は、「住民」の3分の1以上の署名による発案で、住民投票を行わねばならず、その過半数で決定します。ただし、①のうち役員の解職は、議会で決します。③と④は、有権者の50分の1で発案が可能ですが、③では、「住民」が条例の制定・改廃を請求するものの、最終的には議会に条例制定権があります〔辻村・516頁〕。④については、監査委員の監査結果に不満なときは、住民訴訟を提起できます（242条の2）〔佐藤・561頁〕。

これらの手続は、間接民主制による意思決定が基本である日本国憲法下で、**直接**

民主制を部分的に採用する「半直接制」の採用〔辻村・517頁〕，または，地方の場合は，間接民主制と直接民主制が混在しているもの〔佐藤・562頁〕と考えられます。また，リコールの制度により，「住民」が地方公共団体の長や地方議会議員をコントロールし，直接，地方の政治に影響力を行使することが可能になります。直接請求制度は，1970年代以降，活発に利用され，消費者保護条例や環境アセスメント条例の制定を求める運動などが展開されました。また，中野区教育委員準公選制（1981年），高知県窪川町の町長のリコール（1981年）などの成果もあがりましたが，運動の多くは，結実しませんでした。1990年代には，各国で国民や住民によるレファレンダムが取り入れられ，日本でも地方自治体の住民投票が注目されるようになりました〔辻村・517頁〕。

1995年には，新潟県巻町で原発についての住民投票条例が作られ，翌年，住民投票が行われました。こうした特定のテーマについての個別的な住民投票条例のほか，より一般的な住民投票条例がありえます〔佐藤・561頁〕。また，法律や条例の根拠によらず，行政当局や住民の代表が作った実施要項や，部落総会決議や市町村や住民の自主管理による住民投票もあり，部落総会決議による石川県志賀町の原発についての住民投票等の例があります〔辻村・520頁〕。これらの住民投票が，地方政府の統治構造や，92条（「地方公共団体の組織及び運営に関する事項は，地方自治の本旨に基づいて法律でこれを定める」，とするところ，条例で住民投票を創設する点）に適合するかについて議論があり，諮問型・助言型の住民投票で，法的拘束力をもたないものならば，憲法適合性があると考えられています〔佐藤・561頁〕。

【引用・参考文献】
芦部信喜〔高橋和之補訂〕『憲法〔第5版〕』（岩波書店，2011年）
佐藤幸治『日本国憲法論』（成文堂，2011年）
渋谷秀樹『憲法』（有斐閣，2007年）
初宿正典『憲法2〔第3版〕』（成文堂，2010年）
高橋和之『立憲主義と日本国憲法〔第2版〕』（有斐閣，2010年）
辻村みよ子『憲法〔第4版〕』（日本評論社，2012年）
野中俊彦＝中村睦男＝高橋和之＝高見勝利『憲法II〔第5版〕』（有斐閣，2012年）
長谷部恭男『憲法〔第5版〕』（新世社，2011年）

●演習問題
● A市は，通行の妨げになるので，繁華街の一定の区域で，地面に座ることを禁ずる条例を作りました。違反すると，罰金が科せられます。この条例は憲法上許容されるでしょうか。

chapitre 17-1

司 法 権

　明治憲法下での「裁判所」は，「天皇の名で裁判」する機関，つまり，いわば，天皇の下で民事・刑事などのトラブルを処理するお役所の1つでした。
　日本国憲法下での司法，または裁判所は，三分された国家権力のうち，「司法権」を担当する機関で，しかも，17-3で述べるように，違憲審査権を有します。裁判所の権限は独立し，著しく強化されています。司法国家化といわれますが，裁判所の判断が，政治部門の政策判断に影響を与える現象が起きています。

1 司法権の概念

76条は,「すべて司法権は,最高裁判所及び法律の定めるところにより設置する下級裁判所に属する」と規定しています。憲法が授権規範であり,かつ制限規範であることから,三権のうち,裁判所の権限の範囲は,「司法権」に限られることになります。

司法権とはどのような権限なのでしょうか。歴史的には,司法は,「民事刑事の裁判」(裁判法2条)でした。明治憲法下での裁判所は,民事裁判と刑事裁判を行っていました。行政裁判は,形式的には行政府に属する行政裁判所が行いました。これは,いわゆる大陸型のしくみです。

日本国憲法では,司法権は,大陸型から,司法審査を行う英米型に転換し,行政訴訟も含めた裁判を行うようになったため,その権限範囲は大きく広がり,この定義は狭すぎるようになりました。司法審査とは,裁判所が,裁判を通じて政治部門を抑制する仕組みです。

通説的には,司法とは,「具体的な争訟について,法を適用し,宣言することによって,これを裁定する国家の作用」だと考えられています(宮沢俊義)。

この定義は,具体的争訟や紛争が存在すること,法を適用・宣言すること,争訟・紛争の裁定・解決へと分解できます。さらにこれに加えて,当事者からの争訟の提起(活動開始の契機の受動性)〔芦部・327頁,渋谷・580頁〕,適正手続の要請等に則った特別な手続〔芦部・327頁〕,独立した裁判〔芦部・327頁〕などの要請が観念されます。

ところで,後に述べるように,裁判所は,実際には,「**具体的争訟**」にあたらない「**客観訴訟**」とされるような事件も判断していることを説明する必要や,ドイツの憲法裁判所のように,具体的な事件の提起を前提としない抽象的違憲審査を日本国憲法の枠組みで行えるようにしては,などの関心から,違ったタイプの司法権の定義を提示する説も新旧あります。明治憲法時代の司法権についての議論の流れとされますが,司法的観念が,歴史的に流動的なので,抽象的違憲審査のようなものも司法権に含まれるという説〔小嶋・495頁〕もありました。また,新しい説として,国民の保護を目的とした法の支配の要請による正しい法の制定と執行を表現した,国民の「裁判を受ける権利」に応えて必要な「裁定」を行うことが司法権の核心だとし,司法とは「適法な提訴を待って,法律の解釈・適用に関する争いを,適切な手続の下に,終局的に裁定する作用」と定義する説もあります〔高橋・367頁〕。

❶ 具体的事件性の要件

通説的な,日本国憲法が,英米法的な司法審査を導入したと判断した判例などを

基礎にした司法権の概念をもとに、説明を進めることにします。

具体的争訟や紛争が存在することは、憲法を受けて裁判所法3条1項が「**一切の法律上の争訟**」と規定しているのと同じ意味だと考えられており、「**具体的事件性の要件**」と呼ばれます。「具体的事件性の要件」は、まず、①当事者間の権利義務関係や、法律関係の存否（刑罰権の存否を含む）に関する紛争が存在することを要します（具体的争訟性の要件）。②また、それが法律を適用して終局的に解決できるものであることを要します（解決可能性の要件）〔芦部・329頁〕。

「公平な第三者が適正な手続きを基盤に、関係当事者の立証と推論に基づく弁論に依拠して決定するという純理性の特に求められる特殊な参加と決定過程」であることが、司法権の本質である〔佐藤・583頁〕と考えられるため、具体的争訟があることがもっとも司法権の発動にふさわしいとされます。

司法権が発動するためには、原則として具体的事件性の要件を満たすことが必要とされます（警察予備隊事件［最大判1952〔昭27〕・10・8民集6巻9号783頁]）。

❷ 具体的争訟性の要件の例外

具体的事件性の要件は、①②が関連して、司法権の中核的な枠組みを決めているので、具体的争訟性に多少問題があるような場合や、具体的争訟性を欠くような事件を、裁判所が権限の範囲内として扱えるかどうかが問題になります。

具体的には、行政事件訴訟法が、法律の定めによって、具体的争訟性がなくとも訴訟を提起できる、**客観訴訟**と呼ばれる類型の訴訟をおいており、その位置づけが問題になるのです。客観訴訟は、個人の利益の保護を目的とする主観訴訟に対して、公益の保護を目的とするもので、**民衆訴訟**（国又は公共団体の機関の法規に適合しない行為の是正を求める、同5条）と**機関訴訟**（国又は公共団体の機関相互間における権限の存否又はその行使に関する紛争、同6条）がこれにあたります。

行政訴訟では、主観訴訟を提起するための要件が厳しく、客観訴訟の活用が考えられたため、具体的争訟性の要件を欠いていても、客観訴訟が憲法的に肯定されるような司法権の定義が考えられています。たとえば、司法権の概念は、具体的事件性の要件を核にして少し幅をもって構成されると考え、法律で例外的に認められた訴訟、言い換えれば、立法府が、裁判所にふさわしい権限として立法政策上付与したものであるとして、肯定する説があります〔佐藤・588頁、性質上、付与できないものもあると考えられています〕。また、何らかの具体的な国の行為を争うので、純粋な抽象審査ではなく、国の行為と提訴権者の権利・利益の侵害の間に一定の関係があると考える説もあります〔芦部・329頁〕。

また、「事件性の要件」を大枠として、その中に、裁判所法3条の「法律上の争訟」（＝「具体的事件性の要件」）を観念し、その間の「空白」は、地方議会が実体的権利を創設して埋めたり、実体的権利を創設できない場合でも、出訴権を法律で設定して埋められるとする説もあります〔渋谷・582頁〕。

ところで、すでに述べたように、そもそも事件性の要件に縛られない司法権を考える立場もあります。抽象的違憲審査のようなものも司法権に含まれるという説〔小嶋・495頁〕がありますし、新しい、司法として「適法な提訴を待って、法律の解釈・適用に関する争いを、適切な手続の下に、終局的に裁定する作用」と定義する説では、（具体的）事件性の要件は、「適法な提訴を待って」という表現で捉え直されているとします。この説では、抽象的な争いの裁定も司法権に潜在的に属するが、司法権への帰属が明らかになるには、「適法な提訴」があったときに、「憲法の人権規定を直接根拠にして、あるいは裁判を受ける権利を媒介にして」出訴が許されるとします。また、立法が具体的権利を創出すれば、それが提訴の根拠となるとします。憲法上も法律上も実体的な権利が与えられていないときは、潜在的な司法権を顕在化させるかどうかは、国会の立法裁量の問題だと考えます〔高橋・367頁〕。この説に対しては、裁判の積み重ねで実体的権利が承認されてきたという権利の生成過程に逆行する、または、近代実定法以前のアクチオ（特定の権利に特定の訴権が結びつく）的な発想だ、という批判があります〔渋谷・582頁〕。

❸ 解決可能性の要件

ふつう、具体的争訟性があるかどうかと、解決可能性の要件を満たすかどうかは、分かちがたい問題であるとされます〔佐藤・585頁〕が、解決可能性の方だけ問題になることもあります。

例えば、事実の存否、個人の主観的な意見の当否、国家試験の合・否、学問や技術上の知識、能力、意見などの優劣や当否を争うものは、具体的争訟性の要件を満たさない上に、法律を適用して終局的に解決できるものではなく、解決可能性の要件を欠き、従って、具体的事件性がないとされます〔芦部・330頁〕。

ところで、宗教上の教義や信仰対象の価値に関する判断は、具体的争訟性の要件を満たさない上に、法律を適用して終局的に解決できるものではないものと、板まんだら事件のように、具体的争訟性の要件を満たすが、解決可能性の要件を欠くものがあるとされます〔芦部・331頁〕。

【判例】板まんだら事件［最判 1981〔昭 56〕・4・7 民集 35 巻 3 号 443 頁〕　宗教団体の元会員であった原告らは，宗教団体が「板まんだら」を安置するための正本堂を建てるために募った寄付に応じました。のちに，原告らは，安置された「板まんだら」が「本尊」ではなかったことが判明したため，寄付が重要な要素の錯誤に基づく無効なものだとして，寄付金の返還を求めて出訴しました。

最高裁によれば，要素の錯誤があったかどうかの判断には，宗教上の価値や教義に関する判断が必要で，ことがらの性質上，法令を適用することによっては解決することができない問題です。この判断は，本件訴訟の帰すうを左右する必要不可欠のものです。本件訴訟は，その実質において，法令の適用による終局的な解決の不可能なもので，裁判所法 3 条 1 項にいう法律上の争訟にあたらない，とされました。

2　司法権の限界

司法権は，裁判所法 3 条 1 項と同じものだとすると，「一切の法律上の争訟」を裁判する権限ですが，いくつか，司法権が行使できないと考えられる例外的な場合があります。

❶ 憲法が明文規定で定めている場合

国会議員の資格について疑義が生じた場合，憲法は，その議員が所属する議院が裁判権をもつことを定めています（55 条）。

また，裁判官の弾劾裁判（64 条）は，国会によって設置される訴追委員会と弾劾裁判所で行われます（国会法 125 条以下，裁判官弾劾法）。

❷ 立法権，行政権との関係からくる限界

◎ **自 律 権**

権力分立のしくみの中では，三権がそれぞれ自律的に活動することが必要です。そのため，司法は，立法や行政の自律に属する事柄については，介入できません。たとえば，法律が適法に成立したのかどうかや〔芦部・332 頁〕，内閣が衆議院解散の決定をしたのかどうかなどは，国会や内閣の自律にまかされ，「司法判断には適さない」とされます〔高橋・369 頁〕。

◎ **立法裁量・行政裁量**

裁判所は，立法や行政が憲法や法律の範囲で活動しているかどうかについて司法

審査をしますが、憲法や法律の枠内で、立法や行政の活動に複数の選択肢がある場合があります。

行政権が、いつ、いかなる行為をすべきかについて、一義的に行政を拘束する行政法規がない場合には、原則的に、**行政裁量**の範囲に属し、司法権は、行政権の行使が憲法や法律の範囲内にあるかだけを判断し、行政行為の当否などは判断しません。しかし、裁量の範囲を逸脱したり、裁量権の濫用が認められる場合には、司法審査が及びます。

立法権も、いつ、どういう立法をするかについて、憲法の範囲内で、**立法裁量**を有すると考えられ、やはり、憲法規範を逸脱したり、裁量権の濫用がない限り、司法権は介入しません。

◎ **統治行為論をめぐる議論**

統治行為は、「直接国家統治の基本に関する高度に政治性のある国家行為」で、法律上の争訟ではあるが、事柄の性質上、裁判所が司法審査をしないものです。アメリカでは政治問題（political question）と呼ばれます〔芦部・333頁、戸松・225頁〕。

統治行為論の説明としては、権力分立に基礎をおく、政治性が強く、司法権が扱いうる法的問題として考えると、問題の本質を外し、適切な解決ができないようなものは、裁判所の権限外だとする説（内在的制約説）と、民主主義論に基礎をおく、政治性が強くても、法的問題として司法権が扱うことは可能ではあるが、むしろ、解決は、政治部門に委ね、最終的には主権者国民が政治的プロセスを通じて解決する方がよいため、司法部門は判断を差し控える方がよいとする説（自制説）があります。これらの説明は排他的でなく、両方の理由が微妙にまざりあったものと考えられます〔統合説、佐藤・644頁、高橋・390頁〕。

統治行為の典型例とされていた、**苫米地事件**〔最大判1960〔昭35〕・6・8民集14巻7号1206頁〕では、天皇の国事行為に対する「内閣の助言」がなかったとして、いわゆる「抜き打ち解散」の有効性が問われましたが、最高裁は、内閣の助言と承認に瑕疵があったために解散が無効なのかどうかは、裁判所の審査権に服さない、としました。「直接国家統治の基本に関する高度に政治性のある国家行為」で、法律上の争訟で司法判断が可能でも、こうした国家行為は「裁判所の審査権の外にあり、その判断は、主権者たる国民に対して政治的責任を負う」政治部門の判断に委され、最終的には「国民の政治判断に委ねられている」としました。そして、この司法権に対する制約は、「三権分立の原理に由来し、当該国家行為の政治性、裁判所の司法機関としての性格、裁判に必然的に随伴する手続き上の制約等にかんが

み」明文規定はないが，「司法権の憲法上の本質に内在する制約」であるとしました。

砂川事件〔最大判1959〔昭34〕・12・16刑集13巻13号3225頁〕では，米軍の立川飛行場の拡張に反対した労組・学生・市民団体が飛行場の境界柵を引き抜き，日米安保条約3条に基づく行政協定に伴う刑事特別法違反（通常の軽犯罪法1条32号より重い）に問われました。被告らは，米軍の駐留が9条2項違反であるとするほか，また，安保条約が9条違反であるとして争ったのですが，最高裁は，安保条約の合憲性について，安保条約は，「主権国としてのわが国の存立の基礎に極めて重大な関係をもつ高度の政治性を有」し，違憲かどうかの判断は，「その条約を締結した内閣およびこれを承認した国会の高度の政治的ないし自由裁量的判断と表裏をなす点がすくなくない」としました。そのため，安保条約の合憲性判断は，「純司法的機能をその使命とする司法裁判所の審査には，原則としてなじまない性質のものであり，従って，一見極めて明白に違憲無効であると認められない限りは，裁判所の司法審査権の範囲外のものであって」，「第一次的には右条約の締結権を有する内閣およびこれに対して承認権を有する国会の判断に従うべく，終局的には，主権を有する国民の政治的批判に委ねらるべきもの」とされました。

統治行為論としては，判例の苫米地事件のように，高度の政治性があって，裁判所の審査権の外，つまり，司法判断が一切できない，とするのが正統派ですが，砂川事件は，（統治行為論と裁量論の混同があるとされます〔高橋・390頁〕），「一見極めて明白に違憲無効であると認めら」れるものについては，司法審査が行われる可能性を留保しています。純粋の統治行為論ではないとされるのですが，司法介入の可能性を留保したことそのものについては，ある程度評価する見解があります〔高橋・391頁〕。あるいは，「一見極めて明白に違憲無効であると認めら」れる場合は，そもそも統治行為の範疇外であるという指摘もあります〔佐藤・647頁〕。

ところで，統治行為論は，司法審査が及ばない例外を認めるものであるため，安易に援用し，拡大を招くことはよくありません。そのため，「議院や内閣の自律性」など，ほかの説明ができるものについては，そのほうがよいとされます。たとえば，苫米地事件は，判例は統治行為論を採用したとされますが，むしろ，内閣の自律性の問題とする方がいいとされます〔高橋・390頁〕。苫米地事件については，自律権に加えて内閣の裁量の問題として説明するものもあります〔佐藤・496頁，戸松・228頁〕。砂川事件についても，米軍は9条2項の禁止する「戦力にあたらない」として，合憲の解釈を示したのだから，統治行為を論ずる必要はなかったとの見解があります〔佐藤・647頁〕。統治行為には独自の内容がなく〔戸松・228頁〕，政治部門の裁量や自律の問題として，説明されうるのではないかとされるのです〔佐藤・646頁，戸松・228頁〕。

3 部分社会論をめぐる議論

❶ 部分社会論から結社の自由へ

　社会にはさまざまな団体があり，その団体の内部ルールがあります。そうした場合，司法権がどこまで介入すべきかという問題があります。

　このような問題は，**部分社会の法理**として議論され，判例に導入されました。最高裁は，地方議会議員の除名処分は司法審査の対象になるとしてきたのですが〔最判 1951〔昭 26〕・4・28 民集 5 巻 5 号 336 頁など〕，村会議員出席停止事件〔最大判 1960〔昭 35〕・10・19 民集 14 巻 12 号 2633 頁〕では，地方議会が議決をして，議員を 3 日間の出席停止の懲罰に付したことについて司法審査ができるかが問題になりました。最高裁は，「自律的な法規範をもつ社会ないし団体に在っては，当該規範の実現を内部規律の問題として自治的措置に任せ」，必ずしも司法審査が適当でないものがあって，出席停止のような懲罰問題はそれにあたるとしました。この事案は，除名とそれ以外で司法介入ができるかどうかを分けたとされますが，むしろ，国会と地方議会には大きな違いがあるものの，政治部門の自律権の問題に準ずると考えるべきだという指摘もあります〔佐藤・594 頁〕。富山大学単位不認定等違法確認請求事件〔最判 1977〔昭 52〕・3・15 民集 31 巻 2 号 234 頁〕では，大学は，国公立でも私立でも「一般市民社会とは異なる特殊な部分社会を形成」し，「一般市民法秩序と直接の関係を有しない内部的問題にとどまる限り」は「司法審査の対象にはならない」としました。そして，大学の単位認定は，原則として司法審査の対象外だが，一般市民法秩序と直接の関係を有すると認める「特段の事情」があれば別であるとし，専攻科の修了認定行為については，「学生が一般市民として有する公の施設を利用する権利」にかかわる問題として，司法審査の対象となるとしました。この判例によって「部分社会の法理」が判例上確立したとされます〔佐藤・595 頁〕。さらに政党からの除名処分についても，政党の議会民主主義にとっての重要性にかんがみ，結社の自由を保障するとともに，政党には「高度の自主性と自律性を与えて自主的に組織運営をなしうる自由を保障しなければならない」として，「政党の内部自律権に属する行為は，法律に特別の定めのない限り尊重すべき」で，除名その他の処分の当否は，「原則として自律的な解決に委ねるのを相当とし」，それが「一般市民法秩序と直接の関係を有しない内部的な問題にとどまる限り裁判所の審判権は及ばない」としました。また，この処分が一般市民としての権利利益を侵害する場合でも，その当否は政党の自律的規範が公序良俗に反するなど特段の事情のない限り，規範がないときは条理に基づき，適正な手続に則

ってされたか否かによって行われたかについて決めるべきで，司法審査もこの点に限られるとしました。そして，本件では手続的な違法はないとして，除名処分を有効としました［最判1988〔昭63〕・12・20判時1307号113頁］。

　しかし，部分社会内部の問題については，なぜ司法審査の対象とならないのか，そして，それはいつも司法審査の対象にならないのかが，つねに議論になってきました。

　今では，むしろ，こうした問題は，主に21条の結社の自由の問題として議論されるべきだと考えられています〔佐藤・595頁〕。

　結社の自由は，結社の内部の問題を，自治的に処理する権利を含みます〔高橋・342頁〕。これについて争いが生じた場合，司法的な介入をすべきかどうか，さらに，どのような審査をすべきかが問題になりますが，それぞれの団体の目的・性質（強制加入かどうかなど）・機能や憲法上の根拠(20条，23条，21条，28条，93条など)・紛争や争われている権利の性質等を考慮に入れて個別具体的に検討しなくてはならない〔芦部・335頁〕，「結社その他の存在の目的，性格，機能，紛争の性格ないし深度等々に照らし，個別具体的に判断されるべき」〔佐藤・595頁〕とされます。また，少し踏み込んで，「裁判所は結社内部のルールが公序良俗の観点から許容しうるかどうか」，および，許容できるとして「内部処理がそのルールに従って行われたという主張が尊重しうるか」については判断できる〔高橋・343頁〕との議論があります。

❷ 宗教団体内部の紛争

　このほか，結社の自由との関係では，宗教団体の内部紛争が問題になってきました。結社の内部の問題であるという事に加え，さらに宗教的な問題に裁判所が踏み込めるかという問題があります。

　これについて，判例には，むしろ，**具体的事件性の要件との関係で**，(住職としての) 宗教的な地位の確認を求め，法律上の権利関係の確認を求めるものではないとして却下されたものがあります［最判1969〔昭44〕・7・10民集23巻8号1423頁］。しかし，宗教上の地位でも，それが宗教団体の代表役員としての地位や具体的な権利義務関係に関わる紛争の前提問題としてであれば，「宗教上の教義」の解釈にかかわるようなものでない限り，司法審査の対象になるとされました［最判1980〔昭55〕・1・11民集34巻1号1頁］。同様の立場から，住職の選任手続を審査し，条理に適合するとした原審を支持した判断がありました［最判1980〔昭55〕・4・10判時973号85頁］。

　ところが，板まんだら事件（☞前出）は，訴訟の核心が宗教上の教義にかかわる場合には，法令を適用して終局的解決ができないとして，司法審査をしませんでした。後続の蓮華寺事件［最判1989〔平元〕・9・8民集43巻8号889頁］は，懲戒処

分の効力が前提問題となった具体的権利義務や法律関係をめぐる問題で，「板まんだら」判決に従い，法律上の争訟にあたらないとして，やはり司法審査をしませんでした。この事件では，懲戒権者（日蓮正宗管長）が，前法主から「血脈相承」を受けたかどうかや，被処分者の言説が異説かどうかが問題になっていました。

　現在の最高裁の考え方の背後には，**政教分離（20条）**の観点から，司法権は介入すべきではないという考え方があるという見方があります〔渋谷・602頁〕。また，学説にも，司法権とは何かという点からくる司法の内在的制約である具体的事件性の要件の問題というよりは，政教分離の観点からの制約だと考える立場があります〔高橋，370頁〕。しかし，これに対しては，政教分離原則は，裁判所に宗教的中立を求めるもので，宗教問題からの逃避を認めるわけではないとの批判があります〔渋谷・588頁〕。

　それで，本筋にもどるのですが，こうした，具体的事件性を欠く事件は，司法審査の対象にならず，却下されるべきだとする説がある一方で，具体的な紛争がある以上，宗教上の事項については団体の決定にゆだね，それが公序良俗等に反しない限り，それを基礎に本案判決をすべきだとする説などがあります〔佐藤・596頁〕。

【引用・参考文献】
芦部信喜〔高橋和之補訂〕『憲法〔第5版〕』（岩波書店，2011年）
佐藤幸治『日本国憲法論』（成文堂，2011年）
渋谷秀樹『憲法』（有斐閣，2007年）
初宿正典『憲法2〔第2版〕』（成文堂，2002年）
辻村みよ子『憲法〔第4版〕』（日本評論社，2012年）
戸松秀典『憲法訴訟〔第2版〕』（有斐閣，2008年）
野中俊彦＝中村睦男＝高橋和之＝高見勝利『憲法II〔第5版〕』（有斐閣，2012年）
長谷部恭男『憲法〔第5版〕』（新世社，2011年）

●演習問題
❶ Xは在野の研究者で，長年，地元に点在する高台の縄文時代の集落遺跡を研究していて，出版もあります。ところが，道路建設のため，遺跡の1つが取り壊されることになりました。Xが，工事の差止訴訟を提起したら，裁判所は判断を下すことができるでしょうか。
❷ Xは，資格試験の合格を祈願し，お払いをしてもらい，高価なお守りをある宗教施設で買いました。しかし，試験には合格しなかったので，「これは，詐欺ではないか」と考えはじめました。Xが不当利得返還請求訴訟を提起したとして，裁判所は，判断を下すことができるでしょうか。

chapitre 17-2

裁判所の組織と活動原則

　最高裁判所の裁判官の任命方法をかえることは，しばしば議論にのぼります。下級審が活発に違憲判決を下すのに対し，最高裁では，（このところ，いくつかの違憲判決が下され，活性化しているのですが，）長く1つの政党が政権の座にあり最高裁の人事を支配したこともあり，ほとんど違憲判決が下されなかったことなどが問題視されてきたのです。また，最高裁は，かならずしも法律の専門家のみで構成されているのではありません。そうした構成が，最高裁の消極的な権限行使のあり方にかかわっているかもしれません。

　さて，日本国憲法が，裁判所の組織と権限について，どのような規定をおいているかみてみましょう。

1 裁判所の組織

❶ 裁判所の組織

　日本国憲法の下での裁判所には，**最高裁判所と下級裁判所**があります。76条1項は，司法権は「最高裁判所及び法律の定めるところにより設置する下級裁判所に属する」とされています。どのような下級裁判所を設置するかは，**法律によること**になりますので，これをうけた裁判所法が，下級裁判所として，高等裁判所，地方裁判所，家庭裁判所，簡易裁判所（同2条）を設置しました。家裁は，家庭事件や少年事件の審判のために設けられていて，簡裁は，少額軽微な事件を簡単・迅速に裁判します。

　裁判所には，**審級関係**があります。下級の裁判所の裁判に不服のある訴訟の当事者は，上級審に不服の申し立てができ，上級審は理由ありとするときは，下級審の裁判を取り消し，変更することができます〔佐藤・600頁〕。訴訟の当事者は，一般的には，2回上訴できる**三審制**がとられています〔芦部・337頁，渋谷①・617頁〕。

❷ 特別裁判所の禁止

　日本国憲法の下では，司法権はすべて通常の司法裁判所が行使します。

　76条2項は，「特別裁判所は，これを設置することができない。行政機関は，終審として裁判を行ふことができない」としています。特別裁判所とは，**特定の地域・身分・事件等に関して**〔渋谷①・616頁〕，通常の裁判所の系列から独立した裁判所をいいます。家庭裁判所など，特別の管轄，つまり裁判権の分担の定めをもつ裁判所のことではありません［最大判1956〔昭31〕・5・30刑集10巻5号756頁〕。なぜ特別裁判所が禁止されるのかという理由としては，「法廷の平等という意味の公平・平等の原則，司法の民主化，法解釈の統一」〔渋谷②・334頁〕が挙げられています。

　特別裁判所の具体例としては，明治憲法下の行政裁判所，旧植民地に置かれた法院，軍法会議，皇室裁判所などがあります。

❸ 行政機関による終審裁判の禁止

　さて，76条2項は，「行政機関は，終審として裁判を行ふことができない」としています。この規定は，明治憲法の下で，司法裁判所とは別系統の行政裁判所が設置されていたことを念頭に置いています。76条2項によれば，**行政機関は，前審としてなら「裁判」を行うことにさしつかえありません**。行政不服審査法のもとで，行政機

関は、行政処分についての審査請求や異議申立てに対して、裁決や決定を行っています。裁決や決定が誤っていれば、裁判所がこれを覆せることが、76条2項の意味です。

行政機関による裁判の中で、特に問題になるのが、独立行政委員会の準司法手続など、いくつかの手続に、アメリカ法にならって、実質的証拠の法則が導入されていることです〔佐藤・598頁〕。例えば、独占禁止法の80条は、公正取引委員会の審決の取消しの訴えが裁判所に提起された場合には、公正取引委員会の認定した事実は、これを立証する実質的な証拠があるときには、裁判所を拘束すると規定しています。専門的な判断のできる行政機関が、準司法的な手続きで事実認定する制度そのものは、優れた点がありますが、行政機関の事実認定に裁判所が拘束されても、「司法権」がすべて裁判所に属するとした76条1項と矛盾しないのでしょうか。

「司法権」の本質は、法の宣言・維持（法の適用）なので、事実認定が適正手続で行われる限り、裁判所が拘束されても違憲ではないと考える説もあります（事実認定権非包含説）〔小嶋・485頁、佐藤・597頁〕が、一般には、事実認定も司法権の一部だと考えられています〔芦部・337頁、高橋・348頁〕。このような立場からは、裁判所は、事実認定の基礎となる実質的証拠の有無を裁判所が判断するのだから、行政機関の認定した事実に絶対的に拘束されるのではなく、裁判所の事実認定権が否定されるわけではないと考えます。

4 最高裁判所

◎ 最高裁判所の構成

最高裁判所は、76条1項で設置が憲法により直接求められている裁判所で、81条によれば、違憲審査も行う終審裁判所です。

79条1項によれば、最高裁判所は、長たる裁判官、つまり最高裁判所長官と、法律で定められた人数の最高裁判所裁判官で構成されます。最高裁判所裁判官の数は、裁判所法5条が14人と定めています。

最高裁判所長官は、内閣の指名に基づき、天皇が任命します（6条2項）。そのほかの最高裁判所裁判官は、内閣が任命します（79条1項）。

最高裁の裁判官は、「識見の高い、法律の素養のある年齢四十年以上の者」の中から任命し、そのうち10人は一定の期間所定の法律専門職の経験を有するものでなければならないとされます（裁判所法41条）。必ずしも法律家でなくてもよいわけです。

最高裁判所長官や、最高裁の裁判官の任命制度は、権力分立にもとづく抑制と均衡の制度の一つで、内閣に裁判所に対する抑制をなすことを認めたものと考えられ

ています。しかし，戦後，政権交代がない時期が長く続き，最高裁が同じ政党の影響下に長くおかれたため，最高裁の違憲審査は充分に機能しませんでした。そのため，最高裁判所が発足した当時に設置されたものの，内閣の責任を不明確にするという理由で廃止された「裁判官任命諮問委員会」のような，非党派的な選考委員会や諮問委員会を設立してはという意見もあります〔樋口他・58頁（浦部）〕。しかし，これには，内閣の憲法的な権能に干渉するという反対もあります〔佐藤・601頁〕。

最高裁の裁判官には，定年があり（79条5項），70歳が定年となっています（裁判所法50条）。最高裁裁判官には，裁判所の独立の観点からの**身分保障**があり（78条），定期に相当額の**報酬**を受けますが，在任中は減額できません（79条）。最高裁裁判官は，国民審査の結果，罷免されることがあります（79条2項，3項）。

◎ 最高裁判所の権能

最高裁は，①「上告」と，「訴訟法が特に定める抗告」についての裁判権（裁判所法7条），②違憲審査権（81条）（☞後出17-3違憲審査），③裁判所規則制定権（77条），④下級裁判所の裁判官の指名権（80条1項），⑤司法行政監督権（裁判所法80条）を有します。

①については，最高裁判所は，通常の系列の裁判所の最高裁として，法令の解釈を統一する役割を負います。②については後に述べます（☞後出17-3）。最高裁判所の審理と裁判は，大法廷または小法廷で行われます（裁判所法9条1項）。大法廷では15人の裁判官全員が合議で判断します。小法廷は，最高裁の定める員数（3人以上）の裁判官の合議で，最高裁には3つの小法廷がおかれ，それぞれ5人の裁判官で構成されています。違憲審査を行う場合（意見が前の大法廷の合憲判決と同じ場合は除く），違憲判断をする場合，最高裁の判例を変更する場合は，大法廷で判断しなくてはなりません（裁判所法10条）。

③の裁判所規則制定権は，裁判所の自律のため，また専門性を理由として，重要な権能として，最高裁判所に与えられたものです。実質的な立法権で，国会中心立法の原則（41条）の例外にあたります。規則制定権は，「訴訟に関する手続」，「弁護士」，「裁判所の内部規律」，「司法事務処理」に及びます。

裁判所規則制定権をめぐっては，裁判所規則と法律が競合したとき，どちらが優位するかという議論があります。

このうち，「訴訟に関する手続」ですが，31条〔佐藤・612頁〕やその他の権利との関係，また，41条の国会中心立法の原則から〔辻村・458頁〕，訴訟手続の基本原理や構造については，法律で定める必要がありますから，法律がないところでは規則で

定めることができると考えられています（法律優位説）。また，「弁護士」の資格は職業選択の自由にかかわる法律事項なのですが，弁護士が訴訟に関係する場合の職務上の規則は，裁判所規則で定めることができると考えられています〔佐藤・612頁，辻村・458頁〕。「裁判所の内部規律」，「司法事務処理」は，裁判所の自律権の確認です〔佐藤・612頁〕。「裁判所の内部規律」，「司法事務処理」については，最高裁が規則で決めるべき専属事項であると考える説もあります（一部専属事項説）〔佐藤・612頁〕。

◎ 国民審査

　最高裁判所の裁判官は，任命後初めて行われる衆議院議員選挙の際に国民審査をうけます。また，その後10年経過するごとに，初めて行われる衆議院議員選挙の際に，国民審査に付されます。そして，「投票者の多数が罷免を可とするとき」は，その裁判官は罷免されます。裁判官の任命が内閣の恣意にわたらないよう〔渋谷①・614頁〕，民主的コントロールを及ぼすため〔芦部・340頁〕です。

　この制度の法的性質，つまりどういう性格のものなのかについて，罷免を規定した，国民解職制とする説（リコール説）〔最大判1952〔昭27〕・2・20民集6巻2号122頁〕，最高裁裁判官の任命行為を完成（追完）・確定または事後審査する任命確定行為と捉える説（任命確定行為説），国民解職制ととらえるが，他の側面ももつとする説（折衷説）があります。任命後一回目の審査では，内閣の任命を国民が確認する意味も含まれるとするのです〔渋谷①・615頁〕。

　国民審査は，審査を受ける最高裁裁判官の名前を並べて記載する連記式で行われ，罷免を可とする裁判官に×印をつける形で行われています（最高裁判所裁判官国民審査法14条，15条）。リコール制を前提にするなら，当然の方法とされますが〔最大判1952〔昭27〕・2・20民集6巻2号122頁〕，信任を○，不信任を×，棄権は何も書かないという方法がよりよいと議論されています。×だけを書く方法では，信任票と棄権票の区別がつかず，何も書いていないとすべて信任票に数えられてしまうためです〔辻村・464頁〕。なお，すべての裁判官について審査を棄権する場合は，投票用紙をうけとらないことが認められています（選挙管理委員会通知，昭和30年7月17日付）〔渋谷①・616頁〕。

　国民審査は，全国的に行われ，費用もかかるのに，×印が有効投票の1割に満たず，実効性に問題がある〔辻村・464頁〕ことが議論され，廃止したほうがいいという議論もあります。しかし，ほかに国民の民主的なコントロールの手段がなく，重要な意義をもつことから，工夫によってより実効的な制度にすることが求められています〔芦部・341頁，辻村・464頁〕。

5 下級裁判所

◎ 下級裁判所の組織・構成・権能

76条1項は，最高裁の他に，「法律の定めるところにより設置する下級裁判所」が作られることを定めています。高等裁判所，地方裁判所，家庭裁判所，簡易裁判所（裁判所法2条）がおかれています（図17-2-1参照）。これらの裁判所は，法律の定める範囲内で裁判権をもちます。また，司法行政事務を行います。

高等裁判所は，全国に8つあり，法律の定める控訴・抗告・上告（簡易裁判所に訴訟が提起された場合）について裁判権をもちます（裁判所法16条・17条）。裁判は，原則として3人の裁判官による合議で行われます（同18条）。

地方裁判所は，都道府県県庁所在地などに設置されていて，通常の事件の第一審を担当します。簡易裁判所に訴訟が提起された場合には，控訴審になります（同24条）。事件は，1人が原則ですが，性質によって，3人の裁判官の合議で行われることもあります。なお，裁判員裁判が行われる場合には，原則として裁判官3名と裁判員6名からなる合議体で裁判が行われます。

家庭裁判所は，家事審判法で定められた家庭に関する事件，少年事件（少年法）などの裁判権をもちます（裁判所法31条の3）。原則として1人の裁判官が事件を判断します。

簡易裁判所は，民事事件では，行政事件をのぞき，訴額が140万円を超えない事件，刑事事件では，罰金以下の刑または選択刑として罰金が定められている罪など，比較的軽微な事件の第一審裁判権をもちます（同33条1項）。刑事事件では，原則として禁錮以上の罪を課すことはできません（同2項）ので，それ以上の刑罰を課すときは，地方裁判所に事件を移さねばなりません（同3項）。

◎ 下級裁判所の裁判官

下級裁判所の裁判官の任命は，「最高裁判所の指名した者の名簿によって」内閣が行います（憲法80条1項）。内閣が裁判所の指名を拒否できるかどうかですが，実質的な人事権をもつ最高裁判所の指名に従うのが原則で，任命資格（同42条～45条）を明白に欠く場合以外は拒否できないとする説〔辻村・462頁〕，恣意的拒否は許されないが，拒否できるとする説〔佐藤・603頁〕があります。

下級審の裁判官の任期は10年で，再任されることができます。裁判官には，定年があります（65歳，簡易裁判所は70歳）（80条1項）。裁判官は，裁判所の独立の観点からの身分保障があり（78条），定期に相当額の報酬を受けますが，在任中，

これを減額することもできません（80条）。

　80条1項の「再任されることができる」という文言ですが、再任は、任命権者（指名権者）の自由裁量だとする説と、裁判官の身分保障の点から、それでは不充分なので、特段の事由がない限り当然再任されるべきだという説（羈束(きそく)裁量説）〔芦部・338頁〕、裁判官には身分継続の原則があり、10年ごとに（78条にあたる）不適格者の再任を拒否できるのみだとする説（身分継続説）があります。最高裁は、自由裁量説をとり、再任を拒否した場合も再任拒否理由をあきらかにしていません。

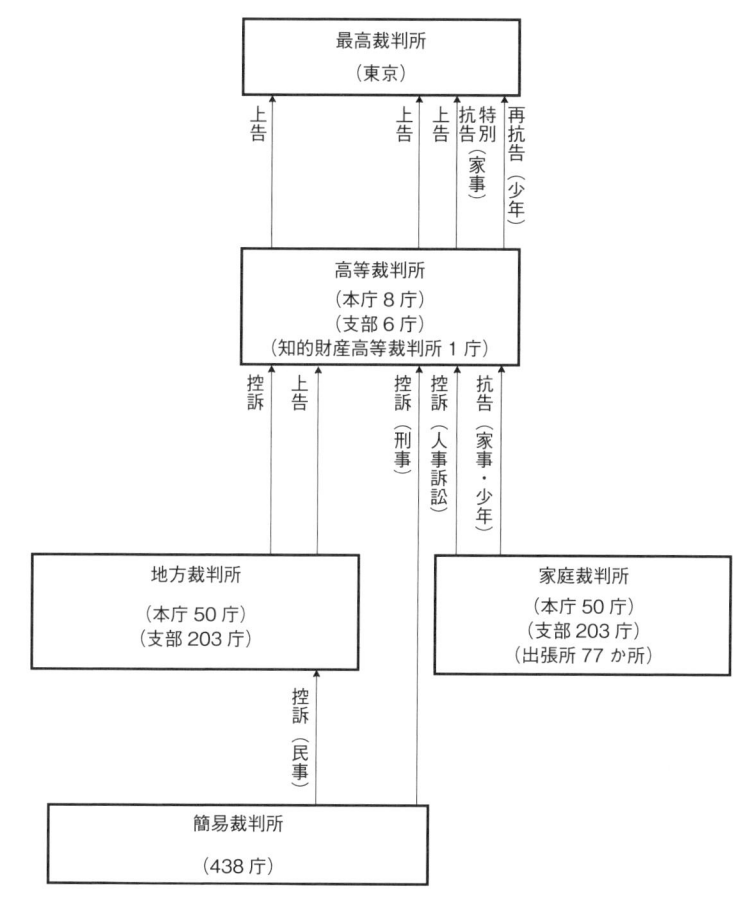

図17-2-1　裁判所 HP
（http://www.courts.go.jp/about/sosiki/gaiyo/index.html；2012年7月30日最終アクセス）から転載

◎ 裁判員裁判

　地方裁判所では，2004年に成立し，2007年から施行された裁判員法によって，**裁判員裁判**が行われています。裁判員裁判は，死刑又は無期の懲役若しくは禁錮に当たる罪にあたる事件と，これ以外でも故意に被害者を死亡させた事件を対象とします（裁判員法2条1項）。裁判員裁判が行われる場合，裁判所は，原則として，3名の裁判官と，6名の裁判員で構成され（同2条2項），裁判官と裁判員は，事実認定，法令の適用及び量刑を合議で行います（同6条1項）。決定方法は，裁判官と裁判員の合議体の過半数で，裁判官及び裁判員のそれぞれ1人以上が賛成する意見によります（同67条1項）。裁判員の選任は，まず，選挙人名簿に登録されている者からくじで選んで，候補予定者名簿が作られ（同20～25条），裁判の際に名簿に基づいて裁判員候補者をくじで呼び出し（26～28条），裁判官の指揮で裁判員の選任手続が行われます（同32～34条）。

　この制度は，「司法が確かな国民的基盤に立つことによって，政治部門に対するより有効な抑制・均衡の力を発揮しうること」を目指したものとされます〔佐藤・580頁〕。また，司法への国民参加が民主主義の質を高める，とされます〔渋谷①・628頁〕。その一方，司法と国民主権を安易に結びつけ，多数派が国民主権の名の下に裁判所を操作する道を開く危険がある，被告人の権利・自由への影響が充分に検証されていない〔渋谷①・628頁〕と批判されます。

　憲法的な問題としては，①憲法に陪審員や裁判員の規定がなく，80条が専門裁判官だけを前提とした規定をおいている，そのため，裁判員制度を導入するには，憲法改正を要する，②裁判官の判断による結論が，裁判員の判断によって覆されることが，76条3項の司法権の独立に反する，また，③被告人の公平な裁判所で裁判を受ける権利（32条，37条）を侵害する，との批判があります。

　しかし，①諸外国の例を見ても裁判員の導入は**法律事項**とする説もあり〔渋谷①・629頁〕②従来から，**裁判官の職権行使を制限する制度がある**（上級審の裁判に拘束力がある，合議体での裁判など）ことから，必ずしも76条3項違反ではなく〔渋谷①・629頁〕，③日本国憲法が書かれる際，明治憲法の規定と，陪審制の経験を踏まえ，「裁判官」ではなく，「裁判所において裁判を受ける権利」の表現が選ばれたこと〔佐藤・604頁〕，**憲法は一般私人を裁判所の構成員から排除しておらず**，裁判所法41条も，最高裁判所の裁判官の任用資格について，5名までは非法律家でもよいとしていることもあり，裁判員裁判にかかる規定が整備されていて，裁判が公平性に欠けるということもない〔渋谷①・628頁〕，とされます。2011年には，最高裁判所が，裁判員制度が76条1項，2項，3項や80条，また，31条，32条，37

条1項など多くの憲法規定に違反することが争われた裁判で，全員一致で合憲の判断を下しています〔最大判2011〔平23〕・11・16刑集65巻8号1285頁〕。

　最近の統計では，裁判員裁判では，量刑が重くなり，一方で執行猶予が付けられる場合が多くなったとの報告があります。「司法の基盤強化」や「民主主義の質を高めること」が，被告人の権利・自由を犠牲にしたものであってはなりません。そうした観点から，制度に検討を加え，必要な修正を加えることが求められます。

2　裁判の公開

　実際に裁判所が活動する際には，**裁判の公開**が重要なルールです。裁判の公正を確保するためには，その重要な部分が公開される必要があります〔芦部・343頁〕。

　82条が裁判の公開を定める一方で，刑事被告人には，37条1項が，「公開の裁判を受ける権利」を保障しています。また，21条1項の「知る権利」の観点からも，裁判の公開は重要です。

　最高裁は，82条は，「裁判を一般に公開して裁判が公正に行われることを制度として保障」し，「各人が裁判所に対し，傍聴することを権利として要求することまでをも認めたものでない」とし，**裁判の公正を客観的に担保するものだ**としています（レペタ事件〔最大判1989〔平元〕・3・8民集43巻2号89頁〕）。この裁判は，傍聴人が法廷でメモをとる権利が争われたものですが，82条は，最高裁はそのような**権利**まで具体的に保障したものではないとしつつ，メモは，特段の事情のない限り傍聴人の自由に任せるべきで，それが「21条1項の規定の精神に合致する」と判断しています。

　82条は，「裁判の対審」と「判決」を公開法廷で行う，としています。「対審」とは，裁判官の面前で，当事者が，口頭で主張を述べあうことをいいます。民事訴訟では口頭弁論，刑事訴訟では公判手続です〔芦部・343頁〕。「判決」は，裁判所の行う判断のうち，対審を踏まえた，当事者の申し立ての本質に関わる判断とされます〔佐藤・606頁〕。

　「公開」の意味ですが，訴訟関係人だけでなく，一般に公開される，という意味です。

　具体的には，**傍聴**ですが，不特定かつ相当数の者が傍聴できるようにせねばなりません〔渋谷①・622頁〕。しかし，傍聴席の数など物理的な理由での制約や，裁判長が法廷の秩序を維持するため必要と認めたとき，一定の制約を加えること（裁判所傍聴規則1条，裁判所法71条2項）は，公開原則に反しないと考えられています。また，傍聴以外にも，テレビやラジオなどの放送を通じた法廷外への公開が許され

るかどうかという問題があります。これは，取材の自由の限界にかかわる問題とされます〔渋谷①・622 頁〕。新聞記者の写真撮影が問題になった事件で，刑事訴訟法規則 215 条で，写真撮影の許可を裁判所の裁量に委ねるのは，憲法に違反しないとした判例があります［最大判 1958〔昭 33〕・2・17 刑集 12 巻 2 号 253 頁］。これらは，訴訟当事者の公正な裁判に対する権利，国民の「知る権利」，そして，裁判所の公正な裁判運営に対する要請を，どのように調整するかの問題だと指摘されます〔渋谷①・622 頁〕。

公開を要する「裁判」については，非訟事件や家事審判手続は含まれないとされています。「裁判」の定義から外れるためで，問題は，どういう場合に訴訟手続によらなければならないかです。判例は，当事者の意思にかかわらず，**当事者の主張する権利義務の存否を確定することを目的とする「性質上純然たる訴訟事件」**には，公開原則が適用されるとしています［最大決 1960〔昭 35〕・7・6 民集 14 巻 9 号 1657 頁］。

82 条 2 項は，公開の例外を定めています。「裁判所が，裁判官の全員一致で，公の秩序又は善良な風俗を害する虞があると決した場合」は，対審を公開しないことができます。また，82 条 2 項但書は，「政治犯罪，出版に関する犯罪又はこの憲法 3 章で保障する国民の権利が問題となつてゐる事件」のときは，「対審は，常にこれを公開しなくてはならない」としています。

最近，この領域では，刑事事件でのビデオリンク方式による証人尋問［最判 2005〔平 17〕・4・14 刑集 59 巻 3 号 259 頁］や，2001 年に民事訴訟が改正され，一定の機密文書（民訴 220 条 4 号イ〜ニ）につきイン・カメラ・レビューが導入されたこと（民訴 223 条 6 項）などが新しい進展です。また，人事訴訟法で，訴訟当事者や証人が，私生活上の重大な秘密を陳述することで社会生活に著しい支障が生じるため，充分な陳述ができず，他の証拠のみでは適正な裁判ができないとき，裁判官の全員一致の決定で尋問を公開しないこと（人訴 22 条）が認められました。

3 司法権の独立

公正な裁判の実現や，それによる人権の保障のためには，**司法権の独立**が不可欠です。司法権の独立は，2 つの意味をもちますが，まず，**司法権が立法府や行政府から独立し，干渉されずに裁判を行うことを意味します**（司法権の政治部門からの独立）。旧憲法下では，司法権独立の原理を前提としたわけではないのですが，大津事件（1891 年）の裁判にあたって，外交的配慮から大逆罪による死刑を求める政府に，大審院長児島惟謙が，担当判事を励まして抵抗し，旧憲法の普通謀殺未遂罪

で無期徒刑とした例が知られています（ただし，日本国憲法の原理からすると，大審院長が，担当裁判官の判断に介入するのは，後に述べる裁判官の職権の独立を侵すことになり，よくありません）。

　もう1つは，裁判官が裁判をするにあたって，独立して職権を行使することで，**裁判官の職権の独立**と呼ばれます。司法権行使の核心は，この裁判官の職権行使の独立です〔芦部・346頁〕。これを果たすために，憲法は，**裁判官の身分保障の規定**をおいています。

　また，**裁判所規則制定権（77条），下級裁判所の裁判官の指名権（80条1項），行政機関による裁判官の懲戒処分の禁止（78条）**〔芦部・346頁〕，裁判所を中心とする**司法行政権**など〔佐藤・615頁〕は，裁判所の自主性を確保し，裁判所の独立に資するものです。

◎ **裁判官の職権の独立**
　76条3項は，「すべて裁判官は，その良心に従ひ独立してその職権を行ひ，この憲法及び法律にのみ拘束される」と定めています。これについて，ここでいう裁判官の「良心」とは何かについて議論があります。通説は，ここでの「良心」とは，裁判官の個人的な主観的良心ではなく，**客観的な「裁判官としての良心」**だとするものです〔芦部・346頁〕。これに対し，19条，76条の「良心」はともに主観的・個人的良心で，究極的には法律の解釈・運用も，個人の主観的良心に依拠する部分があると考える説（主観的良心説）〔杉原・376頁〕もあります。

　また，「独立して職権を行ひ」とは，裁判の公正をたもつために，裁判官が他の何ものの指示・命令も受けずに，自らの判断に基づいて裁判を行うことです。政治部門からだけではなく，上級審を含む，司法内部の指示・命令も排除されなければなりません〔芦部・346頁〕。こうした例として，**平賀書簡事件**（1969年）があります。長沼ナイキ訴訟の第一審で，札幌地裁の所長が事件担当の裁判長に私信を送り，自衛隊の違憲訴訟に影響を与えようとしたことが問題になりました。また，**吹田黙祷事件**（1953年）では，法廷で被告人らが朝鮮戦争の犠牲者に黙祷を捧げたのを裁判長が黙認した訴訟指揮が批判され，国会で裁判官弾劾の訴追委員会の動きが起こり，最高裁も通達を出して間接的に非難したことが問題視されました。

　また，「独立して職権を行ひ」ということには，直接的な指示・命令だけでなく，事実上，他の機関から裁判について重大な影響をうけないということも含まれます〔芦部・347頁〕。これについては，議院の国政調査権による並行調査や，裁判官の再任拒否などの問題があります。具体的には，**浦和事件**（1949年）で，浦和地裁の下し

た母子心中事件の量刑が軽すぎると批判して，参議院法務委員会が国政調査権を行使し，司法権の独立を害するおそれがあるとして問題になった事例が挙げられます。

また，一般国民やマスメディアによる裁判批判が問題になることもありますが，これは，表現の自由の問題でもあり，直接的に裁判官に圧力を加えたり脅迫したりしない限りは，排除されてはならないと考えられます〔辻村・453頁〕。

◎ 裁判官の身分保障

裁判官の職権の独立，ひいては司法権の独立のために，憲法は裁判官に手厚い身分保障の規定を置いています。78条は，「裁判官は，裁判により，心身の故障のために職務を執ることができないと決定された場合を除いては，公の弾劾によらなければ罷免されない。裁判官の懲戒処分は，行政機関がこれを行ふことはできない。」と定めます。また，最高裁，下級裁判所の裁判官が「定期に相当額の報酬をうけ」，「在任中これを減額することができない」（79条6項，80条2項）という保障をおいています。これをうけて，裁判所法48条が，公の弾劾，最高裁判事の国民審査に依る場合，心身の故障による分限裁判による以外は，裁判官の意に反して，免官・転官・転所・職務の停止または報酬の減額をされないことを定めています。公の弾劾ですが，64条は，「弾劾に関する事項は法律で定める」としていて，これをうけて国会法と裁判官弾劾法が手続や組織を決めています（☞前出14-2）。これによると，弾劾裁判所は国会に設けられ，これは，両議院の議員各7人で構成されます。弾劾裁判の手続は，両議院の議員各10人からなる訴追委員会の訴追をまって開始されます（国会法125条，126条，裁判官弾劾法5条，16条）。罷免の理由は，「職務上の義務にいちじるしく違反し，又は職務を甚だしく怠ったとき」または「その他職務の内外を問わず，裁判官としての威信を著しく失うべき非行があったとき」（裁判官弾劾法2条）です。これらの事由があるとされると，弾劾裁判所の裁判員の3分の2以上の多数の意見によって，裁判官は罷免の宣告を受け，罷免されます（同31条2項，37条）。

分限裁判は，78条の裁判官が罷免される「心身の故障のために職務を執ることができないと決定された場合」をうけて，裁判官分限法によって定められているものです。分限裁判は，裁判所の訴訟手続により，高等裁判所の「5人の裁判官の合議体」または最高裁の大法廷で行われます（裁判官分限法3条，4条）。分限上の罷免の要件は，「回復の困難な心身の故障のために職務を執ることができないと裁判された場合及び本人が免官を願い出た場合」とされ，心身の故障は，相当長い期間にわたり継続することが確実に予想される場合でなくてはならず，一時的な故障は

含まれないし、職務遂行に支障がなければ、これにあたりません〔辻村・454頁〕。

「裁判官の懲戒処分は、行政機関がこれを行ふことはできない」（78条）と定められています。裁判官の懲戒は、「職務上の義務に違反し、若しくは職務を怠り、又は品位を辱める行状があつたとき」（裁判所法49条）に、裁判官分限法によって、分限裁判と同じ手続で行われます。懲戒は、戒告または1万円以下の過料（裁判官分限法2条）です。事案としては、裁判官の政治活動に対する懲戒事件があります（寺西裁判官事件〔最大決1998〔平10〕・12・1民集52巻9号1761頁〕）。

日本の裁判官には、定年が設けられています。最高裁の裁判官の定年（79条5項）は、70歳（裁判所法50条）です。下級審の裁判官は任期10年で、再任されるのですが、下級審裁判官にも、定年があります（65歳、簡易裁判所判事は70歳）（80条1項）。たとえばアメリカでは、連邦裁判官は一旦任命されたら終身制で、転官も転所もなく、裁判官の職権の独立をより強めた設計ですが、日本の裁判所は、人的にはより短期に入れ替わる特徴があるといえます。

【引用・参考文献】

芦部信喜〔高橋和之補訂〕『憲法〔第5版〕』（岩波書店、2011年）
小嶋和司『憲法概説』（信山社出版、2004年）
佐藤幸治『日本国憲法論』（成文堂、2011年）
渋谷秀樹『憲法』（有斐閣、2007年）〔渋谷①〕
同『日本国憲法の論じ方』（有斐閣、2002年）〔渋谷②〕
初宿正典『憲法2〔第2版〕』（成文堂、2002年）
杉原泰雄『憲法II』（有斐閣、1989頁）。
辻村みよ子『憲法〔第4版〕』（日本評論社、2012年）
戸松秀典『憲法訴訟〔第2版〕』（有斐閣、2008年）
野中俊彦・中村睦男・高橋和之・高見勝利『憲法I〔第4版〕』（有斐閣、2006年）〔野中執筆〕
長谷部恭男『憲法〔第5版〕』（新世社、2011年）
樋口陽一他『注解法律学全集　憲法IV』（青林書院、2004年）

●演習問題
● 不況で全国的に給与水準が下がり、公務員の給与を引き下げることになりました。裁判官の給与も同じように引き下げることは憲法上許されるでしょうか。

chapitre 17-3

違憲審査制

　司法積極主義，**司法消極主義**という言葉があります。裁判所が違憲と判断した国家行為は無効になってしまいますので，違憲審査の影響は，とても大きいものです。裁判所は，違憲審査権を積極的に行使し，人権侵害を救済し，憲法的な価値を守り，政治部門を牽制するべきでしょうか。それとも，主権者国民に直接選ばれたわけではない司法は，違憲審査そのもの，または違憲判断を行うことを，できるだけ差し控えるべきでしょうか。

違憲審査制は，国家行為が，憲法に適合しているかどうかを，通常の系列の裁判所や，特に設けられた憲法裁判所などが判断する制度です。違憲審査制は，**人権の保障**も含めて憲法的な価値を守るという意味では，**憲法保障の一環**です。通常裁判所が違憲審査権を担う場合には，**権力分立**の観点からは，強い司法部門を創出し，政治部門を抑制することになります（裁判所そのものの行為も，違憲審査の対象に含まれますが）。

日本国憲法 81 条は，「最高裁判所は，一切の法律，命令，規則又は処分が憲法に適合するかしないかを決定する権限を有する終審裁判所である」としています。この規定は，通常の系列の裁判所に，違憲審査権を認めたものです。

1 違憲審査権の根拠

違憲審査を行う根拠は何でしょうか。

違憲審査制の根拠は，まず，**憲法の最高法規性**の観念にあるとされます。憲法が国の最高法規であり，それに反する法律，命令，その他の国家行為は違憲無効となります（98 条）。憲法の最高法規性の規定は，国家行為の合憲性を審査・決定する機関があってはじめて，実効性をもちます。日本国憲法では，最高裁を終審とする通常裁判所がその役割を担うわけです。

第 2 は，**基本的人権の尊重**の原理です〔芦部・367 頁〕。日本国憲法の第 10 章は，「最高法規」の章ですが，そこには，先に挙げた 98 条の憲法の最高法規性に先だって，97 条に，基本的人権が「人類の多年にわたる自由獲得の努力の成果であつて，これらの権利は，過去幾多の試練に堪へ，現在及び将来の国民に対し，侵すことのできない永久の権利として信託されたものである」と規定しています。最近では，人権を言うのはかっこうわるいことだそうなのですが，長く悲惨な第二次世界大戦の直後に作られた憲法として，日本国憲法が基本的人権の保障をきわめて重視する憲法構造をもつことがわかります。また，基本的人権の保障は，近代憲法の目的であり，憲法の最高法規性の基礎となる価値です〔芦部・367 頁〕。違憲審査権を担う裁判所は，基本的人権が侵害される場合に救済を与える役割を負い，「憲法の番人」とも呼ばれます。

通常裁判所に違憲審査権を認める制度は，司法が立法や行政と対等な，アメリカ的な権力分立のあり方を根拠とするとされます〔芦部・367 頁〕。司法は，判決を下しても，その実現や執行を政治部門にたよる機関で，そうした意味では脆弱さをかかえます。しかし，違憲審査権を担う場合には，法令や国家行為の合憲性を審査し，

それらは，司法が違憲と判断すれば，無効となります。例えば，立法の場合には国民が選んだ代表者が作った法律を無効とすることさえできるのです。これによって，権力分立のもとでの三権の抑制と均衡を実効的にできる構造なのです。

2 付随的違憲審査制か，抽象的違憲審査制か

❶ 政治機関による違憲審査

　違憲審査を行う機関は，司法権とは限りません。19世紀のヨーロッパ大陸では，議会が法律を制定して人権保障を行っていたので，法律と憲法が質として区別されず，憲法の最高法規性の観念がありませんでした〔芦部・367頁〕。また，議会の権威が高く，議会の作った法律の合憲性を裁判所が審査して無効にするようなしくみは受け入れられませんでした。しかし，行政国家化による議会制の危機やファシズムによる人権侵害の経験を経て，第二次世界大戦後，ヨーロッパでも違憲審査制が導入されるようになりました〔辻村・470頁〕。

　議会による人権保障の伝統から，戦後のフランス第四共和制憲法では，独立の政治機関（憲法委員会，ただし，憲法改正手続において機能する）を作る方法がとられました。現行の第五共和制憲法の憲法院も同じような政治的機関をおき9人の憲法院判事（共和国大統領，国民議会議長，元老院議長がそれぞれ3人ずつ任命）と大統領経験者から構成され，憲法院長は大統領が任命しました（しかし，憲法院は，1970年代以降，裁判機関としての性格が強くなり，2008年には事後審査制度を設けました）。

❷ 裁判所による違憲審査

　裁判所が違憲審査を行う場合にも，①**付随的違憲審査制**と，②**抽象的違憲審査制**の2つのタイプの裁判所があります。

　①**付随的違憲審査制**では，通常の裁判所が，具体的な争訟事件を裁判するにあたって，前提として事件の解決に必要な限度で，適用される法令や国家行為の違憲審査を行います。この制度は，司法権の権限内容の一環として違憲審査を位置づけるもので，個人の権利保護を第1の目的とします（**私権保障型**）〔芦部・369頁〕。付随的違憲審査制では，誰が何について訴訟を起こせるかが，具体的事件性の要件や訴訟要件（行政訴訟）等の形で問題になります。判決はその事案のみに限られた個別的効力しかもちませんが，救済のために必要なら，遡及効をもたせることもでき

ます〔辻村・470頁〕。

　②抽象的違憲審査制では，特別に設けられた憲法裁判所が，具体的な争訟がなくても抽象的に違憲審査を行います。抽象的違憲審査の目的は，違憲の法秩序を排除して，憲法を頂点とする法体系の整合性を確保することです（**憲法保障型**）〔芦部・369頁〕。特別の憲法裁判所が違憲審査を行うため，憲法裁判所型とも呼ばれ，審理は1つの憲法裁判所が行うので，集中型とされます。出訴権者はあらかじめ定めておきます（大統領や一定の数の議員など）。また，判決はその事件のみに限らない一般的効力をもち，(判決の時点以降という意味での）将来効のみをもちます〔辻村・471頁〕。

　①の例はアメリカ，②の例はドイツ，イタリア，オーストリアです。ドイツでは，戦後，連邦共和国基本法（1949年）で，憲法裁判所が設置されました。①と②は，互いにかなり接近してきています。アメリカ型では，訴訟要件を緩和して，憲法保障型の訴訟を許容する運用があります。一方，ドイツ型でも，国民が権利侵害の救済を申し立てることができる憲法訴願制度が憲法上の制度として導入されました（1969年）〔辻村・472頁〕。

　①の通常の裁判所による違憲審査の仕組みは，裁判所への信頼が厚い英米法の伝統を引くもので，アメリカ憲法の下では，1803年のマーベリー対マディソン判決で確立した司法審査制の一環として，通常裁判所が活発に違憲審査を行っています。司法権の権限内容の1つとして違憲審査を位置づけるもので，必然的に**付随的違憲審査制**（または前提問題型）です。また，下級審から最高裁判所まで，すべての通常の系列の裁判所が違憲審査を行い（**非集中型**），司法権の独立とあいまって，統制されていない多様な結論のありうる層の厚い違憲審査，また憲法解釈を行い，全体として，公正な司法権の機能を担保し，人権保障と権力分立に仕えます。

　日本国憲法の違憲審査が①と②どちらのタイプに属するかは，**警察予備隊事件**〔最大判〔昭27〕・10・8民集6巻9号783頁〕で争われました。この事件では，原告が，日本社会党を代表して，直接，最高裁判所に提訴し，警察予備隊の9条違反を主張しました。原告は，81条が，最高裁判所に，司法裁判所としての性格とともに，憲法裁判所としての性格を与え，最高裁判所は，憲法裁判につき一審にして終審の管轄権を有するのだと主張しました。81条は，②のタイプの憲法裁判所を設置する規定だと読んだのです。最高裁は，日本国憲法下の裁判所が有するのは，「司法権」で，これが発動するためには，具体的な争訟を要する，としました。そして，「違憲審査権は，司法権の範囲内において行使されるものであり，この点においては最高裁判所と下級裁判所との間に異なることはない」と判断しました。そ

して、「現行の制度の下では」、裁判所が抽象的違憲審査権を有するという見解には「憲法上及び法令上何等の根拠もない」としました。これは、日本国憲法が①の付随的違憲審査制をとると判断したものと一般に解されています。

学説は、この問題を、日本の最高裁に抽象的違憲審査権を与えることができるかどうかという関心から議論してきました。

通説的見解は、81条は付随的違憲審査権のみを裁判所に付与するもので、**抽象的違憲審査権を最高裁に与えることは、違憲であり、もしそうしたければ憲法改正が必要だ**と考えます。その根拠は、81条は別に規定されているものの、「司法」の章に置かれていること、最高裁に抽象的違憲審査権を認めると、（最高裁が一般的に立法や行政行為を無効とすることができるようになって最高裁が政治部門より優位に立つことになり）三権分立の原理や、国民主権原理に反する、抽象的違憲審査制を求める手続、出訴権者、判決の効力が規定されていないこととされます。裁判所は、警察予備隊事件以降も、この説によって判例を積み上げています。しかし、最高裁の司法裁判所としての本質に反しない限度で、一定の抽象的違憲審査権を法律で最高裁に付与しても憲法違反ではないという説〔中村・242頁〕のほか、最高裁はもともと抽象的違憲審査もできるという説〔佐々木・350頁〕や、法律事項で、法律で決めれば最高裁を憲法裁判所のような運用にすることもできるという説〔小嶋・495頁〕などがあります〔辻村・472頁〕。

①の付随的違憲審査制をとったとはいえ、日本には、典型例のアメリカにはない問題があるとされます。主観訴訟と客観訴訟が区別されていることで、**客観訴訟でも違憲訴訟が行われている**ことです。また、最高裁は、一般の上告事件を扱う上に、**行政事件や違憲審査も行うようになって、膨大な数の上告受理申請事件の処理に忙殺されている**〔佐藤・624頁〕、つまり、忙しすぎるのです。こうした事情が、憲法裁判所を設置しては、という議論につながっています。しかし、付随的違憲審査制を維持したまま、現行制度を改革して対処すべきだという意見——たとえば、最高裁を増員して違憲審査専門の部門を作るなど——もあります〔佐藤・625頁〕。

3 憲法訴訟の対象と方法

1 憲法訴訟の対象

81条は、最高裁は、「一切の法律、命令、規則又は処分」が憲法に適合するかしないかを決定する権限を有する終審裁判所である、としています。違憲審査の対

象となる「法律，命令，規則」は，憲法より下位のすべての法規範〔佐藤・634頁〕と考えられています。また，「処分」は，個別・具体的な国家行為で，判例は，裁判も含むとしています〔最大判1948〔昭23〕・7・8刑集2巻8号801頁〕〔佐藤・635頁〕。

◎ **条約の違憲審査**

　問題は，条約が違憲審査の対象になるかどうかです。81条の列挙には，「条約」がみあたりません。条約が憲法に定められた手続によって締約・公布されたかどうかについては，裁判所が審査（形式審査）できることには，あまり異論がありません〔佐藤・635頁〕。しかし，条約の内容の違憲審査ができるかどうかについては，説が分かれています。

　まず，憲法と条約の体系が異なるので（二元説），審査できないという説がありますが，ほとんどの説は，条約も国内的効力をもつ以上，憲法と同一の法体系で論じます（一元説）〔辻村・475頁〕。

　その上で，条約優位説では，条約の違憲審査ができないと考えますが，条約も憲法規範に適合しなくてはならないと考える説（憲法優位説）でも，81条の列挙に「条約」が入っていないことや，98条1項の最高法規制の規定に，「条約」が挙げられておらず，98条2項が「日本国が締結した条約及び国際法規は，これを誠実に遵守することを必要とする」としていること，条約に相手国があることを理由として，違憲審査ができないという説〔佐藤・635頁〕などがあります。

　これに対し，学説の多くは，条約の違憲審査を肯定します。条約は，81条の「法律」や「規則又は処分」に含まれるとして，違憲審査ができるという説があります。または，憲法全体の精神，構造を根拠に〔佐藤・635頁〕，または，81条は例示列挙だとし，人権を侵害するような内容の条約については，部分的に違憲審査ができるとする説があり，有力説とされます〔野中他・279頁（野中）〕。

　判例でも，砂川事件〔最大判1959〔昭34〕・12・16刑集13巻13号3225頁〕において，最高裁は，いわゆる統治行為論を採用し，憲法判断をしませんでしたが，その際，日米安全保障条約が，「一見極めて明白に違憲無効」であれば司法審査の範囲内であるとしていることから，違憲審査自体については肯定しているとみられます。

◎ **立法不作為**

　立法がなされた場合には，それは違憲審査の対象となりますが，立法不作為，つまり，立法がなされなかった場合に，そのことは違憲審査の対象となるでしょうか。

　行政機関に対しては，不作為の違法確認の訴え（行政事件訴訟法3条5項）とい

う訴訟類型があるのですが，立法不作為にはありません。

　憲法上，当然立法措置が要請されていると考えられる場合に，立法がなされなかったり，立法措置が不充分だった場合に，「立法不作為の違憲」があると考えられるのですが，このような場合にも，違憲審査を行えると解されます。しかし，立法をするかしないかについては，立法府にかなり広い裁量が認められることや，付随的違憲審査のため，行政事件としてどのように構成するかという問題があり，違憲審査には困難が伴います。

　在宅投票制事件［最大判1985〔昭60〕・11・21民集39巻7号1512頁］では，在宅投票制の廃止，廃止の後，立法措置がなされなかったことなどに対し，国家賠償が請求されました。最高裁は，国会議員の立法行為（立法不作為を含む）は，本質的に政治的で，性質上法規制の対象になじまない，とし，「国会議員の立法行為は立法の内容が憲法の一義的な文言に違反しているにもかかわらず，国会があえて当該立法を行うというごとき，容易に想定しがたいような例外的な場合でない限り，国家賠償法1条1項の規定の適用上，違法の評価をうけない」としていました。しかし，その後，在外選挙制度に関する立法不作為を国家賠償法上違法と判断した判決があります［最大判2005〔平17〕・9・14民集59巻7号2087頁］。

◎ 国の私法上の行為

　私人の私法行為が憲法上問題になる場合には，それは，憲法の私人間効力の問題です。国家も，私法上の行為を行うことがあります。たとえば，国が土地を買った場合などですが，こうした場合，憲法の直接適用があるのか，また，違憲審査の対象になるのかが問題になります。このような場合も，**違憲審査から除外される理由はない**〔辻村・476頁，野中他・285頁（野中）〕とされますが，それが81条が列挙している「処分」にあたるか〔野中他・285頁（野中）〕（土地の任意売買も公共収用と同じ行政目的に仕え，憲法の適用において区別されないとする），それとも私人間効力の問題とするかという問題が残ります。最高裁は，国による百里基地の用地買収が9条違反であるとして争われた事件［最判1989〔平元〕・6・20民集43巻6号385頁］で，9条は私人間の行為には**直接適用されず，民法90条を介して公序良俗違反**かどうかの問題として争われる，との立場をとりました。

❷ 憲法訴訟の要件

　日本の違憲審査は，付随的違憲審査制をとるものと考えられていますので，裁判所の通常の手続の中で，違憲審査がなされることになります。つまり，民事，刑事，

行政訴訟のそれぞれの手続の要件と手続に従って，訴訟が行われるのです。いずれの類型でも，**具体的事件性の要件**（客観訴訟はその例外），**当事者適格**（訴えを提起する適正な資格があるか）〔戸松・87頁〕が必要です。民事，刑事では原告適格の問題で，刑事事件では，検察官に起訴の権限が独占的に与えられ，あまり問題になりません。また，民事訴訟，行政訴訟では，訴えの利益が必要になります。行政訴訟では，訴訟の成熟性の問題もあります。

　民事訴訟では，訴訟を起こそうとする当事者は，まず，具体的事件性の要件，原告適格や訴えの利益が問題になりますが，これらはあまり実体問題と区別されないため，それ自体問題とする必要はあまりないとされます〔野中他・291頁（野中）〕。憲法訴訟では，百里基地事件のような国の私的行為や，国家賠償その他の類型の訴訟が，民事訴訟として争われることになります。

　行政事件訴訟は，行政庁の公権力行使などが問題になるものです。抗告訴訟（公権力の行使に関する不服の訴訟。具体的には，処分の取消訴訟，裁決の取消訴訟，無効等確認訴訟，不作為の違憲確認訴訟，義務付け訴訟，差止訴訟。行政事件訴訟法3条。)・**当事者訴訟**（当事者間の法律関係を確認あるいは形成する処分又は裁決に関する訴訟，同4条。例として損失補償，公務員の懲戒免職など)・**民衆訴訟**・**機関訴訟**の4類型が定められていますが（行政事件訴訟法2条），これ以外の無名抗告訴訟（同3条に定められている以外の，公権力の行使に関する不服の訴訟）も認められています。行政訴訟を提起する要件は民事訴訟より厳しく，具体的事件性，処分性（事件の成熟性），原告適格，訴えの利益などの要件を満たすことが求められます。

　憲法訴訟独自の課題は，訴訟要件の点で，うまく既存の訴訟の要件をみたせないような**事案**を，どのように違憲審査の対象としうるかです。具体的事件性の要件を緩和する必要が議論される場合もあります〔戸松・83頁〕。また，当事者適格と憲法保障型の訴訟，第三者の憲法上の権利侵害を主張する権利〔第三者所有物没収事件，最大判1962〔昭37〕・11・28刑集16巻11号1593頁〕，過度の広汎性のゆえに無効の法理の関係も問題になります。憲法上の争点が提起されている場合に訴えの利益の要件を緩和すべきかどうかが議論されます（平和的生存権を争う訴訟など，〔戸松・102頁〕は否定的）。また，憲法訴訟に関連した，特別な訴えの利益の要件を確立すべきか（実体的基本権を，32条とあわせ読み，実体的請求権を導きます。この基本権訴訟は，実体的手続法の訴訟要件や訴訟類型に拘束されません），などの議論があり，関連して，現実的には，むしろ法制度改革で，行政事件訴訟法を憲法訴訟に対応させるべきだという議論があります〔戸松・103頁〕。

4 違憲審査の方法

◎ 立法事実論

　付随的違憲審査制は具体的事件を前提にしますので，裁判所は，まず，当該事件に関する具体的事実を認定する必要があります（事実認定）。これに，法を適用して判断するわけですが，違憲審査では，法令等の合憲性が問題になることがあるため，立法事実（規制目的の正当性・必要性や手段の相当性を裏付け，法律の存続を支える社会的・経済的などの一般事実）〔辻村・479 頁〕が存在し，その事実が妥当であるかどうかが検討されます〔芦部・372 頁〕（薬事法距離制限事件［最大判 1975〔昭 50〕・4・30 民集 29 巻 4 号 572 頁］）。

◎ 適用審査か，文面審査か

　適用審査とは，法律が当該事件に適用される限りでの合憲性を審査する方法です。これに対し，文面審査は，当該事件の事実関係にはかかわりなく，法律そのものを，その「文面において」合憲かどうか審査する方法です。付随的違憲審査制のもとでは，適用審査が原則だと考えられていますが，文面審査は，特に，表現の自由の領域で，漠然性のゆえに無効や，過度の広汎性のゆえに無効の法理などとの関係で議論されます。文面審査には，立法事実の検討が含まれるものとそうでないものがありうるとされます〔芦部・372 頁，佐藤・655 頁〕。

5 憲法判断回避の準則

　憲法判断回避の準則は，もともとアメリカ発のルールで，ブランダイス・ルールともいわれますが，憲法判断は，事件の解決に必要な場合以外は行わないというものです。憲法判断回避の手法としては，①他に事件を処理することができる方法がある場合には，憲法判断をしない〔芦部・370 頁，戸松・216 頁〕，②違憲判断の回避（合憲限定解釈）の手法があります〔芦部・370 頁〕。①は，法令違反かどうかなどの判断で事案を処理する方法で，「純粋型」とされます。②は，違憲ではないかと疑われている法令を合憲限定解釈し，違憲の判断を回避する方法です。①は，付随的違憲審査制のもとでは，憲法訴訟は，当該事案を解決することが目的なので，目的との関係で憲法判断なしで解決できるなら，不必要な憲法判断をしなくていいところからきたものとされます〔戸松・229 頁〕。②の例としては，**恵庭事件**［札幌地判 1967〔昭 42〕・3・29 下刑集 9 巻 3 号 359 頁］があります。自衛隊演習所の付近

で牧場を経営していた被告人らは、自衛隊が連絡なく砲撃を行ったことに抗議したが容れられず、着弾地点等との連絡用の電話通信線を切断し、自衛隊法121条で起訴されました。裁判所は、同法121条を狭く解釈して、電話通信線は、同条のいう「その他の防衛の用に供する物」に該当しないとして、無罪判決を下しました。

憲法判断回避の準則については、否定説もあります。法律が合憲であることが、法律を適用する前提なので、憲法判断が理論的に先行すべきだということや、憲法判断回避の準則の適用は、裁判官の裁量に委ねられてしまうことなどの理由です。しかし、判例は、肯定説にそった運用をしてきており、否定説のように必ず憲法判断が法律の適用に先行しなくてはならないという理解は、もはやなしえないとされます。司法審査性の意義を損なわぬよう、どのような適用がふさわしいのかを考え、法令の解釈が、法の文言や目的が通常与える合理的な範囲内にとどまるようにしなくてはならないとされています〔戸松・233頁〕。

6 違憲判断の方法と判決

❶ 法令違憲と適用違憲

違憲判断を下す場合に、法令そのものを違憲とする**法令違憲**と、法令自体は合憲でも、それが当該事件の当事者に適用される限りにおいて違憲であるという、**適用違憲**の判決があります〔芦部・376頁〕。適用違憲は、基本的人権の侵害になるような場合がむしろ例外で、原則としては、大部分が合憲的な制限、禁止の範囲に属する場合に、法令自体は無効とせずに、解釈によって規定内容を合憲の範囲にとどめ（合憲限定解釈）、これが不可能な場合には、具体的な場合の当該法規の適用を憲法違反として拒否する方法（適用違憲）（〔戸松・346頁〕、全農林警職法事件〔最大判1973〔昭48〕・4・25刑集27巻4号547頁〕を引用）、と説明されます。

◎ **法令違憲**

法令違憲の例としては、尊属殺重罰規定〔最大判1973〔昭48〕・4・4刑集27巻3号265頁〕、議員定数不均衡〔最大判1976〔昭51〕・4・14民集30巻3号223頁、最大判1985〔昭60〕・7・17民集39巻5号1100頁〕、薬事法薬局距離制限事件〔最大判1975〔昭50〕・4・30民集29巻4号572頁〕、森林法共有林分割制限〔最大判1987〔昭62〕・4・22民集41巻3号408頁〕、特別郵便物送達便損害賠償責任免除〔最大判2002〔平14〕・9・11民集56巻7号1439頁〕、在外国民の選挙権制限〔最大判2005〔平

17]・9・14民集59巻7号2087頁], 国籍法事件 [最大判 2008 [平 20]・6・4 民集 62 巻 6 号 1367 頁], 婚外子の法定相続分差別 [最大決 2013 [平 25]・9・4 民集 67 巻 6 号 1320 頁], 待婚期間に関する判決 [最大判 2015 [平 27]・12・16] の 9 種 10 件があるにすぎません。

◎ 適用違憲

　適用違憲については, ①法令の合憲限定解釈が不可能な場合, つまり, 合憲的に適用される部分と違憲的適用部分が不可分の場合, ②合憲限定解釈は可能だが, 法令を執行する者が, 合憲限定解釈を行わず, 違憲的に適用した場合 (③法令そのものは合憲だが, 執行者が人権を侵害するような形で解釈適用した場合) が挙げられます 〔芦部・376 頁〕。このうち③については, **処分違憲**の問題とされます 〔戸松・347 頁〕。しかし, 事例によっては, 第三者所有物没収事件 [最大判 1962 [昭 37]・11・28 刑集 16 巻 11 号 1593 頁] のように, 適用違憲 〔佐藤・659 頁〕とされたり, 処分違憲とされたり, 説によって見解の分かれるものもあります 〔渋谷・350 頁〕。

　最高裁での適用違憲の判決は, 堀越事件 [最判 2012 [平 24] 12・7, 刑集 66 巻 12 号 1337 頁] の小法廷判決があります。下級審では, ①について, 猿払事件第一審 [旭川地判 1968 [昭 43]・3・25 下刑集 10 巻 3 号 293 頁] が, 国家公務員法 110 条 1 項 19 号が, 公務員の政治的行為を制限している同法 102 条 1 項をうけて, 公務員の職務上の地位や職務の性質の相違, 勤務時間内かどうか, 国の施設を利用したかなど, 当該行為の具体的な状況を考慮せず, 一般職の公務員に一律に刑事罰を課しているため, 当該事件の被告人の行為に同法 110 条 1 項 19 号が適用される限りにおいて, 憲法 21 条, 31 条に違反するとした例があります 〔芦部・377 頁, 戸松・347 頁〕。

　②については, メーデーにベトナム戦争反対のプラカードをもって行進した行為について, やはり国公法 102 条 1 項の解釈が問題になった本所プラカード事件第一審 [東京地判 1971 [昭 46]・11・1 行集 22 巻 11＝12 号 1755 頁] が挙げられます 〔芦部・377 頁, 戸松・348 頁〕。

　しかし, 猿払事件の上告審 [最大判 1974 [昭 49]・11・6 刑集 28 巻 9 号 393 頁] では, 下級審判決の適用違憲判決について, 「これは法令が当然に適用を予定している場合の一部につきその適用を違憲と判断するものであって, ひっきょう法令の一部を違憲とするに等し(い)」と非難しています。法令の可分性, 不可分性の問題は, 最近では国籍法違憲判決で提起されましたが, いまだ, 議論が充分ではありません。最高裁で, 今後も適用違憲判決がだされるかどうか, 注目されます。

◎ **処分違憲**

処分違憲は，法令が合憲であることを前提として，裁判を含めた公権力の権限行使（処分）そのものの合憲性について審査を加え，違憲の見解を示すもの，とされます。典型例としては，愛媛玉串料判決〔最大判1997〔平9〕・4・2民集51巻4号1673頁〕，空知太神社判決〔最大判2010〔平22〕・1・20民集64巻1号1頁〕があります。

❷ 違憲判断の効力

◎ **個別的効力説，一般的効力説，法律委任説**

裁判所がある法律を違憲無効と判断したら，その法律は，どうなるのでしょうか。学説は①（議会がなにも手続をしなくても）客観的に無効となるとする説（**一般的効力説**）と，②当該事件に限って適用が排除されるとする説（**個別的効力性**），③法律の定めるところに任されている問題だとする説（法律委任説）があります。

しかし，付随的違憲審査制は，もともと特定の事案の解決や救済を目指す制度です。そのため，違憲判決の効力も，当該事件のみに及ぶと考えるのが妥当です（個別的効力説）。一般的効力説をとると，それは，司法府が立法行為（改正・廃止を含む）をする，つまり，立法府にかわって法律を廃止することになり，国会だけが「立法権」を行使できるとする41条の国会中心立法の原則に反します〔芦部・379頁〕。権力分立の原則の問題なのです〔辻村・485頁〕。そのため，違憲判決の効力は，当該事件のみに及ぶものとするのが妥当だとされます。

一般的効力説をとる学説の，個別的効力説への批判は，同じ法律が場合によって有効だったり無効だったりして，法的安定性を害する，というものです〔辻村・485頁〕。

もっとも，付随的違憲審査制においても，他の国家機関は，最高裁の違憲判決を尊重することが求められます。そのため，いったん法律等が最高裁に違憲と判断されたら，国会は法律を改廃することが求められ，政府は違憲とされた法律の執行を控えることが期待されていると考えられます。こう考えると，個別的効力とはいっても，いったん違憲無効とされると，執行されない状態（冬眠状態）になる点では，実質的な効果は一般的効力説とそうかわりません。

ただし，尊属殺重罰規定違憲判決〔最大判1973〔昭48〕・4・4刑集27巻3号265頁〕のあと，検察は刑法200条に基づく起訴を行いませんでしたが，国会により同条が削除されるまで，22年を要した例があります。そうした点では，個別的効力説は一般的効力説と大きく異なります。また，個別的効力説では，判例変更があれば，違憲とされたことのある法令等が「生き返る」可能性も指摘されています〔芦部・379頁〕。

このほか，憲法の明示がないので，違憲判決の効力は，法律で定める問題とする

説もあります（法律委任説）。しかし，そのような法律は制定されていません。また，民法900条4号但書を違憲とした平成25年9月4日大法廷決定［最大決2013〔平25〕・9・4］は，法的安定性を重視し，問題の相続から判決までの12年間に行われた裁判や合意に判決の効力を遡及させない旨を判示し，議論を呼んでいます。

◎ 遡及効・将来効

　違憲判決の効果について，一般的効力説に立つと，従来は，遡及効を認めると，法的安定性が損なわれるため，遡及しないとされてきました。一方，個別的効力説の場合は，当事者にのみ遡及効を認めることが原則です。ただ，刑事事件では，当事者以外にも遡及効を認めるかどうか議論があります〔辻村・462頁〕。

　また，議員定数不均衡事件では，（定数の不均衡がなかなか解消されないので），個別的効力説の例外として，「選挙無効の効力を開会中の国会ないし近い将来開会される国会の会期終了末から発生させる（その間に国会の自主的な是正を要求する）」等の将来効判決を認めるべきだという議論があります〔芦部・379頁〕。これについて，根拠や，国会が従わなかったときどうするのか，どのような訴訟で将来効判決を出しうるのか，という議論があります。むしろ，立法解決を促す方がいいのではともされます〔戸松・360頁，野中・410頁〕。

◎ 判例の拘束力と変更

　「**判例**」は，多義的な言葉です。広く，裁判例をいうこともあります。しかし，憲法判例の場合は，最高裁が終審ですから，判例というときには，最高裁の判例を指すことになります。

　狭義には，「判例」は裁判例に含まれる，「**判決理由**」，すなわち，判決の結論を導くうえで意味のある法的理由づけをいいます。それ以外の部分は，「**傍論**」と呼ばれます。

　「判決理由」は，のちの事件で，同じ争点が提起されたとき，裁判のよりどころとなる先例となります。**審級制**をとるので，**上級審の判断は下級審を拘束します**（裁判所法4条）。しかし，先例は，後の裁判を，どのように拘束するのかには議論があり，通説的には後の裁判を事実上拘束するのみとされます〔芦部・380頁〕。

　「判例」は，また，裁判例に含まれる原則のうち，現在拘束力のあるものを指すことがあります。「判例変更」は，現在拘束力のある原則が変わったことを意味します。

　充分理由があるときは，判例は変更できます。①時間が経って，大きな事情の変更があった場合，②経験に照らして変更が必要になった場合，③先例に誤りがある

場合，があります。判例変更の際は，大法廷による必要があります。

【引用・参考文献】
芦部信喜〔高橋和之補訂〕『憲法〔第5版〕』（岩波書店，2011年）
小嶋和司『憲法概説』（信山社，2004年）
佐々木惣一『改訂日本憲法論』（有斐閣，1952年）
佐藤幸治『日本国憲法論』（成文堂，2011年）
渋谷秀樹『憲法』（有斐閣，2007年）〔渋谷①〕
同『日本国憲法の論じ方』（有斐閣，2002年）〔渋谷②〕
初宿正典『憲法2〔第2版〕』（成文堂，2002年）
辻村みよ子『憲法〔第4版〕』（日本評論社，2012年）
戸松秀典『憲法訴訟〔第2版〕』（有斐閣，2008年）
中村睦男『憲法30講〔新訂〕』（青林書院，1999年）
野中俊彦『憲法訴訟の原理と技術』（有斐閣，1995年）
野中俊彦＝中村睦男＝高橋和之＝高見勝利『憲法II〔第5版〕』（有斐閣，2012年）〔野中執筆〕
長谷部恭男『憲法〔第5版〕』（新世社，2011年）

●演習問題
●国会は，具体的な争訟が必ずしもなくとも，自衛隊の海外派遣が9条違反かどうかを問う訴訟を市民が提起できる手続法を制定しました。裁判所は，訴訟を受理できるでしょうか。

第Ⅲ部 平和主義と憲法をとりまく環境

18　平和主義
19　憲法と国際化（グローバリゼーション）
20　憲法の保障と変動

第Ⅲ部は，平和主義と憲法をとりまく環境について考えます。
　18「平和主義」は，日本国憲法の三大原理の1つです。近代立憲主義憲法は侵略戦争を否定しますが，日本国憲法はその先の段階に到達しています。その「先進性」ゆえに「現実」との厳しい局面があります。なぜ「平和主義」なのか，憲法から「現実」に向けての問いかけが求められています。
　憲法は，定義上，国家と不可分の関係にあります。歴史的に振り返ってみると，国民国家の成立は，国内向けの憲法と国際レベルでの国際公法を生み出しました。19「憲法と国際化（グローバリゼーション）」では，内からの分権化の要求（☞16），外からのグローバル化の圧力にさらされて国家が相対化されている現状で，憲法学はグローバル化の課題にどうこたえるか，検討します。
　現実が生み出す環境の中で，憲法の規範力はどのように維持されるのでしょうか。20「憲法の保障と変動」ではこの問題を論じます。憲法が権力の構成＝抑制原理であるという立憲主義の真髄（エスプリ）は，変わらざるものとして存在しています。

〔糠塚〕

chapitre 18

平和主義

　日本国憲法の平和主義は，マッカーサー・ノートの第2項に由来するとされます。当該条項は，「国権の発動たる戦争は廃止される。日本は，紛争解決の手段としてのみならず，自己の安全を保持するための手段としての戦争も放棄する。日本は，その防衛と保護を，今や世界を動かしつつある崇高な理想にゆだねる。日本が陸海空軍をもつ権能は，将来も与えられることはなく，交戦権が日本軍に与えられることもない。(War as a sovereign right of the nation is abolished.　Japan renounces it as an instrumentality for settling its disputes and even for preserving its own security.　It relies upon the higher ideals which are now stirring the world for its defense and its protection.　No Japanese army, navy, or air force will ever be authorized and no rights of belligerency will ever be conferred upon any Japanese force.)」とされていました。

　マッカーサー・ノート（☞前出02）に示された構想は，幣原喜重郎首相との会談で，幣原が同旨の考えを述べたことがヒントになった〔高橋・49頁〕とされますが，長い戦争による疲弊や，すでに国連が成立していたこと，多様な思惑や，マッカーサーの複雑な人格など，さまざまな角度から議論されます。この条項が，条文化や翻訳，国会での審議の過程で手を加えられ，今の前文と9条の規定になります。そして，その解釈は，以後も，国際情勢やアメリカとの関係に左右され続けることになるのです。

1 平和主義と平和への国際的取り組み

戦争を避けるための諸外国や国際社会の取り組みには長い歴史があります。憲法の平和主義を解釈するにあたって念頭におくものとして，まず，紹介しておきましょう。

❶ 侵略戦争の禁止にむけて

侵略戦争の禁止を規定した古い例には，1791年のフランス憲法があります。

国際的なルールでは，1919年の国際連盟条約は，武力行使の前に平和的な手段を試み，一定の期間をおくことを締約国に義務づけていました。しかし，国際連盟は，アメリカ・ソ連が加盟せず，弱体だったこともあり，第2次世界大戦を防止できませんでした。1928年の**不戦条約**（ケロッグ＝ブリアン条約）は，この分野で，現在もまず最初に引かれる国際的ルールです。この条約は，侵略戦争の放棄を宣言し，締約国が，相互に起こる紛争を，性質や原因を問わず平和的に解決するべきことを定めました。ただ，この条約には具体的な解決方法や，違反した場合の制裁が規定されていませんでした。また，これらの条約は，「事実上の戦争」（戦意の表明をともなわない武力行使）や，自衛権の行使を名目とした武力行使を禁じていませんでした。

侵略戦争の禁止は，戦後，国際連合憲章（1945年）のほか，フランス第4共和制憲法（1946年），ドイツ連邦共和国基本法（ボン基本法，1949年）にも規定されます。

❷ 国際連合と紛争の平和的解決

1945年に成立した**国際連合**は，「国際の平和及び安全の維持」を，第1の目的とし，世界のほとんどの国（2006年に192カ国）が加盟しています。**国連憲章**は，国連加盟国が紛争を平和的な手段で解決しなくてはならないことを定め，武力による威嚇または武力行使を禁止しています（国連憲章2条3・4項）。今日では，武力行使の禁止は，国際慣習法として確立しており，国連非加盟国にも適用されます。

国連で，国際平和と安全の維持について一義的に責任を負うのは，**安全保障理事会**（安保理）です。国連憲章第6章は，安保理による平和的な紛争解決の具体的手段を定めます。また，第7章は，安保理が国際平和に対する脅威や平和の破壊，侵略行為を認定する権限を定め（同39条），平和的手段で紛争が解決できなかった場合に，安保理が勧告を行い，暫定措置をとり，経済制裁等を実施することができるとしています（同41条）。また，41条の経済制裁等では充分でなかった場合には，国連軍を組織し，強制的な軍事措置をとることが定められています（同42条〜47条）。

加盟国が単独で武力行使をすることは原則として許されません。しかし，51条は，武力行使を受けた場合に，安保理が必要な措置をとるまでの間，加盟国が個別的・集団的自衛権を行使することを認めています（集団的自衛は，51条によって創設されたまだ新しい概念です）。

❸ 安全保障理事会の機能不全と国際環境

残念ながら，国連の枠組みは，うまく機能してきませんでした。

安全保障理事会は，15カ国から成り，そのうち，中国，フランス，ロシア，イギリス，アメリカが常任理事国です。これ以外の非常任理事国は2年ごとに選挙されます。

安全保障理事会の国際紛争の解決をめぐる決定には，常任理事国を含む9カ国の賛同が必要で，常任理事国は拒否権を行使できます（同27条）。しかし，冷戦期のアメリカと旧ソ連の対立など，常任理事国の間の対立が顕著で，侵略行為などを認定すること（同39条）は事実上難しく，制裁措置の発動も困難です。経済制裁が行われたことはありますが，国連軍が正式に組織されたことはなく，国連による集団安全保障体制を確立することができませんでした。そのため，加盟国は，51条の集団的自衛権にたよって，安全を保持する必要が生じました。

安全保障理事会の機能不全を解消するため，拒否権を廃止する，常任理事国を増やすなどの改革が提案されていますが，未だ実現していません。加盟国は，どのように自国の安全を保持するかという困難な課題に直面しています。

❹ 国連による平和維持活動（PKO）

国連の安全保障体制が必ずしも機能しないことがわかると，新しい安全保障の方法として，**平和維持活動（PKO）** が創出されました。もともと，国連憲章には規定がなく，1950年の総会決議に基づくものですが，のちに国際司法裁判所（ICJ）が正当な活動だとし，憲章に違反しないと考えられて広く行われてきました。

PKOは，停戦合意がなされたあと，対立する武装勢力の間に平和維持部隊を置いて武力行使を防ぎ，停戦を確保し，事態の悪化を防ぎます。あるいは，国内の治安維持のために警察活動を行います。PKOは関係国の合意に基づいて派遣されます。武器の使用は，原則として自衛目的の場合のみで，戦闘を行いません。兵力は，紛争に関係のない中小国から提供されることが多く，部隊も小規模で，受け入れ国の内政に干渉せず，中立を維持します。PKO活動は，活動が拡大したための財政負担などさまざまな問題はあるものの，当事国の武力行使が一時凍結されている間に平和的な紛争解決の余地を作り出し，国際紛争の解決に貢献してきました。

日本にも国連との関係で国際社会での役割を果たすことが期待され、1992年には国際平和協力法（PKO法）が成立し、自衛隊は、PKO活動に参加しています。1998年改正では、武力行使を含む国連平和維持軍（PKF）への参加凍結も解除されました。日本は、実質的に「武力行使を伴わない」活動を行うなどとしていますが、これらの活動が9条に違反しないのかどうかが問題になります。

こうした国際情勢と国際貢献の現状を念頭におき、日本国憲法の平和主義をみていくことにしましょう。

2 平和主義

❶ 前　文

日本国憲法の前文は、第2次世界大戦の反省にたって、「わが国全土にわたつて自由のもたらす恵沢を確保し、政府の行為によつて再び戦争の惨禍が起こることのないやうにすることを決意し」、「ここに主権が国民に存することを宣言し、この憲法を確定する」とします。平和が、人権の保障や、民主主義、立憲政治の基礎であることを宣言しています。

そして、「日本国民は、恒久の平和を念願し、人間相互の関係を支配する崇高な理想を深く自覚するのであつて、平和を愛する諸国民の公正と信義に信頼して、われらの生存を保持しようと決意した」とします。マッカーサー・ノートを原文とするもので、具体的には既に成立していた国連の国際紛争解決の仕組みを念頭に置いたとされますが、残念ながら、先述したように、国連の機能不全は、この構想を早い時期から画餅としてきました。

また、「われらは、全世界の国民が、ひとしく恐怖と欠乏から免かれ、平和のうちに生存する権利を有することを確認する」と規定され、「『平和のうちに生存する権利』の実現なくしては、立憲主義も意味がなく、平和主義・平和的生存権は立憲主義の前提をなす」とされます〔高橋・48頁〕。この部分は、**「平和的生存権」**と呼ばれ、その意味合いについては（平和主義ないし平和的生存権として主張する平和とは）、理念ないし目的としての抽象的概念で（百里基地事件〔最判1989〔平1〕・6・20民集43巻6号385頁〕）、法律上の利益ではないとする判例がある一方（長沼事件控訴審判決〔札幌高判1976〔昭51〕・8・5行集27巻8号1175頁〕）、**憲法上の法的権利として認められるべきだとする判例もあります**。平和的生存権は、局面に応じて自由権的、社会権的又は参政権的な態様をもって表れる複合的権利で、具体的

権利性が肯定される場合もあるとされました〔名古屋高判2008〔平20〕・4・17判時2056号74頁〕。

❷ 9　条

1）政府解釈の変遷

　憲法草案が国会で審議されたとき，9条が自衛戦争までを放棄するものなのかうかが議論されました。時の吉田茂首相は，「戦争放棄に関する本案の規定は，直接には自衛権を否定しておりませんが，第九条第二項において一切の軍備と国の交戦権を認めない結果，自衛権の発動としての戦争も，また交戦権も放棄したのであります」，と説明しました。つまり，9条は自衛権を否定しないが，一切の軍事力と交戦権が否定されている結果，自衛戦争も放棄したものだ，というのです。吉田首相は，さらに，過去の戦争の多くは，自衛戦争の名において戦われたのであり，わが国は，いかなる名儀でも，交戦権は自ら進んで放棄するのだ，と説明しています。

　衆議院の審議では，芦田均議員の提案によって，文言が少し修正されます。1項の冒頭に「日本国民は，正義と秩序を基調とする国際平和を誠実に希求し」という文言が入り，2項の冒頭に，「前項の目的を達するため」という文言が入りました〔**芦田修正**〕。当時は，これらの修正は，原案の意味を修正するものではないと説明・了解されました。しかし，日本の占領を管理していた極東委員会の中には，自衛のための戦力をもつ可能性が開かれたと解釈する向きもあったとされ，文民統制条項の挿入の指示が証左とされます〔高橋・50頁〕。吉田首相は，芦田修正後も，衆議院本会議で従前の説明を繰り返しています。

　1950年に朝鮮戦争が勃発すると，アメリカは，日本に，再軍備を求めるようになります。日本はいまだ占領下で，吉田茂が首相を務めていました。この結果，「**警察予備隊**」が設立されることになりましたが，これが9条2項の禁ずる「戦力」にあたるのではないかが問題となりました。政府は，警察予備隊は「戦力に至らない」と説明し，批判をかわしました。**警察予備隊事件**〔最大判1952〔昭27〕・10・8民集6巻9号783頁〕では，社会党委員長が警察予備隊の合憲性を争いましたが，具体的事件性を欠くとして却下されました（☞前出 **17-1**）。

　1951年に，サンフランシスコ講和条約と日米安保条約が結ばれると，警察予備隊は，警備隊・保安隊に改組・増強されます。そして，政府は，「戦力」について，「近代戦争遂行に役立つ程度の装備，編成を備えるもの」とし，戦力に至らない程度の実力を保持し，自衛のために用いても，憲法違反ではない，との統一見解を示します。

　警備隊・保安隊は，1954年には自衛隊に改組されました。これに際して鳩山一

郎内閣が9条の政府解釈を変更します。9条は自衛権を否定するものではなく，自衛のために必要最小限の「自衛力」は，9条2項の禁止する戦力にあたらない，とされました〔高橋・52頁，辻村・83頁〕。この政府解釈については，基準が不明確である〔辻村・85頁〕，自衛権の発動が許される場合や，自衛力と戦力の違いが必ずしも明確ではない〔高橋・52頁〕との批判があります。ただし，自衛権については，個別的自衛権のみを認め，集団的自衛権を認めていない，そのため，自衛隊を軍事行動のため海外派兵することはできない，また，自衛力については，「自衛のために必要最小限」とされるため，侵略のための攻撃的武器は禁止されるが，防衛的なものなら，核兵器も禁止されていないし（ただし，日本は政策として「非核三原則」を厳守し，核不拡散条約を批准している〔高橋・53頁〕），細菌兵器も禁止されていない〔辻村・84頁〕，というような一定の線が示されてきています。

1960年の安保改定後，自衛隊は数次にわたって増強され，27万人の隊員をもち，予算規模で世界第7位の実力となります。そして，1991年にはPKO協力法が制定され，1998年には，当初凍結されていた，PKFへの参加凍結も解除され，自衛隊はPKO活動に参加しています。また，2001年には，アメリカ同時多発テロが起こり，対テロ特措法が成立して，テロ対策として海外派兵が実施されました。2003年には，イラク戦争が起こり，イラク復興特別措置法が成立し，これに基づく自衛隊の海外派遣が行われました。また，外国から武力攻撃を受けた場合に政府がとるべき措置と手続を定めた「武力攻撃事態法」が成立し，2004年には，武力攻撃の際に住民を避難させる仕組みを定めた「国民保護法」（実質は，民間防衛の在り方を定め，国民の生命，身体，財産に大きな負担，制約を課すと批判される〔渋谷・75頁〕）や「米軍行動円滑化法」が制定され，有事体制が整備されてゆきます〔高橋・55頁〕。また，2007年には，防衛庁が防衛省に格上げされ，内閣における発言力が高まりました〔渋谷・75頁〕。同時に，自衛隊の任務が改変され，自衛隊法3条2項として，「国際社会の平和及び安全の維持に資する活動」（国際平和維持活動）が加わりました。これによって，自衛隊は，自衛権を担う組織という存在意義を踏み越え，武力による威嚇や武力行使はしないとされているものの，政権の恣意的な判断で出動する可能性が指摘されています〔渋谷・76頁〕。2008年には，新テロ特措法が成立しています。

この間，9条のもとで，集団的自衛が許容されない，アメリカが主張するような先制的自衛の概念が許容されないなどの解釈上の限界は，議論されてきました。安倍晋三内閣は，2014（平成26）年7月，集団的自衛権の行使を容認する閣議決定を行い，翌年9月には安全保障関連法を成立させましたが，その合憲性は争われています。

2) 学　説

9条について，最大の論点は，9条が自衛のための戦争までも放棄したのかどうかです。

自衛戦争を放棄したという説は，大きく2つありますが，1つは，9条1項では，自衛のための戦争は放棄されていないとするものの，2項であらゆる戦力の保持が禁止されるため，自衛戦争も放棄したのと同じだとする説で，通説となっています。「国際紛争を解決する手段としては」の解釈は不戦条約などの国際法上の用例に従い，1項は「不正な戦争」〔渋谷・60頁以下参照〕のみを放棄するが，自衛戦争や制裁戦争を放棄しないと解し，マッカーサー・ノートでは，「国際紛争を解決する手段としての戦争」と自衛戦争が区別されていたことも根拠の1つとします〔辻村・76頁〕（マッカーサー・ノートの2項の該当部分は，民政局のケーディスが，当該条項を前文と9条に再編する際に，独立国にそぐわないとして独断で削除したことが1995年の記録映像で語られます）。

自衛戦争を放棄したという説の2つめの説は，1項は自衛のための戦争を含め，一切の戦争を放棄したとする説です。この説は，そもそも，正しい戦争と不正な戦争を区別しません。「国際紛争を解決する手段としては」の部分の解釈についても，従来の用法に縛られないと考えます。また，侵略戦争（不正な戦争）とそうでないものを区別するのは，実際には困難だと考えます。そして，2項は，芦田修正を含めて，文字通り全ての戦力を放棄すると解するのです。

自衛戦争を放棄していないという説は，9条1項では，自衛のための戦争は放棄されていない，とするが，2項の「前項の目的」を1項の「国際紛争を解決する手段としては」を受けるものと解し，自衛のための戦力の保持は禁止されていないとします。ただし，後段の「国の交戦権はこれを認めない。」には，「前項の目的を達するため」はかからないため，その部分の解釈に無理がでてくるのが難点です〔高橋・51頁〕。この説では，「交戦権」は，国際法上交戦国に認められる権利（敵の船舶を拿捕する権利，敵の領土を占領統治する権利）とされますが，「戦う権利」〔高橋・51頁〕と解する説もあります。また，両方を含むと解する立場もあります〔辻村・78頁〕。

3) 自　衛　権

現在の政府解釈や，学説で自衛戦争を放棄していないという説を採った場合，**自衛権**の概念が，合憲性を画するものになります。

自衛権は，伝統的には，外国からの急迫不正の侵害に対し，自国を防衛するため必要な一定の実力を行使する権利，とされています。国連憲章でいうところの，「個

別的自衛権」にあたるわけですが、自衛権が発動するためには、**必要性の要件**（防衛行動以外に手段がない）、**違法性の要件**（外国からの侵害が急迫不正である）、**均衡性の要件**（とられた措置が侵害を排除するのに必要な限度のもので、侵害とつりあっていること）を満たす必要があります〔芦部・59頁〕。

　伝統的な自衛権は、装備や、領土との関係での限界があります。まず、明らかに防衛用でない装備をもつことはできません。そして、伝統的には、自衛権が発動するのは、「自国の領土」が攻撃をうけた場合ですので、それ以外の場所での武力行使は、できないはずです。先述の核兵器や細菌兵器は、自国では用いないのではないかと考えられるので議論になりますが、政府解釈では、禁止されていないとします。そのほか、大陸間弾道ミサイルなどが、「防衛用でない」と議論されるものです。また、自国の領土に攻撃を受けていない段階では、自衛権は発動しませんので、**先制的自衛**（武力攻撃の脅威が認められれば自衛権を発動して良い〔芦部・69頁〕）は、伝統的「自衛」の概念に含まれません。

　国連憲章51条で戦後新たに認められた**集団的自衛**（武力攻撃をうけた国と密接な関係にある国が、自国への攻撃がない場合にもその国を援助して共同で反撃する行為〔渋谷・94頁〕）や、**先制的自衛**など、より拡大した（より紛争を惹起したり拡大したりするおそれのある）自衛の概念を9条のもとで許容しうるかは、長く議論されてきました。これらが合憲であるとすると、自衛隊の活動の幅は、歯止めを失って拡大することになり、平和主義の規定が無意味になりかねません。

３　自衛隊をめぐる問題

❶ 自衛隊の合憲性

　自衛隊の合憲性は、これまで何度か争われてきました。

　恵庭事件〔札幌地判1967〔昭42〕・3・29下刑集9巻3号359頁〕（☞前出 **17-3**）が最初の例です。続く**長沼事件**では、航空自衛隊のミサイル基地建設のため、農林大臣が、保安林の指定解除処分を行いました。地元住民である原告らは、9条違反の自衛隊のために保安林指定を解除するのは違憲違法であるとして取消訴訟を起こしました。第一審は、請求を認容し、解除処分を取り消しました。一審は、日本は自衛権を放棄したわけではないが、軍事力による自衛については全面的に否定しており、自衛隊は違憲であるとしました〔札幌地判1973〔昭48〕・9・7判時712号24頁〕。控訴審は、保安林が伐採され、訴えの利益が喪失したとして原判決を取り消

し，自衛隊法の制定や自衛隊の設置・運営等は，統治行為であり司法審査権の範囲外だとしました。札幌高裁は，この種の行為は国の存立維持に直接影響を生じるとし，高度の政治判断を有する国家行為には，統治行為として第一次的に立法部門ないし行政部門の判断に従い，終局的には主権者である国民自らの政治的批判に委ねられ，法的判断が可能であり，かつそれが前提問題であっても，司法審査権の範囲外にある，としました。もっとも，立法，行政機関の行為が一見極めて明白に違憲，違法の場合には，司法審査が排除されないとしました［札幌高判 1976〔昭 51〕・8・5 行集 27 巻 8 号 1175 頁，上告棄却，最判 1982〔昭 57〕・9・9，民集 36 巻 9 号 1679 頁］。

百里基地事件［最判 1989〔平 1〕・6・20 民集 43 巻 6 号 385 頁］では，自衛隊百里基地用地の所有者が，反対派の原告と売買契約を交わしたが，代金の一部不払いを理由に国に土地を売り渡したため，原告の所有権確認等の請求等が起こり，国との売買契約が 9 条違反，あるいは民法 90 条違反で無効かどうかが問題になりました。最高裁は，本件国と被告の契約は，法定立行為でないため，98 条 1 項の「国務に関するその他の行為」ではないとし，9 条の直接適用はない，としました。また，国の私的行為として，民法 90 条との関係では，契約当時，このような契約が，反社会的行為であると一般に解されていたとはいえず，民法 90 条違反とはいえない，としました。

❷ 自衛隊の海外派遣

1) PKO 法と自衛隊の海外派遣

自衛隊を国際協力のために海外に派遣すべきだという議論が高まったのは，イラクがクェートに侵攻した湾岸戦争（1991 年）に際してのことです。日本は資金援助のみを行い，国際平和のために「血を流す」ことはありませんでした。しかし，日本は，1992 年には国際平和協力法（PKO 法）を成立させ，1998 年改正では，武力行使を含む国連平和維持軍（PKF）への参加凍結を解除して，PKO 活動に参加することとなりました。

自衛隊の海外派遣では，災害救助活動などはよいのですが，武器使用を伴う場合は議論が生じます。PKF では自衛のために必要最小限度の武器使用を認めたため，9 条解釈で自衛のための戦力保持を認めた場合も，武力行使を伴う海外派兵が「自衛」といえるのかが問題でした。さらに，2015 年の安保関連法改正で PKO 協力法も改正され，業務が「駆けつけ警護」等に拡大され，武器使用の基準も緩和されました。

2) テロ対策特別措置法, イラク支援特別措置法による自衛隊の海外派遣

　2001年の9月11日に起こったアメリカ同時多発テロ後, アフガン戦争とイラク戦争が起こりました。日本は, アフガン戦争の「後方支援」のために, 2001年にいわゆる**「テロ対策特別措置法」**を制定しました。時限立法であったため, この法律は2007年11月2日に失効し, 後を受けて,「新テロ特措法」が成立しました（2010年1月16日失効）。また, イラクの復興支援のため, 2003年に**「イラク支援特別措置法」**が成立しました（2007年3月30日に2年延長された後, 2009年8月1日失効）。

　いずれも, 国連決議に基づくものとされていましたが, 停戦合意はなく, PKOとは性格が異なります。「非戦闘地域」での活動だとされていたものの,「海外派兵」にあたり, 集団的自衛権の行使にあたるのではないか〔高橋・59頁〕と批判されました。

　自衛隊のイラク派遣については, 平和的生存権を侵害されたとして, 国賠法1条1項に基づく各1万円の損害賠償, 派遣差止め, 違憲確認を求めた訴訟が提起されました。名古屋高裁は, 平和的生存権に具体的権利性が肯定される場合もあるとした上で, イラク, とりわけ首都バグダッドは, イラク特措法にいう「戦闘地域」に該当するとし, 自衛隊は, 多国籍軍の戦闘行為にとって必要不可欠な軍事上の後方支援を行っており, 少なくとも多国籍軍の武装兵員をバグダッドへ空輸するものは,「他国による武力行使と一体化した行動」で, 自らも武力行使を行ったと評価を受けざるを得ない行為だとしました。但し, 本件では, 違憲確認請求には確認の利益がない, 国家賠償請求については, 平和的生存権の侵害にいたらない, として, 控訴を棄却しています〔名古屋高判2008〔平20〕・4・17判時2056号74頁〕。敗訴した原告が上告しなかったため, 判決は確定しました。

　2015年の安保関連法改正のうち, 国際平和支援法は, これまでのように特措法を制定するのでなく, 国連決議に基づくなどの「国際平和共同対処事態」の場合は, 活動中の他国軍をいつでも自衛隊が後方支援できるようにしました。国会の事前承認が必要とされます。

4　安保体制

　日本は, 1951年に**サンフランシスコ講和条約**を結んで西側陣営と講和し, 同日に, アメリカと**日米安全保障条約**（安保条約）を結びました。1960年には安保改定が行われ, 以来, 日米安保条約は10年ごとに自動更新され, 現在に至ります。日米安保条約は, 日本にアメリカ軍の駐留を認め, 日本の領域における, いずれか一

方に対する武力攻撃に対し，共通の危険に対処するように行動する（5条）とされています（日米の解釈の違いについて〔渋谷・95頁〕）。アメリカ軍は，日本の防衛のためと並んで，「極東における国際の平和及び安全の維持に寄与するため」にも，日本の施設と区域を使用することができます（6条）。

　このような安保条約は，平和主義に違反しないのでしょうか。**砂川事件**では，米軍が使用していた立川飛行場の拡張に反対したデモ隊が基地に数メートル入ったことから，旧安保条約3条に基づく刑事特別法2条で起訴されました。1審の東京地裁は，米軍が9条2項の戦力に該当し，違憲だとしたため〔東京地判1959〔昭34〕・3・30判時180号2頁〕，最高裁に跳躍上告されました。最高裁は，9条2項の禁ずる「戦力」は，日本が主体となって「指揮権，管理権」を有するものだとし，アメリカ軍は「戦力」にあたらないとしました。また，安保条約は，日本の「存立の基礎に極めて重大な関係をもつ高度の政治性を有するもの」で，「一見極めて明白に違憲無効であると認められない限りは，裁判所の司法審査権の範囲外」であるとして，憲法判断を避けました〔最大判1959〔昭34〕・12・16刑集13巻13号3225頁〕。

　「日米防衛協力のための指針」は，日米安保条約による防衛協力の手続を明確にするためのものですが，1997年に合意された「日米防衛協力のための指針」（**新ガイドライン**）は，日本に対する武力攻撃の場合に加え，「周辺地域における事態で日本の平和と安全に重要な影響を与える場合」（**周辺事態**）に対する具体策を盛り込みました。これをうけて1999年に制定された，いわゆる「周辺事態法」では，「周辺事態」が起こった場合にアメリカと協力して日本が実施する措置として，「後方地域支援」（後方地域での物品・役務の提供），「後方地域捜索救助活動」などを定めています。戦闘の行われている前線に対し，「後方地域」での支援を想定していますが，現代戦争ではこのような区別はできないという批判があります〔髙橋・58頁〕。また，日本周辺の公海やその上空での活動ができ，隊員の生命・身体を守るための「武器使用」ができるため，「海外派遣」や，集団的自衛権の行使ではないのか，などの問題が生じます〔髙橋・58頁，渋谷・81頁〕。

　2015（平成27）年9月の安保関連法改正のうち，改正武力攻撃事態法は，日本が直接，武力攻撃を受けていなくても，日本と密接な関係にある他国が武力攻撃されて日本の存立が脅かされる明白な危険がある「存立危機事態」には，集団的自衛権の行使として，自衛隊が武力行使できるとしました。また，周辺事態法は，重要影響事態法に名称変更され，地理的制限が取り払われました。後方支援の対象も，米軍に限りません。

　9条の平和主義の枠組みの中で，一連の安保法制改正の合憲性は，極めて疑問視

されています。

【引用・参考文献】
芦部信喜〔高橋和之補訂〕『憲法〔第5版〕』（岩波書店，2011年）
佐藤幸治『日本国憲法論』（成文堂，2011年）
渋谷秀樹『憲法』（有斐閣，2007年）
初宿正典『憲法2〔第2版〕』（成文堂，2002年）
島田征夫『国際法〔全訂補正版〕』（弘文堂，2011年）
杉原高嶺ほか『現代国際法〔第5版〕』（有斐閣，2012年）
高橋和之『立憲主義と日本国憲法〔第2版〕』（有斐閣，2010年）
辻村みよ子『憲法〔第4版〕』（日本評論社，2012年）
野中俊彦＝中村睦男＝高橋和之＝高見勝利『憲法Ⅰ〔第5版〕』（有斐閣，2012年）〔高見執筆〕
長谷部恭男『憲法〔第5版〕』（新世社，2011年）
横田洋三『国際法入門』（有斐閣，2005年）
「日本国憲法を生んだ密室の9日間」（株式会社ドキュメンタリー工房，1995年）

●演習問題
● PKOのために出動していた自衛隊の部隊が，戦闘に巻き込まれ，武器を使用した場合，平和主義との関係で，どのような問題が起こるでしょうか。

chapitre 19

憲法と国際化（グローバリゼーション）

「マックグルー（A. McGrew）は，交差しあういくつかの要素が1つの統一体としてのグローバルな社会を出現させつつあることを示していると指摘し，特に次のような要素をあげている。①**人間は本質的に似た存在**であり，要求も顔貌も同じようなものを持っているとする啓蒙主義の主張が，いまやほとんどの政治的指導者をはじめ，ほとんどの国の民主主義運動に受け入れられている，②**財政，経済，技術，生態系において世界全体が依存関係にある**，③宇宙から送られてきた衛星写真によって「地球という惑星」は，1つの星であるという認識が生まれ，さらにその意識が強まっている，④ソビエト連邦の崩壊により，世界の二分化状態はもはやなくなった。そして1つのまとまりのあるカテゴリーとしての「第三世界」も消失した。いわば，**世界はただ1つしかないのである**。⑤商品，資本，知識，イメージ，通信，犯罪，文化，汚染，麻薬，ファッション，信念，これらすべてが簡単に**国境を越えてゆく**，⑥われわれは今，それぞれ**分離**しながら，**共有された価値観**を持ち，共有されたプロセスと構造をもつ世界秩序としての「最初の世界文明」への「険しい道」の途上にある。」ロビン・コーエン（著）駒井洋（監訳）角谷多佳子（訳）『グローバル・ディアスポラ』（明石書店，2001年）249頁（強調部は執筆者による）。

1 グローバリゼーション

　グローバリゼーション（グローバル化）にははっきりした定義がありません。この章では、そうした中で「憲法と国際化（グローバリゼーション）」を説明する必要があるため、2, 3の論者の見解を引用しながら、まずはグローバル化とは何をいうのか、それが国家と憲法にどんな影響をあたえるかを考えながら、紹介していくことにしたいと思います。

　ロビン・コーエン（Robin Cohen）は、扉の頁のマックグルーの見解に、①研究者がグローバル化についていまだ定見をもっていないことや、②グローバル化論者の語るグローバル化がそれぞれ大きく異なること、③国民国家の将来について、2つの大きく異なる主張があること、④グローバル化がどのように起きるかについて、グローバル論者が現実の政治を無視した見解を唱えていること（コーエンはM. ウォーターズの見解を引き、グローバル化は「ヨーロッパ文明が移住や植民地化、文化的模倣によって地球上に拡大して行った結果」であるとしています）、さらに⑤グローバル化に逆らおうという流れがはっきりと観察できること（権力やイデオロギーとしてのナショナリズムが成長し、エスニシティや副次的エスニシティが国民運動に組織され、しばしば排他的な領土を求めようとする、宗教的原理主義や人種差別主義、性差別主義をはじめとする社会的な排他性も増大傾向にあること）などの留保をつけています〔コーエン・249頁〕。

　さて、憲法に特に関係のありそうな③の点で、国民国家の将来について、コーエンは、a. 急進的な見方では、「国民国家は世界的な圧力の前に解体への道をたどる」b. 保守的な見解では、「国民国家はその機能を変えながら、新たな圧力に適応してゆく」、とされることを紹介し、b. のほうが正しいのではないか、としています。「国民国家がもはや国内資本をまとめて運営してゆくことはないが、引き続き労働力の流入を管理したり、吸引力は減少するものの1つのアイデンティティーをつくり上げ、国によるリーダーシップを発揮し、共通の市民意識を育て、外部者を社会的に排除していく」、というのです〔コーエン・251頁〕。

　佐伯啓思は、経済におけるグローバル化、「つまりグローバル市場の形成という観念は、資本主義経済の長きにわたる歴史的な趨勢そのものであって、どこかに不連続な局面をあらわにして生成したものではない」が、80年代から90年代にかけて、「国際金融市場の急速な展開の結果として、世界的な資本流動性が高まり、直接投資の技術移転が生じ、結果として市場の相互連環が高度化したため、企業が世界的な市場を視野に入れたマーケティングを踏まえて投資計画、生産計画を立て

るようになった」ため，注目されるようになった，とします〔佐伯・192頁〕。一方，社会学者のいう「グローバリズム」はいっそう捉えにくく，「ヒト，モノ（商品），情報などの世界的な流動性の高まりの結果としての『世界の縮小』（ロバートソン）を意味し」，「その結果，世界の各地における人間の生活様式や思考，そして文化の次元での相互依存関係が著しく高まる」〔佐伯・193頁〕としています。佐伯は，コーエンの⑤の指摘とおなじく，「いわゆるグローバリズムが普遍化と個別化という両者の動きを同時にもたら」し，「普遍性と個別性の対抗もしくは重層としてしか現代のグローバリズムは語れない」としています〔佐伯・218頁〕（このあたり，憲法的関心からは，EUについて国家制度についても，ethnos対demos，つまり民族対市民，の二項対立でなく，国単位でethnos的でありつづけることが許容されて居ることを前提に，ヨーロッパ単位でdemos-demosに立脚する「国家の可能性」が生み出される〔山元・240頁〕という具体例が腑に落ちるところです）。また，近代化と連続的に展開されたのと同時に，90年代に「市場経済の急速な世界化」という意味での狭い意味でのグローバリズムが起こったのだとします〔佐伯・219頁〕。「ここへきて『近代化』の趨勢は，ある不連続面を生じさせ，構造変化を起こしてい」て，「超近代化（ハイパーモダン）」あるいは「脱近代化（ポストモダン）」の時代になったのだとします〔佐伯・221頁〕。佐伯は，経済政策の政策判断が民主主義のもとでの国民でなく，（国際的な）市場の投資家によって行われ，政策当局が市場の評価という観点から行動せざるをえないことを指摘しています〔佐伯・224頁〕。経済における国家の求心力がおちること，したがって経済が民主主義的統制を受けにくくなることも，コーエンの指摘と共通します。また，グローバリズムによって顕在化する対立軸として，①グローバル・エコノミーとナショナル・エコノミーの対立，②経済的自由主義と政治的民主主義の対立，③社会の規範と市場の精神との間の対立，を挙げます〔佐伯・254頁〕。「グローバリズムの切り開く無国籍的な経済活動はまた無倫理的」で，特定の社会の文脈をもたないために「明文化されない集団のインプリシットな倫理観，価値意識」をもたず，市場が自己生成的に自己展開する可能性があると指摘されます〔佐伯・256頁〕。佐伯は，公共事項に参与する強い国家意識，つまり「意識的なナショナリズム」によってグローバリズムとバランスをとることを主張します〔佐伯・270頁〕。

　このような状況で，国家と，その根本規範たる憲法には，何が求められるのでしょうか。

2　格差社会と憲法

　まず，グローバル化，特に経済的なグローバル化に対する批判は，一部の富裕層を産み，一方で貧困層を産むことだと指摘されています。いわゆる**格差社会**を招来したとされるのです。これについては，市場競争の結果で，特にグローバル化に結びつけるべき問題ではないとする立場もあります〔セン・33頁〕。いずれにしろ，反グローバリズムの主張にもかかわらず，グローバル化を止めることができないこと，経済的グローバル化が，現実問題として格差や貧困と結びついており，よりよい共同の生を求める国家としては，対処法を探らなければならないことは確かです。

　これについて，先にコーエンがb.でいっていたように，経済活動が国境に関係なく起こり，国家の経済的求心力が低下すること，経済活動に民主的統制がおよびにくくなることは，大きな問題です。このような状況下で，実際にある格差を是正するために，どのような方策を国家がとりうるのかは，難しい問題です。

　日本では，産業の空洞化によって，製造業が安い労働力を得られる海外に拠点を移し，税収の基礎であり，また，政策を実行するための財源の基礎である雇用が減少しています。コーエンの，「国民国家がもはや国内資本をまとめて運営してゆくことはない」という洞察は，厳しく響きます。近年，正規雇用は大きく減じ，労働者の3割以上，若年層の約5割は非正規雇用に切り替わっています。企業が従業員の雇用や生活に責任をもとうとしないし，従業員の側もかつてのような一体感をもたない〔佐伯・9頁〕とされますが，2008年のリーマンショック後の非正規雇用労働者の一斉解雇は，まさに国家の役割を再考させました。

　アマルティア・センは，グローバル化は特に新しくもないし西洋的でもない現象だと捉えます。グローバル化は，過去数千年にわたる地球規模の相互関係だと考え，必ずしも西洋的価値の拡散ではなかったとします〔セン・18頁〕。センは，グローバル化が問題をもたらすことも認識していますが，過去数千年にわたる世界の進歩は，グローバルな相互作用活動によって形成されてきた，とグローバル化の貢献を認めます。経済関係においても，経済的な相関関係が生み出す成果を，肯定的に認めなければならない，とし，**経済交流と技術進歩がもたらす恩恵を，貧困層やいわゆる負け犬側の利益も十分配慮しながらいかに有効に活用するか**が，主な問題だとします。貧困とグローバル化の結びつきはたまたまで，グローバル化の本質ではない，とします〔セン・33頁〕。グローバル化に対する挑戦は，国際的・国内的不平等の問題で，豊かさの格差をめぐる問題であり，政治的，社会的，経済的な機会と権力の配分の不均衡に起因する問題だとします。センは，**貧者が必要な物をグ**

ローバル化によって取得できるようにするため，広範な分野にわたる制度改革が必要とされると指摘します〔セン・54頁〕。センは，グローバル化の得失を，①貧困と貧困者の不利な立場に関する従来の公式を超えた「**人間の安全保障**」（**ヒューマン・セキュリティー**）の確保，②グローバルな配分の公平性を確保できる適切な公式の追求，に焦点をあてて論じます。ヒューマン・セキュリティーは，「人間の生存，生活，尊厳を脅かすあらゆる種類の脅威を包括的に捉え，これに対する取り組みを強化するという考え方」です。これと，経済の成長・拡大がもたらし恩恵の配分の不平等は区別される問題で，公平を伴った成長とヒューマン・セキュリティーの欠如は，同時に発生する場合もあり得ます。センは，グローバル化した経済的，社会的関係から創出される恩恵の配分方法を，グローバル関係，特にグローバル市場経済を壊さずに変更することは可能だとします。所有形態，資源供給力，社会的機会，特許法，独占禁止法の運営ルールなどの条件により，異なる価格，交易条件，所得配分が決まり，異なる結果が創出され，社会安全保障の仕組みや公共政策への介入の仕組みなどによって，市場経済プロセスの結果を修正することが出来ると考えるのです〔セン・59頁〕。

このように，グローバル化はヒューマン・セキュリティーの問題と組み合わされなければなければならないと考えるのも1つの立場です。

憲法学で格差社会の問題に関連するのは，経済的自由や社会権などの領域だと考えられますが，経済的グローバル化に付随する問題点——貧困や格差社会——を認識し，是正する方向の理論を探ることが求められます。

3 グローバル化と立憲主義，人権の国際化

1 立憲主義の拡大と，国際立憲主義

グローバル化は，世界政治の構造を大きく変えたとされます。相互依存関係を軍事力で切断することに大きなコストが伴うこと，脱国家的な社会が存在感を強めたこと（国家を超えた市民的連帯がみられるようになった），貧富の格差の拡大の深刻化が，その要素とされます〔田中・6頁〕。

第2の特質である市民的連帯は，「**立憲主義のグローバル化**」から「**グローバルな立憲主義**」への意識の発展をみせている，とされます。前者は**西欧的な近代立憲主義の思想が世界に拡大**することを指しますが，後者は，**世界秩序に立憲主義的性格が入り込む**ことをいうようです。脱国家社会に活動の場をもつ市民は，自国が反

立憲主義的な行動を取ると、脱国家的社会での生活や活動で多様な障害に直面するので、自国政府の反立憲主義的行動を阻止したり修正したりしようとするため、脱国家社会の形成が、国家政府が反立憲主義的行動をとることに対する重大な抑制要因になり、世界秩序に立憲主義的性格を注入する〔田中・15頁〕、というのです。

ここでいう「世界秩序」とは何か、という問題がありますし、国際社会における規範が誰によってどのように作られるのかという疑問は、国内でのように、比較的固まった民主主義的手続にのって行われているわけではありませんので、避けえないものです。しかし、人道的介入をめぐる議論の文脈で、権利侵害を受けた人々の救済が規範的要請であると同時に、救済も法規範を尊重したものであることが求められる「**国際立憲主義**」について、「迂遠な道のりでも、国際的に共通する価値を紡ぎ出し、法規範として確立させ、それらを法的な手続きに則って実現していくという規範的秩序の営みは、多くの問題を抱えつつも、現代の世界において着実に進められている」との指摘があります。「新しい『国際立憲主義』」の流れの中では、主権国家の意思から独立した公的・私的空間の区分があり、「主権国家が意思しても、決して逸脱してはならない人間の尊厳を価値規範の基礎とした公的空間の存在が、措定されている」というのです〔篠田・114頁〕。

❷ 人権の国際化

国内的な立憲主義の場合と同様、「**国際立憲主義**」においても、「人権」は主権国家や、その他の実力（多分、国連などの国際組織など）の権限行使を制約する規範です。西洋中心主義だという批判など、誰が規範の内容を決めるかについての議論は、やはりあるわけですが、一方で、国際的な人権規範が生成され、**人権の国際化**がすすんでいることは事実です。国内の人権保障をいう場合でも、国際的な人権保障の基準が無視できないことは、すでに述べました（☞前出03-1 人権の歴史）。グローバル化する世界では、人権規範について、ことさらに国家との臍帯を強調すること——「憲法上の人権」を別物と考えること——は、あまり意味がなさそうですが、「普遍性と個別性の対抗もしくは重層」〔佐伯・218頁〕の問題なのかもしれません。

【引用・参考文献】
アマルティア・セン、山脇直司解題、加藤幹雄訳『グローバリゼーションと人間の安全保障』（日本経団連、2009年）
佐伯啓思『倫理としてのナショナリズム』（NTT出版、2005年）
篠田英朗「国境を越える立憲主義の可能性」阪口正二郎編『憲法5　グローバル化と憲法』

（岩波書店，2007年）
田中孝彦「世界政治の構造変化と立憲主義」阪口正二郎編『憲法5　グローバル化と憲法』（岩波書店，2007年）
山元一「〈グローバル化〉の中の憲法学」阪口正二郎編『憲法5　グローバル化と憲法』（岩波書店，2007年）
ロビン・コーエン，駒井洋監訳，角谷多佳子訳『グローバル・ディアスポラ』（明石書店，2001年）

●**演習問題**
● 消費税で薄く広く租税を徴収し，低所得者層には「給付」の形で払い戻しを行って調整する方式は，いわゆる「給付行政」の一環ですが，格差社会への対応として，妥当な施策でしょうか。

chapitre 20

憲法の保障と変動

　明治憲法は「不磨ノ大典」（明治憲法発布勅語参照）と称されていましたが，主権原理の異なる日本国憲法に生まれ変わりました。明治憲法の改正手続を使って日本国憲法が成立したことを正当化するために，「8月革命説」が唱えられました（☞前出 02）。この説明は，憲法改正によって憲法の根本原理を変えることができないという論理を前提にしています。憲法改正権を縛る憲法の根本原理とは何を指すのでしょうか。

1 憲法保障

　日本国憲法は，自らを最高法規と宣言（98条）していますが，この憲法の遵守はどのようにして確保されるのでしょうか。憲法に従うように義務づけられているのは国家権力です。憲法は自らの保障を目的として，公権力の担当者に憲法尊重擁護義務を課しています（99条）。国家権力を1つの塊と考えると，憲法の遵守の担保は難しくみえます。そこで，憲法は国家権力作用を，立法・行政・司法に分立し，それぞれを国会・内閣・裁判所という異なる機関に委ねている（41条, 65条, 76条）のです（**権力分立**，☞前出12）。さらに憲法の**硬性**性を高め（☞前出01），事後的な是正装置として**違憲立法審査制**（☞前出17-3）を採用しています。

　憲法保障の方法には，上記のように憲法自体が明定しているもののほか，個々の法令規定，さらには個々の憲法条項を無視しあるいは侵しても，そうすることによって全体としての憲法秩序を防衛するということを建前として主張される，**抵抗権**と**国家緊急権**があります〔樋口①・96～97頁〕。

❶ 抵　抗　権

　国家権力が人間の尊厳を侵す重大な不法を行った場合に，国民が自らの権利・自由を守り人間の尊厳を確保するため，他に合法的な救済手段が不能となったとき，実定法上の義務を拒否する抵抗行為を，一般に**抵抗権**といいます〔芦部・364頁〕。

　抵抗権は，ヨーロッパ中世において法の支配を最終的に担保するものとして主張されていました。それが自然権思想と結びついて，近代市民革命の時代に実際的意味をもちました。1789年のフランス人権宣言では，「圧制への抵抗」は，自由，所有，安全とともに時効によって消滅することのない自然権として位置づけられました。その後，近代立憲主義の進展とともに，抵抗権は人権宣言から姿を消しました〔芦部・364頁〕。抵抗権については，自然法上のものしかありえないとして，実定法上の抵抗権概念の成立可能性を否定する見解があります。実定法に反する形で抵抗権を行使した場合には，その行為は違法な法秩序違反行為で，当該法秩序のもとで正当化することは理論的に不可能な性格をもち，実定法的権利としてこれを保障することは，権力にとって自己矛盾となるからです〔辻村・534頁〕。

　しかし，ひとつの実定法秩序を前提とし，憲法擁護を標榜して，それ自体としては合法的に成立している実定法上の義務を拒否する抵抗行為について，抵抗権を想定することもできるという見方も可能です。そのような権利は実定法上のものとして，最終的には裁判所の判断に服します。憲法上の自由と権利を「国民の不断の努

力」によって保持しなければならないとする日本国憲法 12 条は，その根拠とされています〔樋口①・98 頁〕。

❷ 国家緊急権

　戦争・内乱・恐慌・大規模な自然災害など，平時の統治機構をもっては対処できない非常事態において，国家の存立を維持するために，国家権力が，立憲的な憲法秩序を一時停止して非常措置をとる権限を，**国家緊急権**といいます〔芦部・365 頁〕。立憲主義が前提となっているからこそ，国家緊急権は，立憲主義を守るために立憲主義を一時停止するというパラドクシカルな表現が用いられていますが，本質は，権力が憲法の拘束を免れることを正当化しようとするものです。したがって，実定法の規定がなくても国家緊急権は国家の自然権によって承認されるという説は，緊急権の発動を事実上国家権力の側に委ねてしまい，過去の濫用の経験からしても，立憲主義をあまりに大きな危険にさらすものとなるので，賛同できません〔芦部・365 頁，辻村・534 頁，野中他・404 〜 405 頁（高橋）〕。

　そこで自然権的な緊急権を否定し，その代わり憲法で明確な要件を定めて限定的に認めようとする考え方が生まれました。フランス第 5 共和制憲法 16 条やドイツ連邦基本法 115 条 a 以下が，その種の規定です。ただし，定められた要件が十分明確で濫用の危険がないかという点においては，フランスでもドイツでも議論があるところです〔野中他・405 頁（高橋）〕。

　明治憲法は，緊急権に関する規定（14 条の戒厳大権，31 条の非常大権）をおいていましたが，現行憲法にはこのような規定はありません。意識的に除外されたと考える立場からは，現行の警察法（71 条以下）や自衛隊法（76 条以下）の規定を含め，緊急事態法理を安易に認めることは問題であるとされます〔辻村・535 頁〕。

2　憲法改正

　憲法には高度の安定性が求められる反面，政治・経済・社会の動きに適応する可変性も不可欠です。この相互に矛盾する要請に応えるのが**硬性憲法の技術**，すなわち，憲法の改正手続を定めつつ，その改正の要件を通常の法律制定手続よりも厳しくするという方法です〔芦部・381 頁〕。日本国憲法は，96 条および 7 条 1 号で改正手続を定めています。それは，①国会の発議，②国民の承認，③公布という 3 段階で行われます。

❶ 改正の手続

　国会による発議とは，憲法改正案が国会において議決されることを意味し，改正案の提出・審議・可決という過程を経ます。まず一院において発案（憲法改正案の提出）がなされなければなりません。両議院の議員には当然に発案権がありますが，内閣の発案権については争いがあります。たとえ内閣に発案権がないとしても，議院内閣制のもとで議員の資格をもつ国務大臣その他の内閣構成員が発案をなしうるので，実益は乏しいといえます。主権原理を厳格にふまえる立場からは，その場合であっても，内閣の発案権を否定し，国民代表としての議員の発案権に限定することに意義があるとされます〔辻村・527頁〕。

　国会の発議には，「各議院の総議員の3分の2以上の賛成」が必要とされています。ここにいう「総議員」とは，法律上の議員定数を意味します（☞前出14-2）。

　各議院において必要な数の賛成が得られなかった場合は，当該発案による手続は中止されます。必要な賛成が得られた場合は，国民投票にかけられ，国民の承認を求めることになります。

　国民の憲法改正の承認が得られた時点で，憲法改正が確定します。「天皇は，国民の名で，この憲法と一体を成すものとして，直ちにこれを公布」します（憲法96条2項）。天皇の公布行為は形式的行為で，内閣の助言と承認に基づいて行われます（同7条1号）。

◎ **国民投票法上の手続**

　2007年5月に成立した「日本国憲法の改正手続に関する法律（国民投票法）」は，国民投票手続を定めるとともに，国会による発議に関する手続整備のために国会法改正を行うものです。注目されるのは，国民投票年齢が満18年以上の者とされた点です（同法3条）。同法附則3条は，公職選挙法その他成年年齢を定める法令の規定と平仄を合わせることを求めていましたが，2015〔平27〕年6月になって公職選挙法が改正され，選挙年齢が18歳に引き下げられました。

　改正の原案の発案は，衆議院では議員100人以上，参議院では議員50人以上の賛成をもって「内容において関連する事項ごとに区分して行われる」（同法151条，国会法68条の2，68条の3）とされます。これは，例えば憲法9条改正と環境権規定の創設という異なった事項を一括して投票に付すことは好ましくない，という配慮に基づくとされますが，実際に発案がどのように行われるかは不明です〔辻村・529頁〕。

　国民投票は，国会が改正を発議した日から起算して60日以後，180日以内にお

いて，国会の議決した期日に行われます（国民投票法2条1項）。仮に投票率が極めて低く（棄権率が高く），無効票が多い場合には，ごく少数の賛成によって憲法改正が実現されることになるため，憲法の硬性性確保の観点から，憲法改正の国民投票では，「投票総数の過半数」の賛成を要するように厳格に解すべきだという見解があります〔辻村・529頁〕。国民投票法は，国民投票において，改正案に賛成する投票数が有効投票総数の2分の1を超えたときは，憲法96条1項の国民の承認があったものと定めています（126条1項）。また，一定の投票率に達しない場合は，たとえその投票の過半数の賛成を得た憲法改正案であっても，国民の承認を得られなかったものとする，**最低投票率の制度**は採用されていません。国民投票を棄権する自由が憲法上あるとするなら，その行使の結果投票率が低くても，国民投票を不成立とすることはできないという考えもあります〔芹沢他・504頁（工藤）〕が，参議院の憲法審査会は最低投票率制度検討の付帯決議を行っています。

❷ 改正の限界

硬性憲法においては，所定の改正手続をふんでも，なお一定の事項については，改正を許さないという趣旨の改正内容限定規定が置かれる場合があります。フランスでは，第三共和制確立時からの伝統で，「共和政体は憲法改正の対象たりえない」とする規定が憲法に明記されています（フランス第5共和制憲法89条5項参照）。日本国憲法についても，「われらは，これに反する一切の憲法……を排除する」と述べる前文1項，「この憲法が……保障する基本的人権」が「侵すことのできない永久の権利」として「現在及び将来の国民」に与えられると定める11条，97条から，これらの条項に掲げられた基本原則に変更を及ぼすような，憲法の改正を許さないという意味を読みとることができるとされます〔樋口①・80頁，長谷部・35頁〕。

実体的改正禁止規定のあるなしにかかわらず，憲法改正の限界が問われます。憲法の改正に限界がないとする**憲法改正無限界論**をとると，たとえ実体的改正規定があってもまずそれを改正しさえすれば──二度の手間をかけることになりますが──，どんな改正も許されることになります。**憲法改正限界論**に立つなら，たとえ実体的改正規定がなくても，一定の事項については，改正手続によって変更することは法的に不可能，とされることになります〔樋口①・80頁〕。

◎ 憲法改正無限界論

憲法改正に限界はないという考えは，①憲法規範の内部に質的な差異を認めず，改正不能な上位規範と改正可能な下位規範の区別はない，あるいは，②憲法を制定

した国民は憲法の上に立ち，憲法を自由に変更できることを論拠としています〔芹沢他・504頁（工藤）〕。憲法改正無限界論は，憲法の平和的変更の可能性を自由に放任するという効果をもたらしますが，憲法内在的価値の自己防衛という課題が意識されるところでは，憲法改正限界論が有力化する傾向があります。日本の憲法学では，憲法の改正には法的な限界が存するという憲法改正限界論が通説です〔樋口①・81頁，芦部・386頁〕。

◎ **憲法改正限界論**

改正権は上位にある憲法制定権力により授権された権限であると考えるならば，憲法改正には限界があると導くことができます。同じ憲法規範の規定のなかでも，その憲法の根本原理を定めた規定，および憲法改正権を根拠づける規定は，憲法制定権自体の所産と考えられ，所定の憲法改正形式に従ってもなお，内容的に動かすことができないとされます〔樋口①・81頁〕。限界論は，改正権の行使に内容的な限界を課すことで，憲法の規範性の強化を志向しています。

限界論については，2つの留意が必要です。第1は，改正に限界があるとしても，そのような限界を超えた改正が起こりえないわけではないという点です。「改正に限界がある」ことの意味は，法的な観点からすれば「改正」と評価しえないということです。変更後の憲法と変更前の憲法には法的連続性はなく，「革命」であるとされます〔長谷部・37頁〕。第2は，憲法改正の限界の事実上の有無については，憲法改正に関与する人々（国会議員，一般的には有権者）が実際に何らかの限界を受け入れているか否かの問題だという点です。人々が限界を事実上受け入れていれば，その事実のルールに則した形で限界が存在することになります〔長谷部・35頁〕。

3 憲法変遷

憲法が改正されていないのに，憲法の意味内容が実質的に変化することを，**憲法変遷**といいます。そのなかで，憲法典の内容に反する法律や裁判が，実質的意味の憲法として通用している現象を，**社会学的意味における憲法変遷**と呼びます。これに対処するため，各国に違憲審査の制度が設けられています〔長谷部・38頁〕。

他方，憲法所定の手続を経ずに，憲法典自体の意味内容が変化し，規範を改正したのと同様の法的効果を生ずると解することができるかどうかという，**法的意味における憲法変遷**の問題があります。これについては，①一定の要件（継続・反復および国民の同意等）が充たされた場合には，違憲の憲法現実が法的性格を帯び，憲

法規範を改廃する効力をもつと解する説，②違憲の憲法現実は，あくまでも事実にしかすぎず，法的性格をもちえないと解する説とが，厳しく対立しています。基本的には②の立場をとりながら，政治的なルールとして国家機関を拘束する一種の弱い法的性格をもつことを認める考え方があります〔芦部・388頁〕。

憲法変遷を肯定する立場は，実効性の失われた憲法規範はもはや法とはいえないという見方を前提にしています。しかし，いかなる現象をもって憲法変遷が完成したとみるか，適切に捉えることは容易ではありません。また変遷したか否かが問題となる条文の役割が，その時々の政治的・社会的多数派によって変更されるべきではない人権にかかわる場合には，憲法の変遷を正当化して，実効的な慣行に従うべきだと主張することはできないと見るべきです〔長谷部・41頁，石村・331頁〕。憲法の規範性を重視して法的意味における憲法変遷を否定する見解が多数説です。

「日本国憲法は，日本社会にとっての人権宣言にほかならない」〔樋口②・182頁〕とするなら，憲法の規範力が弱まることは，日本社会の人権水準の低下を意味することになります。そうであれば，憲法規範に反する憲法運用に抗して，憲法規範を日本社会に定着させるということは，日本社会にとってチャレンジングな課題であるといえます。そこには，西欧生まれの近代立憲主義原理を，「人類普遍の原理」たらしめる世界史的意義があります。

【引用・参考文献】
芦部信喜〔高橋和之補訂〕『憲法〔第5版〕』（岩波書店，2011年）
石村修「憲法変遷の意義と性格」大石眞＝石川健治『憲法の争点』（有斐閣，2008年）
芹沢斉＝市川正人＝阪口正二郎編『新基本法コンメンタール　憲法』（日本評論社，2011年）〔工藤達朗執筆〕
辻村みよ子『憲法〔第4版〕』（日本評論社，2012年）
野中俊彦＝中村睦男＝高橋和之＝高見勝利『憲法Ⅱ〔第5版〕』（有斐閣，2012年）〔高橋執筆〕
長谷部恭男『憲法〔第5版〕』（新世社，2011年）
樋口陽一『憲法〔第3版〕』（創文社，2007年）〔樋口①〕
同『憲法入門〔3訂〕』（勁草書房，2003年）〔樋口②〕

●演習問題
●憲法改正限界論を前提にした場合，「憲法改正」の違憲性を主張して裁判で争うことは可能でしょうか。また，憲法改正の手続において，「憲法改正」案の合憲性について事前に審査する制度を法律上設けることは可能でしょうか。

判例索引

【最高裁判所】

最大判 1948〔昭 23〕・3・12　刑集 2 巻 3 号 191 頁　　*54*
最大判 1948〔昭 23〕・5・5　刑集 2 巻 5 号 447 頁　　*52*
最大判 1948〔昭 23〕・6・30　刑集 2 巻 7 号 777 頁　　*54*
最大判 1948〔昭 23〕・7・8　刑集 2 巻 8 号 801 頁　　*280*
最大判 1948〔昭 23〕・7・29　刑集 2 巻 9 号 1045 頁　　*53*
最大判 1950〔昭 25〕・9・27　刑集 4 巻 9 号 1805 頁　　*55*
最判 1950〔昭 25〕・11・9　民集 4 巻 11 号 523 頁　　*174*
最判 1951〔昭 26〕・4・28　民集 5 巻 5 号 336 頁　　*258*
最大判 1952〔昭 27〕・2・20　民集 6 巻 2 号 122 頁　　*265*
最大判 1952〔昭 27〕・8・6　刑集 6 巻 8 号 974 頁　　*72*
最大判 1952〔昭 27〕・10・8　民集 6 巻 9 号 783 頁　　*253, 278, 295*
最大判 1953〔昭 28〕・12・23　民集 7 巻 13 号 1523 頁　　*106*
最大判 1953〔昭 28〕・12・23　民集 7 巻 13 号 1561 頁　　*84*
最判 1954〔昭 29〕・1・22　民集 8 巻 1 号 225 頁　　*105*
最大判 1955〔昭 30〕・1・26　刑集 9 巻 1 号 89 頁　　*99*
最大判 1955〔昭 30〕・2・9　刑集 9 巻 2 号 217 頁　　*171*
最大判 1955〔昭 30〕・12・14　刑集 9 巻 13 号 2760 頁　　*51*
最大判 1956〔昭 31〕・5・30　刑集 10 巻 5 号 756 頁　　*262*
最大判 1956〔昭 31〕・7・4　民集 10 巻 7 号 1241 頁　　*60*
最大判 1957〔昭 32〕・3・1　刑集 11 巻 3 号 997 頁　　*72*
最大判 1958〔昭 33〕・2・17　刑集 12 巻 2 号 253 頁　　*270*
最判 1958〔昭 33〕・3・28　民集 12 巻 4 号 624 頁　　*220*
最大判 1958〔昭 33〕・9・10　民集 12 巻 13 号 1969 頁　　*47*
最大判 1959〔昭 34〕・12・16　刑集 13 巻 13 号 3225 頁　　*257, 280, 301*
最大決 1960〔昭 35〕・7・6　民集 14 巻 9 号 1657 頁　　*270*
最大判 1960〔昭 35〕・6・8　民集 14 巻 7 号 1206 頁　　*256*
最大判 1960〔昭 35〕・7・20　刑集 14 巻 9 号 1243 頁　　*84*
最大判 1960〔昭 35〕・10・19　民集 14 巻 12 号 2633 頁　　*258*
最大判 1962〔昭 37〕・11・28　刑集 16 巻 11 号 1593 頁　　*49, 282, 285*
最大判 1963〔昭 38〕・3・27　刑集 17 巻 2 号 121 頁　　*241*
最大判 1963〔昭 38〕・5・15　刑集 17 巻 4 号 302 頁　　*63*
最大判 1963〔昭 38〕・5・22　刑集 17 巻 4 号 370 頁　　*89*
最大判 1964〔昭 39〕・2・26　民集 18 巻 2 号 343 頁　　*116*
最大判 1966〔昭 41〕・10・26　刑集 20 巻 8 号 901 頁　　*33, 119*
最大判 1967〔昭 42〕・5・24　民集 21 巻 5 号 1043 頁　　*111, 113*
最大判 1968〔昭 43〕・11・27　刑集 22 巻 12 号 1402 頁　　*107*
最大判 1968〔昭 43〕・12・4　刑集 22 巻 13 号 1425 頁　　*85, 117, 171*
最大判 1968〔昭 43〕・12・18　刑集 22 巻 13 号 1549 頁　　*82*

判例索引　　*319*

最大判 1969〔昭 44〕・4・2　　刑集 23 巻 5 号 305 頁　　*119*
最大判 1969〔昭 44〕・4・23　　刑集 23 巻 4 号 235 頁　　*182*
最大判 1969〔昭 44〕・6・25　　刑集 23 巻 7 号 975 頁　　*73*
最判 1969〔昭 44〕・7・10　　民集 23 巻 8 号 1423 頁　　*259*
最大判 1969〔昭 44〕・10・15　　刑集 23 巻 10 号 1239 頁　　*73*
最大決 1969〔昭 44〕・11・26　　刑集 23 巻 11 号 1490 頁　　*71*
最大判 1970〔昭 45〕・6・24　　民集 24 巻 6 号 625 頁　　*30, 31, 184*
最大判 1972〔昭 47〕・11・22　　刑集 26 巻 9 号 586 頁　　*80, 98*
最大判 1972〔昭 47〕・12・20　　刑集 26 巻 10 号 631 頁　　*52*
最判 1973〔昭 48〕・3・22　　刑集 27 巻 2 号 167 頁　　*90*
最大判 1973〔昭 48〕・4・25　　刑集 27 巻 4 号 547 頁　　*33, 119, 120, 284*
最大判 1973〔昭 48〕・4・4　　刑集 27 巻 3 号 265 頁　　*140, 146, 284, 286*
最判 1973〔昭 48〕・10・18　　民集 27 巻 9 号 1210 頁　　*106*
最大判 1973〔昭 48〕・12・12　　民集 27 巻 11 号 1536 頁　　*41, 44, 60*
最大判 1974〔昭 49〕・11・6　　刑集 28 巻 9 号 393 頁　　*33, 83, 192, 285*
最大判 1975〔昭 50〕・9・10　　刑集 29 巻 8 号 489 頁　　*83, 248*
最大判 1975〔昭 50〕・4・30　　民集 29 巻 4 号 572 頁　　*96, 283, 284*
最大判 1976〔昭 51〕・4・14　　民集 30 巻 3 号 223 頁　　*178, 284*
最大判 1976〔昭 51〕・5・21　　刑集 30 巻 5 号 615 頁　　*91, 115, 116*
最判 1977〔昭 52〕・2・24　　刑集 31 巻 1 号 1 頁　　*181*
最判 1977〔昭 52〕・3・15　　民集 31 巻 2 号 234 頁　　*258*
最大判 1977〔昭 52〕・7・13　　民集 31 巻 4 号 533 頁　　*64*
最決 1978〔昭 53〕・5・31　　刑集 32 巻 3 号 457 頁　　*71*
最大判 1978〔昭 53〕・10・4　　民集 32 巻 7 号 1223 頁　　*25, 28*
最大判 1978〔昭 53〕・7・12　　民集 32 巻 5 号 946 頁　　*102*
最判 1980〔昭 55〕・4・10　　判時 973 号 85 頁　　*259*
最判 1980〔昭 55〕・11・28　　刑集 34 巻 6 号 433 頁　　*73*
最判 1981〔昭 56〕・4・7　　民集 35 巻 3 号 443 頁　　*255*
最判 1981〔昭 56〕・4・14　　民集 35 巻 3 号 620 頁　　*127, 129*
最判 1981〔昭 56〕・6・15　　刑集 35 巻 4 号 205 頁　　*183*
最判 1981〔昭 56〕・7・21　　刑集 35 巻 5 号 568 頁　　*183*
最大判 1981〔昭 56〕・12・16　　民集 35 巻 10 号 1369 頁　　*133*
最大判 1982〔昭 57〕・7・7　　民集 36 巻 7 号 1235 頁　　*114*
最判 1982〔昭 57〕・9・9　　民集 36 巻 9 号 1679 頁　　*299*
最判 1982〔昭 57〕・11・16　　刑集 36 巻 11 号 908 頁　　*84*
最大判 1983〔昭 58〕・4・27　　民集 37 巻 3 号 345 頁　　*180*
最大判 1983〔昭 58〕・6・22　　民集 37 巻 5 号 793 頁　　*34*
最大判 1983〔昭 58〕・11・7　　民集 37 巻 9 号 1243 頁　　*179*
最大判 1984〔昭 59〕・12・12　　民集 38 巻 12 号 1308 頁　　*78*
最大判 1985〔昭 60〕・7・17　　民集 39 巻 5 号 1100 頁　　*179, 284*
最大判 1985〔昭 60〕・11・21　　民集 39 巻 7 号 1512 頁　　*281*
最大判 1986〔昭 61〕・6・11　　民集 40 巻 4 号 872 頁　　*79*

最大判 1987〔昭 62〕・4・22　民集 41 巻 3 号 408 頁　　*102, 284*
最判 1987〔昭 62〕・4・24　民集 41 巻 3 号 490 頁　　*70*
最判 1988〔昭 63〕・7・15　判時 1287 号 65 頁　　*59*
最判 1988〔昭 63〕・12・20　判時 1307 号 113 頁　　*259*
最大判 1989〔平元〕・1・20　刑集 43 巻 1 号 1 頁　　*99*
最判 1989〔平元〕・3・2　判時 1363 号 68 頁　　*29*
最判 1989〔平元〕・3・7　判時 1308 号 111 頁　　*99*
最大判 1989〔平元〕・3・8　民集 43 巻 2 号 89 頁　　*269*
最判 1989〔平元〕・6・20　民集 43 巻 6 号 385 頁　　*281, 294, 299*
最判 1989〔平元〕・9・8　民集 43 巻 8 号 889 頁　　*259*
最判 1989〔平元〕・12・14　刑集 43 巻 13 号 841 頁　　*126*
最判 1989〔平元〕・12・14　民集 43 巻 12 号 2051 頁　　*118*
最大判 1992〔平 4〕・7・1　民集 46 巻 5 号 437 頁　　*49*
最判 1992〔平 4〕・12・15　民集 46 巻 9 号 2829 頁　　*99*
最大判 1993〔平 5〕・1・20　民集 47 巻 1 号 67 頁　　*179*
最判 1993〔平 5〕・2・16　民集 47 巻 3 号 1687 頁　　*222*
最判 1993〔平 5〕・2・26　判時 1452 号 37 頁　　*26*
最判 1994〔平 6〕・2・8　民集 48 巻 2 号 149 頁　　*74*
最判 1994〔平 6〕・10・27　判時 1513 号 91 頁　　*34*
最大判 1995〔平 7〕・2・22　刑集 49 巻 2 号 1 頁　　*234*
最判 1995〔平 7〕・2・28　民集 49 巻 2 号 639 頁　　*26, 29, 244*
最判 1995〔平 7〕・3・7　民集 49 巻 3 号 687 頁　　*84*
最判 1995〔平 7〕・5・25　民集 49 巻 5 号 1279 頁　　*186*
最判 1995〔平 7〕・12・5　判時 1563 号 81 頁　　*145*
最判 1995〔平 7〕・12・15　刑集 49 巻 10 号 842 頁　　*27*
最決 1996〔平 8〕・1・30　民集 5 巻 1 号 199 頁　　*62*
最判 1996〔平 8〕・3・8　民集 50 巻 3 号 469 頁　　*65*
最判 1996〔平 8〕・3・19　民集 50 巻 3 号 615 頁　　*30, 85*
最大判 1996〔平 8〕・9・11　民集 50 巻 8 号 2238 頁　　*181*
最判 1997〔平 9〕・3・28　判時 1602 号 71 頁　　*174*
最大判 1997〔平 9〕・4・2　民集 51 巻 4 号 1673 頁　　*64, 286*
最判 1997〔平 9〕・9・9　民集 51 巻 8 号 3850 頁　　*200*
最大決 1998〔平 10〕・12・1　民集 52 巻 9 号 1761 頁　　*273*
最判 1999〔平 11〕・2・26　判時 1682 号 12 頁　　*34*
最大判 1999〔平 11〕・11・10　民集 53 巻 8 号 1577 頁　　*177*
最大判 1999〔平 11〕・11・20　民集 53 巻 8 号 1441 頁　　*180*
最判 2000〔平 12〕・2・29　民集 54 巻 2 号 582 頁　　*130*
最大判 2002〔平 14〕・2・13　民集 56 巻 2 号 331 頁　　*105*
最判 2002〔平 14〕・6・11　民集 56 巻 5 号 958 頁　　*106*
最大判 2002〔平 14〕・9・11　民集 56 巻 7 号 1439 頁　　*56, 284*
最判 2002〔平 14〕・9・24　判時 1802 号 60 頁　　*74, 79, 127*
最大判 2004〔平 16〕・1・14　民集 58 巻 1 号 1 頁　　*177*

最大判 2005〔平 17〕・1・26　民集 59 巻 1 号 128 頁　　*27, 29*
最判 2005〔平 17〕・4・14　刑集 59 巻 3 号 259 頁　　*270*
最判 2005〔平 17〕・7・14　民集 59 巻 6 号 1569 頁　　*79*
最大判 2005〔平 17〕・9・14　民集 59 巻 7 号 2087 頁　　*169, 171, 281, 284*
最大判 2006〔平 18〕・3・1　民集 60 巻 2 号 587 頁　　*219*
最判 2006〔平 18〕・3・23　判時 1929 号 37 頁　　*35*
最判 2006〔平 18〕・3・30　民集 60 巻 3 号 948 頁　　*134*
最判 2006〔平 18〕・7・13　判時 1946 号 41 頁　　*171*
最決 2006〔平 18〕・10・3　民集 60 巻 8 号 2647 頁　　*72*
最判 2007〔平 19〕・2・27　民集 61 巻 1 号 291 頁　　*61*
最判 2008〔平 20〕・2・19　民集 62 巻 2 号 445 頁　　*73*
最判 2008〔平 20〕・4・11　刑集 62 巻 5 号 1217 頁　　*82*
最大判 2008〔平 20〕・6・4　民集 62 巻 6 号 1367 頁　　*140, 146, 285*
最大判 2009〔平 21〕・9・30　民集 63 巻 7 号 1520 頁　　*181*
最大判 2010〔平 22〕・1・20　民集 64 巻 1 号 1 頁　　*64, 222, 286*
最大判 2011〔平 23〕・11・16　刑集 65 巻 8 号 1285 頁　　*48, 52, 269*
最大判 2011〔平 23〕・3・23　民集 65 巻 2 号 755 頁　　*180*
最判 2012〔平 24〕・2・16　民集 66 巻 2 号 673 頁　　*64*
最大判 2012〔平 24〕・10・17　民集 66 巻 10 号 3357 頁　　*181*
最判 2012〔平 24〕12・7　刑集 66 巻 12 号 1337 頁　　*33*
最大決 2013〔平 25〕・9・4　民集 67 巻 6 号 1320 頁　　*146, 285, 287*
最大判 2015〔平 27〕・12・16　民集 69 巻 8 号 2427 頁　　*145*
最大判 2015〔平 27〕・12・16　民集 69 巻 8 号 2586 頁　　*145*

【高等裁判所】

東京高判 1956〔昭 31〕・5・8　高刑集 9 巻 5 号 425 頁　　*89*
東京高判 1969〔昭 44〕・12・17　判時 582 号 18 頁　　*199*
大阪高判 1975〔昭 50〕・11・27　判時 797 号 36 頁　　*133*
札幌高判 1976〔昭 51〕・8・5　行集 27 巻 8 号 1175 頁　　*294, 299*
東京高判 1992〔平 4〕・12・18　高民集 45 巻 3 号 212 頁　　*107*
東京高判 1994〔平 6〕・11・29　判時 1513 号 60 頁　　*186*
大阪高判 1997〔平 9〕・3・18　訟月 44 巻 6 号 910 頁　　*172*
東京高判 2003〔平 15〕・1・30　判時 1814 号 44 頁　　*221*
名古屋高判 2008〔平 20〕・4・17　判時 2056 号 74 頁　　*295, 300*
東京高判 2010〔平 22〕・5・27　判時 2085 号 43 頁　　*113*
福岡高判 2010〔平 22〕・6・14　判時 2085 号 76 頁　　*113*

【地方裁判所】

東京地決 1954〔昭 29〕・3・6　判時 22 号 3 頁　　*198*

東京地判 1954〔昭 29〕・5・11　判時 26 号 3 頁　　*89*

東京地判 1959〔昭 34〕・3・30　判時 180 号 2 頁　　*301*

東京地判 1962〔昭 37〕・1・22　判時 297 号 7 頁　　*199*

東京地判 1964〔昭 39〕・9・28　下民集 15 巻 9 号 2317 頁　　*73, 127*

東京地判 1966〔昭 41〕・1・21　判時 444 号 19 頁　　*199*

札幌地判 1967〔昭 42〕・3・29　下刑集 9 巻 3 号 359 頁　　*283, 298*

旭川地判 1968〔昭 43〕・3・25　下刑集 10 巻 3 号 293 頁　　*285*

大阪地判 1969〔昭 44〕・12・26　判時 599 号 90 頁　　*144*

東京地判 1970〔昭 45〕・7・17　判時 604 号 29 頁　　*91*

東京地判 1971〔昭 46〕・11・1　行集 22 巻 11＝12 号 1755 頁　　*285*

札幌地判 1973〔昭 48〕・9・7　判時 712 号 24 頁　　*298*

東京地判 1974〔昭 49〕・7・16　判時 751 号 47 頁　　*91*

岐阜地判 1980〔昭 55〕・2・25　判時 966 号 22 頁　　*106*

福岡地判 1980〔昭 50〕・6・5　判時 966 号 3 頁　　*221*

東京地判 1984〔昭 59〕・5・18　判時 1118 号 28 頁　　*107*

東京地判 1986〔昭 61〕・3・20　行集 37 巻 3 号 347 頁　　*65*

大阪地裁堺支部判決 1986〔昭 61〕・10・20　判時 1213 号 59 頁　　*174*

神戸地判 1996〔平 8〕・8・7　判時 1600 号 82 頁　　*172*

大阪地判 2000〔平 12〕・7・31　労判 792 号 48 頁　　*37*

鹿児島地判 2001〔平 13〕・1・22　裁判所 HP　　*134*

熊本地判 2001〔平 13〕・5・11　判時 1748 号 30 頁　　*47*

鹿児島地判 2007〔平 19〕・2・23　判タ 1313 号 285 頁　　*54*

大阪地判〔裁判員裁判〕2011〔平 23〕・10・31　判タ 1397 号 104 頁　　*55*

【簡易裁判所】

神戸簡判 1975〔昭 50〕・2・20　判時 768 号 3 頁　　*63*

事項索引

あ行
アクセス権　70
旭川学テ事件　91
新しい人権（→人権）　125
アファーマティブ・アクション　142

委員会制度　206
違憲
　──審査権　264
　──審査制　276
　──立法審査制　312
　処分──　286
　適用──　285
　法令──　284
一元型の多数派デモクラシー　155
一事不再議　205
一般的行為自由説　126
一般的効力説　286
インターネット　76

訴えの利益　282
上乗せ条例　248
浦和事件　214

永住者　23
営利的表現　74
愛媛玉串料訴訟　64
エホバの証人剣道受講拒否訴訟　65

公の支配　222

か行
会期　204
会議の公開　206
会期不継続の原則　204
会計検査院　225
解決可能性の要件　253
外見的立憲主義　8

外国人参政権　26
外国人の人権（→人権）　25
下級裁判所　262
　──の裁判官の任命　266
閣議　235
学習権　90, 115
学問の自由（→自由）　88
環境権　131
環境配慮義務論　131
間接的効力　22
間接適用説　42

議院規則制定権　213
議院証言法　215
議院内閣制　228
帰化　24
議会統治制　228
規制緩和　95
規制目的二分論　98
基本権保護義務論　43
「君が代」ピアノ伴奏拒否事件　60
義務教育の無償　115
客観訴訟　252
教育権　90, 115
教育の自由（→自由）　90
教育を受けさせる義務　115
教授の自由（→自由）　89
行政機関個人情報保護法　128
行政権　230
行政国家現象　155
行政裁量　256
「切り札」としての人権（→人権）　68
近代的意味の憲法（→憲法）　5
近代立憲主義憲法（→憲法）　19
勤労権　116

具体的争訟　252
具体的争訟性の要件　253

具体的権利説　112
具体的事件性の要件　253
国の私法上の行為　281
クローン技術規制法　90

景観権　134
形式的意味の憲法（→憲法）　6
形式的意味の法律　189
形式的平等（→平等）　138
刑事施設被収容者の人権（→人権）　34
刑事補償請求権　55
決算　225
結社の自由（→自由）　85, 259
検閲　78
限定列挙　124
憲法
　近代的意味の――　5
　近代立憲主義――　19
　形式的意味の――　6
　硬性――　6
　実質的意味の――　4
　成典――　6
　大日本帝国――　8
　明治――　8
　立憲的意味の――　5
　――尊重擁護義務　312
　――の最高法規性　276
　――の番人　276
　――判断回避の準則　283
　――変遷　316
　――保障　276, 312
憲法改正　313
　――限界論　316
　――無限界論　315
権利
　公務員の――　32
　子どもの――　31
　裁判を受ける――　50
　自然の――　134
　知る――　69
権力分立　152, 276, 312

公共の福祉　38
公共利用権　132
公金支出　222
合憲限定解釈　283
合憲性審査基準　40
公私の区分　61
麹町中学校内申書事件　59
硬性　312
硬性憲法（→憲法）　6
構造的差別　141
幸福追求権　124
公平な裁判所　52
公務員の権利（→権利）　32
公務員の政治活動　32
公務就任権　26
小売市場事件判決　98
国際人権規約　22
国事行為　12
国政調査権　214
国籍法　24
告知と聴聞　49
国民
　――主権　11
　――審査　265
　――代表制　160
　――投票法　314
　――内閣制　164
　――内閣制論　229
国務請求権（受益権）　21, 50, 169
国務大臣　233
個人主義　19
個人情報保護法　128
国家　4
国会単独立法の原則　192
国会中心立法の原則　191
国家緊急権　313
国家賠償請求権　56
国権の最高機関　188
子どもの権利（→権利）　31
子どもの権利条約　31
個別的効力性　286
戸別訪問　182

婚姻の自由（→自由） 147

さ行

最高裁判所 263
最高法規 6
財産権 100
財政国会中心主義 218
財政民主主義 218
再入国許可書 25
裁判員裁判 268
裁判員制度 52
裁判官の職権の独立 271
裁判官の身分保障 272
裁判所規則制定権 264
裁判の公開 269
裁判を受ける権利（→権利） 50
歳費 200
作為請求権 110
参議院の緊急集会 194
参議院の問責決議 235
三審制 262
参政権 19, 168
三段階審査 40, 80

私学助成 223
死刑 54
自己決定権 128, 129
自己実現 68
自己統治 68
事後法の禁止 55
自然権 18
自然権思想 18
自然の権利（→権利） 134
事前抑制 78
思想・良心の自由（→自由） 58
思想の自由市場 68
自治事務 246
実質的意味の憲法（→憲法） 4
実質的意味の法律 189
実質的平等（→平等） 138
私人間効力 41
自白の証拠能力・証明力 53

司法権 252
　──の限界 255
　──の独立 270
司法国家現象 155
司法審査 252
指紋押捺制度 25
社会
　──学的代表 163
　──契約論 18
　──権 20, 110
　──国家 6
　──的経済的弱者 138
　──的権力 41
　──的身分 145
謝罪広告 60
集会・結社の自由（→自由） 83
衆議院
　──の解散 236
　──の再議決 207
　──の不信任決議 235
　──の優越 195
自由
　学問の── 88
　教育の── 90
　教授の── 89
　結社の── 85, 259
　婚姻の── 147
　思想・良心の── 58
　集会・結社の── 83
　取材の── 71
　出入国の── 25
　職業選択の── 95
　信教の── 61
　身体の── 46
　沈黙の── 59
　放送の── 75
　報道の── 71
　立候補の── 171
自由権 19
自由国家 6
自由選挙 173
住民 244

——自治　240
　　——投票　249
主権　11
授権規範　6
取材源の秘匿　72
取材の自由（→自由）　71
出入国の自由（→自由）　25
純粋代表制　161
消極国家　6
証券取引法事件判決　105
小選挙区比例代表並立制　176
象徴天皇制　12
象徴としての行為　13
証人審問権・喚問権　53
情報公開法　69
情報プライバシー権　128
条約の違憲審査　280
条約の承認　210
将来効判決　287
条例制定権　247
職業選択の自由（→自由）　95
処分違憲（→違憲）　285
自律権　213
知る権利（→権利）　69
人格アプローチ　98
人格権　127, 132
人格的利益説　125
信教の自由（→自由）　61
人権
　新しい——　125
　外国人の——　25
　「切り札」としての——　68
　刑事施設被収容者の——　34
　法人などの団体の——　29
人種　144
信条　144
身体の自由（→自由）　46
人民代表制　161
森林法事件最高裁判決　102

垂直的分立　155

生活権補償　106
請願権　169
政教分離　222
　——の原則　63
制限規範　6
制限選挙制　161
生存権　110
成典憲法（→憲法）　6
政党　183
政党国家現象　155
正当な補償　106
性表現　72
性別　145
世界人権宣言　22
積極国家　6
積極目的規制　100
接見交通権　51
絶対的な平等（→平等）　139
選挙規制　82
選挙区　175
選挙権　169
選挙権公務説　161
選好集積モデル　165

相対的な平等（→平等）　139
遡及効　287
租税　219
租税法律主義　218
空知太神社訴訟　64
損失補償　105

た行
大学の自治　89
大統領制　228
大日本帝国憲法（→憲法）　8
多元型の分権デモクラシー　155
弾劾　272
弾劾裁判所　212
団結権　117
男女雇用機会均等法　145
団体交渉権　118
団体行動権　118

団体自治　240

地方議会　244
地方公共団体　241
　──の長　245
　──の二段階性　242
地方自治の本旨　240
抽象的違憲審査制　277
抽象的権利説　111
直接請求　249
直接選挙　174
直接適用説　43
沈黙の自由（→自由）　59

通信の秘密　85
通信傍受法　86
通達課税　220
津地鎮祭訴訟　64

定義づけ衡量　72
抵抗権　312
適正手続　49
適用違憲（→違憲）　284
適用審査　283
典憲体制　12
天皇機関説事件　9
天皇の国事行為　13
伝聞証拠禁止の原則　53

討議民主政　165
当事者適格　282
当然の法理　27
統治権　4
統治行為　256
投票価値の平等（→平等）　173
特別権力関係　32
特別裁判所　262
特別の犠牲　105
独立行政委員会　232
特例法・措置的法律　190

な行
内閣　233
　──総理大臣　234
　──の責任　235
　──の総辞職　237
内部統制権　85
内容規制　80
内容中立規制　81
ナシオン主権原理　160
難民　23
難民条約　28

二院制　193
二重の基準論　40, 80
任意的両院協議会　209

は行
パターナリズム　31
八月革命説　10
判決理由　287
半代表制　162
判例　287
　──変更　287

比較衡量　39
必要的両院協議会　210
1人別枠方式　179
秘密選挙　174
平等
　──権　143
　──選挙　173
　形式的──　138
　実質的──　138
　絶対的──　139
　相対的な──　139
　投票価値の──　173
　法適用の──　139
　法内容の──　139
　法の下の──　139

夫婦別姓　145
プープル主権原理　161

付随的違憲審査制　277
不逮捕特権　197
普通選挙　172
不当労働行為　118
部分規制論　76
部分社会の法理　258
プライバシー権　73, 127
不利益供述強要の禁止　53
プログラム規定説　111
分限裁判　272
文民　233
文面審査　283

弁護人依頼権　51

法実証主義　21
法人などの団体の人権（→人権）　29
放送の自由（→自由）　75
法治国家　156
法定受託事務　246
法適用の平等（→平等）　139
報道の自由（→自由）　71
法内容の平等（→平等）　139
法の支配　156
法の下の平等（→平等）　139
法律の留保　20
法令違憲（→違憲）　284
傍論　287
補完性の原理　247
ポツダム宣言　9
ポポロ事件　89

ま行

マッカーサー・ノート　9

三菱樹脂事件　60
民事免責　118
民族　144

無罪の推定　50

無適用説　43
明確性の理論　82
明治憲法（→憲法）　8
名誉毀損表現　72
命令の委任　160
免責特権　199

目的効果基準　63

や行

薬事法事件最高裁判決　96

優遇措置　142

横だし条例　248
予算　223
予備的調査　216
予備費　221
予防接種禍に対する救済　107

ら行

立憲主義　5
立憲的意味の憲法（→憲法）　5
立候補の自由（→自由）　171
立法　189
　——裁量　256
　——事実　283
　——の委任　191
　——不作為　280
リプロダクション　129
両院協議会　194

令状主義　50
例示列挙　124
レッド・パージ事件　59

労働基準法　117
労働基本権　32, 117

人名索引

あ行

青井未帆　41, 56
青柳幸一　131-133
赤坂正浩　46, 48, 55, 97, 173, 188, 190
淺野博宣　231
朝日茂　111, 113
芦田均　295, 297
芦部信喜　25, 30, 32-34, 39-43, 68, 71, 75, 76, 78, 80-82, 84-86, 101, 106, 110, 111, 118, 119, 124-129, 131, 133, 138, 139, 140, 141, 145, 146, 190, 194, 199, 204, 210, 215, 230, 232-236, 238, 240-243, 247-249, 252-256, 259, 262, 263, 265, 267, 269, 271, 276-278, 283-287, 298, 312, 313, 316, 317
麻生太郎　207
有田二郎　198
淡路剛久　131
安念潤司　12, 14, 102, 104

石井清　72
石川健治　40, 80, 98, 104, 192
石村修　317
市川正人　81
伊藤正巳　156, 183
犬養毅　9

上杉慎吉　8
ウォーターズ, M.　304
ヴォルテール　77
浦部法穂　139, 264

大須賀明　110, 112, 117
大塚直　132
大山礼子　155, 194-196, 206, 207
奥平康弘　58, 60, 95, 101, 105, 132, 133
小沢隆一　220

か行

覚道豊治　145

葛西まゆ子　113
釜田泰介　125

菊池馨実　112
君塚正臣　40, 43
清宮四郎　13

クック, E.　156
工藤達朗　315, 316

ケルゼン, H.　21

コーエン, R.　303, 304, 306
小嶋和司　252, 254, 263, 279
小林多喜二　20
小山剛　40, 41, 80, 95, 102, 140
近藤敦　26
近藤真　131, 133

さ行

佐伯啓思　304-306, 308
阪本昌成　127, 128, 231
佐々木惣一　279
佐藤幸治　25, 31, 43, 68, 76, 81, 86, 111, 112, 125, 127-130, 145, 188, 200, 205, 224, 240, 242-245, 247, 249, 250, 253, 254, 256-260, 262-266, 268, 269, 271, 279, 280, 283, 285

シィエス, E-J.　187
塩見日出　29
宍戸常寿　49, 88, 90, 155, 156, 209
幣原喜重郎　291
篠田英朗　308
渋谷秀樹　32-34, 42, 43, 60, 68, 75, 83, 85, 86, 113, 119, 125, 126, 128-130, 143-147, 153, 240-242, 244-249, 252, 254, 260, 262, 265, 268-270, 285, 296-298, 301
初宿正典　83, 244

杉原泰雄　　*162, 271*

芹沢斉　　*6*
セン, A.　　*306, 307*

た行
ダイシー, A. V.　　*156*
高田篤　　*185*
高田敏　　*112*
高橋和之　　*8, 12, 14, 40, 44, 60, 61, 76, 90, 111, 112, 115, 140, 165, 166, 170, 171, 188, 190, 200, 229-231, 235, 243, 246, 252, 254-257, 259, 260, 263, 291, 294, 295-297, 300, 301, 313*
高見勝利　　*47, 191-194, 198, 210*
田島裕　　*156*
只野雅人　　*163-165, 187, 189*
田中孝彦　　*307, 308*

辻村みよ子　　*8, 11, 25, 26, 46, 49, 51, 53, 63, 89, 90, 115, 117, 118, 128, 144, 146, 147, 155, 160, 161, 168-170, 172, 173, 179, 183, 189, 197, 198, 204-206, 209, 211-213, 215, 218-224, 228-232, 236, 238, 245, 246, 249, 250, 264-266, 272, 273, 277-281, 283, 285-287, 296, 297, 301, 312-315*

寺田治郎　　*179*
寺西和史　　*273*

土井真一　　*156*
戸波江二　　*92, 127, 132, 134*
戸松秀典　　*256, 257, 282-285, 287*
トリーペル, H.　　*184*

な行
中島徹　　*104*
中村睦男　　*59, 63, 112, 117, 218, 219, 222-225, 279*
中山充　　*132, 134*

西山太吉　　*71, 72*

糠塚康江　　*142, 162, 166, 179, 182, 190*

野中俊彦　　*117, 280-282, 287*
野村好弘　　*131*

は行
長谷部恭男　　*4, 5, 14, 24, 48, 51, 54, 55, 61, 65, 68, 88, 89, 100, 104, 107, 155, 157, 163, 174, 179, 186, 189, 197-199, 213, 215, 223, 224, 228, 231, 232, 234, 235, 237, 315-317*
鳩山一郎　　*295*
早瀬勝明　　*107*

樋口陽一　　*6, 8, 46, 65, 94, 153, 154, 164, 168, 174, 182, 184, 211, 212, 214, 215, 222, 224, 232, 235, 237, 312, 313, 315-317*
日比野勤　　*10*
平賀健太　　*271*

福田康夫　　*207*
藤井樹也　　*43*

帆足計　　*47*
ホームズ, O. W.　　*68*
細井和喜蔵　　*20*
堀木文子　　*114*

ま行
巻美矢紀　　*105*
マクリーン, R. A.　　*25, 28*
松井茂記　　*80, 125*
マッカーサー, D.　　*9*
マックグルー, A.　　*303, 304*
松本和彦　　*40, 80, 131-134*
松本烝治　　*9*
丸山健　　*184*

美濃部達吉　　*8, 9*
宮沢俊義　　*10, 145, 252*

棟居快行　　*112, 128*

毛利透　　*164, 231*
本秀紀　　*185*

モンテスキュー, C-L.　18, 152

や行
山元一　305

横田耕一　40
吉田茂　295

ら行
ルソー, J-J.　18, 151, 161

ロック, J.　18, 152
ロバートソン, R.　305

わ行
渡邊暁彦　134
渡辺康行　11

著者紹介

糠塚康江（ぬかつか・やすえ）

一橋大学大学院法学研究科博士後期課程修了（法学博士）。憲法学専攻。東北大学法学研究科教授。『パリテの論理―男女共同参画の技法』（信山社，2005年），『現代代表制と民主主義』（日本評論社，2010年），『フランス憲法入門』（共著，三省堂，2012年），『講座 ジェンダーと法 4巻 ジェンダーが切り拓く展望』（共著，日本加除出版，2012年）ほか。

執筆分担：序論 01・02，第Ⅰ部 04・05・07・08，第Ⅱ部 12・13-1・13-2・14-1・14-2・14-3・15，第Ⅲ部 20

吉田仁美（よしだ・ひとみ）

同志社大学大学院法学研究科博士後期課程退学。憲法学，アメリカ憲法学専攻。関東学院大学法学部教授，ニューヨーク州弁護士。『遺伝情報と法政策』（分担執筆，成文堂，2007年），『アメリカ最高裁とレーンキスト・コート』（分担執筆，成文堂，2009年），『スタート憲法』（編著，成文堂，2010年），『人権保障の現在』（編著，ナカニシヤ出版，2013年）ほか。

執筆分担：第Ⅰ部 03-1・03-2・03-3・06-1・06-2・09・10・11，第Ⅱ部 16・17-1・17-2・17-3，第Ⅲ部 18・19

エスプリ・ド
憲　法

2012年10月30日　初版第1刷発行
2021年 4月20日　初版第5刷発行

　　　　　　　著　者　糠塚康江
　　　　　　　　　　　吉田仁美
　　　　　　　発行者　中西　良
　　　　　　　発行所　株式会社ナカニシヤ出版
　　　　　〒606-8161　京都市左京区一乗寺木ノ本町15番地
　　　　　　　　　　　　　　Telephone　075-723-0111
　　　　　　　　　　　　　　Facsimile　075-723-0095
　　　　　　　　　　Website　http://www.nakanishiya.co.jp/
　　　　　　　　　　Email　iihon-ippai@nakanishiya.co.jp
　　　　　　　　　　　　　　郵便振替　01030-0-13128

印刷・製本＝ファインワークス／装幀＝白沢　正
Copyright © 2012 by Y. Nukatsuka, & H. Yoshida
Printed in Japan.
ISBN978-4-7795-0705-2

本書のコピー，スキャン，デジタル化等の無断複製は著作権法上の例外を除き禁じられています。本書を代行業者等の第三者に依頼してスキャンやデジタル化することはたとえ個人や家庭内での利用であっても著作権法上認められていません。